NEW MEDIA

21世纪新媒体专业系列教材

周蔚华　徐发波 / 主编

网络舆情概论 第2版

INTRODUCTION TO NETWORK PUBLIC OPINION

中国人民大学出版社
·北京·

总　序

周锡生

当今世界充满变革与创新。在阐释当今世界变革特征的时候，“新媒体”被时常提及，尽管人们对它的定义还有不少争议。

20多年来，随着数字技术、信息技术的飞速发展，以互联网为代表的新媒体从诞生到逐步发展壮大，深刻改变了旧有的新闻信息传播方式，系统重塑了新的媒介生态和传播格局。在旧媒体时代，新闻信息的传播速度还曾与交通工具竞争；在新媒体时代，昨日甚至数小时、数十分钟之前的新闻，都可能瞬息即逝，转眼间“轻舟已过万重山”。在旧媒体时代，“受众”这个词体现了公众被动接受各类新闻信息的地位；在新媒体时代，媒体人已经不再是专属的职业称号，自制互动、共享交流成为普遍行为。在旧媒体时代，内容占据着绝对的核心地位，其他各个环节只是附属；在新媒体时代，内容为王的观念在被继续强调的同时，网络、渠道、平台和终端的作用与价值日渐凸显，服务与市场的理念正在逐步深化。可以说，当今的新媒体已经跨越了媒介形态的界限，跨越了时空的拘囿，甚至也跨越了文化的隔阂。在这种态势下，建设新媒体、发展新媒体，成为传统媒体求生存、寻突破、谋发展的必由之路。

滚滚而来的新媒体浪潮绝不仅仅改变了传媒业本身，更深刻渗入世界的政治、经济、文化、科技等各个领域。“世界是平的”引发人们无限遐想，平的世界创造了无限的空间。放眼全球，新媒体已经成为世界政治较量的重要因素，成为各国执政者了解社情民意的重要手段，成为社会公众参政议政的重要平台，网络动员、网络聚集、网络拷问在社交媒体上成为常态，新媒体的运用和掌控能力日益成为执政水平的重要衡量标准。与此同时，以互联网产业为核心，逐步形成了包括媒体业、电信业、IT业等在内的比较完整的新媒体产业链，产业体系也日趋完善，有力地推动了文化创意产业的发展，成为国民经济的有机组成部分，且生机盎然，潜力巨大。新媒体的文化价值也在不断迸发当中，随着平板电脑、电子阅读器的迅速普及，数字阅读、数字出版势不可当，新媒体的文化传播和社会建设功能日益强大，跨界文化交流与合作的作用更加突出，极大地丰富和满足了人们的精神文化生活需求。从这个层面来说，建设新媒体、发展新媒体，已经不再单单是传媒业的职责，更需要从历史发展的宏观视野与现实的综合因素层面加以考量与谋划。

在全球加速向网络化社会、数字化生存转型的过程中，我国的新媒体建设也与世界同步，与时代同行。2021年，我国的网民数量已经超过10亿，手机用户突破了16亿大关，均位居世界第一位，且还处于强劲增长当中。如此庞大用户规模的背后，是我国近年来新媒体征程中一个个开拓的脚印与卓然的成效。在当今中国，我们可以看到，新媒体的作用被普遍认可，新媒体的影响被广泛重视，新媒体的理念深入人心，传统媒体加快向新兴媒体战略转型，各类新媒体机构不断涌现且各具特色。从网络、手机、平板电脑到户外大屏、流动媒体，从主流新闻网站到各类商业网站和专业网站，新技术不断涌现，新功能不断被挖掘，新产品不断推出，呈现出万马奔腾、一日千里之势。

当然，新媒体在我国发展的时间还比较短，在采编、经营、技术、市场、管理、人才等方面还处于探索的阶段，在实践过程中出现了诸多困惑与迷思，存在着各种矛盾与冲突，远未成熟。尽管如此，新媒体的蓬勃生机让我们对它的未来充满信心，而这蓬勃生机正来自创新。创新是新媒体时代永恒的主题，谁能够加强创新，谁就能把握未来。新媒体本身就是创新的产物，创新是新媒体的生命力所在。为此，必须根据党和政府提出的新要求，适应时代的新特点，着力把握受众需求的新变化，着力把握技术突破的新契机，着力把握媒体发展的新态势，进一步创新思想观念、创新体制机制、创新内容生产、创新方式手段，加快新兴媒体建设，大力发展新兴业务，从而更好地贯彻落实中央战略部署，为加强国际传播能力建设、构建先进强大的现代传播体系做出贡献，为促进社会主义文化大繁荣、大发展发挥更加显著的作用。

新媒体是推动社会进步的重要力量，同时也要看到，新媒体是一柄双刃剑，随着新媒体地位和作用的日益增强，其所应承担的责任也越来越重要。从某些意义上讲，新媒体所应承担的社会责任甚至比传统媒体还要重一些。多年来，我一直强调的一句话就是“网络无改稿”。传统媒体的稿件签发后发现了错误，还有时间和可能予以纠正，而新媒体的稿件一旦签发，几秒钟之内就可与全球不计其数的受众见面，根本没有时间和可能对稿件进行改正。因此，新媒体的把关责任十分重大，这既是对社会公众负责，也是对新媒体本身负责。在强调和开发新媒体的“媒体功能”的同时，有必要进一步强化其“媒体责任”。

新媒体领域日新月异的发展实践，以及在此过程中出现的矛盾与问题，要求理论研究总结规律、升华认识，并从理论层面加以阐释和指引。中国人民大学新闻学院有几位多年来潜心研究新媒体的专家学者，由他们领衔撰写的这套新媒体丛书，对新媒体的理论、技术、经营管理、业务流程、最新发展动态进行了全面深入的研究，反映了国内外新媒体研究的最新成果，对新媒体的管理者、研究者、学习者及业界从业人员都具有重要的参考价值。本套丛书的出版，相信会有助于推动我国新媒体的快速健康发展。

（作者曾任新华社副社长兼常务副总编辑、新华网董事长）

第2版修订说明

《网络舆情概论》作为我国第一本高校网络舆情教材，自 2016 年出版以来，已经成为很多学校“网络舆情”课的首选用书，在短短的几年内 14 次重印，受到了高校师生的广泛欢迎。

近些年网络技术及网络舆情领域发生了一些重大变化，需要我们在教材中及时反映，这些变化主要体现在以下几个方面：

习近平总书记关于新闻舆论工作以及网络安全、网络空间等重大问题发表了一系列重要论述。这些重要论述和重要观点构成了习近平新时代中国特色社会主义思想的有机组成部分，需要在教材中加以充分体现，并将其思想实质贯穿教材始终。

我国的网络舆情环境发生了重大变化，不论是从宏观层面还是从微观层面，都加强了对网络舆情的社会治理，出台了一系列法律法规和方针政策，更加细致地规范了对网络信息包括网络舆情的管理。这些全新的内容需要在教材中得到充分的反映。之前的版本所描述和阐发的个别内容显得有些陈旧，有些内容已经不符合当前网络舆情的现实情况。

我国在国际斗争中改变了重大策略，从韬光养晦到敢于斗争，和某些西方国家争夺网络空间和国际话语权。网络舆情的议程设定、话语权争夺已经成为国际斗争的重要阵地。

国内外关于网络舆情有一系列新的研究成果，在国家社会科学基金、教育部人文社会科学基金等重要科研项目立项中，与网络舆情相关的研究特别受到重视，各类报刊也发表了一些具有重大影响的研究成果。这些新成果应该在教材中得到充分的反映。

前一版应用的案例大都是多年前发生的网络舆情事件，而近几年出现了很多更加鲜活的重大的舆情事件，其应对过程中的举措具有更强的说服力。这些鲜活的案例应该在教材中得到及时反映。

有鉴于此，在广泛征求该教材使用者意见的基础上，经与出版社多次协商，经过主编和作者的充分讨论，本教材第 2 版对以下内容进行了更新和调整：

一是将习近平新时代中国特色社会主义思想贯穿教材始终，特别是充分反映习近平总书记关于新闻舆论工作、网络安全和网络空间治理工作以及国际传播能力建设等的重要论述，充分体现党和国家对课程思政的新要求。

二是对全书结构进行调整，将原五篇压缩为三篇，分别介绍和分析网络舆情基本理论、网络舆情实务、网络舆情与社会治理。

三是及时吸纳和阐述近年来党和政府在网络舆情方面的相关法律法规和有关政策。

四是在有关理论论述中及时反映学界的最新研究成果，在实务部分及时介绍前沿性的新技术，不断总结网络舆情实践中的新鲜经验及失败教训，以便借鉴成功的经验、避免犯类似的错误。

周蔚华、徐发波共同负责设计第 2 版总体框架并统改定稿。

于运全（中国外文局当代中国与世界研究院院长、研究员）对第三篇进行了组织、协调和统筹。

正文各章作者具体分工情况如下：

第 1、4 章，徐小傑（江苏人文环境艺术设计研究院副院长）；

第 2、12、15 章，张伟（中国外文局当代中国与世界研究院副研究员）；

第 3 章，龙金科（专业网络舆情分析师）；

第 5 章，张旸（中国科学技术协会博士后研究人员）；

第 6 章，齐中祥（北京沃民高新科技股份有限公司董事长兼总经理、沃德研究院院长）；

第 7 章，徐付群（《中国社会报》副总编辑、编审）；

第 8 章，梁雪云（人民日报出版社编辑室主任、副编审）；

第 9 章，程晨（《人民日报》生态版副主编、主任编辑）；

第 10 章，钟悠天（浙大城市学院讲师）；

第 11 章，关丹琦（中国外文局当代中国与世界研究院舆情分析师）；

第 13 章，袁林（中国外文局当代中国与世界研究院副研究员）；

第 14 章，吴绍忠（中国人民公安大学国家安全学院教授）。

梁雪云、徐小傑协助主编做了大量事务性工作。

由于网络技术的变化日新月异，网络舆情实践和理论研究飞速发展，加上我们水平有限，本次修订仍然会存在一定的不足。欢迎广大教材使用者批评指正，以便我们不断对本教材加以完善。

目录

第一篇 网络舆情基本理论

第二篇　网络舆情实务

第三篇　网络舆情与社会治理

第一篇
网络舆情基本理论

第一篇首先回顾舆情发展的历史，接着探讨网络舆情的生成机制及传播渠道，并对在人工智能发展基础上产生的大众自我传播理论进行舆情传播效果描述。

第 1 章　网络舆情概述

一只蝴蝶在巴西扇动翅膀，有可能会在美国的得克萨斯州引起一场龙卷风，这被称为“蝴蝶效应”。

【知识窗】　蝴蝶效应

“蝴蝶效应”的提法出自1972年美国麻省理工学院教授、混沌学开创人之一E. N. 洛伦兹在美国科学发展学会第139次会议上的论文，“巴西丛林一只蝴蝶偶然扇动翅膀，可能会在美国得克萨斯州掀起一场龙卷风”。洛伦兹在1963年就提出了“一只海鸥扇动翅膀足以引起天气转变”这一想法，他认为：一个混沌系统是无法预言、操纵和控制的，而且对系统的初始条件具有极端敏感的依赖性，在系统初始任何一点细微的改变，都会引发系统后期翻天覆地的变化……后来人们把这一现象称为“蝴蝶效应”。

网络舆情常常被认为是具有“蝴蝶效应”的领域。一个小小的涟漪怎么就会在网络空间掀起巨大风浪？这就不能不让人深思：

什么是网络舆情？

它为什么能够掀起波浪？

它是怎样掀起波浪的？

面对波涛汹涌的舆情浪潮，不同的主体应该如何应对？

网络舆情发生的内在机理是什么？

网络舆情对社会治理起什么作用？

…………

这些都是本书即将回答的问题。

第 1 节　什么是舆情

“舆情”是个土生土长的概念，这个词虽然被使用了上千年，但现代意义上的舆情概念，是在21世纪初才被提出并加以界定的。

一、“舆”“情”及“舆情”字义考证

河南安阳中国文字博物馆播放的科教片证实，“舆”字（“舆”字演变过程见图1-1）最早出现在商代的甲骨文中，本义指车厢，后泛指车。舆与人连用指造车的人，称“舆人”。《国语》中说：“近臣谏，远臣谤，舆人诵，以自诰也。”汉晋以来，“舆”被训释为“众”。《史记》中有“人众车舆，万物殷富”的说法。“舆人”也逐渐从造车工匠引申为“众人”。

图1-1 “舆”字演变过程
资料来源：“舆”字源字形．汉典，https://www.zdic.net/hans/%E8%88%86.

“情”字（“情”字演变过程见图1-2）在《康熙字典》中有二义。一是性之动也，从心。人欲之谓情。《礼记》中说：“何谓人情？喜、怒、哀、惧、爱、恶、欲，七者弗学而能。”二是实也。《论语》中说：“上好信，则民莫敢不用情。”（意即在上位者崇尚诚信，人民就没有人敢不真诚相待。）朱熹认为：古人制字，先制得心字，性与情皆从心；性即心之理，情即心之用。

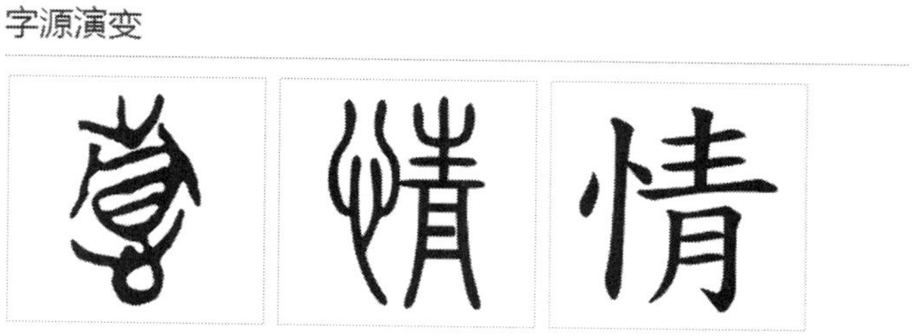

图1-2 “情”字演变过程
资料来源：“情”字源字形．汉典，https://www.zdic.net/hans/%E6%83%85.

如果从“舆”和“情”最基本的字义出发，二字合用的意思是“民众的情绪”。“舆情”这两个字作为一个词组连用可以追溯到唐朝。公元897年，唐昭宗的一份诏书写道：“朕采于群议，询彼舆情，有冀小康，遂登大用。”（《旧唐书》卷一百七十七）这是目前发现的中国历代文献中最早出现“舆情”连用的正式文书。此后，“舆情”二字作为一个固定词组被正式使用，常见于各类文书中。

以“舆情”一词作为检索词，对《文渊阁四库全书》电子版进行全文检索，发现“舆情”一词总计出现1 100余次，分散在“经”“史”“子”“集”以及唐代以后历朝历代文献中。[①]“舆情”一词被高频使用，是在清朝时期，突出集中在康熙、雍正、乾隆三个朝代。在这些历朝历代文献中，“舆情”一词多与动词或形容词搭配。通过这些搭配，可以大致了解“舆情”一词在中国历代社会的大致含义。

首先，舆情被认为是民众的情绪。该含义在舆情欢戴、舆情怡悦、舆情慰悦、舆情震骇、舆情愤激、舆情愤懑、抚顺舆情等用法中得到体现。

其次，舆情被认为是民众的意见、议论、态度。该含义在未契舆情（契为相合之意）、未惬舆情（惬为满足之意）、徇舆情（徇为顺从之意）、俯察舆情、狥

① 马龙，杜彬，刘彦超，等．传播学视域下古代“舆情”概念考．武警学院学报，2020（8）．

舆情（狗同徇）、察舆情之向背、体访舆情、博采舆情、舆情尽达等用法中得到体现。

最后，舆情也泛指民众的生产生活情况。相对而言，这种含义更加宽泛，只出现在特定的场合。如康熙南巡后，在《虎丘》一诗中写道："停辇舆情问，开轩畎亩赊。笙歌陈勿用，意使尽桑麻。"[1]

通过对"舆""情"及"舆情"的字义词义考证，可以看出，"舆情"是一个土生土长的概念，它既包括了民众的情绪，也包括了民众的意见、态度，是中国历代帝王体察民情、了解民意进而治理国家、管理社会的一项重要手段。

二、舆情概念的界定

2003年，孙志刚事件引发了全社会对舆情的关注。[2] 2004年，党的十六届四中全会通过的《中共中央关于加强党的执政能力建设的决定》提出了加强舆情管理的要求，至此舆情开始被广泛知晓。从此之后，对舆情的研究持续升温，学界从不同角度对这一概念进行了深入探讨。

王来华主张从民众社会政治态度和国家管理的角度，将舆情定义为"在一定的社会空间内，围绕中介性社会事项的发生、发展和变化，作为主体的民众对作为客体的国家管理者产生和持有的社会政治态度"[3]。

张克生从民意的角度将舆情界定为"国家决策主体在决策活动中必然涉及的、关乎民众利益的民众生活（民情）、社会生产（民力）和民众中蕴涵的知识和智力（民智）等社会客观情况，以及民众在认知、情感和意志基础上，对社会客观情况以及国家决策产生的主观政治态度"[4]。

丁柏铨认为，舆情即民意情况，涉及公众对社会生活中各个方面的问题尤其是热点问题的公开意见（外露的部分）或情绪反应（既可能外露又可能不外露的部分）。它是社会脉动和公众情绪的自然而然的流露和体现。因此，在他看来，"所谓'舆情'，实际上就是大众密切关心的热门话题或反映了某些社会心理的观点与看法，其较高层次是'思潮'，基本层次是'情绪'"[5]。这一界定将舆情归属于"热门话题"或"观点与看法"。

刘毅则从个人心理和社会心态双重视角来定义舆情："舆情是由个人以及各种社会群体构成的公众，在一定的历史阶段和社会空间内，对自己关心或与自身利益紧密相关的各种公共事务所持有的多种情绪、意愿、态度和意见交错的总和。"[6]

此外，也有学者将舆情界定为"由于各种事件的刺激而产生的通过某一载体传

---

① 冯希莹，王来华．舆情概念辨析．社会工作（学术版），2011（5）．

② 2003年，湖北打工青年孙志刚因无"暂住证"在广东被"收容"致死，消息在网络上激起热烈讨论，引起政府高度重视，实施21年的《城市流浪人员乞讨收容遣送办法》随之被废除，许多地方开始取消"暂住证"。

③ 王来华．舆情研究概论：理论、方法和现实热点．天津：天津社会科学院出版社，2013：4．

④ 张克生．国家决策：机制与舆情．天津：天津社会科学院出版社，2004：17．

⑤ 丁柏铨．略论舆情：兼及它与舆论、新闻的关系．新闻记者，2007（6）．

⑥ 刘毅．略论网络舆情的概念表达、特点、表达与传播．理论界，2007（1）．

播的人们对该事件的所有认知、态度、情感和行为倾向的集合”①。还有学者认为舆情是“社会民众在一定的历史阶段和社会空间内对关乎自己切身利益的公共事务（事项）或自己关心的特定事件所持有的群体性情绪、意愿、态度、意见和要求的总和及其表现”②。

关于舆情的构成要素，学界有不同的观点，很多观点之间有很大的差异，也产生了一些争论。有学者认为，网络舆情构成要素应该包括主体、客体、本体和中介性事项等四项内容。③ 舆情主体是指公众或民众④；舆情本体是指舆情内容，包括民众的情绪、意愿、态度与意见⑤；中介性事项，有学者认为是可激发民众产生舆情的各种公共事件，主要包括国内外重大突发性社会事件、各类民生问题、国家出台的相关政策法规等⑥，也有学者认为中介性事项是舆情的激体或刺激物、导致舆情产生的中介刺激源⑦。对于舆情客体是什么更是目前学界争论的焦点。一种观点是将舆情客体认定为国家事务的公共管理者⑧；另一种观点是将舆情客体看作与民众自身利益相关或民众关心的各种公共事务，即社会生活中各个方面的热点问题⑨。

综上所述不难发现，目前学界对舆情主体是公众或民众这一点基本持认同态度，但是对于舆情客体，大家众说纷纭，因此对舆情概念的界定往往出现广义和狭义之分、内涵和外延不明确的情况。这也从客观上反映出当前我国舆情基础理论研究正处于起步发展阶段，尚不成熟。

我们认为：舆情是社会公众通过一定载体表达的关于特定事件或话题的个人认知、意见、观点、态度、情绪和信念的集合体。在此定义中，我们认为舆情主体是社会公众；舆情客体是舆情内容，既包括特定事件或话题，也包括关于特定事件或话题的个人认知、意见、观点、态度、情绪和信念的集合体；公众表达自己的认知、意见、观点、态度、情绪、信念等需要通过一定的传播载体形式。

在现实生活中，与“舆情”具有近似词义解释的概念有“舆论”，对二者的使

---

① 曾润喜．网络舆情信息资源共享研究．情报杂志，2009（8）．

② 张元龙．关于“舆情”及相关概念的界定与辨析．浙江学刊，2009（3）．

③ 冯希莹，王来华．舆情概念辨析．社会工作（学术版），2011（5）．

④ 王建龙．把握社会舆情．瞭望新闻周刊，2002（20）；张元龙．关于“舆情”及相关概念的界定与辨析．浙江学刊，2009（3）；刘毅．略论网络舆情的概念表达、特点、表达与传播．理论界，2007（1）；丁柏铨．略论舆情．新闻记者，2007（6）；王来华．舆情研究概论．天津：天津社会科学院出版社，2003；张克生．国家决策：机制与舆情．天津：天津社会科学院出版社，2004．

⑤ 王来华．舆情研究概论．天津：天津社会科学院出版社，2003；丁柏铨．略论舆情．新闻记者，2007（6）；张克生．国家决策：机制与舆情．天津：天津社会科学院出版社，2004．

⑥ 王来华．舆情研究概论．天津：天津社会科学院出版社，2003；丁柏铨．略论舆情．新闻记者，2007（6）．

⑦ 张元龙．关于“舆情”及相关概念的界定与辨析．浙江学刊，2009（3）；刘毅．略论网络舆情的概念表达、特点、表达与传播．理论界，2007（1）．

⑧ 王来华．舆情研究概论．天津：天津社会科学院出版社，2003；张克生．国家决策：机制与舆情．天津：天津社会科学院出版社，2004；李昌祖，许天雷．舆论与舆情的关系辨析．浙江工业大学学报（社会科学版），2009（4）．

⑨ 王建龙．把握社会舆情．瞭望新闻周刊，2002（20）；张元龙．关于“舆情”及相关概念的界定与辨析．浙江学刊，2009（3）；刘毅．略论网络舆情的概念表达、特点、表达与传播．理论界，2007（1）；丁柏铨．略论舆情．新闻记者，2007（6）．

用较为混乱。不同的研究者对舆论的界定有不同的侧重或角度。甘惜分主编的《新闻学大辞典》把舆论定义为“社会或社会群体对近期发生的、为人们普遍关心的某一争议的社会问题的共同意见”①。李良荣认为“舆论是在特定的时间、空间里，公众对特定的社会公共事务公开表达的基本一致的意见或态度”②。陈力丹认为“舆论是公众对于现实社会以及社会中的各种现象、问题所表达的信念、态度、意见和情绪表现的总和，具有相对的一致性（有一定数量规模）、强烈程度和持续性，对社会发展及有关事态的进程产生影响，其中混杂着理智和非理智的成分”③。不论何种定义，舆论通常都具有公众传播性和公开表征性，必须经过公开的社会讨论传达和公众性的传播，在社会公共领域生发激荡。④

第 2 节　什么是网络舆情

当互联网成为舆情的传播渠道，网络舆情便成为各方的关注焦点。2003 年，中国网民数量达到 7 000 万⑤，网络舆论一时风起云涌。正是从这一年开始，学界开始真正意义上的对网络舆情传播规律的重视和研究。传播者、传播对象和传播渠道构成了网络舆情的三个核心要素，即舆情主体、舆情客体和舆情载体。

一、网络舆情概念

如果从 1994 年 4 月 20 日中国正式接入互联网之日算起，互联网在中国近三十年的发展可以用“爆炸性”来形容。1999 年初，全国互联网使用者不过区区 62 万人；到 2000 年前，由于网民数量低于 1 000 万，真正意义上的网络媒体还没有形成。随着网民在 2001 年突破 2 500 万，情况开始发生变化。2002 年，网民数量超过 4 500 万时，网络舆论开始急剧升温。2003 年，当网民数量达到7 000 万时，网络舆论一时风起云涌。“黄碟”案、刘涌案、黄静案、日本人珠海“买春”案、孙志刚事件在网络空间掀起了一波波巨大的舆论浪潮。这一年也被称作“网络舆论年”。学界真正意义上对网络舆情传播规律的重视和研究始于 2003 年。

网络舆情不仅受到了大众及学界的关注，也受到了中央高层领导的重视。同是 2003 年，新华社首次披露时任党的总书记胡锦涛在“非典”期间视察广东时，对一位参与防治“非典”的一线医生说：“你的建议非常好，我在网上已经看到了。”⑥ 温家宝总理视察北京大学抗击“非典”工作时说：“我在网上看到同学们在留言中表达了同全国人民一起抗击‘非典’的决心，令人感动。”⑦ “总书记、总理也上网”，一时成为当年网民热议的话题。

---

① 甘惜分．新闻学大辞典．郑州：河南人民出版社，1993.

② 李良荣．新闻学概论．上海：复旦大学出版社，2011.

③ 陈力丹．从舆论导向视角看舆论的基本要素．新闻大学，1997（3）.

④ 徐翔．“沉默舆论”的传播机理及功能研究．南京社会科学，2015（10）.

⑤ 中国互联网络信息中心．第十三次中国互联网络发展状况调查统计报告．（2004－01－23）[2022－04－01]．http：//www.cnnic.net.cn/n4/2022/0401/c88-810.html.

⑥ 中央领导高度重视网络舆论 网络民意汇入中南海．中国新闻网，2006－04－10.

⑦ 中央领导高度重视网络舆论 网络民意汇入中南海．中国新闻网，2006－04－10.

2006年两会期间，温家宝总理会见中外记者时，再度公开肯定了这种“民意直达高层直通车”沟通方式。温总理在开场白中说：“两会受到广大群众的关注……单是人民网、新华网、搜狐网、新浪网和央视国际网不完全统计，给政府提出的意见和对总理本人提出的问题就多达几十万条。我从群众的意见中感受到大家对政府工作的期待和鞭策，也看到了一种信心和力量。”① 至此，互联网在成为中国民主政治发展新平台的同时，也成为公众传递信息、表达意见、评论时政、释放情绪的一个主要渠道。

由于互联网已经成为舆情的传播渠道，因此对网络舆情的概念界定可以在“舆情”前面加上“互联网”这个限定词，用“互联网＋舆情”表示，也可以完整地描述成社会公众以互联网为平台，在网络上表达的对特定事件或话题的个人认知、意见、观点、态度、情绪和信念的集合体。

二、网络舆情构成要素

对于网络舆情的构成要素，我们认为，可以从传播者、传播对象和传播渠道三个方面进行分析，由此构成了网络舆情的三个核心要素，即网络舆情主体、网络舆情客体和网络舆情载体。

（一）网络舆情主体

网络舆情主体是网络舆情的传播者，指所有能够接入互联网且能自由表达的社会公众，包括网民个人、网络意见领袖（也称网络大V）、网络推手等。

互联网在深刻改变网络舆情生态的同时，也革命性地扩大了网络舆情主体范围。广大普通网民已经成为网络传播的重要组成部分。他们拿起手中的手机，轻松登录社交媒体，随时曝光身边的事件，热心转发扩散信息，积极参与社会公共事务，在互联网上表现出巨大的舆论力量，成为网络舆情不容忽视的传播主体。需要指出的是，由于网络传播是双向互动的，传播者常常又是接收者。如果某个网民只是看、听、浏览而没有做出自己的表达，那他就仅仅是受众而不是网络舆情主体；如果他在看、听、浏览的同时也表达了自己的观点、意见、态度等，那他就是网络舆情主体。

广大普通网民虽然数量是巨大的，但却是分散、孤立的。相反，网络意见领袖通常有较高的社会知名度、丰富的生活阅历、良好的教育背景、名人或明星身份、行业影响力、网络号召力或影响力等重要标签。这些标签使得网络意见领袖相对而言更具有权威性，这种具有权威性的社会地位使网络意见领袖的意见更加容易让广大网民信服。他们对网络舆情事件的传播在一定程度上会影响网络舆论，影响众多网民，从而引起较大反响。

网络推手是伴随着互联网的发展兴起的一种新的网络舆论操纵人员。一般通过企业运作模式，组成受雇发帖人网络，并通过一系列有策划有组织的隐性操作，来影响互联网上的信息舆论动态。② 其服务对象包括企业、品牌、事件以及个人。他们通晓网络操作规则，熟谙大众接受心理，掌握相应社会资源，具备一定专业性。

---

① 中央领导高度重视网络舆论 网络民意汇入中南海．中国新闻网，2006-04-10.

② 吴玫，曹乘瑜．网络推手运作：挑战互联网公共空间．杭州：浙江大学出版社，2011.

这种有组织的、由营利或其他功利性目标驱动的网络舆论操纵模式，给互联网公共舆论空间带来了前所未有的挑战。

不同类型的网络舆情主体在网络舆情的发生过程中，往往发挥着不同的作用，体现出不同的特点，对同一网络舆情事件往往会有不同的利益诉求与关注侧重点。在舆情事件传播过程中，各传播主体的传播行为是相互影响、相互作用的。

网络舆情事件直接影响者和利益相关方是需要政府管理部门重视的人群。事件直接影响者通常是网络舆情事件中的受害方，其保障合法权益的诉求较为明确，但行为方式可能存在偏激。利益相关方是指与当事人存在某种联系的群体，如亲友、同学、同事、同乡等。相对于事件直接影响者，利益相关方在舆情发展中扮演的角色往往因个体的理性程度不同而存在分化现象。理性的利益相关方有利于事件的平稳解决，他们通过当事人对事件的发生发展有一定程度的了解，能够较为理性地进行分析，帮助事件直接影响者提出合法合理的诉求。

绝大多数网民在网络舆情传播过程中是与舆情事件没有直接利害关系的围观者，但其中也有一部分作为积极介入者参与评论或转发信息，对舆情事件中的正义方、受害方予以声援。他们遵循基本的正义原则，自觉或不自觉地发声，汇聚成强大的舆论压力，促使有关部门积极回应舆论，解决问题。正视、正面回应广大网民的期待，顺应民意，维护社会稳定，也是对有关部门舆情应对和引导工作的基本要求。

网络意见领袖因其强大的话语影响力，在网络舆情事件爆发初期，通过发布争议性较强的消息和观点，或转发一些比较有争议性的信息，容易博取一些网民的关注，误导部分网民的信息判断。他们选择性地发表观点、传播内容，会产生类似“带节奏”的效果，造成舆论失焦、舆论极化等负面影响。网络推手往往出于商业目的和营利动机，在互联网上制造轰动、策划作秀，这能让普通人或不知名企业迅速出名，同时也存在有偿删除信息、有偿发布虚假信息、扰乱市场秩序等不良行为。近年来，随着国家开展一系列行之有效的净化网络环境的行动，为吸引“眼球”炒作热点话题、违规采编发布互联网新闻信息、散播虚假信息、搞“标题党”等网络传播乱象，在很大程度上得到了集中整治。

（二）网络舆情客体

网络舆情客体是指公众针对网络事件或话题所表达的内容，它既包括对特定事件或话题的表达内容，更是对特定事件或话题的个人认知、意见、观点、态度、情绪和信念的集合体，代表着一种总的观点、思想或情感倾向。网络舆情客体直接导致网络舆情的发生和传播，其背后实则是社情民意，是社会各界民众对社会事物和社会现象中特定事件或话题所持的个人认知、意见、观点、态度、情绪和信念的集合体。

社情民意是指能够反映党和国家大政方针的社会生活基本情况以及人民群众对关注的热点问题所表达的真实意见和愿望。由“社情”和“民意”两部分组成。

社情是社会情况的简称，它是指社会上发生的事情，即社会动态。社会每天都在发展着、变化着，因此，社情是一种动态变化而非静止的状态，是社会发展、变化着的方方面面的情况。但不是所有的社情都能引发网络舆情，只有影响范围广、受关注度高、与民众生活密切相关的社情才能引发网络舆情。一般而言，包括重大突发事件（如自然灾害、事故灾难、公共卫生事件、社会安全事件等）、民生事件、反腐事件、环保事件、涉及社会公平正义的事件、涉及民族宗教的事件、国际重大热点事件等。

目前，社会普遍关注以及各专家学者广泛研究的多为“民意”部分，对民意内涵的理解和阐述也众说纷纭。陈崇山认为：“所谓民意，即民众对社会各种具体事务的情绪、意见、价值判断和愿望等，是直接来自民众的心声。”① 喻国明认为：“民意，又称民心、公意，是社会上大多数成员对相关的公共对象或现象所持有的大体相近的意见、情感和行为倾向的总称。”②

网络舆情是对社情民意的反映。我国当前正处于社会转型期、发展机遇期和改革深水区，也是各种社会矛盾和敏感问题的多发期。各种涉及利益纠纷的矛盾层出不穷，各种思想、价值观交织碰撞。由于部分群体利益受损，再加上媒体和网络舆论对极端事件的炒作，容易造成部分公众社会情绪的焦虑、态度的不满，进而把自己的观点、态度和看法通过网络新闻跟帖以及网络社区和微信、微博等社交媒体表达出来，诸多具有相同利益诉求的网民就会因为某一事件形成强大的网络舆论，引发较大的网络舆情事件。

互联网时代的到来，为社会公众提供了可以相互交流的平台，让民众的表达得到了最大限度的呈现，改变了诉求表达机制不畅通的局面，使得社情民意表达更接近真实。当前网络舆情事件频发在很大程度上就是因为常规的民意表达渠道不畅。由于社会阶层分化，理想和现实的差距容易引发民众情绪淤积，此时就需要畅通的民意表达渠道供民众发表意见和观点。然而，常规的渠道容易在民意表达的过程中出现阻塞，民意表达就会被挤压到监管相对薄弱的网络世界中，以网络舆情事件的形式释放出来。正是民意表达渠道不够畅通使得当前网络舆情不断涌现热点。

社情民意作为网络舆情广义上的重要客体，已成为网络舆情产生、形成和发展的最重要的策源地。网络舆情研究和应对引导工作要高度关注社情民意，充分采集民意、汇集民意，充分发挥民意在网络舆情中的积极作用，利用网络渠道充分与民众进行沟通互动，及时了解社情民意，不断提高科学决策、民主决策水平，促进社会和谐。

（三）网络舆情载体

顾名思义，网络是网络舆情的载体。互联网时代，人们利用各种社交媒体在网络空间发表意见、阐述观点，使很多社会话题迅速成为舆情焦点。互联网作为网络舆情的载体，发挥着思想文化信息的集散地和社会舆论的放大器作用。

在互联网发展初期，人们在互联网上的讨论活动多是通过门户网站的评论区、网络论坛、网络社区等平台实现。在这一阶段，传统媒体仍然对舆论场有较大掌控权和影响力，并与以论坛、社区为代表的网络舆论场共生并存。随着微博、微信等社交媒体的出现，这一情况发生了变化，社交媒体凭借其强大的传播话题、聚焦事

① 袁岳，等．零点调查：民意测验的方法与经验．福州：福建人民出版社，2005.
② 喻国明．解析民意：一个舆论学者的实证研究．北京：华夏出版社，2001.

件的能力，逐渐成为网络舆论场的中心舞台。社交媒体强大的议题设置能力使其成为传统媒体跟进报道的对象，微博上人们的态度倾向甚至成为传统媒体发言立论的舆论基点。

正当微博如日中天的时候，2011 年，微信这一更具社交属性的平台被推出，随后微信公众号逐渐成为人们获取信息的重要平台。作为主打社交又兼具媒体平台属性的一款应用，微信对用户有着超强的黏性，据有关数据，微信月活跃用户已超过全体国民的半数①。以微信、微博、抖音等为代表的移动社交媒体，以其即时、便捷、互动、低门槛等特征，拓展了信息传播的自由时空，激活了以个人为基本单位的社会化传播，个体传播权和知情权回归，人人都是传播者，人人都是接收者。当前，社交媒体已超越搜索引擎，成为互联网第一大流量来源。移动社交媒体深刻改变了舆论传播平台格局，对传统舆论场形成了冲击，给网络舆论场带来了新的变化，呈现出新的特点。

进入大数据时代，舆情数据载体越来越多，传播范围越来越广，产生速度也越来越快，对网络舆情载体产生巨大影响。这是观察研究和监测分析网络舆情载体未来需要加强关注的领域。

三、网络舆情传播特点

与传统媒体不同，互联网最大的特点是多对多、同步和异步多模式信息交换，这为使用者提供了无限联结的可能性，与其说互联网是媒介，不如说互联网是能够与任意受众沟通的“平台”。互联网的这一特性决定了只要拥有网络，人人都可以是潜在的独立、自主、平等的内容生产者。数字技术的应用使得用户可以将自己要表达的内容像在白板上随意涂画一样在网络空间表达。

平等与没有制约两个特征使得普通网民在网络空间拥有了前所未有的话语权。新闻事件不再是独立的，突发事件往往会在短时间内引爆全国舆论，地区性、局部性、偶然性的问题会在短时间变成全民“围观”的公共话题。

对此，习近平总书记于 2016 年 2 月 19 日主持召开党的新闻舆论工作座谈会时有明确、清晰而深刻的论述，他指出：“随着新媒体快速发展，国际国内、线上线下、虚拟现实、体制外体制内等界限愈益模糊，构成了越来越复杂的大舆论场，更具有自发性、突发性、公开性、多元性、冲突性、匿名性、无界性、难控性等特点。”② 习近平总书记还鲜明地指出，过不了互联网这一关就过不了长期执政这一关。从习近平总书记的这些重要讲话精神中，我们可以更加清楚地认识到，当前由新媒体形成的网络舆情具有以下几个鲜明的传播特点。

1. 自发性

广大网民在参与网络舆情传播的过程中表达的认知、意见、观点、态度、情绪和信念等，大都具有自发性、即时性。与传统媒体通过议题设置主导社会舆论的传播模式不同，网络空间中的舆论传播主要由广大网民你一言我一语地自发创造生

---

① 移动互联网资讯．重磅！腾讯发布 2016 年微信用户数据报告（完整版）．（2016－12－28）[2022－09－15]．https：//www.sohu.com/a/122852866_466941.

② 中共中央文献研究室．习近平关于社会主义文化建设论述摘编．北京：中央文献出版社，2017：45.

成。在很多情况下，特别是在网络舆情发生和传播的过程中，网上公共舆论的出现往往先于议题设置。这就导致当网络舆情事件发生时，有相当一部分网民在网上发表的意见、观点是自发即兴的，往往不是以理性为主导的，而且比较随意，在注意力经济学的裹挟下，常常出现个体情绪化表达、从众和随大流现象。

2. 突发性

依附于突发事件形成的网络舆情，无疑和突发事件一样具有突发性。突发事件是社会生活中突然发生的重要事件，具有突发性强、受关注度高、影响力大等特点，对社会运行秩序、国家治理能力、公众社会生活等都具有重大影响。由突发事件形成的网络舆情热点敏感度高，舆论导向稍有偏差就有可能酿成“网络风暴”，继而引发社会群体性事件。这类网络舆情与突发事件如影随形，前者对后者快速做出反应。

做好突发公共事件的新闻发布与舆论引导工作已经成为近年来加强党的执政能力建设的一项重要工作。2016 年 8 月，国务院印发《关于在政务公开工作中进一步做好政务舆情回应的通知》，把“加强政务公开、做好政务舆情回应工作纳入政府提升治理能力的重要内容”，要求各级政府要围绕舆论关注的焦点、热点和关键问题及时回应，回应内容要实事求是、言之有据、有的放矢，避免自说自话，力求表达准确、亲切、自然。

3. 公开性

公开性是互联网最根本的特性，整个互联网就是建立在自由开放的基础上的。从本质上来说，互联网的公开性意味着个体权利和能力的扩张对传统金字塔模式的社会政治经济结构和体制的消解，体现在网络舆情传播过程中，就是人人都是麦克风，人人都是舆情信息的接收者和发布者。

在这样的背景下，普通民众虽然摆脱了传统意义上被动接收信息的境地，开始成为主动的信息传播参与者，但带来的后果却是在网络空间形成了“意见自由市场”①，产生了针对网络舆情的各种表达，消解了舆论的整合性，出现了舆论多元化和分散性现象，使得网络舆情在传播过程中出现盲目、冲动、偏激、缺乏理智甚至极化现象。

4. 多元性

在网络空间，具有不同身份、不同地位的普通民众，以不同的意见、观点、态度、情绪和信念进行在线交流，共同参与网络话语表达，这种主体的多元化有利于消除分歧，达成共识，促进问题的解决。正如哈贝马斯所说，理想的公共领域绝非单一、普通的公共概念，而是能够开放给弱势者表达不同的意见，容纳多样的意见表达，丰富公共论述的多元性。

然而，这种多元性虽然有利于不同网络用户进行意见、观点、态度、情绪和信念的相互确认，但也给社会认知边界提供了偏执的交往孤岛。在某些议题上自发形成的、没有边界、不受传统媒体引导的讨论具有一种天然的离心力，在抵消传统媒

① 意见自由市场是西方自由主义报刊理论的主要观点之一。最早由英国政论家、文学家约翰·弥尔顿在 1644 年《论出版自由》中提出。

体的向心力时，容易形成一个个圈地自萌的小圈子。①

此外，信息来源渠道的多元化还会进一步加剧网络舆情的扩散，导致网络舆情向纵深传播。以往由“单一”信息传播模式导致的单一公共领域在网络空间已经绝迹；取而代之的是一种由大小不同、互相交叠且互相连接的“马赛克拼贴”式（mosaic）“复数”公共领域（public spheres）。② 在这样一种呈现“复数”叠加式的网络公共领域，多元化的信息来源让舆情信息变得真假难辨、扑朔迷离，提升了信息去伪存真的难度；此外，同一舆情信息在经不同社交媒体转发扩散后，加剧了网络舆情的发酵，使得网络舆情进一步复杂化，增大了舆情应对难度。

5. 冲突性

冲突一般是指因目标、认知、情绪和行为的不同，产生矛盾和对立的互动过程。在任何团体或组织中，冲突都是无可避免的现象，是一种常见状态。传统的观点认为必须努力避免或消除冲突，因为冲突具有暴力、破坏性和非理性等特征。在互动论的观点中，冲突不仅具有解决问题的正向功能，而且是团体或组织为避免成员心态保守、观念滞后，需要加以引进的手段。

根据互动论的观点，冲突的价值是中立的，也就是对于一个团体或组织而言，冲突可能是利也可能是弊，利弊的判定规准是团体或组织的目标和绩效完成情况。有助于达成目标和增进绩效的冲突，被定义为“功能性冲突”（functional conflict）；有碍于目标和绩效达成的冲突，被定义为“失能性冲突”（dysfunctional conflict）。

在网络空间，不一样的话语表达、利益诉求引发舆论冲突是常态。判断冲突是否产生有益或有害的结果，应该统一在是否形成合力，是否调动了各方面积极性，共同为实现中华民族伟大复兴的中国梦而奋斗这一伟大目标中。无效能的冲突管理，常会导致组织成员对冲突采取负向反应。长期的负向反应积累下来，自然会形成竞争性、威胁性的组织文化，进而形成破坏性冲突，危害到组织的整体健康。反之，有效能的冲突管理会引导组织成员采取正向反应，会塑造出成员间合作性、支持性的文化规范，进而提升组织的健康绩效。

换句话说，在网络空间出现适度分歧未必是坏事。分歧可以促进开放性讨论和重要问题的提出，并鼓励创新性思维和解决问题。在充分发挥网络传播互动、体验、分享的优势时，听民意、惠民生、解民忧，凝聚社会共识，有助于形成共同防范社会风险、构筑同心圆的良好社会局面。另外也要清楚地认识到，冲突在被忽视或处理不当时会成为问题。

6. 匿名性

与现实生活中人们以真名实姓面对面交往不同，在网络空间，人们以一种隐名埋姓、不显露真实面目的方式进行交往。这种匿名社交因交流者看不见彼此，发送信息和取得反馈之间有时间差，有显而易见的“优势”。比如，可以卸下现实社会中的各种压力和包袱，更好地释放情感、表达自我，甚至可以发泄负面情绪等。

---

① 哈贝马斯．关于政治公共领域新一轮结构转型的思考和假说．（2021－12－22）［2022－10－07］．https：//www.aisoutu.com/a/1316906.

② KEANE J. Structural transformations of the public sphere//HACKER K L，VAN DIJK J. Digital democracy：issues of theory and practice. Thousand Oaks：Sage，2000.

但是，现代西方心理学实验研究已经证明，这种匿名性会让人们在网络空间交流时产生网络抑制解除效应（online disinhibition effect）。由于匿名，人们在网络中感觉到解放，变得更加肆无忌惮，并且更倾向于无视各种社会约束或社交禁忌，在网络交流中容易产生争论，发送具有进攻性的、令人难堪的和粗鲁不堪的信息，甚至会导致情绪失控。①

在网络舆情传播过程中，由于受"匿名"阴暗的裹挟，肆无忌惮、口无遮拦和不负责任常常会成为网络空间话语表达不可避免的发展趋势。②

2022年，一场被《人民日报》定性为小偷小摸的"大翻译运动"，蹭着俄乌冲突的热度，成为抹黑中国的舆论战的新花样。所谓"大翻译运动"，指的是通过片面截取翻译中文社交媒体上的一些过激言论，向外国受众传递带有明显反华倾向的诱导性和标签化信息。参与者表示，他们的初衷就是要让更多国家的人明白，中国人是"骄傲、自大、民粹主义兴盛、残忍、嗜血、毫无同情心的集合体"，他们的目的和期盼就是"希望全世界具华人血统的人能够脱离这些负面的情绪，真正和文明社会融为一体，为自己的愚昧而感到羞耻"。《人民日报》海外版社评指出，一个真实、立体、鲜活的中国形象，是任何"灰黑滤镜"都无法扭曲的，更是"大翻译运动"这种小偷小摸式的无耻行径无法从根本上撼动的。早日认清这个大势、调整好心态，才能最终摆脱沦为"西方耗材"的可悲下场。

7. 无界性

网络传播协定的全球性、网络传播模式的互动性、网络空间的匿名性以及便捷的搜寻功能，使得网络空间的使用者可以轻易地突破疆界的限制，建构起一个可以自由交流的"地球村"，从而摆脱"地理"界限的束缚。③ 一方面，网络可以让处于不同地理区域的人直接接近，在消解文化差异的同时，成为不同人群互换意见的渠道，特别是对于少数群体、困难群体而言，可通过网络扩大影响力，获得技术赋权（empowerment）；另一方面，网络打破了过去基于人际接触形成的社会秩序，与真实社群相比，虚拟社群具有跨地域性（空间距离不再是阻碍）、去时间性（实时互动及获取信息）、互为主体性（以独立个体的身份进行沟通，而非传统媒体社会的单向传输性质）等特点。

由于网络的无界性，各种意识形态、道德观念、价值观念能够在网络上充分集合、碰撞和交汇，也导致多种声音中会夹杂着具有有害性、破坏性的"杂音"或"噪声"，并且使得网络空间极易成为各类谣言、虚假信息的温床。在网络舆情传播过程中，以"造氛围""带节奏"的方式"夹私货"，以"含沙射影""指桑骂槐"的方式进行人身攻击，以"无中生有""拼接粘贴"的方式博眼球、赚流量，以"人肉搜索"的方式实施暴力的现象时有发生。每一次，当类似上述形式的网络信息被发布，均有可能引发网络舆论场的动荡，而每一次公众舆论的动荡，均会伴随着社会情绪的宣泄与释放。如果信息属实，网民行为理性有序，对网络舆情的影响

---

① SULER J. The online disinhibition effect. Cyberpsychology & Behavior，2004（3）.

② 郑桂灵．警惕"匿名社交"的潜在风险．北京青年报，2021-11-11.

③ SASSI S. The controversies of the internet and the revitalization of local political life. HACKER K，VAN DIJK J. Digital democracy：issues of theory and practice. Thousand Oaks：Sage，2000：90-104.

自然是良性的；如果信息不实或被别有用心的人利用，则极易造成不良后果，给当事人、利益相关方以及政府管理部门带来不同程度的困扰。

8. 难控性

随着以微博、微信等社交媒体和各种直播平台的发展，网络舆论生态正在发生深刻变化。线上线下、虚拟现实等的界限愈益模糊。一张图、一段视频经由社交媒体，几个小时就能形成病毒式传播。许多新情况、新问题往往因网而生、因网而增，许多错误思潮也都以网络为温床生成、发酵。此外，随着网络信息化的迅猛发展和网民规模的持续扩大，西方敌对势力正在把意识形态渗透的重点转向互联网。他们往往借助社会思潮、热点事件等多种形态，隐蔽地向个体传播思想观念，具有全面渗透、频繁互动、强烈回应等特点。

对于网络空间中出现的各类话题，尤其是敏感话题，要注意区别不同问题，灵活精准施策。对于错误思潮要及时批判，对于谣言要及时澄清，对于一般性争论和模糊认识要让科学战胜谬误。既不能把网上政治问题当成一般性问题，缺乏政治敏感性和政治警觉性，反应迟钝、应付消极；也不能把一般性问题政治化，把舆情当敌情，简单粗暴、一删了之。对于网上的舆论热点，要深入研判，要有高度的政治警惕性和政治鉴别力，线上线下要密切联动，不能云里来雾里去，绝不能任由一些人造谣生事、煽风点火、浑水摸鱼。①

习近平总书记指出："互联网已经成为舆论斗争的主战场。……在互联网这个战场上，我们能否顶得住、打得赢，直接关系我国意识形态安全和政权安全。"②"过不了互联网这一关，就过不了长期执政这一关。"③

四、网络舆情的类型和发展过程

（一）网络舆情的类型

随着互联网的发展，网络逐渐成为现实社会的镜像。从这个角度来说，网络舆情就是社会舆情的镜像，本质上是社会有机体的一部分。因此，按照不同的标准、不同的角度可以对网络舆情做出不同类型的划分。

按照涉事主体，可以将网络舆情划分为涉机构舆情与涉个人舆情。涉机构舆情又可分为政府舆情、企业舆情、社会组织舆情等，涉个人舆情又可分为公共人物舆情、一般公民舆情。

按照不同社会体系，可以将舆情划分为政治舆情、经济舆情、文化舆情、社会舆情、生态环境舆情等。

按照事件发生地，可以将舆情划分为境外舆情和境内舆情。

按照事件发生范围，可以将舆情划分为全国性舆情和区域性舆情。

按照事件发生领域，可以将舆情划分为公共舆情和专业舆情。一般公共性事件可以说是公共舆情；而一些只涉及特定范围和领域的舆情，比如学术不端、医患关系、优抚安置等，则属于专业舆情。这两者的划分是相对的，如果专业舆情牵涉面

---

① 吴涛．新时代网络意识形态斗争的根本遵循．中新网，2021－03－06．

② 习近平．在全国宣传思想工作会议上的讲话．2013－08－19．

③ 习近平．在党的新闻舆论工作座谈会上的讲话．2016－02－19．

广、影响大，就可能转化为公共舆情。

按照对事件评价的性质，可以将舆情划分为正面舆情和负面舆情。正面舆情以对事件的积极肯定评价为主，负面舆情以对事件的消极负面评价为主。通常，舆情应对主要是指负面舆情应对。

（二）网络舆情的发展过程

无论网络舆情属于什么类型，它的发生都不是一蹴而就的，它有一个发生、形成和发展的过程。大体上说，网络舆情一般经历以下几个发展阶段。

1. 网络舆情潜伏期

在网络舆情潜伏期，相关事件的敏感信息已经出现，并开始引发网上新闻报道或社交网络个别话题。这些话题的信息通常还比较零散，访问量也比较低，还没有引起广大网民的关注和议论，社会影响力有限。从严格意义上讲，这一阶段的信息传播还不能称为舆情，但其中已经存在舆情危机的潜在风险。

风起于青蘋之末。在网络舆情潜伏期，因为还没有形成大规模舆情事件，没有引起公众注意和社会反响，相关关联方、管理方处置起来也相对容易。如果能够重视舆情预警和监测，未雨绸缪，在发现舆情苗头后及时准确处置，对网络舆情进行源头干预，可以避免不必要的网络关注，防患于未然。或者通过及时研判并提出科学有效的应对引导策略，变被动为主动，开展积极正面的网络舆论引导，促进网络积极正面舆情的形成，保证网络舆情在整体上平稳有序地发展。可以说，舆情潜伏期往往是控制和引导网络舆情的黄金阶段。

2. 网络舆情形成期

网络上出现网民感兴趣的话题后，在社会心理等影响因素的作用下，网民对话题进行一系列的围观、跟帖评论、转发、回复和原创相关内容等行为，在表达他们态度、情绪和看法的同时，参与相关舆论的形成。在这一时期，意见领袖、网络推手和网络水军往往发挥着非常重要的作用。他们或借助自身信息、知识优势和影响力，或利用炒作套路和精心策划，有目的、有计划、有策略甚至有组织地针对某一事件进行议题设置、信息发布和推广，使网络话题的关注度快速、大幅提升，形成网络舆情。此时，相关关联方、管理方如果不能在第一时间发布权威和详细信息，消除公众的疑虑，种种猜测、传闻甚至谣言就会在网络上滋生并迅速传播。

3. 网络舆情发展期

网络舆情形成后开始在广度和深度上蔓延发展。当舆情事件获得一定的关注，网民对该事件会形成初步规模的看法、态度和情绪。网上部分群体的转帖和跟进增多，但尚未得到民众、媒体、舆论的整体高度关注。此时，针对舆情事件的倾向性话题陆续出现，带动更多的网络围观，进而导致该舆情事件的关注程度、传播范围和影响规模不断提升。随后媒体开始关注，将舆情的影响进一步扩大。发展期与形成期的应对处置策略类似，都需要尽早及时介入，防止网络舆情发展成为网络公关危机。

4. 网络舆情高峰期

在网络舆情蔓延扩大之后，越来越多的网络媒体平台的介入会吸引更多网民关注，网民参与人数不断增加，参与热情不断提高。他们通过各种途径获取相关信息，密切关注舆情事件的进展，并进行跟踪关注与质疑，追问事件真相，争论各方是非，声援社会正义，呼吁问题解决。在网络舆论中所传播的主要内容已由个人观点、态度或个别媒体报道汇聚为不容忽视的舆情导向，网上意见已高度统一。同时，在这个阶段，从众心理造成网民可能会有盲目跟风行为，滋生网络谣言。随着社会大众越来越关注事件的发展和解决，并对此过程中的各种处理和答复等表达关切、希望、不满和督促，网络舆情事件发展到网民关注热度的高峰期。面对强大的公众舆论压力，无论是对事件直接负责的当事方，还是作为社会管理者的政府有关部门，在进行舆情应对处理时都面临越来越大的难度。此时要高度重视舆情态势和民意诉求，从人民利益出发旗帜鲜明地表明观点态度，并对事件进行严肃调查，及时公布事件的有关信息，包括事件的真实原因、完整经过、处理方式和处理结果，给予公众满意的答复。同时，还应针对相关舆情事件的处理，制定相关政策或建立长期机制，以避免类似事件再次发生。

5. 网络舆论平息期

在网络舆情关联方、管理方出面处理解决相关问题后，随着事件真相公开，相关责任人被处理，网民的诉求得到满足，对事件的关注度逐渐降低。此时如果没有新的事件或话题出现，网络舆情就会从峰值下降至平息，网络舆情进入平息期。舆论平息并不代表网民对事件完全不关心或遗忘，如果相关方对该网络舆情事件处理不当，则又会引发新一轮网络舆论，直至这一轮舆论平息，网民不再对该事件予以继续关注。

第 3 节　后真相时代网络舆情传播新特征

“后真相”（post-truth）一词俨然成了这个时代的时髦词汇。如果后真相成为这个时代的特征，那么网络舆情治理就必然要以后真相为时代背景展开讨论。

1992 年，美国剧作家史蒂夫·特西奇（Steve Tesich）在《国家》杂志（*The Nation*）上发表了文章《谎言政府》（A Government of Lies）。在这篇文章中，特西奇认为无论是水门事件还是伊朗门事件，或是海湾战争，都显示了当权者极力掩盖真相，人民自主或不自主地只能生活在一个由政府缔造的后真相世界里。2004 年，美国历史学家艾瑞克·奥特曼（Eric Alterman）在著作《当总统撒谎》（*When Presidents Lie*）中提出了“后真相政治环境”（post-truth political environment）及“后真相总统职位”（post-truth presidency）等词汇，用以形容“9·11”事件后布什政府企图误导大众的政治生态。

可以说，“后真相”一词源于西方民主政治存在的严峻问题。2016 年美国总统竞选与英国脱欧两起标志性事件使“后真相”一词真正进入大众视野。

在《牛津英语词典》的定义中，“后真相”被描述为“诉诸情感及个人信念，较陈述客观事实更能影响舆论的情况”（circumstances in which objective facts are less influential in shaping public opinion than appeals to emotion and personal belief）。后真相时代预示着由传统媒体建构的舆论表达受到前所未有的挑战，网络空间流传的事实真相更加复杂多变，网络舆论生态出现了新的变数。认识和理解后真相时代网络舆情传播新特征对网络舆情治理有深刻的指导意义。

一、话语表达的情绪化

在后真相时代，网络舆情在社交媒体传播环境中具有了非理性和情绪化色彩，网民显露出情感认同宣泄，忽视和缺乏对事实真假的考证，主观臆断强于对客观事实的认知①，从而形成了新的网络舆情生态现象。

处于后真相时代，情绪能够左右真相是一个不争的事实。在这个时代，真相是什么已经变得更加次要，人们更愿意听自己想听的、看自己想看的，固守在符合自己兴趣的信息圈子里，进而形成了回声室效应和信息茧房。

1. 回声室效应

回声室效应（echo chamber effect），有时亦称为同温层效应，是指在一个相对封闭的环境中，一些意见相近的声音不断重复，并以夸张或其他扭曲的形式重复，令处于相对封闭环境中的大多数人认为这些扭曲的故事就是事实的全部。

互联网技术的发展、社交媒体的兴起，令这种现象越来越广泛。根据用户搜寻结果或使用习惯进行算法记录和分析，持续地将一位用户喜欢的内容提供给该用户，导致一个人在同一网络平台上接收到的信息被局限于某个认知范围，信息接收呈现“窄化”。

【案例】 重庆万州公交车坠江　红色小轿车车主一度位于舆论中心

2018 年 10 月 28 日上午 10 时左右，重庆万州长江二桥上，一辆公交车突然冲向对面车道并坠入水深 70 米的江中。事故导致包括司机在内的多人遇难。在重庆警方 11 月 2 日公布事故调查结果之前，处于舆论旋涡中的一直是被公交车碰撞的红色小轿车车主。

由于该车主是女性，且在开车时穿了高跟鞋，因此遭到网友的疯狂谩骂及各种攻击。造成网络疯狂谩骂主要是因为《新京报》发布的不实报道传达了这样的信息：这起事故的原因是红色小轿车逆行。在警方公布调查结果前，人们相信了在调查结果不明朗前的报道，并在网络舆论中坚定了红色小轿车逆行（见图 1－3）的想法，并将自己的一腔不满发泄在同样是受害人的红色小轿车车主身上。

图 1－3　现场监控视频

资料来源：新媒田宇．舆情经典案例：重庆公交坠江案．(2000－05－14) [2022－09－15]. https://new.qq.com/rain/a/20200514A064HD00.

2. 信息茧房

2006 年，哈佛大学凯斯·桑斯坦教授在《信息乌托邦》一书中提出，人类社

① 许诗琦．后真相时代，新闻媒体如何重塑话语权？．南方传媒书院，2019－11－29.

会存在“信息茧房”现象。他认为，在信息传播中人们自身的信息需求并非全方位的，人们只会注意选择想要的或能使自己愉悦的信息，久而久之接触的信息就会越来越局限、越来越窄，就像蚕吐出来的丝一样，细细密密地把自己包裹起来，最终被桎梏在“信息茧房”内，失去对其他不同事物的了解能力和接触机会。当时，他的这一观点还只是作为一种推论和预测；但随着互联网信息技术和人工智能的发展，这种“信息茧房”现象正越来越多地发生在网络空间。

【案例】“招财大牛猫”永久禁言

2021年9月16日，腾讯发布违规采编发布财经类信息专项整治的公告。公告显示，9月10日至9月16日期间，腾讯共清理违规内容29 160条，处置账号2 320个，其中，“招财大牛猫”被永久禁言。

“招财大牛猫”为财经类顶流账号。根据媒体报道，“招财大牛猫”的身份是一名“80后”私募基金经理，在2012年微信公众号推出的第一天，“招财大牛猫”就注册了。到了2015年，社交媒体迎来风口红利，尤其是微信端的流量，商业价值暴增。很多公众号抢占了巨大流量，“招财大牛猫”在这一年也等到了历史性的机会，个人影响力扩大了近十倍。微博粉丝从8万涨到了80万，微信阅读从4 000涨到了5万。到了2016年，每篇文章的阅读量都达到10万+，一个月接一次广告，一年广告收入就将近1 000万元。“招财大牛猫”无疑成了社交媒体财经类金字塔尖的人物。

中国的市场经济改革迅猛发展了四十余年，产生了极其复杂的市场形式，衍生出了诸如复杂定价、数字管理系统、股权交易等形式。这些复杂的市场形式已经超出了大众舆论的认识。然而在财经大V的影响下，众多涉及宏观政策解读、市场经济预判、金融领域（股市、楼市）波动、行业秩序和企业发展稳定等的财经类信息，在网络空间泛滥，形成病毒式传播，严重扰乱了市场经济秩序，极大地影响了资本市场定价权，损害了相当一部分投资者的利益。

资料来源：每日经济新闻．彻底凉凉！顶流财经大V“招财大牛猫”被永久禁言，曾自曝一年广告收入近1 000万．(2021-09-16)[2022-09-15]. https://m.nbd.com.cn/articles/2021-09-16/1915302.html.

梳理我国近年来的“后真相舆情事件”，可以发现在这些事件中来自不同网站、不明来源的信息，由于屈服于“认知偏差”的效应①，被网民借由各种流量分发传播出去，不断扩散主同温层空间。海量同质化的信息不仅禁锢了网民的认知，也同质化了他们的情绪，这使得整个网络社群呈现非此即彼的现象。在每个个体都参与的“后真相传播机制”中，诉诸情感的内容往往比诉诸理性的内容更容易得到传播。带有个人情绪色彩的评论往往比事实更容易引起关注与呼应。

在很多情况下，网民只能根据不完整的信息，盲目做出决策和表达意见，而在这种情况下的决策和意见往往包含了情绪表达。数据显示，在“后真相舆情事件”中，网民评论时用得最多的字眼就是良心、良知、愤怒、惊心、可怕等包含着丰富

① 社会认知以一种能动的观点为基础，描述人们对自己和自己所处社会世界的思考。根据心理学实验研究，人类大脑虽然每秒可以处理10^{16}个进程，但遗憾的是，也常常会出现认知偏差（cognitive dissonance）。认知偏差限制了人们做出判断的过程，常常会导致人们做出糟糕的决定、错误的判断。

情绪的词汇。后真相时代的真相就这么演变成了真相不再那么重要，个体的情感、个体的信念、群体的态度，较客观事实更能为个体——我接受。

二、事实核查的重要性

随着社交媒体时代的来临，真相的获取面临着“信息泛滥”的挑战。在多元复杂的网络传播空间，未经核实的假新闻和虚假信息大肆传播，一方面是网络大V夸夸其谈且无须对自己的言论负责的各类信息，另一方面是网络用户习惯性地凭借立场和偏见对事物进行判断的各种情绪表达。真相淹没在层层假新闻和虚假信息之下。

假新闻不是什么新鲜事，因为从有新闻那天起，就有伪装成新闻的谎言。19世纪末的黄色新闻（yellow journalism）、街头小报上的垃圾新闻（junk news）、伪新闻（pseudo-news）均可被视为其前身。到了后真相时代，互联网、人工智能和大数据等新技术，从制作和传播两方面极大地提升了虚假信息的欺骗性，造成了虚假信息的泛滥。

生活在后真相时代的人使用各类社交媒体进行自由讨论、思想表达、知识传播、情感分享。社交媒体看似制造了一个支离破碎的世界，其实只不过是折射并放大了既有的世界。在这个世界里，传统新闻机构的权威受到了剥蚀，它们定义什么是新闻、什么不是新闻的能力受到了侵蚀。真正的变化不在于新闻造假，而在于旧有的新闻守门人丧失了权力。

新冠病毒感染疫情以来各种关于“病毒起源”“阳性感染者”的谣言甚嚣尘上，干扰了我国的抗疫大局；而在2022年3月21日发生的东航空难事件中，“阴谋论”、调侃性话语、造谣传谣等层出不穷①，且这些言论与消息以截图、聊天记录等各种隐晦形式在互联网广为流传，这些“带有暗示预设、缺乏可证伪性”的信息往往难以溯源，且更容易引起较大的舆论风潮。因此，对虚假信息进行事实核查（fact check）也成为后真相时代网络舆情传播的一种新特征。

（一）事实核查是什么

事实核查并不是新近出现的新闻业态，其在发展之初是作为新闻机构的一种内部编辑审稿机制而存在的。此时的事实核查是事前核查，主要是针对报道中所涉及的材料进行把关和编辑，属于媒体内容把关程序中的一项制度或操作流程。②

过去新闻界建立在编辑审稿流程基础上的核实工作，在面对海量互联网信息来袭的背景下不断被压缩。与此同时，社交媒体对在线内容的过滤和评估工作的不足以及社交媒体平台本身的特性，使社交媒体极易成为谣言与虚假信息滋生的温床。正如英国威尔顿庄园会议（2017）所得出的结论：欢乐祥和的网络环境促进假新闻的生长，同时让互联网用户无从判断信源的真实性和可靠性。

---

① 根据国家网信办2022年3月26日消息，在东航MU5735坠毁事故发生后，个别网民借此造谣传谣、散布阴谋论、调侃灾难，造成了恶劣的社会影响。

② 张滋宜，金兼斌．西方媒体事实核查新闻的特点与趋势．中国记者，2017（2）.

【知识窗】 英国威尔顿庄园会议

威尔顿庄园会议（Wilton Park Conference）是一个历史悠久、享有一定知名度的高级别国际事务论坛，隶属于英国外交部，主张交流各方学术观点。

该组织自1951年成立以来，每年举办大约70场活动，旨在为国际政策的发展带来新思路，为关键的全球问题提出切实可行的解决方案。

2017年2月，该组织与联合国自由问题特别报告员以及加州大学欧文分校法学院合作，召集了来自科技行业、学术界、新闻界和政府的专家组织、成员，就假新闻（fake news）术语的范围和含义、不断变化的媒体环境、数字技术对媒体多样性和多元化的挑战、公众关注“假新闻”引发的后果、解决问题的方法、数字背景下新闻道德标准以及法律标准等各个层面展开批判性对话。

对新闻业来说，更大的威胁是那些完全基于阴暗利益而伪造的信息。例如，在美国总统大选中，在法国和德国的选举活动中，越来越多的无政府主义黑客、动机不纯的电脑游戏玩家、政府雇用的水军和极右翼的运动尽管动机各异，但却同时发起“假新闻”的攻击波。①

在此背景下，国际新闻界的事实核查运动拉开序幕，2016年被国际新闻界定义为“事实核查元年”。与早期媒体自身的事实核查相比，近年来的事实核查经历了一次从事前核查到事后核查、从新闻从业者核查到第三方核查及公民新闻参与、从人工信源核查到大数据核查、分布式核查等机器＋人工核查、从编辑部内核查到结果公布于众的“结构性转变”，事实核查逐渐从媒体的内部机制脱离出来形成独立的新闻样式。

（二）事实核查查什么

根据2020年3月1日起施行的《网络信息内容生态治理规定》第六条和第七条规定，网络信息内容生产者不得制作、复制、发布含有下列内容的违法信息：

（1）反对宪法所确定的基本原则的。

（2）危害国家安全，泄露国家秘密，颠覆国家政权，破坏国家统一的。

（3）损害国家荣誉和利益的。

（4）歪曲、丑化、亵渎、否定英雄烈士事迹和精神，以侮辱、诽谤或者其他方式侵害英雄烈士的姓名、肖像、名誉、荣誉的。

（5）宣扬恐怖主义、极端主义或者煽动实施恐怖活动、极端主义活动的。

（6）煽动民族仇恨、民族歧视，破坏民族团结的。

---

① FakeNews：innocuous or intolerable?（2017-02-17）[2022-10-07]. https：//www. wiltonpark. org. uk/wp-content/uploads/2020/09/WP1542-Report. pdf.

（7）破坏国家宗教政策，宣扬邪教和封建迷信的。

（8）散布谣言，扰乱经济秩序和社会秩序的。

（9）散布淫秽、色情、赌博、暴力、凶杀、恐怖或者教唆犯罪的。

（10）侮辱或者诽谤他人，侵害他人名誉、隐私和其他合法权益的。

（11）法律、行政法规禁止的其他内容。

网络信息内容生产者应当采取措施，防范和抵制制作、复制、发布含有下列内容的不良信息：

（1）使用夸张标题，内容与标题严重不符的。

（2）炒作绯闻、丑闻、劣迹等的。

（3）不当评述自然灾害、重大事故等灾难的。

（4）带有性暗示、性挑逗等易使人产生性联想的。

（5）展现血腥、惊悚、残忍等致人身心不适的。

（6）煽动人群歧视、地域歧视等的。

（7）宣扬低俗、庸俗、媚俗内容的。

（8）可能引发未成年人模仿不安全行为和违反社会公德行为、诱导未成年人不良嗜好等的。

（9）其他对网络生态造成不良影响的内容。

该规定不同于以往出台的规章，都是以“管理规定”命名，此次国家网信办出台的规定是以“治理规定”命名，表明了网络信息内容的管理不是政府部门单向的管理，而是网络信息内容生态建设的各方参与者都要依法履行的义务。一字之差体现了由“管理”到“治理”的理念飞跃。

（三）事实核查怎么查

2015 年 1 月至 2016 年 6 月，美国斯坦福大学历史教育小组走访了美国 12 个州共 7 804 名大学和中学学生，对他们的假新闻辨识意识进行调查。结果发现，在美国，约 82%的中学生不具备分辨互联网广告和互联网新闻的能力。大部分中学生判断新闻真实性是看细节多不多、照片大不大，而非消息源、时间、地点等新闻要素。有感于此，斯坦福大学历史教育小组成员借鉴“横向阅读”（lateral reading）技巧，归纳出了可供事实核查使用的三个问题：

（1）信息背后是谁？

（2）证据是什么？

（3）其他消息源怎么说？

由于这三个问题为帮助人们判断一则消息的可靠程度提供了明晰的路径，目前已被多家专业事实核查机构奉为核查准则。①

① 事实核查｜从斯坦福历史教育小组的三个问题谈起．(2022-02-05)［2022-09-12］. https://new.qq.com/omn/20220205/20220205A024XI00.html.

【案例】 事实核查：安徽籍偷渡客在缅北圈禁中国青年，5 人被抽干血死亡？

2021 年 11 月，中文网络流传消息称，缅甸和泰国警方破获一起特大人血液制品贩卖案件——24 名中国安徽籍偷渡者在缅甸果敢清水河设据点，以打工名义诱骗中国青年前往缅甸，然后将其圈禁起来抽血卖钱，过程中导致 5 人血液被抽干后死亡。

该消息于 15 日被马来西亚华文报纸《中国报》报道后，经雅虎新闻、三立新闻网等多家平台转载，在华语圈扩散开来（见图 1－4、图 1－5）。

图 1－4 “KOKANG OF MYANMAR 缅甸果敢”的推特账号@shenzhilong001 在 2021 年 11 月 14 日发布的一条推文

核查步骤

消息源自何处？

使用关键词“泰国 警察 果敢”对消息发布前后日期的资讯进行检索，未找到相关媒体报道。然而，在中文社交平台上发布的与此消息相关的内容中，有用户援引了名为“KOKANG OF MYANMAR 缅甸果敢”的推特账号@shenzhilong001 在 11 月 14 日发布的一则推文。

但是，在推特上已无法找到@shenzhilong001 于 14 日发布的这条推文。系统信息提示，该推文已被其作者即@shenzhilong001 自行删除。但使用推特高级搜索功能检索 14 日后用户就此消息对@shenzhilong001 的回复，仍能找到多条回复信息。从信息内容的相关性上可以判断，原推文应当真实存在过。

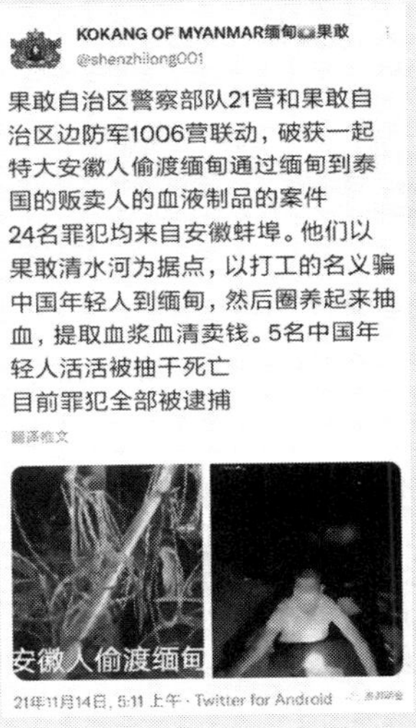

图 1－5 “KOKANG OF MYANMAR 缅甸果敢”的推特账号@shenzhilong001 在 2021 年 11 月 14 日发布的另一条推文

通过查看该账号过往发布记录，则可以发现大量与中国相关的中文推文，其中不乏一些未经证实的消息、假消息及带有偏见的立场。

由此可以初步判断，发布此消息的@shenzhilong001 并非一个可信信源，其大量推文用中文发布，立场偏颇，信息真实性低。

证据是什么？

@shenzhilong001 于 14 日发布的且

已被删除的推文包含两张疑似抓捕现场的配图。

通过图片反向搜索可以发现，配图中的两名人士虽然确实为偷渡客，但并非所谓的安徽蚌埠籍贩血罪犯，而另有身份。

图 1-6 中的男子因在家乡欠下大量赌债，曾在 2021 年 1 月铤而走险决定越境参赌，却被边境的铁丝网卡住动弹不得，最后被云南陇川边境管理大队章凤边境派出所解救后抓获。

图 1-6　云南网 2021 年 1 月 21 日发布的一则有关云南一男子因偷越边境不成被铁丝卡住的报道

图 1-7 中的人士，则是一名从缅甸木姐偷渡入境后被瑞丽当地武装民兵查获的偷渡客。中国首份缅文报纸《德宏团结报》数字报《胞波》曾在 4 月 1 日当天在其官方短视频频道@缅甸之音对这名男子做过报道。

图 1-7　中国首份缅文报纸、德宏团结报数字报《胞波》的官方短视频频道@缅甸之音 2021 年 4 月 1 日发布的一则有关一位被查获的偷渡客的报道

根据上述信息核查，可以判断出“致 5 人被抽干血死亡的安徽籍贩血团伙被抓捕”这一消息初始信源的推特账号@shenzhilong001 提供的新闻要素并不完整，所配图片均与该信息无关，存在误导性，同时亦无其他信源可以交叉印证。

资料来源：安徽籍偷渡客在缅北圈禁中国青年，5 人被抽干血死亡？媒体核查：无实证. (2011-11-19) [2022-10-07]. https: //www.shobserver. com/wx/detail. do? id=425516.

在实际操作中，运用斯坦福大学历史教育小组的这三个问题是一种行之有效的事实核查方法。不过具体地判断消息是否可信的依据有很多种，查询发布来源的方法也有多种，需要根据消息的具体内容灵活选择核查方法，解决各种各样的真伪判断问题。

另外，人工智能、VR 等技术的发展，使得真实与虚拟的界限变得更加模糊。视频、图片等更多沉浸式参与和情感体验元素的融入，使得信息在多样化表达之下，更易被篡改和造假，难以被识别。2020 年初，一张“被火烧焦的澳大利亚”的图片在社交媒体上引起病毒式转发，歌手蕾哈娜也转发了这张图表达自己对火灾的关切（见图 1-8）。然而，该图最终被辟谣，其来源于艺术家安东尼·赫尔西（Anthony Hearsey）基于 NASA 收集的一个月的数据叠加创作

图 1-8　蕾哈娜 2020 年 1 月 7 日在推特上转发“被火烧焦的澳大利亚”图片

的可视化模型，而非某一具体时刻澳大利亚的火灾蔓延情况。①

不可否认，就目前的技术发展水平而言，对虚假信息进行事实核查面临的挑战依然很多。自动抓取信息和生成文本的人工智能技术在不断改进，但这又导致造假工具和方法变得更容易获取且操作简便。与此同时，早先的人工事实核查机制已不能适应当前社交媒体上虚假信息产生的速度和规模，因此开发出一套更加高效的自动检测技术是未来大数据和人工智能助力解决假新闻和虚假信息问题事实核查的关键。

三、“两个舆论场”的统一性

“两个舆论场”的概念最早是由新华社前总编辑南振中提出的。他在 1998 年就注意到，在当时的中国客观存在着两个并不完全重叠的舆论场：一个是党报、国家电视台、国家通讯社等“媒体舆论场”，它们构成了主流媒体舆论场；另一个则是依托于口口相传，特别是经互联网由网民自发构成的“民间舆论场”。在互联网技术飞速发展的影响下，网民作为重要的舆论表达主体迅速崛起，必然会带来舆论格局的新变化。

“媒体舆论场”的传播模式是单向性的，关注的是宏观的社会效应，传递的是主流文化和核心价值观，服务的是最广大的人民，其语言表达是书面化的、严肃的、凝重的，往往给公众乏味、不接地气的印象，并且大部分公众的意见较难通过主流传媒得到及时、有效的反映。“民间舆论场”的传播模式是多向性的，其语言表达是生动的、活泼的、嬉笑怒骂的，情绪化的表达往往更接地气。更重要的是，这种情绪化的互动能力具有把分散的人群重聚起来的巨大作用，因而即使是日常生活中的某一个具体问题，也可能会被不断放大，形成超出预期的舆论影响力。②

“两个舆论场”的判断在一定程度上客观反映了进入 21 世纪，中国经济社会在“百年未有之大变局”下出现的社会舆论新思潮以及对舆情治理提出的新要求，然而却忽略了官方主流媒体舆论与民间舆论虽然在表达形式、自身特性有所不同，但在完成社会主义共同目标上始终具有高度的统一性和一致性。

2016 年 2 月，习近平总书记在党的新闻舆论工作座谈会上指出：有人说，当下中国存在“两个舆论场”，一个是以党报党刊党台、通讯社为主体的传统媒体舆论场，一个是以互联网为基础的新媒体舆论场。有人说，现在是“资本为王”的“资本媒体”“商业媒体”时代，是“人人都有麦克风”的自媒体时代，再提坚持党管媒体没有意义。有人说，坚持党管媒体，主要是对党和政府主办的重点新闻媒体而言的，对其他媒体并不适用。习近平总书记旗帜鲜明地指出，这些看法是错误的，由此提出了“同心圆”这一理论思想。③

什么是同心圆？就是在党的领导下，动员全国各族人民，调动各方面积极性，共同为实现中华民族伟大复兴的中国梦而奋斗。实现“两个一百年”奋斗目标，需要全社会方方面面同心干，需要全国各族人民心往一处想、劲往一处使。如果一个社会没有共同理想，没有共同目标，没有共同价值观，整天乱哄哄的，那就什么事也办不成。我国有十三亿多人，如果弄成那样一个局面，就不符合人民利益，也不

---

① 腾讯传媒．揭秘新闻中的“照骗”，都是如何伪造出来的．2020－11－12.

② 荆林波，甄宇鹏．两个舆论场的碰撞与挑战．中国青年报，2015－02－26.

③ 习近平．在党的新闻舆论工作座谈会上的讲话．2016－02－19.

符合国家利益。凝聚共识工作不容易做，大家要共同努力。为了实现我们的目标，网上网下要形成同心圆。①

第4节 网络舆情的社会功能

以手机为代表的移动互联网终端，整合了报纸、杂志、广播、电视、互联网等各类媒体，打破了传统的信息传播时空边界，改变了人们获取信息的方式。网络空间信息传播与传统媒体信息传播有明显的差异，它具备的开放性、互动性、即时性和无中心性等特点，导致网络信息在传播过程中非常容易产生“蝴蝶效应”“沉默的螺旋”现象②和“群体极化”效应。因此，当某一事件成为网络舆论的焦点，就会引发大量网民的关注，从而形成网络舆情，并产生强大的社会功能。

一、参与民主决策

从政治社会学角度而言，互联网为广大网民提供了十分重要的参与民主决策的途径和渠道，它所具有的开放性强、互动性高和去中心化等特点极大地激发了网民的参与热情和兴趣。目前，我国社会正进入高速发展期，特别是在中华民族伟大复兴的战略全局和世界百年未有之大变局的时代背景下，矛盾风险交织、国际形势多变，外加全球新冠病毒感染疫情的肆虐加剧，社会中的矛盾风险挑战极易在网络空间传导、叠加、演变、升级。在我国社会全面转型的同时，原有的、传统的制度规范被打破了，而新的制度规范又没有建立起来，结果造成严重的社会不公和社会失范现象。而由于社会参与机制和利益表达机制的不完善，一些对社会不公和社会失范现象的“愤懑”情绪有时候就会借助一定的突发事件，通过网络宣泄出来。移动互联网则赋予了每个网民自由表达的权利，使每个网民都可以非常方便地发布信息，从而成为公民记者。这意味着，在任何时候、任何地方都有一批这样的人，他们以各种方式记录着周围发生的事情，用自己独特的视角观察着社会，并通过互联网迅速发布信息和展开评论。同时，网络信息传播迅速，能够迅速形成网络舆论，导致网络舆情的产生。围观已经改变中国社会。广大网民在各种舆情事件的围观中，找到更多问题，挖掘更多事实，已经成为主导舆情事件向纵深发展的主力军。在某种意义上，这真正体现了“群众的眼睛是雪亮的”这一论断的正确性。③当前，网络舆

---

① 习近平．在网络安全和信息化工作座谈会上的讲话．2016-04-19.

② “沉默的螺旋”（the spiral of silence）理论是德国社会学家伊丽莎白·诺埃尔-诺伊曼（Elisabeth Noelle-Neumann）提出来的。她认为：“人们表达观点时的克制使得受到大声支持的观点显得比实际上更强势，而另外的观点更弱。在意见传播的螺旋过程中，一种场域形成的意见向其他场域传播，同时，这一过程鼓励人们要么大声支持某一观点，要么保持沉默，直到一种观点在公共场域占据上风，而其他观点在它的支持者变得哑口无言后从公众意识中消失。这一过程可以叫作‘沉默的螺旋’。”在“沉默的螺旋”理论看来，社会舆论的形成是大众传播、人际传播和人们对“意见环境”的认知心理三者相互作用的结果；经大众传媒强调提示的意见由于具有公开性和传播的广泛性，容易被当作“多数”或“优势”意见认知；这种环境认知所带来的压力或安全感，会导致社会生活中占压倒性优势的“多数意见”——舆论的诞生。“沉默的螺旋”理论是关于传统媒介环境下公共舆论生成过程的假设，在互联网环境下，这一理论仍然成立。

③ 熊光清．网络“扒粪运动”：一种新的社会监督力量的兴起．探索与争鸣，2013（2）.

情事件已经成为网民表达民意、鞭挞腐败、揭露社会丑恶现象迅捷而有效的工具。

二、进行社会监督

从新闻传播学角度而言，大众传媒具有守望环境、协调社会的功能，体现在新闻报道上，就是新闻具有舆论监督功能。互联网的便捷性、平等性和开放性为广大网民提供了一种全新的参与新闻舆论监督的方式。在网络空间，由传统新闻媒体主导的议程设置正在经历权威被消解的过程。一方面是广大网民所看到的信息内容完全取决于自己的关注，议程不再完全由媒体设置；另一方面，广大网民的集体发声改变了以往传统媒体设置议题议程、公众被动接受的话语体系，出现公众设置议程、传统主流媒体跟进、政府做出反应的“舆论倒逼”现象。① 网络舆情在经广大网民参与、在大范围的议题争辩达到意见趋同的情况下，形成强大的社会舆论，向政府部门施加压力，这种压力既包括网络民意集聚形成的压力，也包括网络媒体突破地方和部门管制引起上一级政府关注和干预而形成的压力。从性质来说，网络舆情倒逼舆论的现象其实就是舆论监督在新媒体时代一种新的表现形式。传统的舆论监督主要借助大众传播媒介得以实现，大量的普通民众实际上是很难通过大众媒介表达意见建议的。然而，在网络空间，海量的信息获取、畅通的声音表达以及活跃的意见沟通，在使民众的知情权、表达权、参与权得到落实的同时，也使得监督权有了施展的天地。②

从积极的意义来看，网络舆情参与民主决策、舆论监督的功能可以让权力在阳光下运行，帮助把权力关进制度笼子。然而，互联网的人人可参与性，网络舆情的自发性、突发性、公开性、多元性、冲突性、匿名性、无界性、难控性等特点，也就决定了参与者素质的良莠不齐以及动机的千差万别，造成包括网络舆论暴力难以避免的现象，诸如侵犯别人隐私的“人肉搜索”，对他人的恶意诽谤、造谣和谩骂等精神伤害。上述网络暴力行为要比现实生活中的暴力行为传播得更迅速、影响更持久、波及范围更广。

三、重塑社会结构

网络舆情一旦形成，就会对个体的社会交往、群体利益的表达以及原有的社会组织结构起到重塑作用。按照结构功能学派的观点，社会是一个有机体，它的各个部分（政治、经济、文化包括大众传媒等）组成互相依存的体系，其中每一部分都为该体系的平衡做出贡献，一个部分的变化会引发该体系的暂时失衡，从而引发其他部分的变化，甚至改变整个体系，形成新的平衡，使有机体产生新的功能。就网络舆情的传播效果及演化机制而言，当网络舆情事件受到群体合力、情绪感染力、流量推力、现实阻力、利益摩擦力等各方面社会因素影响时，往往会出现信息变异、真相缺失、无序传播等新情况。因此，正确认识网络舆情的社会功能是 Web 2.0 时代面临的重要课题。

---

① 杨霄璇，方舟．传统主流媒体面临的 4 大挑战+4 大对策．中国网信，2020（4）.

② 唐绪军．如何看网上民意与互联网监督：学习习近平总书记在网络安全与信息化工作座谈会上讲话的体会．人民网，2016-04-20.

正是网络舆情的复杂性给网络舆情治理带来了极大的挑战。一方面，我们对网络舆情的认识要不断深化，以往将网络舆情视为洪水猛兽的想法在人人都有麦克风、人人都是传播者的时代要改变，要正视网络舆情具有积极的守望环境、协调社会的功能；另一方面，我们对网络舆情的处置要不断科学化、方法化。当网络舆情事件发生时，要改变过去对互联网的“不理、不用、不管”的状态，要提倡尽早说明、持续说明、准确说明和反复说明的处置方针，要清楚认识到对网络舆情一味采取“封堵”“删帖”等做法不是根本解决之道。此外，要深刻认识到互联网不是法外之地。利用网络鼓吹推翻国家政权、煽动宗教极端主义、宣扬民族分裂思想、教唆暴力恐怖活动等，这样的行为要坚决制止和打击，绝不能任其大行其道。利用网络进行欺诈活动、散布色情材料、进行人身攻击、兜售非法物品等，这样的行为也要坚决管控，绝不能任其大行其道。

习近平总书记在多个场合反复强调，过不了互联网这一关，就过不了长期执政这一关。而要过好互联网这一关，党的各级领导干部首先必须学会上网。各级党政机关和领导干部要学会通过网络走群众路线，经常上网看看，潜潜水、聊聊天、发发声，了解群众所思所愿，收集好想法好建议，积极回应网民关切、解疑释惑。善于运用网络了解民意、开展工作，是新形势下领导干部做好工作的基本功。只有热情拥抱互联网，善于利用互联网，才能让这个“最大变量”变成“最大正能量”。这是国家治理体系和治理能力现代化的题中应有之义。

【本章小结】

本章首先就舆情的概念进行了古今辨义，继而提出网络舆情的概念，并分析了网络舆情的三要素以及自发性、突发性、公开性、多元性、冲突性、匿名性、无界性、难控性等传播特点；随后对后真相时代网络舆情出现的新的传播特征进行了描述，提出事实核查的重要性，并对“两个舆论场”的统一性进行了定性论述；最后从政治社会学和新闻传播学角度分别阐述了网络舆情的社会功能。

【复习思考题】

1. 舆情是什么？
2. 网络舆情的特点是什么？
3. 如何理解网络舆情的社会功能？

第 2 章　网络舆情的发生

探讨网络舆情的基本理论及运动规律，必须研究网络舆情是怎样产生的，它的发生机制如何。网络舆情曾如同洪水猛兽，肆意横行于中国社会，让很多人“谈舆色变”。而一件件来势凶猛的网络舆情因何而生，如何发展到如此境地，其中的主要原因是什么，很多网络舆情与同时伴有的网络谣言有什么关系，在网络舆情中意见领袖发挥着怎样的作用，等等，所有这些都是值得我们认真研究的。

第 1 节　网络舆情的发生机制

网络舆情的发生有特殊的机制和规律，需要综合运用传播学、社会心理学等学科的研究方法，进行分析和研究。从生成、发展过程角度来看，一般分为潜伏（酝酿）、形成（发生）、发展（扩散）、高峰（爆发）、平息（衰退）。网络舆情的发生有深刻的经济社会原因，也受益于互联网的蓬勃发展，此外，还有网民社会心理等原因。网络谣言与意见领袖，也是我们分析网络舆情成因的重要因素。

一、网络舆情的生成过程

分析网络舆情的生成过程，可以先从舆论生成过程的共性入手。关于舆论的生成过程有诸多说法，国外的观点以克莱德·金于 1928 年提出的舆论四阶段为代表，他在为格雷夫的《阅知舆论》一书所写的前言中指出，舆论生成有以下四个阶段：公众对某种事情产生不满；公众将不满普遍地表达出来，产生共同需要；通过媒介讨论或争论；权力组织进行判断和决策。另一位西方学者杰克逊·鲍尔于 1960 年提出三阶段七步骤说。三阶段即大众行为阶段、公众争议阶段和有组织的决策阶段。七步骤即对上述三阶段的细化：问题出现，引起个体注意；一些组织和团体提出解决方案；不同观点间对立和争论；求同存异，争取更多支持者；形成主流意见舆论；管理层接受主流意见，形成决策；诉诸行动。

我国舆论学研究者刘建明在 1988 年出版的《基础舆论学》一书中，把舆论生成划分为四个阶段：个人意见阶段；舆论圈出现融合阶段；舆论领袖指导阶段；获得权威性阶段，即舆论在社会中产生指导作用。获得权威性标志着舆论已经形成。①

上述中外专家学者的观点，基本上准确描述了舆论生成过程。与一般舆论相比，网络舆论的生成突出了网络平台的作用，大体会经历以下过程：首先要有一个议题的提出，且该议题是公众所关注的热点问题；网站编辑或论坛管理员、网络推手、自媒体网络写手等，将网络原创信息或者转载传统媒体的报道在互联网上发布；随后网民借助论坛、微博、微信等平台渠道进行传播，引发广泛关注与争议，

① 刘建明，等．宣传舆论学大辞典．北京：经济日报出版社，1993.

网络本身特点和网民心理因素等促使议题升温，形成舆论场，传统新闻媒体介入并进行深入报道；随着舆论关注度的提高，在网络媒体和传统大众媒体的交互作用下，舆情主体规模进一步扩大，舆论关注度进入高峰期，形成强大的舆论压力，对现实社会产生影响；最后社会决策层或管理者出面，干预事件的进程，促使问题解决，舆论热点减退和消解。

二、导致网络舆情发生的主要因素

网络舆情是在互联网上流行的对社会问题不同看法的网络舆论，是公众对现实生活中某些热点、焦点问题所持的有较强影响力、倾向性的言论和观点。网络舆情的发生，是多种因素共同作用的结果。网络舆情的发生机制，是网络舆情萌生和形成的机理及一般规律，主要包括社情民意聚集、参与网民数量叠加、网络媒体议程设置、意见领袖引领推动、传统媒体互动共振、利益集团借网造势等。探究导致网络舆情发生的主要因素，可以从经济社会环境、互联网发展、网民心态和社会心理、网络管理、意见领袖等角度进行分析。

（一）经济社会环境的影响

从经济社会发展背景来看，网络舆情是新时代我国经济社会发展和社会主要矛盾变化的体现，也与我国当前处于社会转型期有关。

1. 经济社会发展和社会主要矛盾的变化

改革开放以来，我国各项事业取得了巨大成就，人民物质文化生活得到极大改善，物质文化生活需要得到充分满足。2017 年 10 月，习近平总书记在党的十九大报告中，从中华人民共和国成立特别是改革开放以来我国经济社会发展的重大成就和显著进步出发，做出了中国特色社会主义进入新时代，我国社会主要矛盾已经转化为人民日益增长的美好生活需要和不平衡不充分的发展之间的矛盾这一重大政治论断。习近平总书记指出："我国稳定解决了十几亿人的温饱问题，总体上实现小康，不久将全面建成小康社会，人民美好生活需要日益广泛，不仅对物质文化生活提出了更高要求，而且在民主、法治、公平、正义、安全、环境等方面的要求日益增长。同时，我国社会生产力水平总体上显著提高，社会生产能力在很多方面进入世界前列，更加突出的问题是发展不平衡不充分，这已经成为满足人民日益增长的美好生活需要的主要制约因素。"从人民需要的变化看，人民日益增长的物质文化生活需要已经转化为人民日益增长的美好生活需要，人民生活需要领域拓展、层次提升。人民生活需要覆盖各个领域，除了物质文化生活需要之外，还有政治生活、社会生活、生态文明等领域的需要。在政治生活领域要求享用社会主义民主政治、社会主义法治国家建设的成果；在社会生活领域要求进一步维护社会公平正义，增强包括人身、财产安全在内的多方面安全感，人民要求平等参与、平等发展的权利得到充分保障，依法享有广泛权利和自由，如知情权、参与权、表达权、监督权等；在生态文明领域要求享用美丽中国建设的成果。从社会生产力和社会发展变化看，落后的社会生产已经转化为不平衡不充分的发展。贫困已经基本摆脱，匮乏已经普遍消除，人民美好生活需要一部分得到满足、一部分还得不到满足，美好生活需要在一部分人中得到满足、在一部分人中还得不到满足。新时代的发展不平衡，主要表现在城乡区域发展不平衡、居民生活水平不平衡、基本公共服务提供不平衡上。新时代的发展不充分既表现为发展总体水平的不充分，也表现为由发展不平衡表现出来的部分地区、行业的发展不充分，还表现为发展质量不高、效益不好的发展不充分。随着经济体制、社会结构和利益格局的深刻变化和调整，社会矛盾逐渐显现。

2. 社会转型期的变化

当前我国学术界特别是社会学学者在有关论述中经常会以“社会转型”来概括当前中国社会发展基本形势。所谓“社会转型”，就是社会经济结构、文化形态、价值观念等发生深刻变化。一是指体制转型，即从计划经济体制向市场经济体制的转变。二是指社会结构变动，人口老龄化加剧，中等收入群体扩大，并滋生“焦虑”乃至“不满”。三是指社会形态变迁，中国社会正发生着从传统社会向现代社会、从农业社会向工业社会、从封闭性社会向开放性社会的深刻转变。社会转型是一个缓慢的过程。平稳地实现转型，将会给人们的思想观念、生产方式和生活方式等带来全新的变化。转型期资源配置不当、利益分配不均，使社会事件与民生问题交织在一起，环境问题、医患冲突等“老话题”在“新热点”的推动下频频凸显，成为催生网络舆情的重要背景。

（二）互联网发展尤其是社交媒体影响力增强

进入21世纪，互联网蓬勃发展，网民数量几乎向全民覆盖，新技术应用日新月异，新传播平台大量涌现。网络传播具有容量无限性、载体无形性的特征，各种思想、信息在网上泛滥，极易引发网络舆情事件。互联网作为网络舆情的载体，发挥着思想文化信息的集散地和社会舆论的放大器的作用。网络对民众生活的影响逐渐深入，作为第四媒体的互联网，也得到从政府到民众越来越多的认知和运用，不同的网络媒体由于影响力不同，对网络舆情的影响也存在一定的差异。热点事件一般经由一些知名网站披露或后续转载及跟踪报道，快速形成网络舆情。大部分的热点事件首先会经由社交媒体的疯狂转发，引发大量网民关注，然后传统媒体跟进并深度报道，各大网站转载，便迅速形成网络舆情。这些网络媒体有较大的用户访问量，传播能力强，社会影响力显著，在热点事件演化为网络舆情的过程中起到推波助澜的作用。因此，网络媒体的影响力也是网络舆情形成的影响因素之一。

近年来，报纸、电台、电视台等传统媒体和官方新闻综合网站的发展前景不容乐观，报刊种类、发行量明显减少，电视收视量和网站点击量呈总体下滑趋势，舆论影响力相对减弱。与此同时，移动互联网社交网络兴起并迅猛发展，网络舆论力量日益强大，正在改变其以往边缘媒体的地位并已有渐成主流媒体的趋势，舆论场上已经出现传统媒体缺位而照样引发大规模网络舆情的现象。传统媒体的集体沉默和缺席，并没有阻止网络舆情的大规模、高强度的社会影响力。

信息技术的发展带来大数据技术的挑战。在大数据时代，互联网信息呈现海量、动态、多样的异质性特征，舆情数据载体越来越多，传播范围越来越广，产生速度也越来越快。大量的相关性和零星因素使得舆情更加复杂多变。海量数据强化了社会舆论的去中心化，极端观点更容易通过网络乘数效应放大，从而强化舆论的极端情绪。

社交媒体等新媒体的新功能和影响力不断增强，大大促进了网络舆情信息的空前繁荣。移动社交媒体深刻改变了舆论传播平台格局，对传统舆论场形成了冲击，给网络舆论场带来了新的变化，呈现出新的特点。人们利用各种新媒体工具在网络上发表意见、阐述观点，使很多社会话题迅速成为舆情焦点。社交媒体已超越搜索引擎，成为互联网第一大流量来源。一些社交媒体引入了直播短视频、热门搜索、弹出窗口、视频弹出屏幕等功能，使得信息传播更快、更直接。在这些功能的帮助下，一些地区性、地方性甚至零星的个案在互联网上迅速发酵，形成小而快的舆论热点。

（三）网民心态和社会心理的影响

随着互联网的发展，网络舆情也成为表达民意的一种方式，网民会把自己对某事件的观点、态度以及看法通过论坛、社区、微博等社交媒体表达出来，有相同利益诉求的网民就会因为某事件形成强大的网络舆论，通过跟帖、转载等方式使得事件迅速发展，进而发展成为较大的网络舆情事件。从网民心态和社会心理角度看，网民彼此并不熟悉甚至并不认识，只是因为他们对某一事件有着相同的认知和情感，所以可以很快聚在一起，发出共同的声音。网络舆情大多数是社会现象难题的体现，当每个人都有“话筒”时，网络舆论日渐展现需求多样化、内容复杂化的趋势。互联网用户数量庞大，加上固有偏见和情感投射等心理效应，以及大数据算法的推荐带来的“信息茧房”困境等因素，在一定程度上影响了网络舆情的发生和发展。

（四）网络管理缺失或舆情处置失当

从网络管理角度看，网络管理缺失、舆情处置不当，是一些网络舆情发生的重要原因。

网络管理的普遍性问题主要有三点。一是思想认识不到位。一方面，在新媒体时代，相关部门缺乏有关网络舆情的媒介素养。它们没有把网络舆情纳入日常重要工作，缺乏及时处理舆情信息的意识，不能及时地采取有效措施遏制事件影响范围扩大，或者以“失语”“离场”来面对舆情苗头，没有及时地将舆论往积极的方向引导，从而丧失了引导舆情和应对舆情的主动性，导致舆情事件进一步扩大。另一方面，对负面信息的潜在危害估计不足，在信息披露之初疏忽大意、粗枝大叶，或发布“官方言论”过于强势武断，引发公众质疑，导致舆情发生和事件升级。二是制度机制不健全。互联网舆情监管需要一套长期的工作机制，如风险评估、监测和预警、应急响应、引导处置等。但一些地方政府和部门在相关建设中投入不足，落实不够，各部门相互之间缺乏配合。三是应对方法不当。对突发网络舆情事件缺乏正确引导，在处理应对公众意见时方法不当。出现有关事件后，不能合理、适度、及时向公众解释事件的原因、过程和处置结果，对网民质疑推诿拖延、避而不答，或回应以不够策略性、理性的言论，客观上招致网民反感，加剧了网民的负面态度和情绪；不善于运用新闻媒体来处理事件，不重视媒体，不能有效地利用媒体手段来正确引导舆论走向；缺乏危机意识，认识不到事件爆发后带来的严重后果，不能在事件刚刚萌芽的时候及时扼制事态发展，及时给出合理应对方法；在舆情事件的处理过程中，没有充分利用先进的技术手段，如大数据舆情监控系统。这些都对网络舆情的发生造成显著的影响。

此外，一些网络舆情并非产生于社会事件与社情民意，而是某些个人、利益集团、网络推手和网络水军编造的网络谣言。网络谣言、虚假信息和不良信息也是诱发部分网络舆情的重要因素，特别是网络谣言。网络意见领袖是互联网上一股重要的力量，在网络舆情的生成中发挥着重要作用。一个事件在成为网络议题的过程中，网络意见领袖起到很大的作用，甚至能影响到事件的性质及议题走向。本章第 4 节将专门介绍。

第 2 节　网络舆情与社会心理

社会心理是指在特定的时期内社会及其群体的整个心理状态，是整个社会的情绪基调、共识和价值取向的总和，是人们对社会现象的普遍感受和理解，是社会意识的一种形式，体现在人们普遍的生活情绪、态度、言论和习惯中。社会心理是自发的、零乱的，是对社会生活的初级的大多包含直觉成分的反映。人们的社会心理状况最终取决于社会生活实际，直接形成于种种现实生活迹象对人们的刺激和人们的理解与感受，社会心理促成一定的社会风气。构建和谐社会需要重视网络舆情中的社会心理，注重发挥社会心理机制的作用。和谐社会的社会心理机制是社会需要、社会认知、社会情感、社会态度等一系列社会心理因素及其机能共同作用的结果。只有有效发挥社会心理机制在构建和谐社会中的作用，才能更好地促进社会不断走向和谐。

社会舆论是社会心理的外化，网络舆论生成在很大程度上源自相关社会心理存在。

一、网络舆情中社会心理的主要诉求

近年来的网络舆情重大事件折射出网民对社会公正、社会信任、社会安全、国家荣誉、经济民生、社会道德等社会方面问题有着强烈反应和特别关注；在对待网络事件中当事人的态度上，网民经常表现出从众心理、恶意成见、冲动易变、暴力偏执等心理现象。网络舆情事件的发生与一定时期的群体社会心理有着密切的关系，需要政府管理者高度重视。有些看似地方性、个别性的事件，常常会演变成全国性的引起社会广泛关注和参与的事件，其中，事件本身必定与我们所处的时代、民众的生活感受具有某种直接或内在的关联性。从关注内容上看，网络舆情所折射出的社会心理主要关注以下几个方面的社会议题。

1. 社会公平正义

近年来，社会转型带来的结构性矛盾成为舆情的重要触发因素，社会公平正义得不到彰显，很容易激起强烈反响。其中，反腐败是一个焦点，官员言行不当、作威作福、滥用职权、贪污受贿等屡遭网民非议。另外，司法、行政中的公平、公开、公正问题也是关注热点。公众对公权力滥用、官员腐败等不良行为和现象，怀有强烈的怨恨，对一些公共事件形成一种刻板的印象，许多网民对政府部门怀有先入为主的不信任，既由此推动舆情事件的发生，又加剧了网络舆情处置的难度。

2. 民生

食品安全、医疗卫生、文化教育、就业养老等民生诉求成为社会民生舆情多发领域，也是网络舆情所折射出的社会心理关注热点。网民对食品安全问题频发，生态环境恶化，房价高，医疗卫生领域的就医难、就医贵，教育领域的入学难、教育内卷、校园安全事故、学生霸凌，就业领域的就业难、职场“996”等问题多有不满。近年来民生诉求类舆情事件频发，体现出网民民生维权意识的不断增强和当下解决民生问题的迫切性。

3. 社会风俗、道德

近年来，以社会风俗、道德争议问题为焦点的网络舆情事件数量及舆论压力不断攀升。风俗是特定社会文化区域内历代的人共同遵守和传承的传统风尚、礼节、习性。道德是人们共同生活及其行为的准则和规范，通过社会的或一定阶级的舆论对社会生活起约束作用。社会公德是指存在于社会群体中的道德，是生活于社会中的人为了群体利益而约定俗成的行为规范。它对维系社会公共生活和调整人与人之间的关系具有重要作用。当代社会公德主要有文明礼貌、助人为乐、爱护公物、保护环境、遵纪守法等。

当前道德失范现象仍然突出，道德观念下滑已成为当今突出的社会问题，也是网络舆情形成的重要影响因素之一。一方面，近年来我国经济领域取得了突飞猛进的成就，但是精神文明建设和民众道德水平还有待进一步提高。地域歧视、性别对立、婚丧陋习、学术学历造假、低俗消费、行业潜规则、隐私泄露等违背公德、伤风败俗的网络事件层出不穷，广大网民对此有所不满，也对道德重塑和道德建设有所期待。另一方面，在拜金主义、个人主义、享乐主义等思潮的冲击下，部分网民对西方价值观念产生亲近感、信任感、认同感和依赖感，在是非观念上模糊不清，道德水平下降；更有部分网民认为网络是一个与现实完全剥离的虚拟社会，没有任何约束，可以任意发表言论，即便有不合道德的言行举止，也无法追究，因此其道德约束力下降，进而放纵自己的言行，将现实社会中的不满和怨气以非理性的方式释放。

道德绑架是现今社会发生最多的网络暴力现象，并逐渐成为社会舆论关心的热点。网络舆论场中的“道德绑架”现象是网民基于某一碎片化的网络舆论热点事件，以个体或群体所认定的道德伦理为标准，以行善为目的，胁迫当事人做出符合网民舆论倾向的行为，如多次发生的网络“逼捐”事件。“道德绑架”实则是不道德的行为，它不仅侵犯了当事人的自由和权利，而且严重污染了网络舆论生态空间，给网络道德建设带来了极其严峻的挑战。

【案例】 “小莉哭了”，全网都气坏了，“安阳王”怂了

2021年9月20日，河南省安阳市八旬老人耿女士在小区遛弯时被两条大型犬咬伤。小区监控显示狗主人（安阳市市场监管综合行政执法支队正科级稽查专员王新刚）就在现场。受伤

后，耿女士的家人采取了一系列维权措施，但公安部门、城市管理局、街道社区等各方推诿扯皮，两个月没有解决问题。狗主人王新刚竟然公然威胁说要拿枪崩了记者，被网友誉为“安阳王”。省媒《小莉帮忙》的记者杨小莉在镜头前捂脸痛哭，称“对不起”。小莉哭了，全网都气坏了。“小莉哭了”登上了短视频平台的热榜高位并引发网络大规模热议。安阳市委、市政府派出工作组，狗主人这才向受害者赔礼道歉，“安阳王”终于怂了。

这一网络舆情引发了众多网民关注。网民的看法主要集中于三点：一是认为职能部门失职，不作为，官官相护。二是认为存在腐败问题。表面看是狗咬人，但由于狗主人身份问题，以及狗咬人后发生的连锁问题，其背后必然有腐败问题。三是就养狗管理问题开展讨论。网民联系亲身遭遇的“狗问题”，感慨养狗已经成为社会性问题。可以说，这三点都切中了广大网民的心理需求和关注。

二、网络舆情中社会心理的情绪偏好表现

除了网民在社会方面的上述诉求，一般网民还存在一些心理偏好，表现为“吃瓜”围观、同情弱者、规则信任缺失、偏爱负面消息、猎奇和追丑等，这些情绪偏好，有的基于网民朴素的价值观和理性，有的则反映出网民的非理性心理，在很大程度上促成了网络舆情的发生。

1. “吃瓜”围观

“吃瓜群众”是近年来网络世界流行的热词。喜欢看热闹是人类心理防御机制的一种体现，具有一定的积极意义。人们在生活不如意、遭受困难与挫折后，做一个吃瓜群众看看热闹，能够减轻精神压力，恢复心理平衡。对于每一个看热闹的人而言，潜意识里仍然对社会事件持关注态度，并且认为社会是需要公平和正义的，这对个人自尊的实现以及心理平衡有很大裨益，所以在促进个人心理健康上是有积极意义的，吃瓜群众显然要比冷漠麻木、对世事毫不关心好得多。

绝大多数网民在网络舆论中是与舆情事件没有直接利害关系的围观者，但其中也有一部分作为积极介入者参与评论或转发信息，对舆情事件的正义方、受害方予以声援。他们遵循基本的正义原则，通过自觉或不自觉的发声，汇聚成强大的社会舆论压力，促使有关部门积极回应舆论，解决问题。正视、正面回应广大网民期待，顺应民意，维护社会稳定，也是对有关部门舆情应对和引导工作的基本要求。由此可见，广大网民“吃瓜”围观心理对网络舆情的生成具有积极意义。

2. 同情弱者

“同情弱者”现象，是指在网络舆论中，舆论倾向出现明显的偏向于被主观认定的“弱者”的现象。同情弱者是人之常情，人心向善当然是好事。但如果一味地甚至不分青红皂白地同情所谓“弱者”，就会产生问题。比如：近年来在涉警涉城管舆情事件中，一些媒体和网民出于同情弱者的心理，极力贬低、攻击警察正常的警务和城管人员正常的城市管理执法行为，甚至进行群体性人身攻击，有意无意地渲染阶层、群体之间的对立，使相关舆论情绪化、极端化。不仅如此，对“弱者”的界定也变得混乱，更易受到既有态度、情感等非客观因素的影响。网络舆论中的同情弱者心理，可能会影响舆论的健康发展，诱发网络暴力，波及无辜他人，

并产生错误的示范效应，甚至影响社会的和谐稳定。从社会心理角度看，公众焦虑心理、共情心理以及群体极化对“同情弱者”现象的普遍存在具有一定影响力。

3. 规则信任缺失

网民对政府等公权力的不信任，也就是规则信任缺失，是网络舆情发生的一种重要心理因素。在社会转型期，我国经济增长显著，但社会矛盾也随之积累深化。不同的个体、群体以及阶层之间的不信任加深，导致社会摩擦、冲突增加，信任危机事件层出不穷。尤其是在经济体制改革过程中，政府既是规则的制定者、执行者又是监督者，构成权力倾斜。政府公信力随着网络的广泛运用面临着规则信任缺失的挑战。有学者以“塔西佗陷阱”来表述这一现象。

网络与现实世界中的规则信任缺失存在于社会各阶层和各群体。在社会心理层面，规则信任缺失通常有两种表现：一种认为规则的弹性大、可以随意突破，尤其是对自己而言；另一种则倾向于相信社会运转靠的不是法律、制度之类的显性规则，而是依靠充斥利益、人情甚至违法的“潜规则”。当“规则是死的，人是活的”“特事特办”成为普遍的社会心理时，显性规则如法律、制度、规章的刚性、权威性就被拉低甚至被消解。

在网络舆情中，规则信任缺失使网民在事件发生时容易对官方公开的信息不信任，而更愿意选择相信网上流传的小道消息和所谓“事实真相”，激化了网络舆情，也增大了有关部门引导应对网络舆情的难度。

【知识窗】“塔西佗陷阱”

“塔西佗陷阱”，得名于古罗马时代的历史学家塔西佗。这一概念最初来自塔西佗所著的《塔西佗历史》，塔西佗在评价一位罗马皇帝时说：“一旦皇帝成了人们憎恨的对象，他做的好事和坏事就同样会引起人们对他的厌恶。”“塔西佗陷阱”之后被中国学者引申为一种现社会现象，指当政府部门或某一组织失去公信力时，无论它说真话还是假话，做好事还是坏事，都会被认为是说假话、做坏事。

4. 消极偏好

网络舆情中网民心理的“消极偏好”，可以理解为爱听爱讲负面信息。社会心理学认为，无论是积极的情绪体验还是消极的情绪体验，都以人的内在需要是否得到满足和实现为基础。当人的需要没有得到满足，或者当人的疑惑和盲目感不断增加时，心理就会被干扰，自信心、自控力以及适应能力就会降低。社会环境中信息泛滥和关键信息的不对称，以及不断产生的社会矛盾和问题，使人们在内心积累了一些负面体验和情绪，一旦遇到某些诱因，就极容易爆发。人们之所以关注负面信息，在某种程度上是因为产生了认同感；人们之所以有一种分享负面信息的心态，则是因为有情绪宣泄的需要。2010 年，著名市场调查公司尼尔森在发布的一份亚太各国网民用户习惯报告中指出，中国网民发表负面评论的意愿超过正面评论，约为 62%，而全球网民的这一比例则为 41%。“消极偏好”并非心理疾病，也非中国网民独有。从新闻专业角度看，媒体普遍比较偏爱“坏消息”。所谓“好事不出门，坏事传千里”。网络舆情中网民心理的“消极偏好”，在一定程度上是对“社会不完美”的一种正常心理反应。处在转型期的中国，一些社会矛盾长期存在，一些社会痼疾积重难返。人们之所以习惯发表“负面评论”，是因为情绪宣泄的需要。这一心理会促使网民更热衷于关注、传播坏消息，对负面网络舆情事件的生成产生一定影响。

5. 猎奇和追丑

当代社会心理中存在着猎奇、追丑等与正统社会道德相背离的现象。在现实社会道德滑坡的背景下，婚外情、名人隐私、丑怪人物等话题为网民津津乐道。比如流浪汉“犀利哥”凭借乱发、叼烟的“犀利”夸张造型，被抓窃贼“窃·格瓦拉”凭借“不可能打工”的名言，瞬间火遍全网。更为突出的事例是 2010 年网络上“凤姐”的走红。这个其貌不扬、文化水平不高的收银员，在网上发布惊世骇俗的自吹言论，却引来公众热捧。对“凤姐”的关注在一定程度上丰富了网民平淡无聊的日常生活，一些人可能发现“凤姐”的一些行为实际上是自己想做又不敢做的，满足了自己那些原本在现实中无法满足的内在需求；而媒体舆论的炒作引发了大众的狂热，传播者情绪的感染加上猎奇心理作祟使得“凤姐”一下子成了网络红人。2021 年，我国部分地区出现了散发性新冠病毒感染病例，根据疫情防控要求，相关病例的流调报告也一并公布。网上个别人根据流调报告里的行踪轨迹，有意无意怀着某种“窥私欲”，大开脑洞编造各种故事，其中不乏一些“婚外情”“劈腿”之类挑战社会道德底线的情节。而很多网民的猎奇和追丑心理又助推这些消息在网上广为传播，给当事人造成很大的困扰和侵害。如某高校教授返程回京后被确诊，其流调行程公布后，被编排了“携妻子闺蜜前往海南”的虚假情节，受到极大困扰的当事人不得已报警。

网络舆情中的网民心理现象还包括群体极化（当符合大众心理偏好的议题产生时，具有相似心理的网民会迅速不断集结，最终形成主流舆论）、过度娱乐（面临现实生活压力的人在互联网上释放压力、寻找快乐）、从众心理（网民对自己与主流相左的意见保持沉默，形成沉默的螺旋，使网络舆论呈现出一边倒的趋势）、信息茧房（一些意见相近的声音不断重复，使得处于相对封闭环境中的大多数人认为这些故事就是全部事实）、刻板印象（当出现相关形象的新闻时，便会先入为主、预设立场）等。

三、网络舆论中社会心理产生的主观原因

新媒体的发展带来了传播方式的彻底变革，网络的出现给人们带来了各种抒发个人观点和意见的舆论场，传播技术的发展也从根本上改变了舆论的形成与扩散机制。人们以各种各样的身份进入网络文明中，信息传播的方式和波及面改变了，但社会心理、集体心理以及群体观念在进入网络时代后反而得到强化。互联网对普通民众的自由开放性和低门槛使得网络成为群体聚合的最佳场所。而在互联网环境中，由于海量信息的席卷和网络匿名性的进一步加强，群体呈现出独特的心理特征和行为方式。从网民的主观因素看，网络舆情中社会心理产生的原因主要表现为以下五个方面。

1. 网络群体形成的无组织性

在现实社会事件中，往往群体参与者具有组织性。而网络群体的形成，主要是社会上大量不同身份、不同地域的人围绕同一社会议题的讨论而聚集，他们之间并无组织机构来聚合。可以说，网民是一群松散的、没有组织的人。一定数量的相对无组织的网民，在网络环境中或在网络传播影响下，针对某一共同影响或刺激产生的群体性行为，就能构成网络集群行为，生成网络舆情事件。

2. 群体领袖力量的弱化与群体从众心理的强化

在传统群体中，群体行动的方向主要还是依据群体领袖的领导。而在网络世界中，海量信息使强势意见领袖对网络群体的影响逐渐减弱，而网络群体的从众心理得到进一步强化，一旦某种主流意见在网络群体中形成，个体为了避免被孤立，总是喜欢随大流，结果就造成个体追随群体观点而放弃自己的观点。

3. 网民对国家、社会共同身份认同的缺失

与此同时，网民心理中的国家、社会认同也在弱化。一方面，某些官员、富人不认同其权力、财富、资源的人民来源、社会来源，以自我为绝对中心；另一方面，下层人士现实生活条件限制了其对公共事务的关注与参与，并因缺乏现实话语权而容易在网上把对自身生活环境的焦虑转化为对公共事务的不满。网上不同社会阶层的心理、观点、态度形成鲜明的对立且难以交融。国家、社会共同身份认同的缺失导致社会各阶层在公共讨论中的理性、建设性少，而情绪性、指责性多，促使舆情事件生成和升级。

4. 网民的年轻化和草根化

与传统媒体相比，网络媒体信息的传播者与接收者呈现出明显的年轻化。青少年成为网络文化的主要参与者。早在2007年，中国互联网络信息中心发布的第20次《中国互联网络发展状况统计报告》就显示，截至2007年6月30日，我国网民中25岁以下的网民比例已经达到51.2%。报告特别指出，青少年学生网民已经接近6 000万。而根据第47次《中国互联网络发展状况统计报告》，截至2020年12月，在我国网民群体中，学生最多，占比为21.0%。众多良莠不齐的网上信息对青少年群体的健康成长影响甚大，而低龄网民的价值观念、文化情趣、综合素养、行为方式等，对网络舆情的热点分布、形态特点等也产生很大的影响。

“草根网民”是教育部2007年8月公布的171个汉语新词之一。“草根”多指同主流、精英文化或精英阶层相对的阶层。“草根网民”代指那些身份普通、平凡的网民，但他们也是中国互联网用户中最活跃的一群人。互联网的飞速发展，使广大普通人可以轻易上网接收和表达观点。他们在议题关注、利益诉求、文化心态、表达方式、情感偏好等方面表现出与主流意识形态和精英文化不尽相同之处，深刻影响了互联网上的网民心理和网络舆情的发生。

5. 非理性和极端化倾向明显

互联网本身具有的跨地域性、匿名性的特征导致公众在舆论参与进程中的身份、责任相对模糊。在网络舆论的形成过程中，网络群体具有更强烈的非理性和极端化倾向。群体性质、心理特征与信息选择心理结合网络的匿名性往往容易使得网络中个人的责任感减弱，群体极化倾向严重，非理性言论泛滥。出于正当社会批判

目的的群体行为，往往会演化成不计后果的网络暴力。

在互联网舆论传播生成、演化的进程中，极化思维现象较之现实环境更为普遍。多元共存、注重协商与妥协是现代社会运行的普遍规则，而极化思维首先表现为简单、单一的绝对化，排斥其他格局或中间状态的存在，其次表现为对立思维，对某种事物是非此即彼的判断，非友即敌等社会心理在网民中大量存在。极化思维的盛行使得舆论表达中的换位思维、整体思维甚至法治思维都被搁置一旁，助长了网络戾气和情绪对立。

四、网络舆论中社会心理产生的社会根源

1. 经济基础：我国贫富差距明显，各阶层利益关系复杂化

我国正处在经济繁荣、稳定的好时期，但也是各类社会矛盾日益尖锐的复杂时期。一是随着改革开放的深入，社会阶层更加多样化。包括知识分子在内的工人阶级以及广大农民，始终是推动中国先进生产力和社会全面进步的根本力量。在社会变革中出现的民营科技企业的创业人员和技术人员、受聘于外资企业的管理技术人员、个体户、私营企业主、中介组织的从业人员、自由职业人员等社会阶层，他们都是中国特色社会主义事业的建设者。在经济社会发展过程中，各阶层出现较大贫富差距，存在不同利益诉求。而贫富悬殊、职工下岗、农民负担过重、高房价高物价等问题，大多是网络舆情长期的热点。二是社会心态的变化。在社会转型时期，公众的社会心态也在发生转变和重组。目前，我国公众的主流社会心态是积极健康的。然而，社会矛盾和利益冲突导致的社会心态失衡也时有发生。非理性心态、群体怨恨心态、焦虑心态和质疑心态等不良社会心态往往导致网络舆论危机。三是社会群体分化。随着利益主体的多元化和价值取向的日益凸显，关于社会阶层固化的讨论引起了舆论的广泛关注。大多数网民认为，底层的上升通道正在关闭，从而引发了多重担忧。此外，关于中产话题的讨论进一步深化，从中产焦虑到中产相互伤害和“内卷”，推动了一系列热门的社会话题，如教育和房地产。

2. 政治原因：公民意识增强与腐败现象屡禁不止

实现和维护社会公平正义，是社会主义制度的本质要求。我们不仅要促进GDP持续高速增长，还要努力建立更加公平的社会。社会公平正义，就是社会各方面的利益关系得到妥善协调，人民内部矛盾和其他社会矛盾得到正确处理，人民的合法权益得到切实维护和实现等。当前，人们普遍认为腐败、下岗失业和农民负担过重是影响中国稳定的几大突出问题。腐败现象被人民群众深恶痛绝，是网络舆情的高发热点话题，也是影响社会稳定核心、人心向背的重要因素。随着改革开放的深入，我国公民的法治和民主意识不断增强，公民的主体性不断优化，参与社会治理的意识也不断提高。在互联网时代，互联网已经成为公民参与治理的新方式。许多网络舆论的产生和发展伴随着网民为自己、他人或群体的维权斗争。互联网和新媒体让个人生活更容易传播，也让人们更加亲近。在这样的背景下，个人经历往往能很快引起公众共鸣，并从传播者的角度考虑问题。在网络舆情中，网民不仅对参与舆情事件的各方有移情作用，还促使更多的网民展示相似经历，不断推高舆情热度。

3. 传播手段：网络发展消减了传统媒体的控制性

由于历史和体制的原因，传统媒体处于比较严格的政府管制之下，政府对媒体

及社会舆论具有较强的控制力。而不断发展的互联网技术则突破了信息传播的时空界限。在微博、微信、网络社区迅速发展的自媒体时代，随着互联网移动终端的发展，信息发布门槛大大降低，人人都可以成为信息传播者。中国互联网络信息中心发布的第50次《中国互联网络发展状况统计报告》显示，截至2022年6月，我国网民规模达10.51亿，互联网普及率达74.4%。互联网发展重心从“广泛”向“深入”转换，各项网络应用深刻改变了网民生活。移动金融、移动医疗等新兴领域的移动应用多方位满足了用户上网需求，推动网民生活迈向全面“网络化”。信息门槛的降低使得网络上各种渠道、对错、真伪的舆情同场展现，相比过去而言，政府对传统媒体的管控效能大大减弱。

第3节　网络舆情与谣言

谣言，是没有相应事实基础，被捏造出来并通过一定手段推动传播的言论。任何时代都有谣言。谣言是人类社会生活中常见的信息传播现象。在互联网时代，谣言有了更方便的传播途径，使网络谣言成为一个重要的互联网现象。由于很多谣言涉及突发事件、党政机关、公共领域、名人官员和公众生活，且其传播具有突发性且流传速度极快的特点，因此具有相当大的社会危害性，需要引起舆情监测者的高度重视。

在论坛等交互性较强的网站，网络信息可能被人为操纵，向不良趋势发展。在互联网上，由于网民可以匿名对自己感兴趣的话题发表看法，当出现多个网民对同一条信息发表的不同评论不仅思路一致、语气相似，而且IP地址也大致相同，那就有可能存在人为操纵。

除了倾向性被操纵的问题外，互联网上还存在一些虚假信息。这些虚假信息损害了网络媒体的公信力，一旦被网民采信，就会给社会造成极大危害。目前，网络不良信息传播的认定、取证等没有明确规定。由于网络产品的特殊性，如何判断网络谣言、暴力、人身污蔑、网络色情等不良信息，以及如何确定所造成的后果，都没有明确的指向，也没有相对明确的取证规定，模糊性太强，为公平透明执法带来一定难度。

一、网络谣言的内涵、表现和特点

（一）网络谣言的内涵

网络谣言是指通过网络介质（例如邮箱、聊天软件、社交网站、网络论坛等）传播的没有事实依据的话语。谣言在传播中由于处于未经证实或证伪状态，所以普通人往往无法确定其真假。

（二）网络谣言的特点

网络谣言是公开信息缺失、社会心理因素以及网络虚拟环境相互作用的结果，其传播范围广、速度快，且常常会引发“蝴蝶效应”，造成社会公共资源的巨大浪费，在一定时间和范围内对社会秩序和社会风气造成极坏影响，是网络时代引起社会动荡与危害公共安全的重要原因。

1. 内容广泛

互联网前所未有地改变了人们参与公共话题的渠道、广度和深度，使人人都成为信息传播者和受众成为可能。网络谣言所涉及的领域也与互联网信息一样，内容范围广泛。近年来，网络谣言内容涵盖政治、经济、社会、文化娱乐、军事、科技等，涉及社会生活的方方面面。

2. 传播迅速

以互联网为代表的信息传播技术极大地促进了信息流动，也大大提高了网络谣言的传播速度。网络谣言生成后，往往通过不同的网络介质迅速流向广大网民，即刻就能在社会大众中广为传播。传播迅速一方面表现为网络谣言的生成常常是出自造谣者的突发行为；另一方面表现为网络谣言的传播比其他谣言更为迅速。

3. 迷惑性强

在网络时代，相当多的谣言选取一些公众关注度高的事件，利用人们科学素养不足、社会信息流通不畅的漏洞，抓住人们的猎奇心理，假借专家、科研机构、政府机关等之名，发布一些虚假信息。这些虚假信息往往使用专用术语表述，并辅以科技手段制作的图片、音频、视频，从而使谣言的可信度和迷惑力大大提升。过去我们说“眼见为实”，在“PS”技术流行的今天，亲眼所见的也未必是事实。

4. 破坏力大

网络谣言的盛行，使公众一次次被欺骗。这些谣言不限于特定人群、特定范围、特定空间，严重干扰了正常的网络传播秩序，损害了社会诚信，破坏了社会秩序，影响了公众正常的社会生活，损害了相关公民、企业、机构甚至国家的形象，对社会稳定起到很大的破坏作用，需要引起全社会的高度警惕。

二、网络谣言的危害

网络谣言的社会危害性大，主要表现为：损害政府、机构名誉，侵犯公民声誉和合法权益；败坏社会风气；破坏社会和谐稳定。

（一）损害政府、机构名誉，侵犯公民声誉和合法权益

有的网络谣言直接指向政府，主要涉及政府的政策动向、行为等，这些谣言多由媒体记者或公众对政府行动的动机和取向的无端猜测而引发。政治谣言不仅直接影响我国政府在国内外的威信和人民对政府的信任，还会间接影响我国的外交策略和经济政策。

商业机构也可能会成为受害者。商业谣言主要包括有关食品安全问题的谣言、有关企业发展决策取向的谣言以及股市谣言等。随着问题食品的增多和民众对食品安全的关注，与食品有关的谣言也日渐趋多。由于股市监管力度的不足，股市谣言也一直横行网络。此类谣言一方面造成民众社会安全感的流失，另一方面会对企业未来的发展造成巨大的冲击。

公民个人也往往沦为网络谣言的受害者。如“艾滋女事件”便是典型的网络谣言个案。在京打工的某女青年和男友分手后，该男子在网络上以该女青年名义开

博，自称和上百名男士发生性关系，自己患了艾滋病，并公布了200多个“嫖客”的手机号码。此事在全国引起轩然大波，众议汹汹。最终真相大白，造谣者受到法律的惩罚。这件事情之所以由起初的个人恩怨最终演变成公共事件，关键在于当事人对网络的利用，亦即利用网络造谣，进而引发全国性的关注和声讨。如果说过去有人把个人恩怨通过网络来表达、来宣泄，多数停留于当事人或者相关利益圈子里彼此之间的纠缠，那么“艾滋女事件”则是当事人利用社会关注度高的、具有很强公共安全性质的艾滋病和卖淫嫖娼等社会问题，加上历来为中国人所重视的道德问题，糅合在一起，引发社会关注，造成公共事件。可见，网络谣言在今天已经成为触发某些公共事件以致影响社会稳定的重要因素。

（二）败坏社会风气

面对经济利益的诱惑，一些人或机构为了一己之私，在网上发布、炒作谣言，可能在某一段时间获得了经济收益，但却损害了社会公平诚信，败坏了社会风气。如近年来一些不法网络公关公司不顾廉耻、不讲诚信，专门借网络谣言生财，俨然将其当作一种牟利手段。这些不法行为必将受到法律的严惩。

（三）破坏社会和谐稳定

网络谣言如果泛滥，会造成公众视听混淆、是非不分，从而影响社会团结与和谐稳定。如2011年春日本地震期间，我国国内网络盛传“碘盐抗核辐射”，一天之内，各大城市商超的食盐被哄抢一空，沦为一场闹剧。而一些有政治内容的谣言甚至会影响政府形象，激发政府与群众的对立矛盾，甚至引发群体性事件。

【案例】 7·7杭州女子取快递被造谣事件

2020年7月7日，浙江省杭州市女子吴妍（化名，下称小吴）取快递，便利店店主郎某偷拍了视频并造谣“少妇出轨快递小哥”发到微信群。2020年8月8日，某微信公众号发布了文章《这谁的老婆，你的头已经绿到发光啦!》，至8月11日公证时，点击量为1万次。截至2020年9月20日，多篇网帖的总浏览量达60 660次，转发量为217次。小吴也收到大量询问及谩骂的信息。一个在国外的朋友看到了捏造的传播内容，把小吴臭骂了一通，说小吴和别人出轨的事情所有人都看到了。小吴朋友在知道她未婚未育的情况下，却更愿意相信网络的声音，这让小吴很难接受。事情发生大概一周，小吴就被公司劝退了。9月8日，小吴被医生确诊为“抑郁状态”。随后，小吴男朋友的工作也丢了。

2020年8月7日，小吴得知网上传播的消息，当天报警。

8月13日，杭州市公安局余杭区分局发布警情通报，称郎某和何某捏造聊天内容，并截图发至微信群，造成不良社会影响。依据相应法律规定，警方对二人分别做出行政拘留处罚。

10月26日，小吴委托律师向杭州市余杭区人民法院提交刑事自诉状及证据材料，要求以诽谤罪追究郎某和何某的刑事责任。

12月25日，根据杭州市余杭区人民检察院建议，杭州市公安局余杭区分局对郎某、何某以涉嫌诽谤刑事立案侦查。至此该案性质发生了重大转变——由一起自诉案件转为了公诉案件。该案公安机关结束侦查后，移送杭州市余杭区人民检察院。

2021年1月，该案入选最高人民检察院公布的2020年度十大法律监督案例。

2月26日，杭州市余杭区人民检察院依法将被告人郎某、何某涉嫌诽谤一案向余杭区人民法院提起公诉。

2021年4月30日，“杭州取快递女子被造谣”一案在浙江省杭州市余杭区人民法院一审开庭审理。两被告人郎某、何某犯诽谤罪，判处有期徒刑1年，缓刑2年，两被告表示服从判决，认罪认罚。

三、网络谣言的成因和演绎过程

(一) 网络谣言的成因

网络谣言是在网络社会环境下，信息缺失、社会心理因素以及网络虚拟环境相互作用的结果，是网络时代引起社会动荡与危害公共安全的重要原因。

1. 社会转型期矛盾凸显，部分公众心态焦虑

一方面，社会上确实存在大量不公正现象，社会生活的不确定性为谣言的产生和传播提供了温床。公众有理由对那些涉及社会公平正义的网络谣言采取“宁可信其有，不可信其无”的态度。另一方面，也有一些人存在不健康心态，加入造谣和传谣的行列。这些不健康的心态包括畸形的自我表现欲和发表欲等。

利用人们的某些不满心理或某些社会不公，渲染困难群体被欺负、被伤害，引起社会关注，是网络谣言的一个新变化和新特征。2009年7月，有人在网上发帖，称广东高州工商局因为几元钱的费用问题，打死一个刚刚考上清华大学的高州二中男生，而该生家庭极其困难。此事通过网络传播到全国后，引起很大的社会震动，惊动了高层领导。后经查明，此事纯属谣言，造谣者也受到应有的治安处罚。但在该谣言流行之时，网民义愤填膺，网上沸沸扬扬，当事者广东高州工商局灰头土脸。事件过程显示了网民潜在的心理和社会意识里对工商城管之类执法部门的态度。

有人出于畸形的自我表现欲，为了出名、引起关注，或为了满足某种阴暗心理而制造和传播谣言，也是网络谣言的一个重要成因。

2. 互联网为谣言传播提供了技术可能和便捷渠道

其实，谣言古已有之。只不过过去的谣言传播多局限于口耳相传，表现为个体化、局域化，而网络时代的谣言传播则与新技术相结合，表现为电子化、网络化、全局化。值得注意的是，由于媒体竞争压力的驱使，传统媒体也参与到对一些网络谣言的传播中。某些网络谣言被报纸变成了新闻，以新闻的形式在更为广阔的范围传播开来。随后网络媒体再对报纸新闻进行转载，从而形成了网络谣言—传统媒体（特别是而且主要是报纸）新闻—网络新闻的循环，而这中间自始至终本质上都是谣言在传播放大，因为传统媒体新闻和网络新闻的最初来源都是网络谣言。谣言变“新闻”，“新闻”传播谣言，造成更大范围的新闻效应，形成更大范围的谣言，最终贻害社会。

3. 造谣者追逐利益

商业利益的驱动是谣言滋生的一个重要成因。一些工商企业、网络媒体或公关

公司通过网络造谣，或为吸引眼球，提高点击率，扩大知名度，或为中伤打击竞争对手。如 2009 年 8 月，厦门一网络公司为了提高点击率而造谣，说因为台风袭击厦门，一大型网络公司 60 多名员工集体失踪，甚至配有失踪人员的集体照片和抢救现场的照片。这个造谣帖子迅速被多家网站转载，造成恶劣的社会影响。后经公安部门调查证实，这是某在线交友网站为了提高点击率而恶意制造的谣言。2008 年奥运会开幕前，网上盛传比尔·盖茨花亿元租金租房看北京奥运。后来人们发现这起谣言背后有房地产开发商的身影。值得注意的是，这些网络谣言没有直接而明确的涉及对象，谣言始作俑者能收获造谣之利而无被告上法庭之忧，因而更加有恃无恐。

4. 权威信息发布滞后

社会信息管理的滞后，为谣言的传播提供了可乘之机。社会信息公开程度越高，谣言生存的空间就越小。在这方面，政府部门还有很大的改进余地。要努力提高行政信息透明度，使公众轻松、及时、全面了解各项政策的产生原因、过程和意义，了解政府机构运营的状况，了解有关社会公共事件的真实情况。人们如果能够比较容易地了解到这些信息，就不必再去搜索、猜测或者编造各种小道消息，谣言也就会失去市场。

此外，公众科学素养的欠缺、一些地方政府部门公信力的下降、网络推手以“专业化”造谣手段制造谣言，也都在一定程度上强化了谣言的扩散。

（二）网络谣言的演绎过程

网络谣言的传播方式和过程有特殊性，不仅与网络本身的特殊性质有关，还有赖于谣言在网络中所呈现的特殊的传播逻辑。

1. 在空间上体现为覆盖广泛、舆论场集中、放射性再传递

首先，网络上有多种信息传播方式，网络谣言也就有多种传播渠道，包括门户网站、电子邮件、论坛、社区等。谣言也是通过这些渠道散布出去，其发散可谓广泛。网络有瞬时全球传递的特点，很多谣言首先会通过网络论坛、社区发帖等方式，进入相当一部分网民的视线。继而通过电子邮件群发、在社交网络复制粘贴内容或超链接等传递方式迅速蔓延，同时也为谣言的升温提供了强大的舆论基础。当人们收到谣言的同时，谣言在各类网络社区、论坛上已经生根开花。

其次，网络谣言以集中的舆论场为温床，得以强化和固化。对谣言好奇、恐慌、无所适从的人为了证实谣言的真伪或了解更加详细的内容，一般会在网络上搜寻较为权威的解释，极有可能误打误撞进入谣言早已生根的论坛。而有些人只是想表达自己对谣言的看法，也会进入相关网络空间发表意见。于是，围绕该谣言所引发的讨论甚至会变成一场激辩，每个置身于该论坛的网民都会受到某种情绪的感染，这就是集中的舆论场的强大作用。

最后，谣言在网络上展开放射性再传递。网民离开网络空间时其实已转变为该谣言潜在的传播者。他们也很有可能成为谣言再传递过程中的意见领袖和中心人物，将该谣言以放射性的传播模式再次传递。这样一种“分散—集中—再分散”的传播模式循环作用，最终会使谣言造成更大的社会影响，甚至引发重大社会事件。

2. 主题式占领与反复性攻击

网络谣言相对于传统谣言，从发生、发展、高潮、消退的进程角度来看有较为明显的差别。网络迅捷的传播方式，使网络谣言从发生到高潮的时间大大缩短。网络谣言虽然短命，但其反复性常常让其起死回生并扩大危害。如 2001 年，天津等地流传艾滋病患者在公共场所用毒针扎人的谣言，后来被警方辟谣。而在 2005 年艾滋病日之后不久，艾滋病患者用毒针扎人的谣言又一次在网上频频出现，涉及的城市数量及人口规模远远超过 2001 年。在此次网络谣言的大规模传播中，不同城市的反复传播造成了较大社会恐慌。

四、网络谣言的治理

抑制网络谣言是一项复杂而艰巨的工程。因为网络触角可以伸向世界每个角落，所以对网络的监管也就有很大难度。如果实行像对传统媒体那样的严格管制，很可能扼杀网络自由、共享的内质而使其丧失活力；如果放任自流，又难免会出现肆无忌惮的言论，更何况网络谣言常常装扮成真实，大大提升了管制的难度。目前，对网络谣言的应对还处于比较被动的态势，这里仅从以下几点提出应对之道。

（一）加强舆论引导

加大宣传力度，增强舆论引导，提高全民对网络谣言的防范和抵制意识。尤其是社会公众人物、重点企业以及主流媒体要利用好领导效应，积极发挥先锋模范作用。社会公众人物、重点企业以及主流媒体由于是不受利益牵制的第三方，对谣言的调查结果更具可信度和说服力，更能减轻民众对政府的质疑。因此当谣言已经形成，第三方领导者要保证行动的迅捷性，积极出面辟谣，及时公布真相，走在舆论引导的前列。

（二）加快推进法治建设

抑制谣言发生，最好的办法是未雨绸缪、防患于未然。要制定相关法律法规和政策规定，对故意传播谣言并造成危害者施以相应惩治。目前，一些城市设立虚拟警察，以弥补公安机关在互联网公开管理、公开执法上的缺位，对造谣惑众、黄赌毒、网络欺诈等不法行为的发生具有一定的抑制作用。

加强政府监督和管理，规范市场主体行为，加大打击力度。我国现存的几类网络谣言，都与我国不完善的市场经济密切相关。因此要防治和治理网络谣言，就需要在发展中国特色市场经济的基础上进一步强化政府的干预和管制，完善制度建设，从而规范企业、社会组织、个人等市场主体的经济行为，避免因过度市场化而产生大量难以解决的经济和社会问题。基于此来治理网络谣言，首先要加强和完善法律法规建设，提高公民的法制意识，使公民自觉养成遵守网络传播法律法规的行为习惯，营造文明健康的网络舆论氛围。其次要完善和强化制度管理，建立严格的网络谣言防范、传播、治理问责追责制度，加大对违规责任人的惩罚力度，建立基于谣言社会危害程度的定罚或量刑机制。

（三）深化政府信息公开

建立健全、及时、畅通的信息发布渠道，减少大众的信息盲点，通过信息的透明化来抑制谣言的发生。强化政府治理网络谣言的能力，增强政府的公信力。稳固和强化政府的威信对切断网络谣言的恶性循环链条具有十分重要的意义。强化政府治理网络谣言的能力可以从以下几个方面着手：首先，相关部门要建立多渠道的信息收集机制，预防网络谣言的产生。谣言的生成并不是没有任何预兆的，防微杜渐对网络谣言的治理可以起到事半功倍的作用。其次，谣言形成之后，政府部门要增强主动性和及时性，积极应对网络谣言。要在第一时间积极公布事情真相，主动应对媒体，满足公众的信息知情权，将公众与政府间的信息不对称问题最小化。

（四）加强行业监管自律

作为媒体，特别是主流媒体，要加强行业自律，坚持正确的社会价值观，提升报道的公信力，以杜绝谣言，赢得公众认可。媒体公信力是媒体内在品质与外在形象在社会公众心目中所形成的信任程度，是其能够被社会公众所信赖的安身立命之本。如果媒体发出的声音不能赢得公众的信任，那么其他渠道的信息就会流行；如果媒体的公信力受损，面对网络谣言，媒体就只能束手无策。因此，媒体要增强大局意识，肩负起把关责任，把握好新闻采访、编辑和发布的各个环节，守住阵地。对于违背常识、混淆视听、有害社会和谐的虚假消息和负面消息，要及时过滤、屏蔽，对广大网民负责，对社会负责。

【案例】 “清朗”行动晒成绩单

针对“饭圈”乱象、互联网用户账号运营及未成年人网络环境等网络生态乱象，2021 年，国家互联网信息办公室协同有关部门集中开展了共 15 项“清朗”系列专项行动。在 2022 年 3 月 17 日举行的新闻发布会上，国家互联网副主任盛荣华介绍称，2021 年全年，累计清理违法和不良信息 2 200 多万条，处置账号 13.4 亿个，封禁主播 7 200 余名，下架应用程序、小程序 2 160余款，关闭网站 3 200 余家。网络生态日益向好，网络面貌持续向上，网络空间日渐清朗。

盛荣华同时强调，网络生态乱象的问题很容易反弹回潮，有一些顽瘴痼疾仍然不同程度地存在，更有一些深层次的问题还没有得到根本解决。同时，还有一些新问题、新情况、新挑战在不断出现。他表示，2022 年的“清朗”系列专项行动，将具体包括以下几方面的重点任务：打击网络谣言；整治 MCN 机构信息内容乱象；整治网络直播、短视频领域乱象；整治应用程序信息服务乱象；进一步规范传播秩序，进行算法综合治理；整治春节期间网络环境；整治暑期未成年人网络环境；开展互联网用户账号运营专项整治行动；开展打击流量造假、黑公关、网络水军专项行动。

作为 2022 年“清朗”行动的重点打击对象，有关网络谣言的治理同样也是公众关注的重点。

第 4 节 网络舆情与意见领袖

随着互联网技术的发展和普及，出现了一批网络意见领袖，他们通过影响众多网民和舆论走向，正成为一支重要的社会影响力量。

一、网络意见领袖概述

意见领袖是传播学的重要概念，是指在人际传播网络中经常为他人提供信息，同时对他人施加影响的“活跃分子”，他们在大众传播效果的形成过程中起着重要的中介或过滤作用，由他们将信息扩散给受众，形成信息传递的两级流动传播。

“意见领袖”一词最早出现于 20 世纪 40 年代，是由美国传播学先驱拉扎斯菲尔德在著作《人民的选择》中最先提出的。为了调查大众媒介对政治活动的影响，拉扎斯菲尔德在美国总统大选期间，进行了著名的“伊利县研究”。调查结果显示，大多数人早在竞选运动之初就已经做出了怎样投票的决定，只有约 8%的人由于竞选运动改变了投票意向，而这批人之所以中途改变主意，也并不是听从了大众传媒的宣传或劝服。

拉扎斯菲尔德发现，大多数选民获取信息并接受影响的主要来源并不是大众传媒，而是一部分其他选民——拉扎斯菲尔德称其为“意见领袖”，他们频繁接触报刊、广播等媒体，对有关事态了如指掌。来自媒介的消息首先抵达意见领袖，意见领袖再将其传递给同事或追随者。这一过程即为著名的“两级流动传播”。此后，西方学者掀起了对意见领袖和两级流动传播理论研究的高潮。

在互联网时代，与传统意见领袖一样，网络意见领袖与受影响者属于同一群体并拥有共同的兴趣爱好。不同的是，他们所属的同一群体是存在于网络社会的虚拟群体，这些群体基于共同兴趣而建立。共同兴趣是意见领袖与受影响者之间产生联系的基础，也是意见领袖发挥个人影响力的前提。而属于同一群体的身份使意见领袖的意见和观点更具说服力，他们更易获得群体成员的信赖和尊重。

二、网络意见领袖的构成、产生、特征和作用

互联网快速发展，新技术新应用层出不穷，网民规模逐年上升，网络舆论影响力强势凸显。一些有较高知名度和人气的网民经常在网上发言，针对一些舆论事件表达自己的情绪和观点，并得到大量网民的附和、追捧，在一定程度上推动了网络舆论的走向。

（一）网络意见领袖的构成

网络意见领袖，主要包括政府部门网络发言人、网络媒体评论员、网络知名专家、网络论坛版主、知名博客博主、微博大 V 等。

政府部门网络发言人由于有独家新闻发布渠道和官方身份，在提供信息的权威性、可信度方面具有较大优势。而其他几类网络意见领袖，则主要是基于自身发布意见时比较善于聚焦公众关注的热点话题，观点有见地、有新意，表达通俗易懂、有冲击力，能吸引眼球，在网民中易引起共鸣，从而在网民中逐渐形成一定影响力，成为网络意见领袖。

（二）网络意见领袖的产生

网络意见领袖的产生，有互联网发展的技术背景，也有社会发展的客观要求。

从技术角度看，随着我国互联网事业的发展，借助互联网开放、互动的特点，意见领袖可以轻易通过网络就公众关心的社会事件和问题发表意见，提出质疑，表

达观点，并在网民的响应下，使其意见便捷、迅速、广泛地传播。

从社会角度看，改革开放以来，在我国经济社会不断发展进步的同时，人们在经济社会等各方面的差距也在加大，不同人群间出现了较大的知识鸿沟、信息鸿沟。一部分人因为拥有较强信息获取能力和公众信息平台表达能力而享有话语权，从而有机会成为网络意见领袖。更多的没有这种较强信息获取能力和表达能力的人则往往希望能通过意见领袖来获得信息，从而对意见领袖产生依赖。

（三）意见领袖的特征

传统意义上的意见领袖一般都具有这样的特征：一是在现实生活中具有影响力，是大家追随学习的榜样；二是有很强的能力，在他们的领域中见多识广，对该领域有兴趣的人能够与其接触交往，而且他们比追随者更多地接触媒介。随着信息技术和互联网的高速发展，在以自由、平等著称的网络交往中，人们共同享有信息的发送权与接收权，不再强调人际传播的主与次、中心与边缘，因此意见领袖产生的范围更广、更草根化。综合来看，在现阶段网络意见领袖具有以下特征。

1. 网络影响力较强

意见领袖的存在范围非常广泛，几乎有群体的地方就会有意见领袖的存在。除了一些行业名人、专家，意见领袖也广泛存在于人们日常生活所处的普通群体之中。因为网络信息的海量性，网民在观点形成过程中不只接收一个意见领袖所传播的信息，有可能会受到多个意见领袖的影响。不同身份的意见领袖形成暂时的意见领袖群体，对人们的观点形成一定影响，从而对舆情事件的传播和发展起到推动作用。网络意见领袖通常在社会中具有较高的社会知名度，具有丰富的生活阅历，受过良好的教育，具有名人身份，具有行业影响力，拥有网络号召力或影响力等，这些使得意见领袖相对而言更具有权威性。这种具有权威性的社会地位使意见领袖的意见更加让人信服，而信息来源越权威，越容易说服信息接收者。他们在网络舆情事件中对政府部门的行为表示支持或提出问题，对社会舆情事件进行传播或表达个人观点，在一定程度上引导了社会舆论，影响众多网民，在社会上引起较大反响。在现实生活中，因传播方式、地域、人群等作用影响，意见领袖在人际传播过程中传递信息、影响的范围均受到局限。而在网络上，意见领袖所发布的信息和观点可以突破时间、人群、地域的限制，在社交平台以病毒式传播速度，通过文字、图片、视频等多种方式被无限次快速传播转发，使网络信息的传播、接收范围更为广泛，意见领袖的影响范围更大，说服力也更强。

2. 个性化特征明显

相较于现实生活中的意见领袖，网络环境中意见领袖的个性化特征更为明显和广泛，既可以是某一专业领域的专家学者，也可以是社交网站上的网络达人，又或者是短视频平台上的网络红人，只要他们发布的信息得到网民的关注、其观点受到网民的认同、对网民的态度产生影响，都可以称为意见领袖。网络发布信息的自由性和全面性也使网络意见领袖具有个性化特征，很多意见领袖都以鲜明的个性色彩吸引粉丝，以对舆情事件的个人观点获得网友认同，如作家、医学科普达人、时事评论员、美妆博主等。

3. 与被影响者的弱连接关系

意见领袖通常与受其影响的人有着相似的价值观和世界观，以及对事件的大致态度，对某类事件的认知、观点差异性比较小，更容易通过网络产生交流以及意见的交换，也更容易产生影响。

网络意见领袖与被影响者之间的关系基于弱连接而形成。很少有意见领袖是活跃在日常生活圈子之内的。这种基于弱连接形成的关系差异性较强，能把具有不同爱好、不同职业和不同层次的网民通过社交圈子连接起来，提供社交圈外有用的、具有差异性的网络信息。

4. 网络意见领袖的局限性

在社交媒体时代，网络意见领袖的影响力有局限性，他们不会对各个领域的人产生影响。大部分网络意见领袖的影响力体现在自己最了解、擅长的某一方面或者几个方面。互联网以及社交平台的发展虽然放大了意见领袖的影响，使其影响范围向相邻行业、领域扩展，但在擅长领域之外的其他方面，某意见领袖则可能作为一个普通的受众，受到其他领域意见领袖的影响，被其他领域意见领袖说服，进而加入其他领域的舆情传播过程中。如教育类意见领袖可能被医学类意见领袖说服，加入医疗相关事件的传播讨论中。

（四）网络意见领袖的作用

网络意见领袖的作用，表现在通过议程设置影响舆论上。在议题分布上，网络意见领袖对政治、经济、军事、外交等国家大事和与民生相关的医疗、教育、住房等最为关注。他们往往采取先声夺人的方式，提出公众关心的问题，继而以公众代言人的身份，对事件及当事人展开评论、分析甚至批判。在网络世界中，意见领袖因传播信息的内容不同、所处传播路径的位置不同等，会扮演不同的角色。网络意见领袖一个非常重要的角色表现就是站在公众利益立场来看待分析问题，将问题引入公共领域，使其成为公众思考的公共话题。在网络舆情生成过程中，由于意见领袖被认为能够代表其所属群体的主流意见，所以一旦意见领袖就某一问题发表了意见，则很容易引起公众的赞成、响应甚至盲从。此时，很多人不会再去核实确认意见领袖发布的信息的真实性和意见的正确与否。一旦意见领袖发布的是虚假信息或者是非理性的、负面的言论，就可能会对社会稳定和谐产生负面影响。他们也可能是舆论的生产者。以微博为例，意见领袖往往有庞大的粉丝群体，他们的一言一行颇受网民关注，他们的生活微博也是生产舆论的主要阵地。网络意见领袖通过信息的发布、个人观点的表达以及与网民的互动，引发网民对舆情事件更深层次的思考，促进网民进行观点的表达，进而推动舆情事件不断发展，为舆情事态的扩散提供强有力的助推。为此，我们应高度重视网络意见领袖的作用。

三、对网络意见领袖的管理

（一）正确对待网络意见领袖

网络意见领袖的产生，有时代和现实的客观原因。我们要辩证地对待网络意见领袖的作用。在众声喧哗的网络世界，网络意见领袖与网民身份接近，容易交流意见，具有独特的优势。他们针对社会热点公共事件发表言论，与网民、媒体形成互动，其观点往往影响大批粉丝和舆论走向，甚至改变公共事件在现实中的走向。代表正确舆论方向的意见领袖可以凭借其网络公信力、权威性，及时发出正能量的声音，从而发挥主流媒体无法替代的正面引导作用。反之，少数网络意见领袖缺乏自律，随意或刻意发布不实信息，放大现实中的社会矛盾和偏激心态，引发网络舆论动荡，甚至危及社会稳定，其危害性不容忽视。社会管理者应充分重视网络意见领袖在舆情事件中的作用。

（二）培养和团结网络舆论领袖

网络意见领袖是随着社会发展自发产生的，但也可以通过积极培养壮大其数量，提升其素质。社会管理者不单要重视媒体"把关人"的作用，更要重视网络舆论"导航员"的作用。要进一步解放思想，创造条件，整合体制内外的资源，发挥平台、渠道、资金、技术等优势，积极培养、扶持有较高政策认识水平、网络传播能力的网络论坛版主、网络访谈节目主持人、网络社区评论员和知名博客、微博博主，将其纳入社会主流。对业已得到网民公认的意见领袖，只要不违法、不违反社会公德，无论其社会身份高低，都应采取友好、团结的态度，积极开展沟通交流，组织各种座谈、协商，及时通报政策、耐心解释，提高他们的认识水平，帮助他们更加积极正面地看问题，发表理性不偏激、富有建设性的言论，共同促进网络文明和谐。对于来自民间的网络知识分子要充分尊重，多听取他们的意见和建议，对他们言论中的某些不当之处要高度包容、充分理解，不抓辫子、不打棍子。要依靠网络意见领袖强大的网络动员能力，引导舆情走向，畅通社情民意，以推进执政决策的科学化和民主化。支持网络意见领袖积极开展舆论监督，促进社会政治变革，完善执政方式。

（三）依法管理意见领袖

互联网不是法外之地，在互联网发布言论必须合法，对网络意见领袖的管理也应在法治轨道上运行。依法加强互联网监管符合国际惯例。目前网络上有一些所谓的"意见领袖"，打着大师、专家学者、社会名流的旗号，随意甚至别有用心地散布各种谣言，破坏社会安定团结，挑动社会矛盾，煽动民众对政府不满，破坏民族团结，出卖国家利益。对这些人必须保持高度警惕，重点监控，谨防这类"意见领袖"对网络公共事件舆论做出误导，并依照相关法律法规及时予以揭露和处置。

【本章小结】

本章讨论了网络舆情的发生机制，从经济社会环境、互联网发展、社会心理以及网络管理等方面分析了网络舆情产生的内外因素。本章还探讨了网络舆情与社情民意的关系以及谣言、意见领袖等因素对网络舆情的影响。网络舆情客体主要表现为网络舆情事件和话题，其背后实则是社情民意。网络舆情与社情民意相互转化和影响。网络舆情中蕴含着网民的社会心理，社会管理者要重视并正确对待网民意见，运用议程设置引导网络舆情、培养意见领袖、倡导网民自律，同时强化媒体"把关人"的作用。网络谣言是形成网络负面舆情的重要原因，应通过加强主流文化建设、加快推进法治建设、深化政府信息公开和加强行业监管自律进行治理。网络意见领袖的作用，表现在通过议程设置影响舆论上。应高度重视网络意见领袖，发挥其积极作用，使其在网络舆情引导中发挥正能量。

【复习思考题】

1. 近些年网络舆情产生的原因主要包括哪些方面?
2. 在网络舆情中如何避免陷入“塔西佗陷阱”?
3. 谈谈网络谣言的危害及治理措施。
4. 在网络舆情事件中如何正面发挥意见领袖的作用?

第 3 章　网络舆情的传播路径

传播是社会信息传递和人际沟通表达的信息流动过程。互联网技术推动了传播速度和传播形态的演变，极大地提升了信息传播影响的广度和深度，也推动了社会公众全新的组织调整和社交方式。网络用户对新闻事件和公共话题的聚焦式关注，以及互动参与的自媒体传播形态，形成了迭代多变、路径复杂的网络舆论和网络舆情。综合来看，网络信息传播和网络舆情传播犹如孪生兄弟，但网络信息和网络舆情在共享传播渠道的基础上，也呈现出在政治学、社会学和传播学领域的差异形态和不同机制。

第 1 节　网络舆情的传播源

当我们考察一个网络舆情事件的酝酿、诱发、演变、监测和应对的全过程时，会发现网络舆情的传播源包括：传统媒体、网络媒体、个体网民和舆情当事人。在网络舆情传播过程中，他/它们各自的不同表现形态为网络舆情的传播提供重要的支撑。

一、传统媒体

从中国的媒体管理要求和发展现状看，以报刊、广播、电视为主的传统媒体是网络信息的重要来源，这是国家的网络新闻信息登载管理政策要求，也就是说目前在网络上能够发布的新闻类资讯信息，必须在传统媒体上进行登载。国内的网络媒体用户群数量大，具有影响力的网络平台大都是商业资本在运营，传统媒体的网络平台提供新闻信息来源，商业网络媒体登载信息服务终端用户，形成了网络信息传播的分工链条，网络舆情的传播就在这样的分工格局下衍变。

你知道吗

你知道《互联网新闻信息服务管理办法》的基本内容吗？请登录国家互联网信息办公室网站，了解我国有关互联网、社区论坛、微博微信、短视频和移动应用 App 等管理办法的基本内容框架和管理机构的基本情况。

（一）现场记录和传播

做好新闻事件发生的现场描述，这是传统媒体的主要传播功能。

报刊通过图片和文字记录事件，通过发行渠道把新闻信息传达给公众。

广播通过声音描述事件，通过无线电波把新闻信息传达给公众。

电视通过画面和声音再现事件，通过无线电波还原现场画面传达给公众。

传统媒体的传播，在做好接近事件全貌的客观现场记录的同时，通过深度采访挖掘事件发生背后的原因。

当然，不同的国家或组织，在通过报刊、广播、电视完成公共传播的基础上，也会针对特定的需求，对新闻信息进行分析加工，将整理的信息定向传播。在中国，这种定向传播表现方式称为内参或情况汇编，只报送给一定级别以上的高层领导阅读。西方国家也会把深度加工的新闻信息报送给政府或企业。这种深度加工的信息，一般融合了情报分析的功能，信息的形态和立场区别于一般的新闻信息，为政府管理、企业竞争提供了决策依据。

从社会舆情的功能看，传统媒体报道的新闻事件会演变成舆情事件。当大部分传统媒体集中报道一个事件的时候，或单个媒体挖掘出某个事件的深层次原因，尤其是这个事件聚焦了公众的兴趣点、道德立场、情绪偏好和利益诉求的时候，社会舆论会聚焦这个事件，形成社会舆情。

一般的大型活动或突发事件，天然就具备呈现舆情的特点。这样的案例比较多。

【案例】 社会关注庆祝中国共产党成立100周年共青团员和少先队员代表集体致献词的学生身份

"请党放心，强国有我！"在庆祝中国共产党成立100周年大会上，共青团员和少先队员代表集体致献词，向党致以青春的礼赞（见图3-1）。

图3-1 共青团员和少先队员代表集体致献词
（新华社记者 翟健岚 摄）

舆情点评：从多个网络平台的热搜监测可以看出，公众比较关心这四位学生领诵员是如何被选拔出来的。既有传统媒体的挖掘报道，也有自媒体的猜测传播。结合媒体的报道，得知他们分别是：北京市海淀区中关村第三小学六年级学生彭友馨，北京市第一实验小学六年级学生姚牧晨，中国传媒大学播音与主持艺术学院大三学生冯琳，中央财经大学国际经济与贸易学院大四学生赵建铭。

（二）从传统传播到网络传播

在互联网没有兴起之前的社会传播环境，传统媒体的信息传播构成社会舆情的主要形态。当互联网兴起并成为新的媒体，传统媒体的信息传播仍然是网络舆情的重要源头。

根据我国《互联网新闻信息服务管理办法》，网络媒体发布的新闻资讯信息，主要是从报刊、广播、电视等传统媒体上转载。传统媒体是网络媒体新闻资讯信息的主要来源。传统意义上的社会舆情，因为网络媒体的传播特性，形成形态活跃、状态复杂的网络舆情。

你怎么看

在互联网传播环境，你还能看到哪些传统媒体对某一事件报道后形成热点社会舆情的例子？

（三）报道推动舆情演变

回过头去看会发现，传统媒体的新闻报道是推动社会舆情演变的重要因素。传统媒体对某个事件或现象的连续报告，或者深度挖掘报道，会推动网络舆情形态发生变化。

从某个事件的传播过程看看，一些重大的、突发的事件报道，还有某些现象的深度挖掘报道，都会对社会舆情的演变起到很大的推动作用。

【案例】《中国新闻周刊》报道：流调中最辛苦的中国人不为人知的百味心酸

伴随着全国疫情的持续点状暴发，围绕核酸检测阳性人员的“流调”工作和行程公布也成为市民关注和网友讨论的热点。流调工作一方面可以比较全面细致地披露感染人员的活动轨迹，最大限度地精准排查疫情、避免传播以及提供依据；另一方面也透露出了当事人在疫情乃至疫情前的生活、工作状态甚至流调里的人生百味。

《中国新闻周刊》记者公布了一名无症状感染者的流调报告，显示他在14天的时间里辗转多个地方打零工，生活异常艰辛，引起了很多网友的注意。当事人岳某打零工在身体上的劳累更让无数网友倍感心酸和难过，其背后的家庭和其辗转国内多地打零工只为寻找走失大儿子的悲惨经历，牵动无数人的心。

舆情点评：传统媒体的深度报道，引发社会公众的情绪共鸣。疫情防控中，大家的工作、生活都不容易，从这个底层人身上看到了自己的影子，从而产生共情、共鸣，通过自媒体表达自己的心声，形成了共鸣表达的网络舆情。

二、网络媒体

互联网技术的兴起和应用，使得网络媒体成为社会传播的重要媒介，社会舆情借助虚拟网络空间和全新社交方式演化成复杂的网络舆情。在网络舆情的生态链中，传统媒体、编辑记者、网络媒体、网民和事件当事人构成了网络舆情的演变节点，全社会的不同组织和个人都参与其中，形成独具特色的网络舆情生态。

（一）聚合传统媒体信息

网络媒体通过互联网技术，改变了传统传播的信息流动方式。

网络媒体对信息传播方式的改变，一方面主要是通过门户平台形式和传统媒体建立版权合作关系，通过技术和人工复制将新闻资讯信息聚合起来提供给网民浏览，社会公众在门户平台上可以看到来自传统媒体的大部分信息。另一方面，门户平台提供互动功能，网民可以自发讨论看到的新闻话题，或者自行传播某些传统媒体没有报道的事件话题。

不管是转载传统媒体的信息还是互动话题讨论，网络媒体在传播过程中都形成了对某个事件的聚焦性关注、讨论和行动，这是网络舆情得以形成的基础。在过去的传播环境中，公众对某个事件的关注会受到媒体的传播周期和版面空间限制，而网络媒体则突破了时间和空间的限制，同一个事件的传播覆盖率和到达率大大提高，形成可感知的舆论效果和快速聚焦的舆情态势。

【案例】 年收入超1.5亿元的“国际网红”李子柒

李子柒是中国美食短视频创作者（见图3-2）。

图3-2 短视频中的李子柒

2015年，李子柒开始拍摄美食短视频。2016年11月，凭借短视频《兰州牛肉面》获得国内外的广泛关注。2017年，正式组建团队，并创立李子柒个人品牌；6月16日，获得微博超级红人节十大美食红人奖。2018年，李子柒的原创短视频在海外运营后相继获得了YouTube平台白银和烁金创作者奖牌。李子柒可谓是优兔上的第一华人网红，2020年4月29日，李子柒在优兔平台上的粉丝数突破1 000万，成为首个粉丝破千万的中文创作者。

据媒体报道，李子柒年入1.68亿元。本人所在公司回应“营业额不是盈利”。李子柒在优兔上的视频播放量少则几百万，多则达到几千万。2019年12月27日，全球海外网红营销服务平台NoxInfluencer数据显示，李子柒单月在优兔上的广告收入为194.55万元至390.7万元。以此计算，李子柒及其团队在优兔上的年收入为2 334万元至4 688万元。

舆情点评：李子柒的个人形象打造和内容品牌传播是非常成功的自媒体传播运营案例，而且是一个立足国际视野的传播案例，既吸引大量的国际用户，也传播中国传统文化，并获得了理想的商业回报。这是移动互联网媒体比较典型的成功案例。

资料来源：范佳来．李子柒海外粉丝破千万，成YouTube中文创作第一人．(2020-04-29)[2022-09-21]. https://www.thepaper.cn/newsDetail_forward_7197204.

（二）聚焦引发网络舆情

网络媒体对传统媒体的新闻信息进行聚合传播，形成网民对事件的聚焦式关注和讨论，网络舆情因此形成。网络媒体突破时空的报道方式，方便了网民在同一时间关注从传统媒体转载过来的新闻事件信息，网民在关注的同时，通过网页的留言评论模块参与讨论，这种关注和讨论的状态，借助网络技术是可以记录统计的，从而能够把握和感知网络舆情的基本形态。

根据网站或平台的统计功能，网络传播的传播效果可以精确感知，能够监测公众的阅读状态，包括用户数、阅读数和评论数等都可以精确统计。媒体和网民之间，网民和网民之间，互动传播构成的舆论场各自都可以感知，网络舆情的存在状态和发展态势在一定程度上通过这种技术连接方式也可以感知。

你知道吗

多家网络平台开设了“热搜榜”。登录百度、新浪微博、抖音等平台，会发现这些平台都开设了“热搜”或“排行”栏目（见图3-3），它的作用就是记录统计网民的阅读状态，同时引导网民关注其他网民关注的内容倾向和趋势。

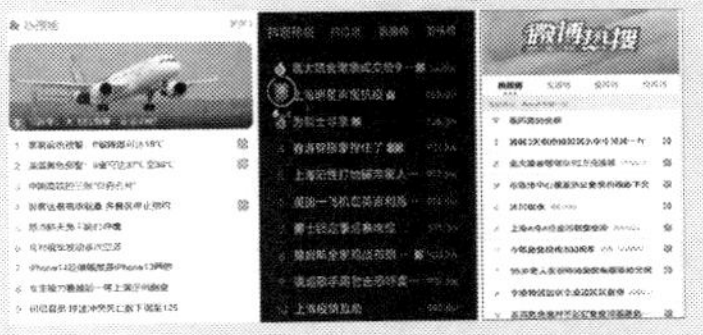

图3-3 来自百度、新浪微博和抖音的“热搜”栏目

（三）互动推演网络舆情

网络媒体成为网络舆情的显性来源，是因为网络技术的应用功能可以实时显示并记录统计网民的浏览状态和互动参与状态。梳理构成网络舆情来源的显性指标，可从几个方面加以考察：文章的阅读数是一个最明显的指标，一般关注度高的文章，通过阅读数可以看出网民的关注度。另外，网民对某个事件的立场态度，通过新闻跟帖的数量和内容可以看出来。网民对某些新闻事件通过留言评论表达支持、反对或中立的立场。再深入分析观察，还可以看到网民表达了对新闻事件的不同情绪，一般包含人的七种情绪中的喜、怒、哀、爱等主要情绪。网络舆情的外在表现形式通过这些网民情绪得以体现。

网络舆情的重要影响还伴随着行为趋势。网民有态度和立场的表达，还会伴随着行动。网民通过网络社交功能的使用，表达相同的立场和情绪，同时实现统一行动的沟通和集结。这种统一推动公众对某些事件的行为和态度。网民做出的行动，通过社交网络完成了沟通和集结。

【案例】　娱乐圈“塌房”事件频发

2021年以来，艺人“塌房”事件频发。娱乐圈持续“爆瓜”，不少昔日风光无限的明星或因违反社会公德，或因网络上的不当言行被暴光而“塌房”。大部分用户比较爱浏览娱乐资讯，这成为娱乐明星的粉丝和流量来源。明星一旦形象坍塌，就会失去粉丝关注和流量来源，连带失去各种表演机会和商业代言。

三、个体网民

在网络舆情的传播源头中，个体网民是很重要的促发源头。个体网民有两个身份，快速推动网络舆情变化。一是作为网络舆情当事人，在网络上发布的信息，成为促发舆情的重要因素；二是作为围观事件的第三方，对于新闻或话题事件信息的转发，立场表达，会成为推动舆情演变的重要因素。

（一）围观式传播

网络事件发展成为舆情，往往是因为网民的围观，围观带来公众对政府工作、领导个人形象和言行表达、企业社会责任的审查式品评。这种网络快速传播和互动传播格局带来社会舆情的全新形态。

在网络媒体没有兴起的年代，是政府和领导把控传统媒体的传播资源和信息分配权，社会公众只有听和看的选择，基本上不能通过传统媒体表达自己的态度和立场。而网络传播突破了时间和空间的限制，网民可以在时间和空间上形成一致的传播体验。你看我看大家看，你说我说大家说，形成了围观的态势，网络上的舆论情况和舆情态势显性可见。

（二）自媒体大V传播

在传统媒体的传播过程中，意见领袖起到过渡式的二次传播作用，往往成为传播信息的梳理者和社会舆论的引导者。而在网络传播过程中，意见领袖直接就发挥了引领信息公开和引导立场的主导传播作用。

在社交媒体微博兴起后，意见领袖有一个新的称呼——大 V。在社交媒体上，他们对事件话题的议程设置、话语表达的控制权，已经把传统媒体的采访权、编辑权、议程设置权在一定程度上转移到了自己身上。尤其是社交媒体特有的粉丝关注和数量积累，使得大 V 和粉丝的信息流向和互动成为很多舆情事件的演变因素。

于是，我们看到很多新闻最早的发布和传播不是在报纸和电视上，而是在网络媒体上，然后才是传统媒体跟进报道。大 V 在网络传播环境中把个人话语权发挥到了一个高度。

很多网络舆情往往因为大 V 的介入而发生态势的改变。

【案例】 罗永浩直播带货逆袭翻身

2018 年，锤子科技爆发危机，经历了资金链断裂、供应链厂商集体讨债、产品难产等一系列风波后，锤子科技欠下 6 亿元的债务。罗永浩作为锤子科技的创始人，自然承担起了公司欠下的债务。自此，罗永浩被限制高消费，“老赖”的称号也伴随左右。

为了还清欠下的 6 亿元债款，罗永浩走上了“真还传”的道路。2020 年，罗永浩正式宣布进军直播带货行业。得益于“初代网红”的身份，他在直播带货行业的发展顺风顺水，仅直播首秀当天，支付交易额便超过 1.1 亿元。之后，罗永浩的带货成绩在行业内名列前茅。

根据 2022 年 1 月 5 日《每日经济新闻》的消息，罗永浩被执行信息清零，高消费限制也被解除，仅有部分股权冻结。这似乎意味着罗永浩的 6 亿欠款已全部还清。此消息一出，罗永浩“真还传”迎来大结局的消息再次登上热搜榜（见图 3-4）。罗永浩的还债之旅可谓是备受网友的关注。

图 3-4　罗永浩靠直播带货偿还债务

舆情点评：公司破产欠债，社会关注，舆情关注。走上直播带货，网络关注；直播带货成效斐然，社会关注。罗永浩在每一个事件节点都构成话题热点，舆情关注。有压力，也有用户关注带来的流量和收益。罗永浩以自媒体身份完成了创业、品牌推广和经营创收的舆情良性演变。

（三）网民参与式传播

网络传播快速而活跃，因为有网民的互动参与，要比传统媒体把控下的传播过程丰富而复杂。对信息的分配权和话题的议程设置，使网民的参与成为网络舆情传播的重要环节。

【案例】 江歌案的舆情胶着推演

2016 年 11 月 3 日凌晨，日本东京中野区公寓，就读于法政大学的中国留学生江歌，被闺蜜刘鑫前男友陈世峰用匕首杀害。江歌是替同住的女室友刘鑫挡住她的前男友而被杀的。江歌的母亲介绍，江歌脖颈处、身上多处刀伤，刀刀致命，惨不忍睹。案件梳理见图 3-5。

2017 年 12 月 20 日下午 3 点，江歌被杀一案在日本东京地方裁判所当庭宣判，法院以故意杀人罪和恐吓罪判处被告人陈世峰有期徒刑 20 年。

2021 年 4 月 15 日 9 点，江歌母亲江秋莲诉刘鑫生命权纠纷案开庭，被告刘鑫答辩称江歌的遇害是陈世峰的行为造成的，被告依法不承担任何责任。12 月 31 日，江歌母亲江秋莲诉刘鑫生命权纠纷案本来将在青岛市城阳区人民法院开庭宣判，但因审判长突发疾病，开庭审判暂时取消。

2022 年 1 月 10 日，山东省青岛市城阳区人民法院对原告江秋莲与被告刘鑫生命权纠纷案做出一审判决：被告刘鑫于判决生效之日起十日内赔偿原告江秋莲各项经济损失 496 000 元及精神损害抚慰金 200 000 元，并承担全部案件受理费。

2022 年 2 月 16 日，江秋莲诉刘鑫生命权纠纷案在青岛市中级人民法院二审开庭。经过近四小时的审理，法庭宣布休庭，择期宣判。

舆情点评：江歌案以及江母诉刘鑫生命权纠纷案之所以调动起高度的社会关注、引起长时间的网络讨论，与其中缠绕的法治与道德追寻、各方观点博弈是分不开的。在知晓杀人事件发生后，刘鑫对失去爱女、一心求得真相的江母的态度是无法得到认同的，刘鑫发布消息刺激江母是应该受到谴责的。在关注、参与事件程度更深的部分人眼中，江母不愿意贴出捐款明细、借贷官司等细节是值得怀疑的，江母在网上的过激言论有人认为是不好的，对江母、刘鑫及双方支持者的网暴行为是不被认可的。而对于江母的维权，不论是江母起诉网暴网民还是江母诉刘鑫生命权纠纷案，都得到许多网民的认可，特别是针对网暴行为，网民认为这能起到一种示范性作用。（注：此点评来自“蚁工厂 张明”。）

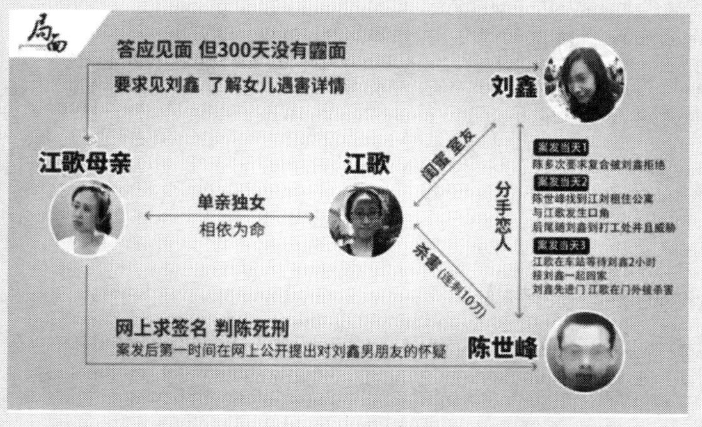

图 3-5 江歌案梳理

（浙江新闻客户端记者 黄宏）

四、舆情当事人

传统媒体和网络媒体成为网络舆情的传播源，都离不了最核心的源头，那就是舆情当事人。因为当事人发出的信息才给媒体提供了获取信息的源头。

（一）当事人表达权利诉求

一般情况下，在遭到社会不公平对待时，网络舆情的当事人会主动寻找媒体表达自己的诉求，渴望通过媒体的报道引起社会关注，解决自己所面临的问题。对于传统媒体而言，如果认为该议题具有新闻价值且可服务于议程设置，就会把它当作新闻进行报道。而在网络传播环境中，当事人会利用网络的开放应用功能，行使自己的传播权。当事人利用网络媒体，不需要借助传统媒体，自己就变成了网络舆情的源头。

【案例】 郭美美：一个变异的炫富网红

2011年6月20日，微博上一个名叫“郭美美baby”的女孩引起了众网民的关注。她在微博上经常展示自己的生活照，开玛莎拉蒂跑车、在别墅开生日会，皮包、手机、手表都是昂贵的奢侈品。而她微博认证的身份是“中国红十字会商业总经理”，正是这一点引发了公众的强烈质疑：一个年仅20岁的女孩就当上了总经理，并拥有名包豪车，财产来源是否和红十字会有关？一时之间，网友们展开了“人肉搜索”，各种与郭美美、红十字会有关的说法在网络上流传，真假难辨，真相不明。

郭美美事件对中国红十字会来说是坏事，也是好事。说是坏事是因为引发了公众误解和不满，严重损害了中国红十字会的形象和声誉；说是好事是因为使中国红十字会看到了系统还存在问题和挑战。部分网友的情绪有些偏激，对中国红十字会为中国困难群体以及在重大自然灾害面前所做的大量卓有成效的工作全盘否定，以偏概全，让中国红十字会感到委屈和痛心。

2014年7月9日，北京警方打掉一个在世界杯期间组织赌球的犯罪团伙，抓获团伙成员8名。该团伙进行赌球违法犯罪活动，郭美美是其中的参赌人员。被刑拘后，郭美美在中央电视台出镜，表达了悔恨之意：“今天借着这样一个机会，我想澄清，把真相说出来，还红十字会一个清白，跟红十字会深深地说一声‘真的很对不起’。”

2021年3月，郭美美被查出卖假减肥药。将成本只有0.5元一颗的药卖到70元。这药含违禁成分，有很大的副作用，对身体有害。但郭美美却在朋友圈声称是无毒无害的有机食品，只要吃了就立马能瘦。才刚出狱一年多，她又再次被抓进了铁窗，被判有期徒刑2年6个月。

舆情点评：回顾郭美美事件，社会舆情跌宕起伏。童年时出生在不健全的家庭，父爱的缺失、母亲的反面教育，使得她人生底色苍白。为了追求金钱名利，傍金主、出卖身体，20岁时靠炫富大火，风光时坐拥豪车豪宅，挥金如土，无所顾忌。纸醉金迷的生活，让她一步步迷了心智，走上了不归路。24岁涉赌入狱，面临5年的铁窗生活。5年后刑满释放，原本可以洗心革面，开始新的人生却仍然不思悔改，玩起了“歪门邪道”，最终又将自己送进了狱中。人生之路，没有捷径。总想着靠投机取巧，一夜暴富，那郭美美的结局就是前车之鉴，也是对所有网红的人生警示。

资料来源：综合自央视、新浪、百度等。

（二）当事人配合媒体形成互动

网络舆情当事人，尤其是有点网络媒介素养的当事人，往往很会利用网络媒体来推动网络舆情的演变。

> **你怎么看**
>
> 传统媒体的新闻线索是采访报道很重要的环节。网络媒体兴起后，新闻事件和话题设置的线索是怎么用的？

由于传统媒体在新闻话题的议程设置环节具有很大的控制力，舆情当事人只能是被动配合，往往只能接受舆情演变的结果。而在网络媒体的传播环节中，舆情当事人在网络传播的开放和互动过程中，往往会主动地行使自己的诉求表达权和信息传播权，在推动舆情演变的过程中，尤其是在微博、微信等社交媒体的传播中，个人的作用有时候要大于传统媒体。

第 2 节　网络舆情的传播载体

网络舆情的传播载体是网络平台上的各类媒体化应用功能模块。互联网引入中国后，网络媒体经历了电子邮件、新闻组、新闻门户、社交平台和移动应用等阶段。不同形态的承载平台，对网络舆情演变的推动作用有所区别。对网络舆情演变影响最大的是网络新闻门户和互动社交平台，网络新闻门户承载了网络舆情的聚焦效应，互动社交平台承载了网络舆情的动态演变过程。

一、网络新闻门户

网络新闻门户是网络媒体发展过程很重要的形态之一。网络新闻门户让网民第一时间快速了解新闻事件信息，对刚发生的事件进行关注，形成舆论度和舆情态势。

（一）快速报道聚焦效应

网络新闻门户是网民了解新闻资讯的重要媒介形式，改变了公众获取信息和知识的方式，颠覆了报刊、广播、电视和图书的传播形态。

网络新闻门户作为网络舆情的承载平台，最明显的特点是对新闻事件的快速报道。一旦新闻事件发生，网络新闻门户第一时间报道，网民第一时间知晓。在报道过程中，一般是有采访权的政府类新闻网站率先报道，然后是商业网站转发报道。网络媒体在报道节奏和速度上大大领先于报刊、广播和电视等传统媒体。

在新闻事件的报道过程中，网民的聚焦关注会形成事件信息的聚焦效应。对于这种聚焦效应，网络平台可以记录统计网络用户的基本属性和浏览行为特点，这是分析和研判网络舆情的重要基础。

（二）了解用户的基本属性和行为状态

网络新闻门户是公众获取资讯信息的网络平台，平台运营方通过技术后台，可以了解网络用户的基本属性和网络行为。

用户的基本属性可以通过注册系统进行了解。网络用户在使用网络新闻平台之前，要先填写一些基本的信息，才能使用平台提供的一些服务，如电子邮箱，互动功能模块，社区、论坛和微博、微信等个性化的应用功能。通过这些用户填写的信息，平台运营方可以了解用户的基本属性。虽然在填写信息的时候，尤其是性别和年龄信息，存在用户随意或故意填写虚假信息的情况，但随着电子商务和主题活动的使用普及，以及国家的管理政策规定，填写真实信息成为一种必然。平台运营方掌握了用户的真实信息，可以研究用户特点和属性，提供更有针对性的服务。

网络技术便于了解用户的属性和浏览行为特点，从中发现用户的浏览习惯和规律，可以改善服务内容和方式，这也是分析和研判网络舆情的基础数据。

【知识窗】 中国互联网络信息中心的统计报告

互联网已经成为影响我国经济社会发展、改变人民生活形态的关键行业。中国互联网数据统计由中国互联网络信息中心（CNNIC）执行，每年以截至6月底和12月底的数据进行两次统计工作。采用固定样本组（panel）的研究方法，通过调查客户端实时、连续采集中国网民样本的互联网使用行为数据，并对数据进行统计分析，客观、及时地反映中国互联网发展状况的多个层面（宏观与微观），为互联网行业参与者提供多方面决策支持。

1997年，国家主管部门研究决定由CNNIC牵头组织有关互联网单位共同开展互联网行业发展状况调查。自1997年起，截至2022年8月底，CNNIC已成功发布50次《中国互联网络发展状况统计报告》。CNNIC的历次报告则见证了中国互联网行业从起步到腾飞的全部历程，并以严谨客观的数据为政府部门、企业等各界掌握中国互联网行业发展动态、制定相关决策提供了重要依据，受到各方面的重视，被国内外广泛引用。

CNNIC采用完全公益的运作模式，为企业、政府部门及研究者免费提供互联网统计数据及服务，以期促进中国互联网行业的健康发展。更多信息可以登录CNNIC官网获取。

二、互动社交平台

你怎么看

从CNNIC每年两次的统计报告中，你看出最明显两个指标是什么了吗？两个指标具有什么样的特点？

网络媒体最活跃的模块是互动功能模块。从信息传播的角度看，互动功能模块给用户提供了信息发布权，这也是网络舆情得以传播的基础。近年来，网络媒体的互动功能应用发展出了丰富的应用形态，最早的是论坛形式。国内最早出现的论坛包括新浪论坛、网易论坛、搜狐论坛、天涯社区、西祠胡同等，后来出现的个人主页、社区、微博、微信等也变成了公共论坛。大部分网民早期的网络生活大都在这些论坛上进行。网民自发传播的信息，以及形成舆情的话题和事件，一般都是由这些论坛触发。

（一）搜索信息主动关注

搜索改变了信息流动的方式，网络用户拥有了对信息的快速知晓权。由前期平

你怎么看

时下抖音“拍同款”很流行。“拍同款”是抖音平台的内容创作共享互动功能。对于某款火爆的短视频，用户可以按照同样的台词脚本、背景音乐等元素重复拍摄，获得共享热点话题以及扮演表达的体验。也包括热门标签的推广作用。

不仅仅是微博，各类网站、App的排行，也是体现网络用户对于某些事件和话题的聚焦关注，很多网民直接就浏览这些排行。

台主动提供信息的方式发展到网民的主动搜索，这是网络媒体信息传播方式的极大改变。网络用户主动寻找信息加剧了对某些突发事件和话题的聚焦性关注，形成了舆论生态和舆情走向。

（二）发布信息扩散传播

网络媒体的互动功能模块给予了网络用户信息发布权。最早的信息发布方式是留言评论。在几乎所有新闻信息后都附带这样的功能。最典型的是留言盖楼模式，激发了网络用户的留言积极性，也推动了网络用户之间的横向交流。

论坛、社区、微博、微信和短视频平台互动，是网络用户最活跃的信息发布方式。网络用户有什么诉求、看到什么突发事件，第一时间自己就发布了。如果是冲突性的、有悖于公共道德和公共利益的事件，往往很快形成聚焦效应，演变成舆情事件。当然，也有部分网络用户出于牟利需要，往往把主动发布政府、领导或企业的一些负面信息当成生意来做，使网络的舆情生态发生复杂的演变。网络平台上的删帖方式就是这种传播权和知晓权使用变异的状态。

【案例】 上海车展特斯拉车主维权事件

2021年4月19日，在上海车展上，一名身穿“刹车失灵”T恤的维权女车主站在特斯拉车顶，大喊“特斯拉刹车失灵”，随后相关视频迅速传播至各大平台，引发舆论热切关注。此后，随着企业方特斯拉、维权者及其家属多次发声回应，同时国家市场监督管理总局、中国消费者协会、郑州市市场监督管理局等官方监管机构介入，事件热度居高不下。企业方与维权者各执一词，“剧情”多次反转，使得此次“维权风波”长时间处于舆论的聚光灯下，事件权责归属、消费者应如何合理维护自身权益等成为舆论议论重点。

舆情点评：特斯拉车主维权事件，涉及当事人消费权益维护，涉及特斯拉品牌声誉维护，也涉及中外新能源汽车的市场竞争，各方的舆论表达获得媒体和公众的高度关注。不同的利益诉求有各自不同的舆论表达，这个事件的舆情研判角度也有不同的立场。

（三）互动讨论推动舆情

网络互动功能的应用，很大一部分是网民之间的话题讨论和社交。网民在社交平台上讨论一些新闻话题和社会现象，构成了网络舆情的重要基础。这种网络互动功能的应用，实际上满足了网民的信息传播权和意见表达权，表达了个人对事件的态度和立场。网民之间因为利益阶层差异，往往立场和态度不同，因而会形成争论，这推动网络舆情向不同方向演变。

【案例】 阿里女员工被侵害事件

2021年8月7日晚，阿里一名女员工匿名称自己被男领导（王某）要求陪商家（张某）喝酒，被灌醉后遭到猥亵。而后，该男领导为女员工开了房间，进出房间4次，并实施强奸。女员工向HR等反馈无果，前往食堂发传单维权。

2021年8月7日晚，阿里对此回应称绝不容忍，全力配合警方，涉事员工已停职接受警方调查。8月8日，济南华联超市就此进行回应，称涉事员工停职调查。8月8日，济南市公安局发布通报：阿里女员工被侵害事件正在调查取证。8月8日，阿里员工发出倡议，筹备建立保护机制。8月9日凌晨，阿里公布处理决定，业务总裁和HRG引咎辞职，涉事男员工王某被辞退并永不录用。8月9日，济南华联超市回应阿里女员工被侵害事件：涉事员工张某被辞退。8月10日，事发饭店渔家灯火济南环宇店店员称：警方已调查取证，包厢内无监控。

2021年8月14日，济南市公安局槐荫区分局发布情况通报：根据《中华人民共和国刑法》第237条规定，犯罪嫌疑人王某、张某因涉嫌强制猥亵罪，已被济南市公安局槐荫区分局依法采取刑事强制措施，没有证据证明有强奸犯罪事实发生。案件正在进一步侦办中。

2021年9月6日，济南市槐荫区人民检察院经依法审查决定，犯罪嫌疑人王某实施的强制猥亵行为不构成犯罪，不批准逮捕。

舆情点评：阿里女员工被侵害事件，具备男女绯闻属性，网络舆情关注度高，涉及男女态度立场、道德和法律立场，阿里需要从维护企业品牌声誉角度应对，公安部门需要从刑事舆情角度应对。事件的发酵过程一波三折，舆情演变曲折，围观群众立场不一，让这个舆情事件“热闹非凡”。

三、移动社交应用

移动互联网兴起后，移动终端的随时随地和私密化使用加快了网络传播的现场报道速度，丰富的移动社交应用促使网民之间的交往方式发生变化，传播快节奏和社交复杂化推动网络舆情趋向碎片化和私密化。

（一）圈子化的封闭信息传播

移动互联网是互联网在移动终端的应用，它具有微小、便携等特性。而且，移动互联网的社交功能以熟人连接为主，偶像和粉丝、熟人和熟人之间建立连接关系，通过信任关系推动信息在封闭的传播渠道中扩散。

（二）现场化的快速报道

移动终端带来了移动传播对现场新闻事件报道的改变，借助微博和短视频等，移动互联网传播得到很好的应用。移动互联的便捷性、智能手机的普及，加之快速拍照和微博碎片化文字描述，使很多突发事件或现场活动得到快速传播，直击现场画面是新一代网络用户的阅读方式。

【案例】 薇娅等主播偷税被罚

2021 年 12 月 20 日，国家税务总局杭州市税务局（下称杭州税务局）发布消息称，近期，杭州税务部门经税收大数据分析发现网络主播黄薇（网名：薇娅）涉嫌偷逃税款，在相关税务机关的协作配合下，依法对其开展了全面深入的税务检查。

经查，薇娅在 2019 年至 2020 年期间，通过隐匿个人收入、虚构业务转换收入性质虚假申报等方式偷逃税款 6.43 亿元，其他少缴税款 0.6 亿元。杭州税务局对薇娅追缴税款、加收滞纳金并处罚款，共计 13.41 亿元。

早在薇娅被处罚之前，11 月 22 日，朱宸慧（网名：雪梨）、林珊珊（网名：林珊珊）也因偷逃税款被罚处数千万元。一时间，网络主播纷纷“自我救赎”。中新社官微发布消息称，在规范网络直播行业税收秩序的过程中，税务部门始终秉持宽严相济的态度，为网络主播的“自我救赎”打开了一扇窗，国家税务总局发布通知明确指出，对 2021 年底前能够主动报告并及时纠正涉税问题的，可以依法从轻、减轻或者免予处罚。

舆情点评：直播圈成了偷税漏税的集中爆发地，主播改变收入性质将个人劳务所得变为经营所得的偷税漏税手法，俨然成为行业潜规则，且长时间大行其道，明滋暗长。主播偷税漏税之恶，与假借专业手法帮助主播偷税漏税之恶，均为行业毒瘤。如果说主播是流，后者就是源。对于主播及广大灵活就业人士而言，税收专业知识或可不懂，但守法常识不可缺。禁不住诱惑，自己亲自上阵或借助“专业人士”行偷税漏税之实，都是要承担法律责任的。相信随着此次电商直播的整顿力度加大，行业合规化将成主旋律。

资料来源：内容综合自人民网、《新京报》等。

第 3 节　网络舆情的传播渠道

网络舆情的传播渠道包括有形和无形两种。有形是指媒介形式渠道，无形是指公众心理情绪渠道。通过传播渠道，网络公众在知晓信息的基础上快速反应，形成舆论和舆情。

一、媒介形式渠道

网络信息和网络舆情互为表里，媒体是网络舆情传播的重要渠道。也就是说，网络舆情必须借助媒介渠道才能实现传播和演变，新媒体作为一种新技术环境下的媒介形式，强化了媒介渠道的作用。这也是近年来政府、企业和社会组织不得不重视网络舆情的原因。近年来，各类典型的网络舆情事件大都是通过新媒体媒介渠道触发和演变的。

（一）网络新媒体的非结构化渠道

当下，网络舆情的传播渠道主要是网络新媒体。网络新媒体的形态随着网络技术的变化而有所不同，从开始的新闻组、论坛、门户到微博、微信，贯穿其中的是技术功能和数据。其中，技术的特点决定网络新媒体的数据化特性，那就是网络新媒体的用户可量化，用户网络行为的巨量积累形成所谓的大数据基础。这种大数据带来了非结构化的特性。

国内外学者归纳总结了大数据具有的4V特性：数据量大（volume）、数据种类多样（variety）、实时性强（velocity）、商业价值大（value）。在互联网平台上，这种大数据环境中的网络舆情，实际上是一种非结构化的状态。要想分析梳理网络舆情的来龙去脉，既要立足这种非结构化的状态，又要用结构化的分析模型来区分梳理。

这种非结构化的状态，带来了网络舆情的复杂化和不可控。从网络用户的角度来看，网络用户始终在活动，从而也导致了网络舆情始终处于动态的起伏变化过程中。

当然，网络舆情在大数据环境中传播，在一定程度可以借助结构化的研究方式把握它的传播路径。在可承担的人力成本、经济成本范围内，管理者还是可以追溯一个舆情事件的传播路径和来龙去脉的。

（二）传统媒体的结构化渠道

对比不同的传播渠道，传统媒体作为传播渠道，其舆论扩散和到达率不如网络媒体，但是在所有传播渠道中仍然是非常重要的。因为在信息的采集和品质价值的打造上，传统媒体仍然具有网络媒体不具备的优势和价值。

对于报刊而言，能够通过报刊的读者定位、采编流程、内部审稿流程，记者的采访线索、采访对象的信息来源、信息整理及其与信息提供者的关系等，来分析舆情的传播路径和形态。舆论和舆情的传播很大限度上受限于报刊的议程设置。报刊传播信息形成的舆情，延伸到网络上后，话题或事件的议程聚焦性特别明显。网络往往会“百里挑一”地聚焦于报刊提供的舆情素材。报刊成为网络舆情传播的重要源头。

对于广播和电视而言，也可以通过采编流程、内部审稿流程，记者的采访线索、采访对象的信息来源、信息整理及其与信息提供者的关系等，来分析舆情的传播路径和形态。这些年来，因为网络媒体偏爱画面传播，吻合了网民的读图式阅读、情绪化判断特点，在传统媒体传播舆情的过程中，电视发挥了很大的推动作用。

【案例】 央视3·15的“舆情杀伤力”

央视3·15晚会（见图3-6）每年都会根据中国消费者协会发布的年主题，再确定一个节目主题，这一方面凸显央视的权威地位，另一方面也使节目内容能够深入人心和关注焦点，展现内容与主题的契合。

图3-6 央视“3·15晚会”

3·15晚会的选题在晚会举办前几个月就有预案，选题线索由来自各个媒体机构的记者提供。除此之外，为了增加3·15晚会的权威性，2021年中国消费者协会、国家市场监督管理总局网督司及执法监督司等领导也到场并直接参与，对检测不合格情况进行通报。

3·15晚会由央视总台联合十四家部委共同举办，已经陪伴中国消费者走过了三十多个年头，是中国最具影响力、公信力的品牌节目之一，被中国消费者誉为“每年最值得期待的晚会之一”。

舆情点评：一年一次的3·15晚会上，一拨又一拨的企业品牌被点名曝光。各家企业的回应声明冲上热搜。挨骂、道歉是最近几年3·15晚会必不可少的互动环节。晚会举办之前，大家会猜测哪些企业品牌会被曝光。央视的曝光行动提前半年就开始，各消费维权投诉热线和网络维权投诉平台天天都是3·15。企业是否会被曝光，关键还是看企业的初心是不是为用户服务，用户的反馈投诉是不是得到了认真解决。偏离这两点越远的企业，上热搜的概率就越高。

二、公众心理情绪渠道

在网络舆情的传播过程中，报刊、广播、电视和网络媒体等构成网络舆情传播的重要有形渠道，而心理学层面的个体心理之间的信息传播，才是网络舆情传播渠道最“原生态”的存在。西方传播学体系重要的构成之一，德国传播学家伊丽莎白·诺埃尔-诺依曼的“沉默的螺旋”理论，是我们理解个体心理对网络舆情传播作用的一个重要借鉴和参考。

（一）传统媒介社会话题的立场传播渠道

从“沉默的螺旋”规律看，大多数个体会力图避免由于单独持有某些态度和信念而产生的孤立感。对于一个有争议的议题，人们会形成对自己身边“意见气候”的认识，同时判断自己的意见是否属于“多数意见”。当人们感觉到自己的意见属于“多数”或处于“优势”的时候，便倾向于大胆地表达这种意见；当人们发觉自己的意见属于“少数”或处于“劣势”的时候，就算遇到公开发表的机会，可能也会为了防止“被孤立”而保持“沉默”。越是保持沉默的人，越是觉得自己的观点不为人所接受，如此一来，他们越倾向于继续保持沉默。几经反复，便形成占“优势”地位的意见越来越强大，而持“劣势”意见的人发出的声音越来越弱小，这样的循环形成了“一方越来越大声疾呼，而另一方越来越沉默下去的螺旋式过程”。

在传统媒体构成的舆论空间里，这种“沉默”的选择，在个体与个体之间，除了在公共饭桌、家庭聚会、沙龙聚会上，会以信息孤岛的方式，节奏比较慢地传播。在网络空间里的社区、论坛、博客、朋友圈和短视频等环境中，网络舆情也体现出这种“沉默的螺旋”特点。

在基于观点和立场的表达构成的网络舆情中，在一定程度上是报刊、广播、电视的议程设置在引导社会公众的舆情走向。而在网络兴起后，“沉默的螺旋”的结构化更多地偏向于个体的情绪化结构，传统媒体在网络媒体环境中并不能主导这种舆情传播。

（二）网络话题的情绪传播渠道

网络媒体和网络社交的普及应用，在逐渐消解原有的传播结构和交往方式。全新的信息传播方式带来的最大变化就是信息传播权和知晓权落到了个体手中，因此带来了网络舆情的异常活跃和非结构化状态。

网络舆情的基础是网民的社会心理，它包含了网民的情绪、愿望、主张、评价、感受、态度等心理层面。公众通过情绪、认知和态度倾向等显露出一种行为倾向。这种显露行为既包括明明白白的舆情表达如群众上访、网络吐槽和网络“人肉搜索”等，也包括隐晦的和暗藏的舆情表达如文艺作品、民谣，或者表现出冷漠等。作为网络舆情表达主体的网民只有通过特定方式的舆情表达，才能将网络舆情的状态显露出来。网络舆情表达的渠道和方式复杂，通常是网络信息大数据形态中的非结构化可见形式。

人的情绪既是主观感受，又是客观生理反应。当我们考察网络舆情中的网民情绪时，可以按照喜、怒、哀、惧、爱、恶、欲七种类型去把握和感知。网络舆情领域的非结构化形态似乎不可捉摸、不可把握，但是基于大数据的研究模型，可以在一定程度的结构化基础进行研究。

网络舆情涉及传统媒体、新媒体及现实中的口传、交谈、文字线索等多种表达渠道，这些渠道的传播为我们展现不同群体、载体的话语特征和对整个舆论环境的构造，以及网络舆情主体的心理变化。在不同的舆论场我们经常见到网民激烈地争论，言辞尖锐、情绪激动，甚至相互侮辱和谩骂。网民的舆情表达是理性和非理性的混合体，网络舆情传播过程可以呈现出不同舆情主体的心理态势和演变过程。

当我们建立模型研究网络舆情的传播渠道时，结合网民的七种情绪类型，可以从另外的角度更好地洞察网络舆情的特性和演变逻辑。

【案例】 鸿星尔克捐款获得“野性抢购潮”回报

2021年7月，河南遭遇极端强降雨灾害，几十家国内知名企业陆续宣布驰援河南。其中鸿星尔克也在官方微博上宣布向河南灾区捐赠5 000万元物资，当时此条官微（见图3－7）下只有一百多条评论。可能是鸿星尔克虽然营收为28.43亿元，但净利润为－2.2亿元还捐这么多的举动感动了网友，也可能是捐赠物资金额之大与评论区的冷清对比过于强烈，鸿星尔克随后在网络直播平台上火出圈，甚至在线下掀起抢购潮。截至7月24日，鸿星尔克直播销售破1亿元，库存被网友抢光。

舆情点评：鸿星尔克的微博评论好心酸 相关话题持续登上热搜榜，这家老牌企业也重新出现在大众的视野。在该话题下，鸿星尔克被认为“快倒闭了还默默向河南灾区捐款5 000万”，围观网友对该公司表达“心疼”和致敬之情。鸿星尔克相关产品被网友大量购买，带货直播间关注度大幅飙升。鸿星尔克总裁吴荣照出现在直播间，向消费者致谢的同时呼吁网友“理性消费”。网友的“野性消费”是一次情绪的大爆发，企业抓住情绪爆发点，品牌声誉和营销收益实现双丰收。

资料来源：内容综合自新浪微博、抖音等。

图3－7 鸿星尔克宣布向河南灾区捐赠官微图

【本章小结】

本章主要阐述了网络舆情的传播渠道的特性，也阐释了网络舆情的传播源和传播载体，从中可以理解网络舆情在不同的传播源和传播载体上的传播特点。重点从两个方面阐释传播渠道的传播过程，一方面是媒介形式渠道，另一方面是公众心理情绪渠道，这是一种无形的传播渠道。

【复习思考题】

1. 你认为传统媒体和新媒体作为网络舆情的传播源，在推动网络舆情演变的过程中各自所起的作用是什么?

2. 试分析你所看到的网民无理性情绪形成的汹涌舆情给江歌案、鸿星尔克“野性抢购潮”带来的影响。

第 4 章　网络舆情的传播效果

效果研究历来是大众传播学研究的核心。在效果研究 90 余年的发展历史中，“效果”通常被定义为接收者效果，基本上是依据媒介或技术的形态、内容、结构等属性考察对信息接收者的影响。随着互联网、移动通信、数字媒体和各种社交软件的普及，一种“新的社会化沟通形式”被越来越多的传播学者认同。这种新的社会化沟通形式被称为大众自我传播（mass self-communication）。它的主干是计算机网络，语言是数字，发送者分布全球，特点是全球互动。网络舆情正是在这样一种新的社会化沟通形式下呈现出速度快、范围广、持续力强、纵深性强等特点。

第 1 节　网络舆情传播效果的短时波动模式

在传播学中，“效果”一词看似简单，实则非常复杂。由于传播过程涉及社会、心理、政治、系统、控制、信息等诸多方面，因此大众传媒对个人知识、态度、意见和行为的影响可以是即刻发生的，也可以是延迟发生的，可以是短暂的，也可以是持久的，可以是简单的反应，也可以是复杂的连锁反应，甚至对个人的影响有可能逐渐累积成为制度变迁的因素。在这样一个复杂的结构体系下，普遍统一的传播效果是不存在的，现实的多样性在一定程度上说明了可能出现的传播效果模式的多样性。

在信息化背景下，丰富的信息传播渠道对网络舆情的传播起到了关键作用。网络舆情传播极易发酵，信息传播呈几何级数裂变增长。网络舆情传播效果波动模式是对网络舆情事件发展态势、影响力度的形象直观描述。

在网络舆情的传播过程中，舆情事件常常会经历潜伏—形成—发展—高峰—平息五个时期，社会群体情绪、意见、态度也会相应地经历一个短时波动期。

一、网络舆情传播效果短时波动模式

传播效果短时波动模式由加利福尼亚州立大学圣塔芭芭拉分校传播学系教授詹姆斯·波特（James Potter）提出。他认为，传播效果短时波动模式是指当媒介信息触发的影响在信息曝光后不久又迅速回到基线水平（见图 4-1）。在该模式中有两个基本要素，一个是传播效果的定义，另一个是基线的概念。

传播效果是指个人或社会群体在接触一条或一系列媒介信息后因媒介的影响而产生的变化。媒介的影响有很多种，包括直接/间接的影响、长期/短期的影响、有意识/无意识的影响，但所有的影响都会涉及个体及社会群体在行为、态度（情感方面）以及认知方面的变化。传播效果不同于传播的“有效性”，后者与达到既定的传播目的有关。

基线是指在任意给定的时间点或时间段，传播效果的相对大小。

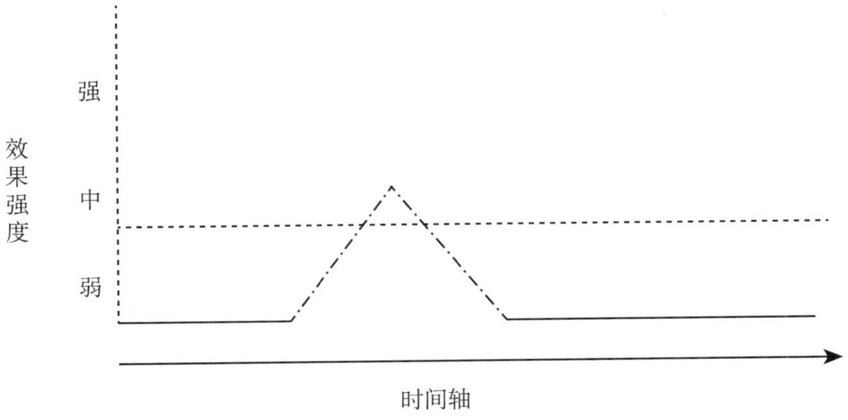

图 4-1 网络舆情传播效果短时波动模式

传播效果短时波动模式涵盖了网络舆情的整个传播过程，因此网络舆情的传播效果也可以用短时波动模式表示。

二、网络舆情传播效果短时波动模式的特征

一般而言，模式是一种理论简化，是对现实事件的内在机制和事件之间关系的直观、简洁的描述，表明事物结构或过程的主要成分及其相互关系。在网络舆情传播效果短时波动模式中，用以表示传播效果相对大小的基线在斜率和弹性方面会有所不同。

斜率指的是基线锐角的角度变化，一般有向上和向下两种状态。向上的斜率表示传播效果的一般递增水平；向下的斜率表示传播效果的一般递减水平。其中，锐角的角度大小反映了传播效果的相对强弱。锐角越大，说明舆情事件的传播效果越好、影响范围越大；反之，锐角越小，舆情事件的传播效果越差、影响范围越小。平缓的斜率表明了传播效果的相对持续水平。

弹性反映的是基线的振幅大小。在舆情的高峰期，舆情事件被全网热议，基线的振幅越来越大，说明公众对舆情事件的反应越来越热烈；在舆情的震荡和回落期，当越来越多深入集中的报道出现，事实被澄清、谣言被制止、真相被说明、情绪被安抚，基线的弹性开始弱化，波动幅度越来越小，直至消亡。

波动具有三方面特征：一是持续时间，二是幅度，三是方向。持续时间是指波动在回到基线之前持续的时间，通常是指舆情事件的持续。幅度是指波动偏离基线的程度，也叫斜率的偏移程度。方向是指波动向上或向下的移动水平。

另外，在网络舆情传播效果短时波动模式中，横向虚线代表了个人/社会认知、情感、意见的显化水平（包含但不限于对客观世界的认识水平、价值取向、行为标准等）。当突破这一虚线时，在网络空间极易产生群体极化现象。

群体极化（group polarization）是社会心理学中的一个概念，由美国学者詹姆斯·斯通（James Stone）于 1961 年提出，指“群体中原已存在的倾向性通过相互作用而得到加强，使一种观点朝着更极端的方向转移，即保守的会更保守，冒险的会更冒险”。在网络空间，群体极化的现象更为突出，大约是现实生活中面对面交互的两倍。在网络舆情发生的过程中，群体极化现象一般会在以下几种情况下产

生：汇聚了多种信息但是模糊性较大、聚集了较大矛盾、涉及相对弱势的群体、强势一方没有及时妥善处理反而试图隐瞒真相。

当网络舆情事件产生群体极化的现象，在传播效果短时波动模式中，就形成了一个顶部三角形，一方面表示产生这种极化现象的群体情绪、意见、态度很牢固，另一方面也意味着对社会统一认知显化水平的突破。从积极的角度来看，近年来“小粉红”在网络空间的一系列破圈活动，比如起底林心如的电视剧《我的男孩》(2017)、围剿辱骂孙杨的霍顿（2016）等，都是具有同质观点的群体在网络空间经过一番讨论之后，在现实中展开的具有朴素爱国主义情怀的活动。

从消极的角度来看，正常的社会发展并不期望过度极端行为的产生，而“群体极化”的结果则很可能会将人们推向不理性的边缘。网民的态度、意见在网络上被“群体极化”后，有可能还会进一步扩散到现实生活中。比如2012年，针对中日钓鱼岛争端，网民在线下进行抗议的过程中出现打砸在华日系车、日本商店的极端行为，甚至出现中国车主因阻止打砸而头骨被打穿的恶性事件。此后这种极端暴力行为被普遍拒斥，虽然后来仍偶尔发生。

【知识窗】 群体极化的特点

一般而言，群体极化有以下三个特点：

(1) 群体讨论后形成的意见比之前所持的意见更为极端，也比群体内单个成员所持的观点更为偏激。

(2) 群体内部的意见趋向统一，成员通过放弃自己的异议来减少意见多样性，最终形成内部抱团、互表忠诚的意见共同体。

(3) 不同群体之间的差异增大，分歧加剧。

第 2 节　网络舆情传播效果的层级扩散指标模式

不同于信息在大众媒体中的传播模式，信息在 Web 2.0 时代更具有自发性、海量性、分散性、多元性、演化性、风暴性等特点。在网络舆情发生、发展和热议的过程中，各类社交媒体和用户主动或随机地以网络为平台，在接收信息的同时也在发送信息，通过不同成员间的嵌套和勾连，信息在更大范围内传播，渐渐结成一张庞大的社会学意义上的“群体社交网络”。在这个网络中，每一个用户都是一个节点。

社交网络（social network），是指由许多节点以及节点间关系构成的一个网络结构。根据欧盟的《社会计算影响公共部门的关键领域》(Key Areas in The Public Sector Impact of Social Computing)，在线社交网络可分为即时消息类、在线社交类、微博类、共享空间类四大类。一个典型的社交网络是由许多节点与节点之间的连线组成，其中节点用来代表真实系统中不同的个体，而连线则用来表示个体间的关系，如转发、评论、提及等网络信息分享行为。信息在社交网络传播扩散的过程，是一个时间推移和空间蔓延的复合过程，包含了@（提及）的用户、多次转发的用户以及所有标识符号（例如：@、//等）的信息。原始信息经过多位用户转发后，同时@（提及）多位用户时，或者用户阅读或再次转发时，整个信息的传播扩散链会变得冗长。其中，“扩”是就节点的数量而言，“散”是就距离而言。判断信息在社交网络传播扩散链上的层级常用“级联”这个概念。

对社交网络进行分析是一门新兴学科，它从网络结构、群体互动、信息传播三个维度，探讨人类社交关系的形成、行为特点以及信息传播规律，涉及计算科学、通信科学、传播学、社会心理学、经济学、社会语言学、人类学、组织研究等一系列学科。

一、级联的定义

级联（cascade），是一个资讯与通信术语，用于反映多个对象之间的映射关系。在社交网络分析中，常用于描述网络空间信息的传播模式。这种模式展示了一个具有共同、单一起源的链接在网络空间的连续转发态势，它可以由一个或多个级联组成。

例如，当用户 1 在网络空间发布了一则信息 A，这就开始了一个级联，当用户 2 对相同的信息重新发布了一次，这就开始了第二个级联。两个级联相互独立，它们代表了同一个信息的两个级联。一方面，级联可以小到只有一个规模（即 size 1，没有人转发）；也可以扩展为若干规模。构成信息的级联数等于用户独立发布（未转发）的信息次数。因此，如果一则信息 A 由 10 个人分别发布，但不转发，它将有 10 个级联，每个级联大小为 1。如果第二则信息 B 由两个人独立发布，并且这两条信息中的每一条都被转发 100 次，则该信息由 2 个级联组成，每个级联大小为 100。

在级联前可以用表示不同信息种类的名词作为前缀，显示不同信息在网络空间的传播模式，比如谣言级联。

二、级联的两种传播模式及其特征

级联有两种传播模式，一种是基于跳数地址累进框架的传播级联模式，另一种是基于时间累进框架的传播级联模式。

（一）基于跳数地址累进框架的传播级联（hop-based cascade）

跳数（hop）是一个计算机术语，是给定网络中距离的基本度量单位。在网络中，跳数是指中间设备的总数，给定的数据在源设备和目标设备之间传递，沿着数据路径，每个设备形成一跳，数据从一个源移动到另一个源。通过引入跳数的概念，可以清晰地区分信息在网络空间的传播层次。

对于基于跳数地址累进框架的传播级联模式，主要是从信息传播的深度、规模、最大广度以及结构性病毒式传播特征等四个方面考察传播效果（见图 4－2）。

- 深度（depth）：随着时间的推移，原始信息被转发的次数。
- 规模（size）：随着时间的推移，参与级联的用户数。
- 最大广度（max-breadth）：在任何深度级联中，涉及的最大用户数。
- 结构性病毒式传播（structural virality）：级联中各节点之间的平均距离，衡量的是信息的结构性扩散程度。在完全通过新闻媒体传播这种极端情况下，任意两个分享事件之间只有两次跳跃（因为这两个节点都是直接由同一个媒体信息源发出），所以平均距离是2；而在完全通过个人传播这种极端情况下，平均距离会随着树形图规模增长而增长。简言之，一条信息如果只是被“广播式传播”，则该信息的结构性扩散程度较低；如果信息经过了多级转发，则该信息的结构性扩散程度较高。

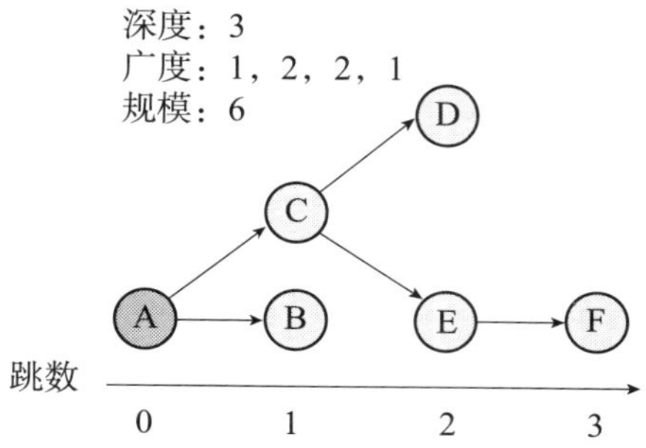

图4-2　基于跳数地址累进框架的传播级联

在图4-2中，信息传播的深度为3；广度是在不同的级联中涉及的用户数，为1或2；规模是3个级联用户数的加总，为6。A、B、C、D、E、F代表节点。

【知识窗】　广播式传播

广播式传播是信息在网络结构中的一种传播方式，反映了信息在传播过程中的广播效应，其中的扩散传播特征是由单个有影响力的节点所致。广播式传播结构见图4-3，图中圆圈代表节点。

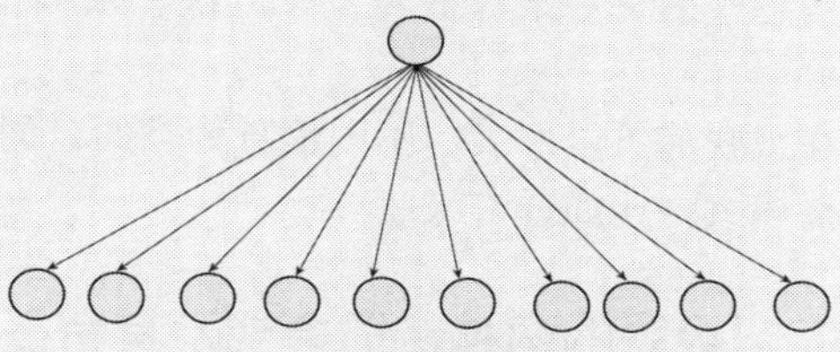

图4-3　广播式传播结构

（二）基于时间累进框架的传播级联（time-based cascade）

对于基于时间累进框架的信息传播级联模式，主要是从信息的存留期、实时热度、总热度等三个方面考察传播效果（见图4-4）。

- 存留期（lifetime）：信息存留的最长时间，以时间为计算单位。
- 实时热度（real time heat），也称作T时刻：在T时刻信息传播涉及的人数、转发数。
- 总热度（overall heat）：信息触及的总人数。

在图4-4中，信息的存留期为4；实时热度在第4天为2，在其余时间段为3；总热度为5个级联的加总，为6。其中，实时热度是T时刻信息传播涉及的人数、转发数，其余时间段是除实时热度外从第一天开始纳入计算的其他天数信息传播涉及的人数、转发数总和，总热度是对所有级联数的加总（包括0）。A、B、C、D、E、F代表节点。

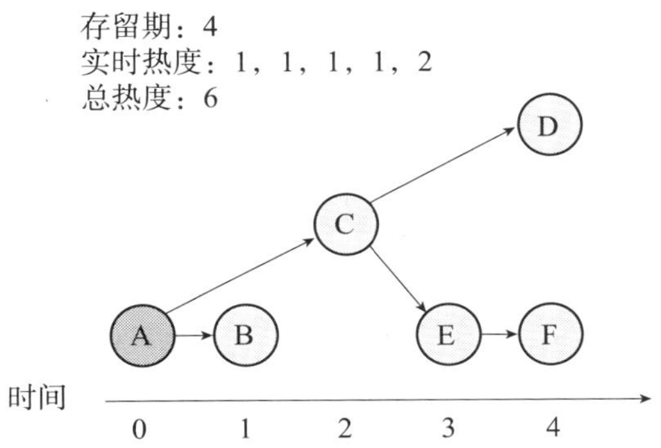

图 4-4　基于时间累进框架的信息传播级联

三、基于级联传播模式的测量参数及指数设计

由于舆情信息在社交网络上具有节点海量性、结构复杂性和多维演化性等特点，在大数据、算法等技术尚未充分发展的阶段，对传播效果的考察大多是通过内容分析、控制实验、抽样调查等途径实现，难以获得可视化、数据化、直观化的结果。社交媒体分析这一学科的兴起，从级联角度提供了传播能量的度量方法、信息内涵的表示方法、传播效果的计算分析方法。社交媒体分析是一门新兴交叉学科，实际舆情监测软件或应用程序尚未完全体现其思想。

（一）基于跳数地址累进框架的级联实证测量参数

2018 年，麻省理工学院斯隆管理学院教授辛纳·阿勒尔（Sinan Aral）、媒体实验室媒体艺术和科学教授德布·罗伊（Deb Roy）和博士后索鲁什·沃索吉（Soroush Vosoughi，后来成为达特茅斯学院计算机科学助理教授）主持了迄今为止最大规模、最系统性的社交媒体真实信息与虚假信息传播效果实证研究。他们分析了从 2006 年至 2017 年在推特上发布的所有被验证的真实和虚假信息传播的差异化扩散。这些数据包括约 126 000 个信息，约 300 万人参与传播，超过 450 万条推文。结果发现，虚假信息传播得比真实信息更快、更深、更广，其中政治类虚假信息传播得更为迅速。

他们根据跳数地址累进框架的传播级联特征，从深度、规模、最大广度、结构性病毒式传播特征等四个维度对真实信息和虚假信息的传播效果进行了测量。

就深度而言，没有真实信息可以超越 10 层；相比之下，不但有虚假信息可以超越 10 层，甚至其中的 0.01%超过了 19 层。

就规模而言，真实信息很少会被超过 1 000 人转发；但排名前 1%的虚假信息却被传播给 1 000～100 000 人。从时间来看，要传播给 1 500 个人，真实信息需要花费的时间是虚假信息的 6 倍，抵达 10 层深度的时间更是高达 20 倍。

就最大广度而言，真实信息传播的宽度刚好超过 1 000；而虚假信息能达到好几万。

就结构性病毒式传播特征而言，虚假信息被首次转发的可能性比真实信息高 70%。

上述研究针对的是真实信息和虚假信息在社交媒体上传播的差异化扩散，虽然目前国内尚没有针对具体舆情信息传播差异化扩散的实证研究，但不可否认，基于跳数地址累进框架的级联研究方法同样适用于舆情信息的传播效果分析。

当舆情事件发生而许多持有不同观点的信息代理人想要分享一条信息时，都会启动舆情信息级联。在这种情况下，可信度低的信息往往会产生最大的级联。另外，当一个链接具有高连接性且传播的信息相当令人惊讶的时候，其启动舆情信息级联的可信度阈值也会较低。

此外，运用级联对舆情信息传播效果进行实证分析可以有效测算出节点间联系的紧密程度，既可以考察有多少边指向这个节点，也可以考察从该节点指向其他节点的边数量。这意味着，通过对节点的测算，可以有效了解节点的信息传播扩散能力，找出在众多节点中具有极高连接数并具有控制网络信息资源流动能力的“明星节点”，从而实现舆情事件的可预测性。

【知识窗】 网络病毒式传播

网络病毒式传播的概念源于对传播病毒的科学研究，泛指一种数字视频、图像或文章在短时间内吸引了大量用户，受关注程度直线飙升。虽然使某些内容“走红”的观看次数并不确切，但大多数“走红”内容通过病毒式传播在不到一周的时间内就会被超过100万人观看。

任何在网络空间传播的信息要实现病毒式传播，都需要达到某个阈值，这个阈值也被视为“临界点”。一旦达到这个阈值，信息被观看次数、被点击次数、受关注程度就会激增，就会实现病毒式传播。

（二）基于时间累进框架的级联指数设计

目前，基于时间累进框架的级联传播效果监测方法已经被国内多家网络平台采用，作为洞察网民需求变化、监测媒体舆情趋势、定位数字消费者的手段，比如百度指数、微博指数、微信指数、清博指数等。清博指数包括快手指数、头条指数、抖音指数、B站指数等一系列新媒体指数。

各家指数基本上都由一级指标和二级指标构成，赋予不同的指标权重，加权平均得出。如百度搜索指数以百度搜索量为数据基础，以关键词为统计对象，计算关键词在百度网页搜索中搜索频次的加权和，资讯指数则以百度智能分发和推荐内容数据为基础，将网民的阅读、评论、转发、点赞、不喜欢等行为的数量加权求和得出；微信指数是在阅读数和点赞数的基础上加权平均取得。

以微信指数WCI为例，包含了总阅读数R、总点赞数Z、发布文章数N、最高阅读数$Rmax$、最高点赞数$Zmax$。

一级指标设定为阅读指数和点赞指数，二级指标设定为总阅读数R、平均阅读数R/N、最高阅读数$Rmax$、总点赞数Z、平均点赞数Z/N、最高点赞数$Zmax$、点赞率Z/R（见图4-5）。

其中，

R为评估时间段内所有文章（N）的阅读总数。

Z为评估时间段内所有文章（N）的点赞总数。

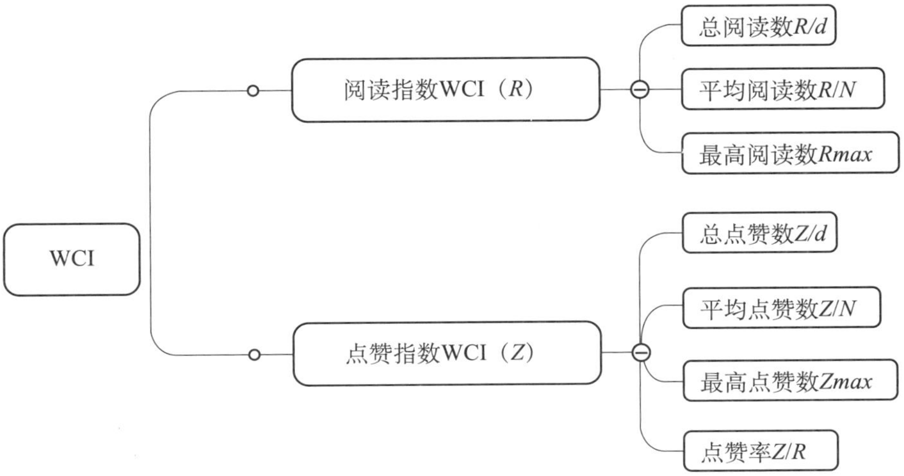

图4-5 微信指数WCI的构成

d 为评估时间段所含天数（一般周取7天，月度取30天，年度取365天，其他自定义时间段按真实天数计算）。

N 为评估时间段内账号所发文章数。

$Rmax$ 和 $Zmax$ 为评估时间段内账号所发文章的最高阅读数和最高点赞数。

四、影响级联的因素

（一）内容的新颖性

新闻界有句名言，“狗咬人不是新闻，人咬狗才是新闻”。在社交网络空间，题材的新颖性、表达的新奇性会促使信息代理人去分享。

研究表明，在社交网络空间，普遍存在弱关系连接。个体由于社会背景、价值观不同，因此获得信息和资源的能力和渠道不同，在相似度较低的个体间传递信息和资源的重叠性较低，换言之，信息传播不具备较高的冗余度。在这种情况下，如果信息代理人认为该信息是其他人可能已经看到的东西，那么信息代理人就会失去分享它的动力。由于信息代理人分享信息的意愿是其观点和信息说服力的产物，所以信息代理人的观点越极端或信息越令人惊讶，他就越有可能分享。这也导致了在社交网络空间虚假信息一般会含有更多的“新颖内容”，真实信息看上去就不那么“令人眼前一亮”。

（二）情绪的共情性

社交媒体的发展为普通民众进行信息传播、情感表达与舆论参与提供了更加多元的平台。一方面，民众的情感反应成为传播学实证研究的重要议题，“情感转向”也逐渐成为传播学理论研究的新趋势；另一方面，当前我国社会正处于转型的加速期，富者愈富、贫者愈贫的“马太效应”并没有得到有效缓解。

在社会变迁过程中产生的一系列新特征、新问题对公众的冲击和现实的社会压力双重作用下，一旦有外界的刺激信息出现，情绪型舆论会瞬时大量集中于社交媒体的传播空间，尤其是典型个案所引发的“共情效应”极易使平时“沉默的大多数”变成“愤怒的大多数”。一些缺乏理性、激愤的社会情绪宣泄甚至是情绪绑架，通过社交媒体平台广泛传播。

对于这种情绪型舆论，管理部门必须加以积极应对，对待网民要多一些包容和耐心，对建设性意见要及时吸纳，对困难要及时提供帮助，对不了解情况的要及时宣介，对模糊认识要及时廓清，对怨气怨言要及时化解，对错误看法要及时引导和纠正，让互联网成为管理部门同群众交流沟通的新平台。

（三）意见领袖的影响力

互联网、移动通信、数字媒体和各种社交软件的普及，推动了横向互动通信网络的发展。迅捷方便的平台、海量的信息、及时的更新让每一个个体都卷入网络的旋涡中。人人都可以成为记者，人人都可以参与到话题中，人人都可以成为意见领袖。在网络空间，通常头部意见领袖有着强大的传播能力，拥有大批粉丝，通过流量转化、粉丝变现、广告等多种方式创造巨大的影响力。在网络舆情事件的传播过程中，他们往往扮演中介角色，起到不容忽视的作用。

与此同时，需要注意的是，在网络舆情事件传播过程中，某些意见领袖在发布信息、传播信息时不够真实客观，态度较为偏激，从而引发群体性的不理性事件，产生较为恶劣的负面影响。因此，研究意见领袖的特征及其在舆情发展过程中的作用，有利于更好地把握意见领袖的影响作用，发挥其有利影响，控制、减弱其不利影响，从而更好地建设和谐理性的网络舆论环境。

第 3 节　网络舆情传播效果的情感分析

舆情分析，就是通过收集和整理民众态度，发现相关的意见倾向，从而客观反映舆情状态。互联网作为一种去中心化和扁平化的完全开放式空间，让传播方式进入大众化、自由化、即时性、快捷性、自发性以及难控性阶段。近年来，那些吸引受众眼球、引起轰动效应的被视为现象级的作品，大多发端于网络媒体，传统媒体则往往成为跟风者或旁观者。

在当今舆论场中，对社会热点问题、焦点问题持有不同看法的网络舆论已经成为重要的社会思潮。公众通过互联网发表的具有较强影响力、倾向性的言论和观点，常常夹杂了非理性的情绪化表达，许多非理性的情绪，如仇富、仇官、反市场等，借助暴力性和娱乐化的网络表达在网络空间得到进一步的强化。社会情绪已经成为社会转型过程中各种矛盾和冲突的核心。

正确有效反映舆情事件传播过程中的情绪表达有利于研究机构、信息咨询机构和政府决策部门构建人们对公共事件、社会现象的态度，掌握事态的演变，从而更好地监测和控制舆情事件的发展。

一、情感分析的基本框架

（一）情感分析的定义

情感分析是一种重要的信息组织方式，使用数据挖掘技术，通过自然语言处理（natural language processing，NLP）、计算语言学和文本分析，自动处理和分析文档或文档集合中的主观意见。其中，文档或文档集合包括博客文章、评论、新闻文章以及推文和状态更新之类的社交媒体供稿。主观意见泛指立场、观点、看法、情绪和喜恶等主观信息。

（二）情感分析的主要任务

情感分析的主要任务包含情感信息抽取、情感分类、情感检索与情感归纳等内容。

1. 情感信息抽取

情感信息抽取任务是指抽取文本中有价值的情感信息，找出文本中倾向性单元的要素，包括识别情感表达者、评价对象以及情感观点等有价值的任务。主要集中在两个方面：抽取观点持有者（opinion holder）和抽取评价对象（opinion target）。

抽取观点持有者面向的主要是评论，识别对象是观点（评论）的隶属者。观点持有者的抽取方法主要是基于非监督的启发式规则，而这些规则的制定一般依赖自然语言处理技术。

抽取评价对象是指抽取评论文本中情感表达所面向的对象。这是情感信息抽取研究中最为广泛的一项任务，采用的基本方法是基于非监督学习的抽取方法和基于监督学习的抽取方法。

2. 情感分类

情感分类又称情感倾向性分析，其任务是识别指定文本的主观性观点，并判断文本情感的正负倾向性，主要包括基于语义的情感词典方法和基于机器学习的情感分类方法。

判断文本情感的正负倾向性称为情感极性分类。情感极性分类是对带有感情色彩的主观性文本进行分析、处理、归纳和推理的过程。按照所处理文本类别的不同，可分为基于新闻评论的情感分析和基于产品评论的情感分析。前者多用于舆情监控和信息预测，后者多用于产品口碑测试。

3. 情感检索

情感检索是指检索和查询拥有相关观点的文档或句子，并根据主题相关性和观点倾向性对检索出的文档或句子进行排序。情感检索返回的结果要同时满足主题相关性和带有情感倾向甚至指定的情感倾向，是比情感分类更为复杂的任务。目前情感检索的实现方法主要有两种：一是按照传统信息检索模型进行与主题相关的文档检索；另一种是同时计算主题相关值和情感倾向值，根据计算值进行情感分类。

4. 情感归纳

情感归纳是指对带有情感的文本数据进行浓缩、提炼，生成有关情感意见的摘要。按照输入类型，可分为单文档摘要和多文档摘要；按照输出类型，可分为抽取式摘要和生成式摘要。

单文档摘要是从给定的一个文档中生成摘要；多文档摘要是从给定的一组与情感主题相关的文档中生成摘要。

抽取式摘要是从源文档中抽取关键词和句子组成摘要，摘要全部来源于原文；生成式摘要是根据原文，允许生成新的词语、短语来组成摘要。

【知识窗】 情感极性分类

情感极性分类是将目标文本中的意见简单地分为两个相反情感极性中的一个，或者将其定位在这两个情感极性之间的连续变量上进行测算，通常使用积极、消极或中立来表示。为了表达情感的强度，可以使用不同的测度，例如，常用的测量范围为［－1，1］，其中－1表示最大负面情绪，1表示最大正面情绪，0表示中立态度。还有些研究将情感评级分为5级，设定0为最大消极情绪，4为最大积极情绪。

（三）情感分析的主要步骤

情感分析通常是在对文本进行预处理后形成计算机可以识别并处理的数据，按照不同算法进行情感分类（见图4－6）。

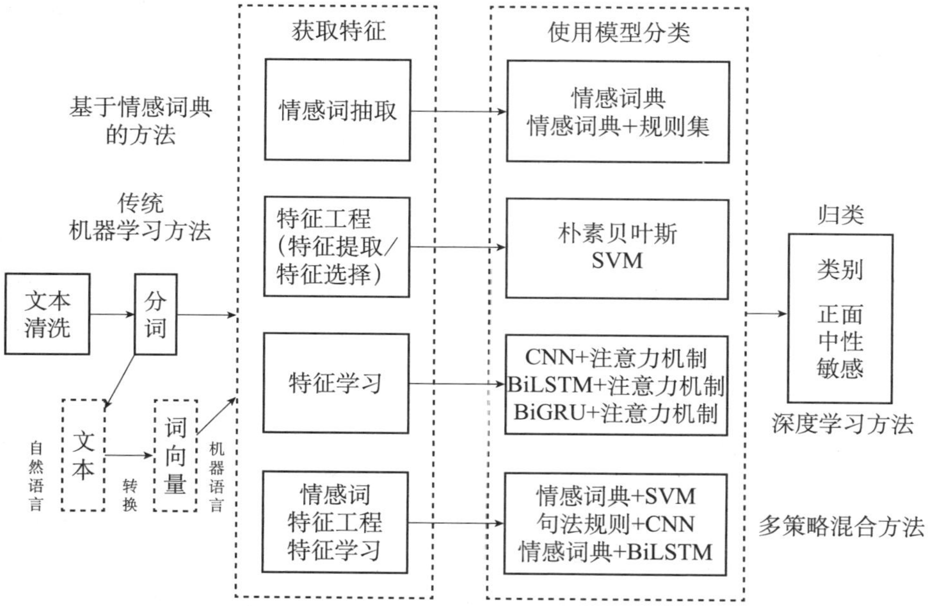

图4－6　情感分析的主要步骤及使用方法

1．文本预处理

文本预处理是使用机器学习对文本进行基础分类。文本是非结构化数据，需要经过一系列预处理操作，转换为计算机可以识别的结构化数据。在实际操作中，由于文本的复杂性、书写规范的随意性，加之掺杂着各种字符类数据，因此文本预处理包括文本清洗、特征提取、文本向量化等模块。

文本清洗：筛除与文本无关的噪声数据，将文本标准化，比如繁简体转化，全半角转化，英文大小写转化，去除链接、@×××、email，合并空格等。这个过程一般由开发成熟的数据包完成。

特征提取：中文最基本的语素是词，对文本进行分词处理，得到文本中所有分词单位构成的序列集合，为后续的机器学习和归纳做好准备。

文本向量化：将抽取出来的特征向量化是一个很重要的过程，是实现由人可以理解的文本转换为计算机可以处理的数据的重要一步。这一步最常用到的就是词袋（bag-of-words）模型以及新近开发的连续分布词向量（word embedding）模型。词袋模型长度为整个词表的长度，不考虑语义和语序的问题，即每个词语都是独立的，将词语出现的频率作为文本的特征。词向量模型能够更好地表示语义信息，解决数据稀疏、难以模拟的问题。目前中文分词技术已经非常成熟，有开源服务，也有商业收费服务。

【知识窗】 细粒度情感分析

细粒度分类（fine-grained categorization），又称作子类别分类（sub-category recognition），是近年来计算机视觉、模式识别等领域一个非常热门的研究课题。其目的是对粗粒度的大类别进行更加细致的子类划分，但由于子类别细微的类间差异和较大的类内差异，较之普通的分类任务，细粒度分类难度更大。

细粒度情感分析是按照情感极性判定粒度，围绕属性（aspect term）、观点（opinion term）和情感（sentiment polarity）三要素，对文本进行篇章、整句细粒度情感分析。

2. 文本处理方法

文本转换为机器可处理的结构后，接下来便要选择不同的算法进行情感分类。选择有利于情感分类的特征算法，可以有效地减少失误，尤其是在数据量较大的情况下。特征算法是将所有的训练语料输入，通过一定的方法，选择最有效的特征，主要的方法有基于情感词典的方法、传统机器学习方法、深度学习方法、多策略混合方法等。目前也有一些方法从比句子粒度更细的层次去识别情感，如意见目标情感分析（aspect based sentiment analysis）。

基于情感词典的方法主要通过制定一系列情感词典和规则，对文本进行拆句、分析并匹配词典（一般有词性分析、句法依存分析），计算情感值，最后将情感值作为文本的情感倾向判断依据。步骤大致如下。

- 对大于句子粒度的文本进行拆解，以句子作为最小分析单元。
- 分析句子中出现的词语并按照情感词典进行匹配。
- 处理否定逻辑及转折逻辑。
- 计算整句的情感词得分（根据词语不同、极性不同、程度不同等因素进行加权求和）。
- 根据情感得分输出句子的情感倾向性。

传统机器学习方法是一种数据分析技术。按学习方式分类，分为监督学习、非监督学习、半监督学习和强化学习。按算法分类，常用的有10多种算法，包括线性回归（linear regression）、支持向量机（support vector machine，SVM）、K-最近邻（k-nearest neighbor，KNN）、逻辑回归（logistic regression）、决策树（decision tree）、k-平均（k-means）、朴素贝叶斯（naive bayes）、降维（dimensional reduction）等。

与基于情感词典的方法相比，机器学习方法更简单，能实现更高的分类准确性，但机器学习是一个监督学习方法，需要对数据集进行三类情感的类别标注。大规模、高质量的数据标注意味着大量的人工投入，人为主观的数据标注结果准确性和一致性也不易保证，因此机器学习方法在可靠性和可实现性上都面临着挑战。

深度学习方法是机器学习方法的子领域。深度学习根据人类大脑的工作方式创建人工神经网络和分层。传统神经网络只包含 2～3 个隐藏层，而深度网络可能包含多达 150 个隐藏层。深度学习中的“深度”二字也代表了神经网络的层数。在情感分析的深度学习方法中，常常看到注意力机制。注意力机制是一种类似人脑的注意力分配机制，它对重要的区域投入更多的资源，以获取更多的细节，对无用的信息则进行抑制。在计算能力有限的情况下，它是将计算资源分配给更重要的任务，同时解决信息超载问题的一种资源分配方案。在神经网络学习中，一般而言，模型的参数越多则模型的表达能力越强，模型所存储的信息量也越大，但这会带来信息过载的问题。通过引入注意力机制，在众多的输入信息中聚焦对当前任务更关键的信息，降低对其他信息的关注度，甚至过滤无关信息，可以解决信息过载问题，并提高任务处理的效率和准确性。与基于情感词典的方法和传统机器学习方法相比，深度学习方法有更强的表达能力和模型泛化能力，但是运算量大，准确性有待进一步提高。

目前，在实际中使用率较高的是基于情感词典的方法。多策略混合方法是近两年来兴起的一种新型情感分析方法。相较于单一模型，将领域新词或构建的主题情感词典与机器学习、深度学习模型相结合，可以提高情感倾向性分析的准确性。但多策略混合方法的模型复杂度与训练难度更高，在实际应用中比单一模型更难以实现。

二、情感分析在网络舆情传播效果中的应用展望

在 Web 2.0 时代，舆情事件发生发展的信息不再局限于文本、数字等数据形式，图像、音频、视频等多模态数据也呈爆发式增长。当某一舆情事件发生时，与该事件相关的多种类型信息数据可能在网络中迅速传播。同时，线上、不同传播媒体之间、不同网络通道之间的交互性加强，使得网络舆情的发展更加复杂多变，演变速度加快，传统的监测及研判模型可能面临数据建模和模型推演不准确的困境。在信息数据多元化的趋势下，如何对这些信息进行实体识别、语义消歧、话题分类、自动摘要、情感分析成为网络舆情监测、分析管理、有效应对的重要课题。

事实上，计算技术的发展让智能化舆情管理成为一种可能。大数据技术的发展推动了网络舆情监测、分析与管理由定性管理向定量计算转变，将尽可能多的网民评论、情绪变化、社会关系等信息以量化的形式转换为可供计算分析的数据，通过深度学习模型等智能计算技术提高网络舆情分析的准确性。基于上述量化计算框架，不仅能够针对重大舆情事件个案进行更精准的分析研判，比如在早期发现舆情信号、在中期检验应对有效性、在后期科学评判处置效果，而且便于扩大分析研判的范围和视野，有助于更全面地把握网络舆情发展的整体趋势。在跨领域分析、更精准的量化分析的基础上，网络舆情的分析管理有望由以局部被动响应为主，向以

全方位主动预测为主转变。可以预见，在不远的将来，“海捞”舆情事件中各类多模态数据在网络空间的传播源、定位舆情事件在传播过程中的重要级联都不再是难事。

【本章小结】

本章主要阐述了网络舆情传播效果的短时波动模式、层级扩散指标模式的特征以及情感分析基本框架。学习重点在于把握传播效果短时波动模式特征，以及构成层级指标的级联含义，在此基础上，充分了解情感分析在网络舆情传播效果中的重要性及情感分析的方法。

【复习思考题】

1. 简述网络舆情传播效果的短时波动模式及其特征。
2. 判断网络舆情传播效果的层级扩散指标是怎样的？在实际舆情监测中如何使用？
3. 简述情感分析的主要步骤。

第 5 章 网络舆情的应对与引导

随着信息技术的不断发展，以及公众对互联网及移动媒介的依赖与日俱增，网络舆情对社会的影响也愈加显著。因而，建立体系化的舆情应对和引导机制对降低网络舆情的负面影响、正面回馈网络舆情背后的社情民意、推动解决网络舆情暴露出的现实社会问题具有重要的价值和意义。

第 1 节 网络舆情应对的基本原则

技术和社会多重因素的变化使得网络环境不断呈现出新的特征和样态，网络舆情的应对也需要随之不断进行更新和改进，但基本原则保持相对稳定且具有一定的普适性。这些原则既遵循基本的传播规律和理论，也基于多年来应对网络舆情所积攒的实践经验及教训，为应对工作提供前瞻性的指导，同时为应对成效提供检验标准。

一、最终目标：维护社会稳定，促进和谐发展

党的十九大提出我国进入了中国特色社会主义新时代，社会主要矛盾转化为人民日益增长的美好生活需要和不平衡不充分的发展之间的矛盾。在实现更全面、更均衡的发展的过程中，必然会涉及现实中的一些深层次社会问题，甚至是结构性社会问题。在解决矛盾的过程中，由于各种各样的原因常常会产生诸多不稳定因素，这些矛盾和不稳定因素极可能会通过网络舆情的方式呈现出来，其表现可能是突发事件，也可能是热点议题，都有可能引起网络舆情的大规模爆发。

移动互联网越来越高速，移动互联终端愈发普及，且连接性越来愈紧密，因而网络舆情的影响范围更广，群体覆盖层次更多元。近年来，尤其是新冠病毒感染疫情暴发后，世界政治和经济格局都发生了巨大的变化，中国面临更严峻的国际挑战。所以，对网络舆情不加以积极应对和有效引导，很容易导致恶性群体性事件，产生不可控制的情形，既无助于有效解决问题，又可能引发更难以控制的动乱，还会被利用以夸大事实、散布谣言、造成恐慌，出现严重危害社会稳定甚至国家安全的状况。

维护社会稳定是持续发展的基石，尤其对尚处于全面转型和阵痛发展中的中国社会而言，必须要清醒意识到这几十年的经济飞速发展、人民生活水平的提升是基于社会的稳定和谐，而舆情应该成为社会改革和发展的风向标，成为暴露和发现社会问题的窗口，而不是造成社会危机的导火索。

从舆情应对和引导的角度来看，维护社会稳定和促进和谐发展是根本性目标，是要牢牢把握的核心意识。《网络信息内容生态治理规定》自 2020 年 3 月 1 日起施行，旨在营造良好的网络生态，保障公民、法人和其他组织的合法权益，维护国家安全和公共利益。在相关法律法规保障的基础上，舆情应对应该更具有战略思维和

大局意识。

首先，在制定舆情应急机制和应对方案时，将国家安全和社会稳定作为首要目标和核心任务，确立明确方向和正确道路；其次，始终以维护稳定为目标、以和谐发展为导向来逐步应对，及时发现舆情爆发苗头，果断处理恶化态势，在线上全面防控引导的同时，在线下全面开展疏导工作；最后，在纷乱复杂的舆情状况中快速抓住主要矛盾和核心冲突，以积极应对的方式避免舆情被利用，杜绝矛盾激化并蔓延。

二、基本要求：尊重理解民意，妥善解决问题

随着互联网客户终端的普及，尤其是移动终端的广泛使用，网络彻底颠覆了人们的生活习惯乃至生产方式，更革命性地改变了信息的传播生态。原本话语力量甚微的普通受众通过技术实现了成为传播者的理想，公民个人不仅在信息获取方面享受到了更多的快捷与便利，在信息传播和整合的过程中也扮演起重要的角色。与此同时，网络舆情作为民意的网络呈现，承载着公民的不满与希冀，汇聚折射出社会矛盾与风险，在社会运转中发挥着举足轻重的作用。

面对网络舆情，不能听之任之采取漠视态度，也不能严防死守摆出敌对姿态，要有正确的理念支撑才能确保应付自如且收到良好效果。一是要尊重和理解民意，尊重每个公民表达意见的权利，充分理解公民的发声需求和发泄需要；二是要秉持妥善解决问题的态度和决心，不能止步于平息争端和缓解态势，根本解决问题才是应对舆情的最佳途径，也是意义所在。

网络舆情是公众在网络媒介上表达对所关心的公共事件、公共人物以及公共话题的意见和情绪，它的发生基础是民意，网络只是提供了发布和传播的渠道和平台，应对网络舆情的本质从某种程度上来讲就是倾听并疏导民意。只有端正心态正视民意，把民意当作督促和鞭策，才能正确认识网络舆情，不畏惧、不躲避、不压制，而是开放空间便于公众表达，宽容网络中的异议异见，从而在舆情应对过程中能够倾听理解民意，提高自身服务质量。尊重民意才能赢得民心，理解公众才能获得理解。

舆情事件一般都包含一个或多个需要解决的核心问题，尊重理解民意与妥善解决问题是相辅相成的，尊重理解民意是解决问题的前提，而妥善解决问题是尊重理解民意的最终体现。可以说，妥善解决问题是网络舆情应对最具实效性和实际意义的原则，“解决问题是第一位的，舆论引导是第二位的。处置热点事件，不应只是宣传部门危机应对，展开舆论公关，而需多个部门携手联动，化解现实矛盾，解决实际问题”①。

在舆情应对中解决问题大体可以分为三类情况：第一类是解决能够马上解决的问题，第二类是公开承诺解决一时无法解决的问题，第三类是根本解决更深层次、顽固的社会问题。② 对于这三类情况，要采取不同的解决之道：对于能够马上解决的，应该立即回应社会关切，并提出解决问题的路线图和时间表；对于公开承诺解

① 《人民日报》评论部．从“怎么看”迈向“怎么办”．人民日报，2012－06－23.

② 蒲红果．说什么怎么说：网络舆论引导与舆情应对．北京：新华出版社，2013：160.

决而一时无法解决的，要实事求是说明原因，并提出下一步如何解决，以求得社会的谅解和理解；对于更深层次、顽固的社会问题，要给出解决方向，并找到产生问题的深层次原因，对这样的问题逐步加以解决。

总而言之，只有将民意放在头等重要的位置，最大限度尊重和理解民众，最大限度解决现存问题，从根本上实现公平公正，让民众诉求如愿达成，才能从源头上杜绝负面舆情反复。

三、行动准则：及时准确发声，坦诚平等沟通

在互联网时代，谁掌握了信息的主动权谁就掌握了局势。当网络舆情主体的质疑声、声讨声响彻网络时，涉事方就会处于被动位置；反之，当涉事方成为公众获取信息的直接来源，就会理所当然地占据舆情引导的有利位置。掌握信息主动权，一方面是要及时、准确地公布、更新信息，也就是掌握发声的主动权；另一方面要态度诚恳、姿态平等地进行信息交换，也就是掌握沟通的主动权。总的来说，应对和引导网络舆情落实到具体行动上可以浓缩为两个关键词——发声和沟通。

（一）及时准确发声

及时准确发声，首先要求涉事方在第一时间迅速发布权威信息，做事件的“第一定义者”。这既体现了信息的公开透明，又显示出负责任的态度，同时最大限度地遏制谣言的滋生，让正面声音成为传播的主流。

其次要求在发声过程中实事求是、客观公正，要全面反映真相，绝不能用谎言或各种欺瞒手段搪塞、糊弄公众。

最后要求密切跟进事态发展，确保有变化就有相关回应，随时公布处理进程和结果。另外，发声内容不仅要包含事实层面的真相，更要包括一些情感方面的致歉、关怀、慰问等。

2021年7月，河南全省范围内出现历史罕见的持续极端强降雨天气，多地出现内涝、洪水等严重灾害。此次暴雨灾害造成了惨重的人员伤亡，大面积的交通、建筑损毁，以及严重且持续的人民财产损失。尤其是7月20日暴雨期间，在疏散救援郑州地铁5号线被洪水围困列车乘客过程中14名乘客不幸罹难，引发了高度舆论关注。

单就暴雨自然灾害来看，河南省人民政府的舆情应对整体响应及时且高效有序。7月20日，河南省气象局于6时启动Ⅱ级应急响应，河南省防汛防台抗旱指挥部于18时将防汛应急响应级别由Ⅳ级提升为Ⅱ级。7月21日上午，河南省纪委监委印发《关于强化防汛救灾监督执纪工作的紧急通知》，严禁迟报、瞒报、漏报重要汛情灾情信息。7月21日下午，河南省人民政府新闻办公室召开河南省防汛应急新闻发布会，发布河南省汛情救灾情况，并就公众关注的问题回答记者提问。截至7月29日，河南省人民政府共召开了8场防汛救灾新闻发布会，及时发布最新汛情和回应救灾情况。很显然，地方政府在应对突发灾难的舆情上，无论是意识还是能力都有了显著的提升，积极恳切地回应公众的关注。

（二）坦诚平等沟通

坦诚平等沟通，是在发声的基础上对涉事方提出的一个新要求。信息的传播不

能停留在一方的自说自话上，交互性的信息流通对舆情事件趋于理性平稳发展更有裨益。坦诚，要求沟通必须建立在坦率、诚信的基础上，最大限度地赢取公众的信任；平等，意味着舆情主体和涉事方要跨越各种外在身份进行交流，使公众能够放下敌意，收获更好的沟通效果。

要做到坦诚平等沟通，首先，要尽可能直面网民，互联网为双方的交互提供了最大的便利，直接而即时的交流能够更好地消除芥蒂、击碎谣言；其次，不要回避敏感问题和矛盾点，要广泛听取、收集公众的意见，了解公众的真实心声和最为关切的事情，有针对性地给予回应；最后，沟通途径要尽可能多样化，整合利用论坛问答、微博互动、举办听证会、邀请民众代表进行座谈等多种线上线下的沟通方式。

继续看河南暴雨事件。7 月 20 日傍晚 6 点前后，郑州地铁 5 号线海滩寺站到沙口路站隧道内出现积水，据郑州市委宣传部官方微博 7 月 21 日凌晨的通报，郑州地铁全面疏散群众 500 余人，其中 12 人经抢救无效死亡、5 人受伤并已送医。但多位网友反映，有亲友乘坐地铁 5 号线，截至 7 月 21 日下午仍失联。对此，郑州地铁集团工作人员表示，所有被困乘客均已转移到安全的地方。网友反映的实际情况与郑州地铁集团的情况通报相矛盾，留下了较大的舆情发酵空间，社交媒体开始流传“郑州地铁 5 号线空车运行、暴雨中浸泡过的地铁 5 号线车厢被托运走”等不实信息。7 月 23 日地铁 5 号线失联者家属渴望地铁方能从速重启搜救，地铁方回应预计 24 日抽水完毕后进一步救援，侧面证明了此前 7 月 21 日所通报的“乘客已安全撤离、全面疏散等”消息失实，据郑州市委宣传部 7 月 27 日发布的通报，在地铁 5 号线“7・20 事件”中，有 14 人不幸遇难。这意味着，“7・20 事件”中的失联者均已确认遇难。郑州地铁集团后又因地铁站口被人为设置围墙导致市民无法祭奠一事卷入新的舆论旋涡。郑州地铁集团通过郑州当地媒体表示，已在沙口路站设置追思处，为市民祭奠提供便利，对此前“人为设置围墙”一事起到了一定的消弭影响的作用。郑州地铁集团在相继的舆情应对中确实存在对事实武断认定的错误以及忽略民众祭奠及表达哀思的诉求问题，但也因未回避和掩盖错误，较为坦诚地进行了回应，舆情未朝着更恶劣的方向发展，对后续平复舆情起到了积极作用。

网络舆情之所以形成，是因为民众的情绪和意见都外化为信息在网络中聚集和扩散。同理，网络舆情要想得到有效的引导，必须将事件处理行动和态度转化为信息大范围传播，且这种信息的传播必须是双向且有反馈的。所以，发声与沟通成为网络舆情应对中最为核心的部分，及时准确发声和坦诚平等沟通也就构成了行为原则，指导网络舆情应对的具体操作。

你怎么看

以往的“黄金 24 小时”法则，正在被“黄金 4 小时”法则和“钻石 1 小时”法则所取代。

传统观点认为，官方处置突发事件有“黄金 24 小时”之说，即在事发 24 小时内发布权威消息主导舆论是平息事件的关键。随着新兴媒体崛起、渗透并深刻参与到突发事件的发展过程中，传统的“黄金 24 小时”法则渐显无力。于是，2010 年，人民网舆情监测室提出了“黄金 4 小时”法则，“4 小时”考虑了需要厘清事实真相、政府各部门协调工作和完成信息披露文书所花的时间。而随着即时网络时代的到来，有学者认为“黄金 4 小时”法则也渐显乏力，于是提出了“钻石 1 小时”法则[①]。在微博广泛运用的当下，“钻石 1 小时”法则为越来越多的组织和个人所接受。

① 蒲红果．说什么怎么说：网络舆论引导与舆情应对．北京：新华出版社，2013：156.

四、方法论：把握互联网传播规律，顺应新媒体发展趋势

互联网已经成为现代社会最重要的信息载体，慢慢取代传统媒介成为民众获取信息最主要的来源，公众获取信息的渠道愈发开阔。与此同时，“互联网技术的发展在给用户带来新的使用体验的同时，也为网络舆情的发生、传播提供了新的空间”①，网络舆情信息的来源异常丰富，互联网让每一个普通的个体都有机会成为舆情关注的中心，普通网民的一句话都可能被争相传播，个人的力量被放大和巩固，人人可以质疑官方、挑战权威。在应对网络舆情时，复制传统媒体时代的方法则会取得适得其反的效果。因而，应对网络舆情必须要以互联网思维进行思考，应对策略和方法模式都要遵循互联网传播的特点和规律。

麦克卢汉在20世纪提出的“媒介即讯息”概念在互联网时代得到了极好的验证。新媒体技术的发展速度让人目不暇接，而网络舆情跟随新媒体技术同步变化。论坛曾经是网络舆情最主要的载体，通过论坛的发帖情况、网友的回复和跟帖，就能够判断论坛的舆情动态和意见走势。但是，随着社交网站的逐步兴起，微博、微信等新平台的诞生，以及移动客户端的普及，网络舆情载体也愈发丰富。网络舆情信息发布、接收更为便利，受众覆盖面更为广泛，并且各个平台之间的信息流动性大，用户也多有重合，这无疑使网络舆情的应对工作更加复杂，原先的经验和方法都需要升级换代，以适应网络舆情的发展变化。因此，必须紧跟新媒体技术的发展步伐，熟练掌握新媒体的使用方法，才能更好地应对和引导网络舆情。

自2011年“微博问政元年”至今，各级政府机构大多开通了政务微博，开启“微博问政”，这是顺应媒介发展趋势、主动融入网络媒介且进行网络舆情环境构建的积极表现。各级政府机构公开“入驻”微博，能够从日常开始着手进行网络舆情的引导，并及时发现网络舆情的动向，也能大幅提高网络舆情的警觉性和应对能力。

【案例】 四川省地震局官方微博机智应对“一口老井突然升温”

2020年10月13日，一则新闻话题#四川一口老井突然升温至70度#热度升高。这一奇特现象不仅成为当地居民茶余饭后的议论点，更是引发全网猜测。话题阅读量破2.8亿、讨论近1.2万条。

四川省地震局官方微博主动回应反常现象，指派相关防震减灾部门前往现场核实，安排专家现场踏勘核实，将进展同步发博通报，得到过万网友点赞。后续澄清背后的奥秘是水泵电短路，其解密视频累计播放量超292万次。

此外，四川省地震局官方微博也在此事件中展现出亲民的互动性。得知网友们邀请《走进科学》栏目组前去调查事件原因后，四川省地震局官方微博调侃道“走进科学——温泉梦碎”，并联动节目主持人，收获处理及时的肯定。

不仅如此，四川省地震局官方微博还热情地回复前排网友的评论，俏皮的互动反映出官微专注于安全问题、防患于未然的守护意识，令网友们纷纷赞叹安心放心。

资料来源：人民网舆情数据中心．2020年度政务微博影响力报告．2021：71.

① 孟建，裴增雨．网络舆情的搜集研判与有效沟通．北京：五洲传播出版社，2013：32.

目前最新、最热的新媒体技术未来都会被更新、更先进的技术所取代，网络舆情也会随着载体的更新而呈现新的特点。要动态把握互联网传播的规律，掌握新媒体平台的特点，顺应媒介技术发展的趋势，才能灵活采取最佳方法应对和引导网络舆情。

第2节　网络舆情应对的常见思路

在网络舆情应对基本原则的基础上，针对具体的舆情事件需要进行策略性的思考，从哪几方面着手应对，采取什么样的应对方案，如何一步步开展应对工作等，这些都涉及网络舆情的应对思路。本节提供了两种常见的思路：一种是按照网络舆情的应对指标来指导舆情应对，以此确定具体的舆情应对方案；另一种是从网络舆情的周期规律入手，阶段性地策划实施舆情应对。

一、网络舆情的应对指标

人民网舆情监测室（2017年更名为“人民网舆情数据中心”）于2009年7月首次发布“地方应对网络舆情能力排行榜”，设置了“政府响应”“信息透明度”“政府公信力”三个常规指标作为政府应对网络舆情事件的主要评价指标，还设置了“恢复秩序”“动态反应”“官员问责”三个特殊指标作为政府应对网络舆情事件的辅助评价指标。这一排行榜是人民网舆情监测室基于长期的网络舆情研究实践所做的一次开创性尝试，虽未常态化持续，但指标体系慢慢被扩展和完善，形成了一套对政务舆情、企业舆情等广泛适用的指标体系，既能提供对政府部门、企业舆情应对能力的评价考量，也为舆情应对工作提供了思路构建的参考依据。

(一) 响应速度、态度和层级

网络舆情事件发生后，响应是应对工作的第一步，响应能力直接影响舆情应对的效果。响应情况包括响应速度、响应态度和响应层级三个方面。响应速度，即要求涉事方在事发后快速及时响应，把握先机获得话语主动权，这也充分体现了“及时准确发声”的行为原则。响应态度，即要求涉事方响应时以开放、包容的心态应对，言辞表达恳切、坦诚，言行一致，实事求是。一般情况下，响应层级按照涉事方内部的职位层级排序，职位越高则响应层级越高。例如政府机构主要负责人公开回应公众则比新闻发言人公布信息响应层级高，响应层级越高则越有利于舆情应对。

特别要说明的是，当涉事方为企业时，响应指标中还应特别纳入社会组织等第三方响应情况。

(二) 信息公开透明程度

信息公开透明程度是指涉事方新闻发布的公开透明程度，包括应对媒体的态度和通过媒体报道的情况，网络信息畅通和移动通信管理的情况，以及与公众互动的情况等。经验表明，舆情引导效果与信息公开透明程度有着正相关关系，所以信息公开透明程度成为检验舆情应对能力的重要指标。

对于政府机构而言，信息公开透明是必须履行的义务和职责，《中华人民共和国政府信息公开条例》按照“公开为原则，不公开为例外”的基本要求，大力推行政务公开工作。尤其是在舆情事件发生后，民众有权利要求政府公开相关信息，政府更应该将工作动态、工作内容透明化，主动公开信息，以获得民众的信任，有效化解社会负面情绪，尽快平息舆情危机。

对于企业、社会组织等主体而言，要求在面对突发网络舆情危机时“不回避、不失语、不妄语”，坚持“速报事实、慎报原因、再报进展”的原则，在舆情发生期及时遏制流言产生的可能空间。①

(三) 政府、企业和社会组织公信力

公信力是指在网络舆情事件中信任方（公众）对信用方（政府或企业）的信任和满意程度，是公众对政府或企业的一种主观评价或价值判断。根据传播理论中的“信源的可信性效果”，即使是传播同一内容的信息，不同传播者起到的传播效果也是不一样的。那么，公信力就意味着公众是否自愿配合政府或者企业的舆情应对行为，对所公布的信息是持相信态度还是怀疑态度，对流传的谣言是选择接受还是排斥，这极大地影响着舆情应对的成本和效果。

公信力不是一朝一夕形成的，而是日积月累的结果，舆情事件可能会导致政府或企业公信力受损。因此，在网络舆情应对过程中不能透支公信力来获得公众的支持和肯定，而且需要在公信力受损时及时修复。

公信力包括两方面的内容，一是政府或企业行为的客观效果，二是公众的主观感知。这就意味着在舆情应对中，政府或企业一方面必须尽可能提高自身可信度，提升服务质量、责任意识、法律观念和管理能力等；另一方面要想办法重新获得公众的认可，消除舆情事件给公信力带来的负面影响，重新建立彼此的信任关系。

(四) 动态反应

动态反应，是指涉事方根据舆情事件的发展趋势，随时调整策略，改变方式方法，以及及时回应公众的各种反馈等机动应对能力。动态反应指标最能够反映涉事方的整体应对水平，因此要加强平时的舆情工作意识和能力培养，需要做好各种突发事件的处置预案，提高应对舆情事件的整体联动反应能力。

做好动态反应，要准确判断舆情事件处于什么发展阶段，根据不同阶段的特点制定相应的应对方法，采取有针对性的有效策略。

(五) 问责机制

问责，是对网络舆情事件中处置不力、不作为，违反相关规定甚至触犯法律的内部人员进行处置。这是舆情应对过程中最基础的环节，同时也有实质性的意义。首先是承担起应该承担的责任，并对责任进行割让，明确责任的归属；其次是对内起到警示作用，以儆效尤的同时督促内部加强管理和教育，对外显示努力处理事件的姿态和决心，起到修复公信力的作用。

在具体问责过程中，一方面要健全问责机制，形成较为统一的价值评判标准，

---

① 人民网舆情监测室．如何应对网络舆情?：网络舆情分析师手册．北京：新华出版社，2011：186.

有责必问、有错必纠；另一方面要先行动再公布，切勿过度承诺和推卸责任，做到客观公正、言行统一。

（六）网络沟通技巧

网络沟通技巧，是指在“坦诚平等沟通”的行为原则基础上，积极、主动和熟练运用多种新媒体交互手段进行信息的发布和同公众进行意见沟通的技巧，其效果反映在进行网络沟通后获得公众认可的程度上。互联网空间是网络舆情的集散地，也是舆情应对的“战场”，灵活运用多样的网络沟通技巧是互联网时代舆情应对的必然要求。同时，畅通、高效的网络沟通大大降低了沟通成本，也更有助于倾听民意、化解矛盾，直接帮助修复公信力，大大提升应对效果。

网络沟通技巧一是体现在对众多新媒体工具的使用上，包括官方网站和网页专题的制作和维护，论坛、微博和微信等新互动平台的灵活应用，以及对于政府机构而言，实行网络问政（包括微博问政、论坛问政等）以及网络发言人制度等。二是体现在网络沟通的语言技巧上，学会用新媒体的沟通方式与不同阶层的受众进行有效沟通，在准确反映事实的基础上优化表达，以求达到最佳的沟通效果。

（七）善后处理

善后处理，是指妥善、合理处置突发网络舆情事件遗留的后续问题，包括突发事件发生后的道义、经济和法律等方面的问题，例如公开道歉、法律责任追究、灾后重建、受害人赔偿、抚恤等工作。

善后处理工作主要从以下几个方面来考量：一是善后处理工作的态度，也就是善后事宜是否出于自觉自愿，是否承担起相应责任，对公众合理的要求有无积极回应和安排；二是善后处理工作的时效性、全面性和公平性，也就是要尽快启动善后工作，确保善后工作覆盖无遗漏，并且处理过程一视同仁；三是善后处理工作的认可度，就是要把善后工作的重心放在让受众满意上，接受大众媒体和网民的检验，得到他们充分的认可和肯定。

善后处理工作是平息突发网络舆情事件的重要节点，也恰恰遵循了“妥善解决问题”的理念原则。只有解决好相关责任、利益问题，才能够从根本上平息舆论，疏导民意，修复公信力。

二、网络舆情的周期性应对

网络舆情的发生发展具有一定的周期性规律，依照时间线索可以划分为网络舆情潜伏期、形成期、发展期、高峰期和平息期，每个时期都有较为明显的特征。网络舆情的周期划分也为舆情应对提供了一种思路，即按照时间线索进行舆情应对管理，针对不同时期制定网络舆情应对策略，调整网络舆情应对方法。值得注意的是，网络舆情并不是沿着这五个时期直线发展的，可能原本逐渐平息的舆情会反弹升温，或者升温过程中的舆情没有爆发就逐渐平息了。我们需要了解的是各个时期的特点和注意事项，掌握一定的发生发展规律，从而在应对过程中随机应变，尽可能将舆情控制在潜伏期，使其止步于升温期，缩短其爆炸期，防止其在平息期反弹。

（一）网络舆情的潜伏期：建立预警

潜伏期是网络舆情的萌芽阶段，一般情况下是指网络舆情事件发生初期。在这个时期，事件相关信息刚刚发布，在论坛、微博和新闻网站等零星、孤立地出现，具有分散性和无序性，信息量小且内容较为片面和模糊，没有完整、全面地呈现，也没有形成一定的传播规模。同时，网民的关注也处于初级阶段，关注事件的网民数量有限且关注程度较低，没有产生聚集和互动的行为，意见主要以个体表达为主，没有引起大规模转发和热议。因为信息量和关注量有限，网络舆情主体的力量尚显单薄，舆情走势也并不稳定。

这一阶段的网络舆情表面上看并不具有威胁性，但网络媒体传播能力之强、传播速度之快、传播范围之广，使潜伏期的舆情随时蓄势待发，舆情应对绝不可掉以轻心。在潜伏期如果应对妥当，经常成为涉事方的政府、企业或社会组织就能有效控制舆情走势，避免一些不必要的关注，并且能掌握舆情发展的主动权，在舆情引导中占据主动地位。

潜伏期的网络舆情应对重点是建立预警。这要求经常成为涉事方的政府、企业或社会组织首先对舆情事件有充分的认识，密切关注网络舆情的变化，对网络舆情进行全天候实时监测，了解公众关心的重点和疑点，预见事情可能的发展和后果；其次要先于公众对舆情事件真相进行调查和公布，通过积极发声和信息公开，抢占舆论先机，对矛盾和风险苗头进行有效疏导和化解；最后要启动处置预案，制定周密合理的应对方案。

（二）网络舆情的形成期和发展期：防止蔓延

网络舆情的形成期和发展期属于过渡阶段，连接着潜伏期和高峰期。随着时间的推移，关于舆情事件的信息逐渐累积，话题讨论的广度和深度不断扩展，绝大部分舆情事件会逐渐升级，尤其是社会敏感话题、与社会关注热点密切相关的议题，经历短暂的潜伏期后就进入形成和发展阶段。这个阶段，原本零星、片段式的信息被逐渐补充完整，原本孤立分散的信息也被整合、连接在一起。网民关注度也逐渐提升，并形成特定的观点，开始传播、交换意见，此时网络舆情的力量开始显现。

网络舆情的形成期和发展期是网络舆情主体意见和诉求的升温阶段，网络舆情经历了一段时间的潜伏，网民期待网络舆情事件得到令人满意的回应和合理的解决；此外，这一阶段也是谣言的高发期。随着事件相关信息不断涌入网络，谣言掺杂在事实中混淆公众视听，因其更吸引眼球、更能煽动情绪，所以像病毒一样迅速传播，甚至一波未平一波又起。

这一阶段网络舆情应对的重点是防止蔓延，尽量降低负面影响。主要应从两方面下手，一是积极回应公众诉求，以解决问题的态度充分进行对话；二是遏制谣言，消除不良影响。要调动多方舆论资源来控制舆情蔓延，包括媒体、专家团队以及网络意见领袖等，形成较为有利的舆论场；要紧跟舆情发展局势，提高响应层级，通过多渠道与公众进行网上、网下的沟通，抓住导致舆情升温的关键点，从而全方位控制舆情升温的速度和范围。

（三）网络舆情的高峰期：平稳态势

在网络舆情高峰期，网络舆情事件就彻底成为公众议题，并成为社会各界关注的对象，这也是网络舆情应对最艰难的关键时期。之所以称为高峰期，是因为在这个阶段舆情信息爆炸、公众情绪爆炸，网络“炸弹”投向现实社会，形成了网络舆情的高潮。如果在网络舆情的升温阶段能够有效控制局势，高峰期可能极其短暂，甚至舆情在升温过程中就慢慢平息、消退；凡是进入高峰期，且在高峰期造成巨大网络影响和现实影响的，大多是因为前两个阶段的舆情应对失败，在高峰期想要挽回和弥补极其困难。

高峰期也极易诱发次生灾害，大量信息叠加，讨论不断深入，会挖掘出与原舆情事件相关联的诸多事件，不断刺激网民的情绪。如果应对不当、处置不力，则会制造新的舆情危机，加剧原舆情事件的严重性，深化网络舆情主体和涉事方之间的矛盾。

应对高峰期网络舆情的重点是平稳态势，尽可能为舆情降温。高峰期局面混乱，公众缺乏理性，舆论呈一边倒的趋势，涉事方要想控制住局面必须着手解决实际问题，获得公众的谅解和认可，还要想办法转移公众的注意力，从情感层面入手平息舆论。在应对过程中，还要特别注意防止网络舆情线下转移，诱发群体性事件。

（四）网络舆情的平息期：重建信任

当网络舆情进入平息期后，可以明显发现事件逐渐淡出网络平台，受众的关注度下降，公众情绪趋于冷静和理性。对涉事方而言，算是进入了一个休整阶段，不用疲于应对，但也不可放松警惕，要防止舆情重新被点燃，还要重建与舆情主体间的信任，修复受损形象。

在网络时代，舆情事件接踵而至，今天热议的话题可能明天就成为旧闻，被公众逐渐淡忘。有时候，某些网络舆情热点可能会自行由高峰期进入平息期，原因并不是网络舆情应对得力，而是受众的关注点转移。此时，涉事方如果松懈而不作为，原本熄灭的舆情很快会卷土重来，甚至火势更猛，更难控制，并且涉事方的公信力和形象更难以修复。

平息期的舆情应对重点是重建信任。之所以要抓紧时间重建信任，一是为了避免此类事件再次发生，二是要为今后的日常工作扫除障碍。因此，平息期的首要任务是继续做好善后工作，重新赢得公众的信任和支持，修复形象和公信力；其次要通过策划实施一些活动来让受众重新认识，赢得公众的好感，逐步消除负面印象。

第 3 节　网络舆情有效引导的技巧

网络舆情日益成为公众实施监督、践行民主的最主要渠道，因而对于经常成为涉事方的政府、企业或社会组织而言，不仅要明确舆情应对的基本原则，理清舆情应对的基本思路，还要掌握有效引导网络舆情的方法和技巧，从而更高效、低成本地完成舆情引导工作，并达成最佳引导效果。

一、发声技巧：快报事实，慎讲原因

抢占舆论制高点、把握话语主动权，是网络舆情应对过程中最常被强调的一点，我们在“及时准确发声”原则中也特别提到了发声的重要性，即它对能否有效引导网络舆情起到决定性作用，所以在发声过程中需要掌握一些方法和技巧，从而

既能够保证及时性和内容的准确性，同时留有余地和转机，又能把握公众心理，取得最好的发声效果。

所谓“快报事实，慎讲原因”，首先强调快，要迅速发声，不能迟疑和怠慢，做到“第一时间”做“第一定义者”。其次强调报的内容——事实，由于时间紧迫，很多细节和原因尚不明晰，面对敏感而情绪激动的公众，必须谨慎，尽量描述事实，公布确切的内容，不要匆忙宣布未经核实的内容，不要将还在调查阶段的情况随意定性，不要用猜测和模糊的口吻说明原因。

在发声过程中，要追求及时，不要试图一次性把事情说清楚，要随着事件进展和处理进程循序渐进地说。在整个过程中，要注意前后口径一致，不要自相矛盾；要切中公众关心的重点，切忌拖沓啰唆；要注意遣词造句，并配合以恰当的情感表达。

【案例】 响水化工厂爆炸后盐城市政府迅速回应及时发声

2019 年 3 月 21 日 14 时 48 分，中国地震台网官方微博发布消息称，江苏盐城市响水县附近发生 3.0 级左右地震，同一时间连云港市灌南县（疑爆）也发生 2.2 级地震，震源深度 0 千米。

有网友发微博评论称，事故是爆炸而非地震，并将相关视频上传微博。16 时 42 分，中共盐城市委宣传部官方微博转发《盐城晚报》的微博发声，确认 14 时 48 分左右响水陈家港境内江苏天嘉宜化工有限公司生产装置发生剧烈爆炸，附近多处民用设施受损，附近多个民众受伤，厂区浓烟滚滚，伤亡不明。随后，消防、环境等部门随时更新各项救援进展、伤亡人数和安全状况等事实层面的信息。次日 9 时，江苏盐城市响水县天嘉宜爆炸事故新闻发布会召开，公布最新情况，包括伤亡人数、救援措施及进展。盐城市市长曹路宝在新闻发布会上介绍了江苏方面主要做了几个方面工作，以具体做法和措施为主。

盐城市政府在爆炸发生后，不仅能够迅速回应，且能准确通报各项事实，并不断更新进展，对尚未明朗的事故原因及相关责任等问题保持克制和严谨的态度，赢得了公众信任，掌握了话语主动权，更好地引导舆情往积极的方向发展。

二、沟通技巧：以情动人，以诚感人

通过网络与公众进行沟通，要想取得良好的沟通效果，得到公众的广泛认同，一方面需要有恳切和平等对话的姿态，另一方面则考验“说话”的技巧。在网络舆情的应对过程中，公众通过语言来获得信息，再通过对信息的判断和消化指引自身的行为，因而信息的表达方式至关重要。

在传播理论中对于说服效果的研究有“诉诸理性”和“诉诸感情”说服效果的对比，虽未有一致的结论，但不少宣传经验充分肯定了“通过营造某种气氛或使用感情色彩强烈的言辞来感染对方”的方法对传播效果的积极影响。

面对网络舆情事件，公众一般都较为情绪化，容易被煽动和激怒，同时也容易被感动。涉事方如果仅仅是做出直白冰冷的解释，对事实进行理性阐述，很可能不会较快收到公众积极的反馈，对网络舆情的引导效果甚微。如果表达时充满感情，诚恳表达出歉意、同情、伤感和后悔等，则能够在一定程度上缓解公众情绪，博得公众好感。若再配以富于细节的温情片段，则能潜移默化地感染公众，可以有效地转移公众的注意力，再引导舆情便水到渠成了。

但是，需要强调的是，“以情动人，以诚感人”不是用虚假煽情的语言来迷惑公众，而是在陈述事实、弄清真相，并且积极处理、解决问题的基础上，用充满感情色彩的方式打动和感化公众，让公众对事实真相更容易接受和理解。

三、媒体利用技巧：设置网络议程

大众媒体在网络舆情主体和涉事方之间起着重要的桥梁作用，善用、善待媒体是网络舆情应对过程中非常重要的一点。在舆情事件发生后，如果能利用好大众媒体，设置网络环境中的公众议程，也就是公众主要关注讨论的重点和方向，将对引导网络舆情起到至关重要的促进作用。

“议程设置”理论的提出背景是传统大众媒体盛行的年代，媒体通过新闻报道和信息传播设置公众的“议事日程”，影响公众对社会事件的重视程度和重要性判断。进入互联网时代后，传播者和受众的关系与地位发生了改变，传统媒体的信息传播权和控制权被撼动，因而传统的议程设置结构也被颠覆，由网民主导的网络议程设置甚至在一定程度上取代了大众媒体的议程设置，媒体议程和网络议程相互渗透和影响。然而，即使如此，大众媒体在权威信息发布上还是具有不可撼动的地位，尤其是在纷繁嘈杂的网络环境中，相对专业和客观的大众媒体还是公众信赖的和主要的信息传播渠道。

在舆情事件发生后，首先要及时给媒体提供准确、翔实的信息，以开放且友好的态度对待媒体，发出客观的信息和权威的声音，从而通过媒体将公众关注和讨论的重点集中到官方信息上；其次要主动策划相关活动，组织媒体进行采访报道，如举办新闻发布会、带领媒体参观现场等，从而通过媒体的大量报道引导网络话题的走势；最后，通过媒体的角度进行舆论引导，从而引领网络舆情朝着和谐稳定的方向靠拢。

四、谣言控制技巧：斩断源头，依法惩处

根据香农-韦弗模式，信源发出的信息通过发射器转换成信号，在噪源发出的噪声干扰下，再通过接收器成为信宿接收到的信息。谣言就是舆情传播过程中的噪声，它在很大程度上影响着受众对真实信息的接收，不仅干扰网络舆情的引导效果，更妨害正常的社会秩序，极易引起公众恐慌和社会混乱。因此，全面遏制谣言是舆情引导工作中重要且难度较大的环节。

谣言传播如同信息传播一样，从传播源通过传播介质被部分受众接收，再被这部分受众进行二级传播传给更多受众，互联网加剧了这个传播过程。要想控制谣言，从过程着手是非常困难的，工作量大且无从下手，因而要斩断谣言的源头，在原点“切除”谣言。同时，要对谣言的散布者依法进行严厉的惩处，以起到广泛的警示作用。

五、观点引导技巧：培养和团结意见领袖

“意见领袖”最早是由拉扎斯菲尔德提出的，是指在人际传播网络中经常为他

人提供信息、观点或建议，并且能够对他人施加影响的人物。互联网虽然不是传统意义上的人际传播网络环境，但却模拟了人际传播的路线。在网络平台上每个人都享有说话的权利，看似平等的话语权背后却有并不均等的话语影响力，十分活跃且更具影响力的个体就是网络意见领袖，在网络二级传播中发挥着极其重要的作用。微博的广泛使用让意见领袖的作用更加凸显。

网络意见领袖与现实意见领袖有一定的重合，很多现实生活中的名人和行业精英同时也是网络中备受关注的网络红人。此外，网络本身也孕育出一大批草根偶像，其言行、意见受到网民的欢迎和追捧，具有比肩名人的网络影响力。

在网络舆情的引导中，如果能够利用意见领袖的影响力，将会在引导观点和意见的过程中取得事半功倍的效果。在公众的感知中，网络意见领袖的立场较为中立客观，并且更值得信赖，尤其是草根意见领袖，很容易让受众产生亲近感和共鸣。因此要尽可能培养和团结与舆情事件相关的意见领袖，借他们之口加快正面信息的传播，影响公众的情绪和态度转变。

培养和团结意见领袖，一方面要充分做好基础工作，全面进行信息公开，积极解决问题并进行问责，真正反省并承担责任。这样能够吸引部分意见领袖主动进行正面声音的扩散，帮助涉事方修复形象，转变舆情主体的态度。另一方面要以足够的诚意打动意见领袖，以耐心细致的解释劝服意见领袖帮助涉事方进行宣传和解释，引导网民的意见走势。当然，通过意见领袖传递的信息必须实事求是、真实客观，绝不可弄虚作假，不可利用公众的信任，否则舆情反弹后意见领袖和涉事方的公信力将再难修复，网络舆情局势更难控制。

第 4 节　网络舆情应对的经验与启示

网络舆情是公民意识、民主意识和维权意识应互联网技术的发展而觉醒和强大的充分体现，同时也暴露出社会转型和经济发展过程中产生的诸多问题和矛盾。要理性、全面地看待网络舆情，通过风险控制降低网络舆情的负面影响，使其转化为推动社会进步的积极因素，这也是网络舆情应对的意义所在。

一、预防与应急并重

网络舆情应对既要坚持全面预防，又要做好应急准备，将网络舆情工作全面化、系统化。这一方面可以有效地降低网络舆情应对的难度和成本，另一方面可以尽量消减网络舆情的负面影响，发挥网络舆情的积极作用。

预防工作首先要注意可能会造成网络舆情动荡的现实事件，及时采取措施解决问题，安抚相关民众的情绪，尽量防止事件通过互联网快速扩散，引起网民的广泛关注和热烈讨论，从而导致事件逐步升级，由局部事件上升为全国范围的舆情事件。其次要重视日常网络舆情的动向，注意梳理网络舆情，判断热点、焦点，预防“星星之火”产生燎原之势，要在网络舆情萌芽的初级阶段就进行预防处置，防止事态蔓延。

应急工作主要是建立健全网络舆情应急机制。网络舆情应急机制建设是一个系统性工程，一是要明确并划分职责，提升整体的应急联动能力，确保各部门、各职能各司其职并协调配合。二是要规划和规范工作流程，使应急工作有序、高效进行。三是要对舆情事件进行分级，并制定分级的动态应急预案，既有针对性又有灵活性。

二、疏导为主，管制为辅

网络舆情应对的对象是通过互联网表达意见、发表评论的公众，一定要以疏导为主，一方面通过公布事实和解决问题等疏解公众的疑惑，疏通双方的矛盾，另一方面要通过各种引导技巧，疏导公众情感，化解愤怒、悲伤、怨恨等负面情绪。总之，要以疏导为主要方式进行网络舆情的应对，而不是堵塞舆论，阻拦民意，压制表达。

然而，也不能完全忽视管制的作用，尤其是当网络舆情涉及危害国家安全、社会稳定的事件，由于情势急迫、后果严峻，要有限制地使用管制措施。例如，直接要求论坛、微博等网站平台删除各类谣言及煽动性信息，对操纵和推动舆情事件升级的“网络推手”进行管制，要求新闻网站降低对舆情事件的曝光度和关注度，对极敏感网络舆情事件设置关键词搜索屏蔽等。

需要强调的是，管制只有在情形危机且关乎国家大局时才能采用，并且依然要以疏导为主，不能一味地依靠管制来平息网络舆情，当舆情局势平缓时，要逐步放开管制，并向民众做出合理合法的解释。

三、治标更要治本

我国现在正处于前所未有的发展转型期，经济体制、社会结构、文化环境和思想观念等领域的深刻变革造成了社会发展的“短板”和不平衡，例如贫富差距扩大，社会保障和公共资源建设未能配套经济发展，教育、医疗和住房的基本民生问题凸显，社会阶层的流动不透明、不公开等。总结近年来的热点网络舆情事件，可以发现高发且关注度高的舆情事件往往涉及这些深层次的社会矛盾。

社会暴力事件不只展示了个体悲剧，更与社会阶层流动壅塞、贫富差距扩大、城乡发展割裂、价值信仰缺失等深层次矛盾密不可分；而官民、警民、医患、劳资等关系矛盾也揭示了社会发展过程中值得重视的制度性、结构性问题；此外，针对未成年人和困难群体的伤害、征地拆迁与群体维权等更是涉及关乎民生的法律设置、政策制定等现实状况。所以，应对网络舆情不仅仅要关注舆情事件本身，更要探究舆情事件背后的深层次社会问题，查到矛盾根源所在。也就是说，网络舆情应对不能仅停留在“治标”层面，而是要“治本”。

所谓“治标”，就是平息了舆情事件引起的网络震荡，转移了公众对事件的关注和讨论，公众情绪逐渐平缓，公众现实诉求得到满足。而“治本”则是通过网络舆情应对引导公众同政府一起推动社会改革，化解潜在的矛盾和风险，培养理性而成熟的公众来监督政府提升服务质量和工作水平，从而保证同类型或相关的事件不再发生，民众对政府机构满意且信任，谣言便能不攻自破。

“治本”是一项长期的任务，是靠成功实现每一次“治标”积累而成的。应对网络舆情时，要以“治标”为具体方式和策略，同样要怀有“治本”的决心和勇气，破坏此类舆情事件的生存土壤，帮助公众树立健康正确的价值观，改进自身工作，推进机制体制改革，减少进而杜绝类似事件再次发生。

【本章小结】

本章主要从网络舆情应对的基本原则、网络舆情应对的常见思路、网络舆情有效引导的技巧以及网络舆情应对的经验与启示四个方面阐述了如何正确应对网络舆情，为应对舆情事件的具体操作提供了指导。

网络舆情应对的效果事关国家发展、社会稳定大局，因而必须坚持以维护社会稳定、促进社会和谐为目标，以尊重理解民意、妥善解决问题为基本要求，从而促使网络舆情的发展局势符合国情、社情和民意。网络舆情伴随互联网的发展而兴起，具有鲜明的特点和强大的力量，因而网络舆情应对还要遵守及时准确发声、坦诚平等沟通的行为原则，以及把握互联网传播规律、顺应新媒体发展趋势的方法原则。上述四项原则为网络舆情的应对提供了参考依据和检验标准。本章还提出了五种常用的应对网络舆情的方法和技巧，强调在发声过程中快报事实、慎讲原因，与公众沟通时以情动人、以诚感人，利用大众媒体进行议程设置，面对谣言要斩断源头、依法惩处谣言散布者，以及培养和团结意见领袖引导公众观点。

【复习思考题】

1. 舆情应对应遵循哪些基本原则?
2. 简述网络舆情应对的有效技巧。
3. 舆情应对有哪些经验可供借鉴?

第二篇
网络舆情实务

第二篇聚焦网络舆情监测手段的升级，介绍了基于 API 和 RSS/HTML parsing 的爬虫抓取资料程序，以及网络舆情的监测与收集、网络舆情的分析与研判方法、网络舆情报告的撰写及网络舆情信息的分发与报送。

第 6 章　网络舆情的监测技术

网络舆情监测技术是整合互联网信息采集技术及信息智能处理技术，通过对互联网海量信息进行自动抓取、自动分类聚类、主题监测、专题聚焦，实现用户的网络舆情监测和新闻专题追踪等信息需求，它是进行分析并形成简报、报告、图表等结果的前提技术保障。网络舆情监测技术包括数据采集技术、应用程序编程接口（API）技术、数据分析技术以及数据可视化技术等。

第 1 节　网络舆情监测数据采集

数据采集是网络舆情监测系统中最关键、最基础的系统，决定着整个网络舆论监测系统的覆盖范围、分析质量和及时程度。

目前，网页数量以百亿计，所以首要问题就是如何高效地将如此海量的网页信息抓取到本地。尽管数据采集技术经过几十年的研究发展已经相对成熟，但随着互联网的飞速发展，也不断有新技术涌现，这里主要介绍最基本的数据采集技术。

一、数据采集基本技术

数据采集涉及的技术众多，包括网络爬虫、网页去重、分布式技术等。

（一）网络爬虫

网络爬虫（又称为网页蜘蛛、网络机器人，在 FOAF① 社区中，更常被称为网页追逐者），是一种按照一定的规则自动抓取互联网信息的程序或脚本。另外一些不常使用的名字还有蚂蚁、自动索引、模拟程序或蠕虫。

1. 网络爬虫的类型

根据不同的应用场景，爬虫系统存在许多方面的差异，大体而言，可以分为如下三种类型。

（1）批量型爬虫（batch crawler）。批量型爬虫有比较明确的抓取范围和目标，当爬虫达到这个设定的目标，即停止抓取过程。其明显的特征就是受限。批量型爬虫是目前数据采集系统中最简单的爬虫系统。

（2）增量型爬虫（incremental crawler）。增量型爬虫会持续不断地抓取，对于已经抓取过的网页会按照一定策略定期更新。这种爬虫类型一般应用于搜索引擎的网站或程序。

（3）垂直型爬虫（focused crawler）。垂直型爬虫只关注特定主题或特定行业的网页，其最大的挑战就是如何识别网页的内容是否属于指定行业或主题。一般只有垂直行业分析才需要此类型的爬虫。

① FOAF 即 Friend-of-a-Friend，是一种 XML/RDF 词汇表，它以计算机可读的形式描述通常放在主 Web 页面上的个人信息等。

2. 网络爬虫的特性

无论哪种类型的爬虫系统，在实际的数据采集系统中都应具备以下几种特性。

（1）高性能。在单位实际内下载的网页数量越多，性能越高。

（2）可扩展性。为了能够尽可能缩短抓取周期，爬虫系统应该有很好的可扩展性，即很容易通过增加抓取服务器和爬虫数量来达到此目的。

（3）友好性。友好性体现在两个方面，一是保护网站的部分私密性，二是减少被抓取网站的网络负载。

（4）强壮性。强壮性也包括两个方面，一是爬虫系统可以处理抓取过程中遇到的各种非正常情况，二是爬虫系统自身有一套健壮的容错机制。

（二）网页去重

在当今的互联网环境中，有相当大比例的内容是大体相近或完全相同的，这不仅会增加数据采集的压力，而且会影响后续数据分析结果的质量，所以网页去重的问题尤为突出。网页去重已经成为提高数据质量的关键技术之一。

在实际的数据采集系统中，往往是在爬虫阶段进行网页去重操作。当爬虫新抓取到网页时，需要将其和已经建立到索引内的网页进行判断，如果是近似重复的内容，则将其加入网页索引。

所谓近似重复网页发现，就是通过技术手段快速全面地发现重复信息。具体的技术五花八门，各具特色，但经过归纳总结我们发现，任何典型的去重算法基本都是由特征抽取、文章指纹生成和相似性计算三步构成。能够快速处理海量数据是数据采集系统对去重算法的内在要求，所以在算法设计之初必须兼顾准确性和高效性。常用的去重算法有 Shingling 算法、I-Match 算法、SimHash 算法和 SpotSig 算法等。

（三）分布式技术

面对海量的数据，只有采取分布式架构才有可能在较短时间周期内完成一轮抓取工作。常见的分布式架构有两种：主从式分布爬虫和对等式分布爬虫。

1. 主从式分布爬虫

主从式（master-slave）分布爬虫是分布式技术中最传统也最常见的一种形式。不同的服务器承担不同的角色，其中有一台专门的 master 服务器来维护待抓取的 URL（universal resource locator，统一资源定位符）队列，它负责每次将 REL① 分发到不同的 slave 服务器，slave 服务器则负责实际的网页下载工作。Master 服务器除了维护待抓取 URL 队列以及分发 REL 之外，还负责调节各 slave 服务器的负载情况，以免某些 slave 服务器过于清闲或者过于劳累。在这种模式下，master 服务器往往容易成为系统瓶颈。

2. 对等式分布爬虫

在对等式（peer to peer）分布爬虫体系中，服务器之间不存在分工差异，每台服务器都承担一样的功能，各自负责一部分 URL 的抓取工作。由于不存在 Master

① REL，relationship 的缩写。REL 属性用于定义链接的文件和 HTML 文档之间的关系。StyleSheet 的意思就是样式调用，REL＝"StyleSheet" 指定一个固定或首选的样式而 REL＝"Alternate StyleSheet" 定义一个交互样式。

服务器，如何分工就成为主要问题。目前最常用的一种解决方案就是采用一致性哈希（consisting hash）来确定服务器的任务分工。对等式分布爬虫不存在系统瓶颈问题，有很好的兼容性和扩展性。

二、数据采集原理

网络爬虫基本工作流程见图 6－1。

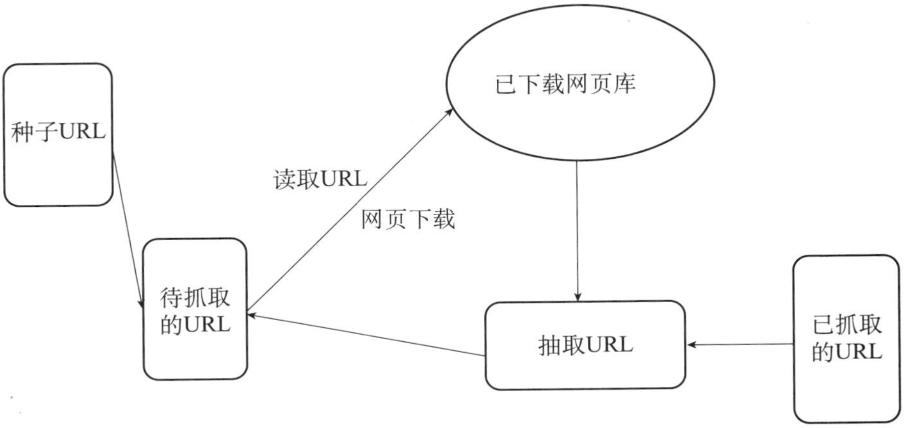

图 6－1 网络爬虫基本工作流程

（1）首先选取一部分种子 URL。

（2）将这些 URL 放入待抓取 URL 队列。

（3）从待抓取 URL 队列中取出待抓取的 URL，解析 DNS，并且得到主机的 IP，并将 URL 对应的网页下载下来，存储进已下载网页库。此外，将这些 URL 放进已抓取 URL 队列。

（4）分析已抓取 URL 队列中的 URL，分析其中的其他 URL，并且将 URL 放入待抓取 URL 队列，从而进入下一个循环。

三、数据采集常用方法

（一）网页搜索策略

网页的搜索策略可分为深度优先、宽度优先和最佳优先三种。深度优先策略在大多数情况下会导致爬虫的陷入（trapped）问题，目前最常见的是广度优先和最佳优先策略。

1. 广度优先策略

广度优先策略是指将所下载网页中的超链接直接插入待抓取 URL 队列的末尾。就是说网络爬虫会先抓取网页中所有链接的所有网页，然后选择其中一个网页，继续抓取此网页中所有链接的所有网页。在广度优先策略中，先搜索完一个 Web 页面所有的超链接，再继续搜索下一层，直到结束为止。例如：一个 HTML 文件中有三个超链接，选择其中之一并处理相应的 HTML 文件，然后不是处理第二个 HTML 文件中的任何超链接而是返回并选择第二个超链接，处理相应的 HT-

ML 文件，再返回选择第三个超链接并处理相应的 HTML 文件。一旦同一层中所有的超链接都被选择了，就可以开始在处理过的 HTML 文件中搜索其余的超链接。这就保证了对浅层的首先处理。当遇到一个无穷无尽的深层分支时，不会导致陷入死循环而出不来的情况。

2. 最佳优先策略

最佳优先策略是一种启发式搜索算法，我们也可以将它看作广度优先策略的一种改进。最佳优先策略在广度优先策略的基础上，用启发估价函数对将要被遍历到的点进行估价，然后选择代价小的点进行遍历，直到找到目标节点或遍历完所有点，算法才结束。其存在的一个问题就是在爬虫抓取路径上的很多网页时，有的网页可能被忽略，因为最佳优先策略是一种局部最优算法。因此需要将最佳优先策略结合具体的应用进行改进，以跳出局部最优点。研究表明，这样的闭环调整可以将无关网页数量降低 30%～90%。

3. 深度优先策略

深度优先策略即从起始网页开始，选择一个 URL 进入，分析这个网页中的 URL，选择一个再进入，如此一个链接一个链接地抓取下去，处理完这条线路之后才转入下一个起始页，然后继续追踪。它的目的是要达到被搜索网页结构的叶结点（即那些不包含任何超链接的 HTML 文件）。在一个 HTML 文件中，一个超链接被选择后，被链接的 HTML 文件将执行深度优先策略，即在搜索其余超链接之前必须先完整地搜索单独的一条链。搜索沿着 HTML 文件上的超链接直到不能再深入为止，然后返回某一个 HTML 文件，再继续选择该 HTML 文件中的其他超链接。当不再有超链接可选择时，搜索结束。

（二）网页更新策略

网页更新常用的策略有三种：历史参考策略、用户体验策略和聚类抽样策略。

1. 历史参考策略

根据网页的多个历史版本，并进行对应分析，依据多个历史版本的内容更新、搜索质量影响和用户体验等来确定网页的爬取周期。除此之外，我们还可以使用历史参考策略来确定网页爬取的更新周期。比如，依据某一个网页的历史更新数据，通过泊松分布进行建模等，预测该网页的下一次更新时间，从而确定下一次对该网页进行爬取的时间，即确定更新周期，这是最直观的一种更新策略。

2. 用户体验策略

在搜索引擎上查询某个关键词的时候，会出现一个排名结果，通常对应大量的网页，但是，大部分用户都只关注排名靠前的网页，所以，在爬虫服务器资源有限的情况下，爬虫会优先更新排名靠前的网页。这种更新策略称为用户体验策略。

3. 聚类抽样策略

以上两种更新策略主要是参考网页的历史信息，但存储大量历史信息对搜索引擎来说是一种负担。另外，如果收录的是新网页，则没有历史信息可参考，那怎么办？此时聚类抽样策略便可以发挥作用。它是指根据网页展现出来的一些属性，将很多相似网页进行归类，同一类别的网页具有相同的更新频率，并通过对各类别的网页进行采样的方式来确定更新周期。

第2节 网络舆情监测API技术

我们生活在一个由数据驱动的世界中。对于企业而言，其面临的问题不仅是搜集广泛的信息，而且需要将这些信息进行分析、汇总。在这样的情况下，利用网络舆情监测API技术可能是一种有效的方法。

一、什么是API?

根据维基百科的定义，应用程序编程接口（API）是一种计算接口，用于定义多个软件中介之间的交互。该术语最常用于描述特定类型的Web界面。通常，API控制一个应用程序如何与另一个应用程序进行通信。这种通信以呼叫或请求和响应的形式进行。

用户请求访问和操作由API提供程序存储的数据，作为响应，Web服务器从API提供程序获取请求的数据，然后以原始格式（通常为JSON或XML文档）将其返回给用户。

二、网络舆情监测API能获得什么信息?

爬取和跟踪数百万个在线资源以查找相关的实时信息是网络舆情监测的核心。同样，这也是网络舆情监测API的本质。

无论是网站、社交媒体、论坛、博客，还是评论，如果没有提及一个品牌、产品、标签或话题，都会被忽视。而利用网络舆情监测API能获得这些信息，可以有效地进行在线声誉管理、引导、危机预防，并获得目标受众、行业和竞争对手的情报。

除了跟踪相关提及词，网络舆情监测API还可对每个提及词之外的信息进行访问。具体来说，还可获取以下数据：来源、用户名、位置语音、发布日期、情绪、触及率、互动性、参与度和影响力。

三、舆情监测API对企业的帮助

（一）数据搜索、收听及分析

舆情监测是一种快速获取有关消费者不断变化的偏好、习惯和期望信息的典型方法。实时的网络舆情监测可洞悉消费者对特定产品、服务或主题的看法和兴趣。

基于这些见解，各种规模和行业的公司都可以发现潜在的增长机会，然后做出相应的反应。网络舆情监测的结果转化为行动步骤，以更主动的方法、更高的社交媒体参与度参与其中，并提高客户满意度。

（二）使用API提升自己

从头开始创建自己的软件解决方案需要大量的时间、金钱和精力。因此，使用舆情监测API是一种获得急需的提升并立即变得有竞争力的好方法。假设企业有一个旨在识别虚假新闻的AI解决方案，对于这种情况，将需要大量的实际数据。与其重新开始创建自己的搜索机器，不如选择网络舆情监测工具，可以7×24小时实时抓取网络相关信息。例如，沃德舆情大数据系统就可以实现相关功能。

（三）将更多的数据添加到报告中

如果需要为客户提供报告，或报告是内部沟通的一部分，那么也可以将舆情监测和分析数据纳入报告。可以轻松地使用舆情监测API对最重要的数据进行深度排序和过滤，并通过充分的消费者行为洞察将报告提升到一个新的水平。

（四）实时接收监测数据

查看实时舆情监测数据可能是所有网站或工具的重要补充。企业可能希望将其集成为所涉及主题的实时新闻源。例如，如果某企业网站专注于营销，则可以添加此功能以跟踪最新的行业新闻和趋势。舆情监测API可以实时收集有关事件的舆论信息。

（五）利用数据填实官网提升专业度

舆情监测API将识别公共数据，企业可以使用这些数据来创建报告、仪表板和数据可视化，用来美化企业官网或专业报告。例如，可以将品牌提及整合为用户评论、推荐或网站上任何产品页面的关键部分。这种社交证明具有重要的影响，因为它包含未经过滤的原始用户反馈。企业也可以增加用于跟踪股票市场或检测虚假新闻的软件解决方案。例如，利用舆论和消费者对话中的趋势和模式，将获得可能会影响工作领域的所有方面的完整实时信息。

第3节　网络舆情监测数据分析

当今，常见的具有代表性的舆情监测系统主要依赖全文检索技术和文本挖掘技术来进行数据分析。

一、数据分析技术

在网络舆情监测中，全文检索技术负责命中目标信息，文本挖掘技术负责对数据进行挖掘分析。

（一）全文检索技术

全文检索技术是按照全文检索理论建立起来的用于提供全文检索服务的软件系统，通过扫描文章中的每一个词，对每一个词建立一个索引，指明该词在文章中出现的次数和位置，当用户查询时根据建立的索引查找，类似于通过字典的检索字表查字的过程。全文检索系统核心则具有建立索引、处理查询返回结果、增加索引、优化索引结构等功能。全文搜索引擎是全文检索技术最主要的一个核心应用。搜索引擎起源于传统的信息全文检索理论，检索程序根据检索词在每一篇文章中出现的频率和每一个检索词在一篇文章中出现的概率，对包含这些检索词的文章进行排序，最后输出排序的结果。全文检索技术是搜索引擎的核心支撑技术。索引引擎、查询引擎、文本分析引擎、对外接口等，加上各种外围应用系统等共同组成了全文检索系统。另外，一个优异的全文检索引擎在做到效率优化的同时，还需具有开放的体系结构，以方便程序员对整个环境进行优化改造，或者添加原系统没有的功能。

（二）文本挖掘技术

文本挖掘是一个从非结构化文本信息中获取用户感兴趣或有用的模式的过程。文本挖掘涵盖多种技术，包括信息抽取、信息检索、自然语言处理和数据挖掘技术，主要用途是从未经使用的文本中提取出未知的知识。但文本挖掘也是一项非常困难的工作，因为它必须处理那些本来就模糊而且非结构化的文本数据，它是一个多学科混杂的领域，涵盖了信息技术、文本分析、模式识别、统计学、数据可视化、数据库技术、机器学习以及数据挖掘等技术。文本挖掘利用智能算法，如神经网络、基于案例的推理、可能性推理等，结合文字处理技术，分析大量的非结构化文本源（如文档、电子表格、客户电子邮件、问题查询、网页等），抽取或标记关键词、文字间的关系，并按照内容对文档进行分类，获取有用的知识和信息。最好的文本挖掘系统应该是一个按照一定顺序执行的过程，有一些类似于数据挖掘的过程，也同样描述过程用于提取知识，不同的是将信息提取和信息检索合并为一个预处理过程。

文本挖掘技术在网络舆情信息分析中的应用体现在以下几个方面。

1. 对网络舆情进行描述

通过对网络舆情信息的文本挖掘，可以生成有关网上针对某一社会公共事件的不同的民众情绪、态度、观点，即网络舆情总体概述的描述性信息。如利用文本特征提取可以了解舆情信息涉及的具体社会问题，发现并追踪社会热点和焦点内容；利用文本分类技术可以判断某事件反映的是哪类社会问题。

2. 对网络舆情的关联性进行分析

文本挖掘可以从时间与空间维度分析事件之间的关联性，从时空维度发现关联事件的发展规律及发展趋势。如通过文本挖掘技术可以明确舆情信息产生者与舆情信息特征之间的关联性，这样就能通过分析舆情信息的特征来追溯舆情信息的来源。网络信息的主题检测和追踪技术可以在海量网络信息中自动发现突发事件的舆情信息流主题。文本挖掘技术可以追踪突发事件的相关信息，实现网络舆情热点、焦点信息的自动发现，可以有效地辅助发现不良信息并预警，起到辅助决策的作用。

3. 对传播信息的真实性、传播主体意图及态度倾向进行推论

网上的虚假信息和不良信息会引发错误的舆论导向，需要通过文本挖掘对其进行判定和掌控。例如，如果在文本挖掘结果中发现多个主体对同一条信息发表的不同评论，能够体现其思路的文本结构一致、语气用词相似，而且 IP 地址也大致相同，那就有可能存在不良意图和人为操纵。网络舆情信息在大多数情况下真实地表达了民众的态度和情绪，如通过网站发布的对时政问题的讨论，可以推断民众的观点和立场。

4. 对网络舆情的产生原因进行分析

文本挖掘技术利用多维分析对舆情信息进行跨时间、跨空间的综合分析，描述事件发生的全貌及产生的影响。网上还存在大量歪曲、偏激地反映社会现实、社会

价值观念的舆情信息，甚至还有别有用心的人在网上散布虚假信息。在这种情况下，通过文本挖掘技术，可以比较网络舆情信息与社会现实状况，对虚假信息追根溯源，及时消除不良影响。

5. 预测和推论网络舆情信息的产生和变化趋势

舆情一经产生便处于动态变化中，预测网络舆情变动趋势对管理者和决策者有重要的意义。由于网络具有覆盖面广、获取信息便捷等特点，利用文本挖掘技术对在某一时期集中反映某一社会热点问题的网络舆情信息进行追踪，便可以得到舆情产生、变化和衰落的趋势或规律，分析网络舆情随时间的发展趋势，以便实现对舆情环境的监测与预警，进行实时控制和疏导。舆情突发事件的原因是复杂的，在某种程度上也是不可避免的，如果事先制定有效的舆情监测和预警机制，就能够及时地对舆情的发展进行监测分析和正确引导，避免事件向消极的方向发展。

二、数据分析原理

（一）全文检索技术原理

全文检索技术原理是先定义一个词库，然后在文章中查找每个词条（term）出现的频率和位置，把这样的频率和位置信息按照词库的顺序归纳，相当于对文件做一个以词库为目录的索引，这样查找某个词的时候就能很快地定位该词出现的位置。

在处理英文文档的时候，显然这样的方式是非常好的，因为英文自然地被空格分成若干词，只要我们有足够大的词库就能很好地处理。但是中文没有空格作为断词标志，所以就很难判断一个词，而且人们使用的词汇在不断变化，而维护一个可扩展的词库的成本是很高的。为解决这样的问题，“分词”成为全文索引的关键技术。“分词”索引技术目前有词库法和二元法两种方法。

词库法使用词库中的词作为切分的标准，这样会出现词库跟不上词汇发展的问题，除非继续维护词库。

二元法把所有可能的每两个汉字的组合看作一个词组。

实际上，现在很多著名的搜索引擎都使用了多种“分词”方法，比如“正向最大匹配＋逆向最大匹配”、基于统计学的新词识别、自动维护词库等技术，但是，显然这样的技术还没有做到完美。

（二）文本挖掘技术原理

文本挖掘由三部分组成：底层是文本挖掘的基础领域，包括机器学习、数理统计、自然语言处理；在此基础上是文本挖掘的基本技术，有五大类，包括文本信息抽取、文本分类、文本聚类、文本数据压缩、文本数据处理；在基本技术之上是两个主要应用领域，包括信息访问和知识发现，信息访问包括信息检索、信息浏览、信息过滤、信息报告，知识发现包括数据分析、数据预测。

文本挖掘必须处理那些本来就模糊而且非结构化的文本数据，所以它是一个多学科混杂的领域，涵盖了信息技术、文本分析、模式识别、统计学、数据可视化、数据库技术、机器学习以及数据挖掘等技术。但与传统的数据挖掘相比，文本挖掘有其独特之处，主要表现为：文档本身是半结构化或非结构化的，无确定形式并且缺乏机器可理解的语义；而数据挖掘的对象以数据库中的结构化数据为主，并利用关系表等存储结构来发现知识。

三、数据分析常用的文本挖掘算法

经过特征修剪后，可以开展数据文本挖掘工作。从目前文本挖掘技术的研究和应用状况来看，从语义的角度来实现文本挖掘的还很少，研究和应用最多的文本挖掘技术有文档聚类、文档分类和自动文摘。

（一）文档聚类

首先，文档聚类可以发现与某文档相似的一批文档，帮助知识工作者发现相关知识；其次，文档聚类可以将一个文档聚类成若干个类，提供一种组织文档集合的方法；最后，文档聚类还可以生成分类器对文档进行分类。

文本挖掘中的聚类可用于提供大规模文档集内容的总括，识别隐藏的文档间的相似度，减少浏览相关、相似信息的过程。

聚类方法有层次聚类法、平面划分法、简单贝叶斯聚类法、K-最近邻参照聚类法、分级聚类法、基于概念的文本聚类法等。

（二）文档分类

分类和聚类的区别在于分类是基于已有的分类表，而聚类则没有分类表，只是基于文档之间的相似度。

由于分类表一般比较准确、科学地反映了某一个领域的划分情况，所以在信息系统中使用分类的方法能够让用户手动编辑一个等级分类体系来找到自己需要的信息，达到发现知识的目的。这在用户刚开始接触一个领域想了解其情况，或者用户不能准确地表达自己的信息需求时特别有用。传统搜索引擎中的目录式搜索引擎属于分类的范畴，但是许多目录式搜索引擎采用人工分类的方法，不仅工作量巨大，而且准确度不高，大大限制了其作用的发挥。

另外，用户在检索时往往能得到成千上万个文档，这让他们在判断哪些与自己的需求相关时会遇到麻烦。如果系统能够将检索结果分门别类地呈现给用户，则会减少用户分析检索结果的工作量。这是自动分类的另一个重要应用。

文档自动分类一般采用统计方法或机器学习来实现。常用的方法有简单贝叶斯分类法、矩阵变换法、K-最近邻参照分类法以及支持向量机分类法等。

（三）自动文摘

网上的文本信息、机构内部的文档及数据库的内容都在以指数级的速度增长。用户在检索信息的时候，可以得到成千上万个文档的返回结果，其中许多是与用户信息需求无关或关系不大的。如果要剔除这些文档，则必须阅读全文，这要求用户付出很多劳动，而且效果不好。

自动文摘能够生成简短的关于文档内容的指示性信息，将文档的主要内容呈现给用户，供用户决定是否要阅读文档的原文，这样能够节省用户大量的浏览时间。简单地说，自动文摘就是利用计算机自动地从原始文档中提取全面、准确地反映该文档中心内容的简单连贯的短文。

自动文摘具有以下特点：(1) 能将原文的主题思想或中心内容自动提取出来。(2) 文摘具有概括性、客观性、可理解性和可读性。(3) 适用于任意领域。

按照生成文摘的句子来源，自动文摘方法可以分成两类，一类是完全使用原文的句子来生成文摘，另一类是自动生成句子来表达文档的内容。后者的功能更强大，但在实现的时候自动生成句子是一个比较复杂的问题，经常出现生成的新句子不能被理解的情况，因此目前大多是用抽取生成法。

第 4 节　网络舆情监测可视化技术

由于网络舆情信息具有明显的大数据特征，使用传统的数据收集、分析与表现方法不仅存在效率低的问题，而且难以发现其中的关键信息以及信息背后的潜在特征。发端于科学计算领域的可视化技术能够化繁为简，用易于理解的图形图像揭示网络舆情的分布、发展和演化规律，因而在网络舆情研究中具有非常显著的应用价值。本节探讨了数据可视化技术在网络舆情监测中的应用，以期推进网络舆情研究的纵深化。

一、数据可视化技术介绍

数据可视化是关于数据视觉表现形式的科学技术研究。其中，数据的视觉表现形式被定义为一种以某种概要形式抽提出来的信息，包括相应信息单位的各种属性和变量。

数据可视化是一个不断演变的概念，其边界在不断扩大。它主要指的是技术上较为高级的方法，而这些技术方法允许利用图形图像处理、计算机视觉以及用户界面，通过表达、建模以及对立体、表面、属性以及动画的显示，对数据加以可视化解释。与立体建模之类的特殊技术方法相比，数据可视化所涵盖的技术方法要广泛得多。

数据可视化主要旨在借助图形化手段，清晰有效地传达与沟通信息。但这并不意味着数据可视化就一定因为要实现其功能用途而令人感到枯燥乏味，或者为了看上去绚丽多彩而显得极端复杂。为了有效传达思想观念，美学形式与功能需要齐头并进，通过直观地传达关键的方面与特征，从而实现对相当稀疏而又复杂的数据集的深入洞察。

数据可视化技术包含以下几个基本概念。

(1) 数据空间：由 n 维属性和 m 个元素组成的数据集所构成的多维信息空间。

(2) 数据开发：利用一定的算法和工具对数据进行定量的推演和计算。

(3) 数据分析：对多维数据进行切片、切块、旋转等动作剖析，从而多角度、多侧面地观察数据。

(4) 数据可视化：将大型数据集中的数据以图形图像形式表示，并利用数据分析和开发工具发现其中的未知信息。

研究者提出了多种数据可视化方法，这些方法根据其可视化原理不同可以划分为基于几何的技术、面向像素的技术、基于图标的技术、基于层次的技术、基于图像的技术和分布式技术等。

二、数据可视化原理

数据可视化技术的基本思想，是将数据库中每一个数据项作为单个图元素表示，大量的数据集构成数据图像，同时将数据的各个属性值以多维数据的形式表示，可以从不同的维度观察数据，从而对数据进行更深入的观察和分析。

数据可视化主要是借助图形化手段，清晰有效地传达与沟通信息。将相对抽象的数据通过可视的、交互的方式进行展示，从而形象又直观地表达出数据蕴含的信息和规律。简单来说，就是把复杂无序的数据用直观的图像展示出来，这样可以一下就清晰地发现数据中潜藏的规律。数据可视化不仅仅是制作统计图表。本质上，任何能够借助图形的方式展示事物原理、规律、逻辑的方法都叫数据可视化。

数据可视化不仅是一门包含各种算法的技术，还是一种方法论。一般而言，完整的可视化流程包括以下内容。

（1）可视化输入：包括可视化任务的描述，数据的来源与用途，数据的基本属性、概念模型等。

（2）可视化处理：对输入的数据进行各种算法加工，包括数据清洗、筛选、降维、聚类等操作，并将数据与视觉编码进行映射。

（3）可视化输出：基于视觉原理和任务特性，选择合理的生成工具和方法，生成可视化作品。

实际上，从“数据可视化”这一命名便很容易看出数据可视化从业者如何开始可视化设计，那便是：处理数据，设计视觉，完成从数据空间到可视空间的映射，必要时重复数据处理和图形绘制的循环组合。

三、数据可视化常用工具

数据可视化是将数据分析的结果以图形、表格等形式展示出来，这样能使我们更加清晰明了地理解分析结果、判断数据走势等，让没有进行过数据分析的人也能清楚地了解数据所含有的规律、趋势等。下面介绍几种常用的数据可视化工具。

（一）Datawrapper

Datawrapper 是一个用于制作交互式图表的在线数据可视化工具。通过 CSV 文件上传数据，或通过文本粘贴的形式，Datawrapper 将生成条、线或其他相关的可视化文件。许多记者和新闻机构使用 Datawrapper 将实时图表嵌入他们的文章。这非常容易使用并可产生有效的图形。

（二）Tableau Public

Tableau Public 可能是最流行的可视化工具，它支持各种图表、图形和地图。这是一个完全免费的工具，用它制作的图表可以很容易地嵌入任何网页。有一个不错的画廊可显示通过 Tableau Public 创建的可视化效果。

虽然 Tableau Public 生成的图表和图形比其他类似工具要好得多，但它的免费版本附带了一个很大的页脚，不太好用。建议使用者尽量用付费版本。

（三）Smartbi

Smartbi 作为成熟的大数据分析平台，具备可复用、动静结合的独特展示效果，使得数据可视化灵活强大，动静皆宜，为广大用户提供了无限的应用能力和想象空间。

Smartbi 除了支持使用 Excel 作为报表设计器，还完美兼容 Excel 的配置项。它支持 Excel 所有内置图形、背景图、条件格式等设计复杂的仪表盘样式，同时支持完整的 ECharts 图形库，支持各种各样的图形，包含瀑布图、关系图、雷达图、油量图、热力图、树图等几十种动态交互的图形。借助地理信息技术，还打造了地图分析功能。

（四）Chart. js

Chart. js 非常适合小型项目。尽管只有六种图表类型，Chart. js 仍是用于爱好和小型项目的完美数据可视化工具。Chart. js 使用 HTML 5 Canvas 元素绘制图表，创建响应式平面设计，并且正迅速成为最流行的开源图表库之一。

（五）Raw

Raw 将自己定义为“电子表格和矢量图形之间的缺失链接”。它建立在 D3. js 之上，设计得非常好。它界面直观，操作方便。它是开源的，不需要任何注册。

它有一个包括 21 种图表类型的库可供选择，所有的处理在浏览器中完成，能够保障数据的安全性。Raw 是高度可定制和可扩展的，甚至接受新的自定义布局。

四、人工舆情监测技术

舆情监测软件能及时快速地对舆情信息进行分析、归纳与分类，还能对一定时间段内的舆情信息进行大数据一键导出，对舆情传播趋势、舆情传播节点、网络舆情情绪变化做出图表分析。

但是，数据的导出最后还是需要配合人工监测。人工监测可以很好地配合舆情监测软件做出分析，能在舆情危机出现的第一时间给出有效的舆情处理建议。

具体而言，人工可以在以下几个方面补足系统的短板。

(1) 信息报送：相对优秀的系统对信息的情感属性判断只能达到 70%～80% 的准确度，而人工几乎可以做到 100%。

(2) 信息分类：系统主要通过预设的关键词进行分类，准确度较低，而人工可以通过上下文关联进行分类。

(3) 报告撰写：系统仅能提供较低层次的信息罗列式报告，而经验丰富的舆情咨询顾问可以对区域、属性、领域等多维度进行交叉分析，进而实现一般性规律提取及数据深度洞察，为经营决策提供支撑。

(4) 危机应对：优秀的服务团队除报送信息外，还可提供关键节点研判、媒介属性研判、媒介溯源等方面的支持。

因此，在现阶段，可以建立以舆情监测软件为核心、以人工舆情监测为辅助的舆情监测管理体系，更好地满足舆情信息监测需要。

第 5 节　大数据时代网络舆情监测技术遇到的挑战

舆情服务在进行行业规范和整合的同时，面临着信息浓缩、数据深挖、关联舆情构建与跟踪、大舆情等层面的诸多挑战，需要借助大数据技术开展舆情应对工作。

一、浓缩海量信息抵抗“数据爆炸”

“信息超载”“数据爆炸”将人们变为机械的信息查询者。在信息过剩的信息海洋里，阅读由享受变成负担。美国前总统克林顿说，就理解和领会能力而言，头脑中塞满东西和头脑中空空如也同样糟糕。因此，能够在短时间内消费最大信息量的“浅阅读”成为大数据时代最大的阅读变革。从舆情产品服务的角度看，浓缩海量信息抵抗“数据爆炸”已成基本要求。可从两方面着手：一方面在信息广度上做文章，最大限度地抓取数据。因此，掌握数据抓取能力与舆情解读能力将是未来舆情分析的必备技能。另一方面，舆情分析人员需要对一些非常重要的事件形成更加通俗易懂、易于理解的解读方式。

二、强化数据深挖实现“信息增值”

提高舆情产品质量的关键，在于数据“加工能力”，通过“加工”实现数据的“增值”。这就要求分析人员提高对信息的鉴别力、萃取力、掌控力，对数据进行生产、分析和解读，探索一条为用户提供分众化服务的信息增值之路。

目前，美国已有大学专门开设了研究大数据技术的课程，培养下一代的“数据科学家”。我国同样需要大批懂得大数据技术的专业人才。目前，很多舆情服务机构甚至没有专门的数据管理、分析部门和专业分析团队，因此，未来需要一批有较高学习能力、分析能力、知识水平的数据从业人员占据舆情服务重镇。

三、构建关联舆情消除“信息孤岛”

目前，我国信息化应用水平参差不齐，政府和企业不同的部门之间都存在“信息孤岛”问题：有多少个部门就有多少个信息系统，每个系统都有自己的数据库、应用软件和用户界面，完全是独立的体系，阻碍了数据的互通互联。舆情服务机构提供的个案分析已不能满足政府和企业的资讯需求，协助对方消除“信息孤岛”越来越紧迫。

作为政府和企业的资讯提供者，舆情服务机构需把握未来几年大数据在公共及企业管理领域的重要发展方向，充分整合政府和企业的数据资产，进而优化对方的决策流程。通过搭建关联领域的数据库、舆情基础数据库等，在舆情预警、研判、应对、决策等环节，丰富和完善决策参考体系。届时，舆情和数据服务不再局限于个案分析，还会跟踪关联舆情，不再局限于危机解决，还会辅之以决策参考。

四、树立大舆情观念拓展服务边界

提起舆情监测，人们更多的是想到网络舆情，忽略了现实生活中的舆论情况。

舆情服务与社会调查结合不足，甚至直接把网络观点整理后报送给客户，难免对决策产生误导。如几年前对于假期增减的投票，有机构打着尊重民意的旗号，在网上联合其他媒体做调查，而最后的结果却与很多民众的真实意见相左，破坏了舆情服务的公信力。

舆情服务机构应树立大舆情观念，使舆情服务的主体和边界“更全”。这里的大舆情，强调大数据的关联性：横向看，将服务主体延伸至政府、企业和社会的各领域；纵向看，将产品内容延伸至包括从舆情预警到决策方案在内的各环节。

五、利用大数据技术开展网络舆情的应对与管理

舆情监测是大数据技术的典型应用，主要专注于通过海量信息采集、智能语义分析、自然语言处理、数据挖掘，以及机器学习等技术，不间断地监控网站、论坛、博客、微博、平面媒体、微信等，及时、全面、准确地掌握各种信息和网络动向。从浩瀚的大数据宇宙中发掘事件苗头、归纳舆论观点倾向、掌握公众态度情绪，并结合历史相似事件进行趋势预测并做出应对建议。面对数亿网民和浩如烟海的网络言论，网络舆情的监测和分析越来越依赖舆情大数据技术与平台，结合人工经验，可以对舆情发展态势和影响进行研判。

【本章小结】

本章主要介绍网络舆情监测系统的技术原理，分别介绍了网络舆情监测数据采集、网络舆情监测 API 技术、网络舆情数据分析以及网络舆情数据可视化技术。数据采集涉及的技术众多，包括网络爬虫、网页去重、分布式技术等。数据分析依赖全文搜索技术和文本挖掘技术。数据可视化涵盖多种技术方法。大数据技术给网络舆情监测既带来新的挑战又带来新的发展机遇。

【复习思考题】

1. 简述数据采集的基本技术。
2. 简述舆情监测 API 技术。
3. 简述数据分析的基本技术。
4. 什么是大数据？它有哪些基本特征？

第 7 章　网络舆情的监测与收集

网络舆情监测过程，就是把网络舆情监测技术应用到实践中有效获取并有序收集整理网络舆情信息的过程。习近平总书记指出，“对新媒体，要建立健全舆情收集反馈机制”[1]。监测与收集网络舆情信息，是加强网络内容监管的需要，也是充分了解和有效应对网络舆情的前提。本章将介绍网络舆情监测与收集活动的基本流程、方法和原则。

第 1 节　网络舆情监测

互联网的应用普及极大地丰富和改变了人们获取信息、传递信息的基本方式，舆情发生、酝酿、传播的方式也发生了根本性变化，这在客观上要求网络时代的舆情监测与收集活动也必须与时俱进。与传统的舆情调查方式如问卷调查、入户调查、街头随访、报刊资料阅读等相比，网络舆情监测内容与任务呈现出许多新的特点。

一、网络舆情监测的特点、任务与内容

（一）网络舆情监测的特点

1. 信息存续性相对稳定

传统舆情信息靠人际传播，口说耳听，辅以文字、声音、图像等形式，不方便保存，存续性较差。而网络舆情信息的存续性却相对稳定，人们发布在网络上的文字、图片、声音和视频信息，能较长时间保存在服务器上，持续存在。

2. 信息可检索性强

借助专业的网络信息采集、分析平台，可以准确地检索网络舆情信息，并进行以大数据为基础的分析研究。而传统舆情信息由于信息介质的局限，容易消失，难以进行检索与分析。

3. 可信度高

网络舆情收集的信息量大，可以直接作为分析的数据基础，舆情分析的科学性更强、准确度更高。而传统舆情信息数据量有限，只能对数据抽样并结合典型个案进行分析。

基于网络舆情信息的这些特点，网络舆情监测日益成为各类机构探知相关舆情的主要方式。人们成功地探索出了开展网络舆情监测的工具平台和基本方法。

网络舆情监测是网络时代的舆情监测活动，以网络环境下的舆情作为监视和监

---

① 中共中央党史和文献研究院．习近平关于网络强国论述摘编．北京：中央文献出版社，2021：68.

测对象，借助专业的网络数据挖掘平台，以科学的方法采集舆情信息，收集舆情数据，作为分析研判舆情的依据，进而及时发现网络上相关舆情的发生、发展、变化情况，并将这些信息收集起来，服务于各类舆情需求主体。

（二）网络舆情监测的任务与内容

网络舆情监测的主要任务是凭借专业的技术手段，及时发现并迅速收集整理相关舆情信息，供舆情需求主体决策和管理参考。执行网络舆情监测任务的基本要求是：有专门的工作团队，有专业的技术平台，有高效的协作机制。满足了这些要求，才能及时、准确、高效地执行舆情监测任务。

根据舆情需求主体的不同需要，网络舆情监测内容主要有以下几个方面。

1. 监测媒体热度

媒体热度，即媒体报道热度，是舆情需求主体最想获知的信息，是舆情监测的重要内容之一。比如，一个政府机构或一家企业在开展了某项活动之后，迫切想知道该活动被媒体报道的热度和广度如何，包括中央级媒体进行了怎样的报道、地方报纸进行了怎样的报道、总计的报道数量有多少、这些报道被网站和新媒体转发的情况等。

为这部分舆情需求主体提供的舆情监测服务，要全面反映媒体对重要事项的报道数量，说明代表性媒体的报道在网络上形成二次传播的热度情况。

2. 监测负面信息

正面信息的传播与评论情况、负面信息的传播与评论情况都是网络舆情的组成部分。但部分舆情需求主体侧重于对负面舆情的了解和掌握。在多数情况下，人们都把舆情等同于负面信息和负面议论。一个突出的现象是，不少舆情需求主体要求监测服务机构把舆情关注焦点放在负面信息的监测和收集上。多数舆情监测软件、平台设计公司也针对市场需求，强调自己的产品对负面信息的抓取能力和分析能力如何强大。这说明，在舆情市场上，对负面信息的需求是相当强劲的。

3. 监测具体评价

有的舆情需求主体希望掌握网络上人们对某一事件的具体评价是什么。如果是肯定性评价，那么具体肯定了哪些方面、哪些环节，为什么会持肯定意见；如果是否定性评价，那么具体否定了哪些方面、哪些环节，为什么会持否定意见。掌握了网络舆论的具体评价，有利于有针对性地调整和改进工作，也便于更有针对性地采取应对举措。

4. 监测公众情绪

一起引爆公众舆情的事件发生后，主流的公众情绪是怎样的？是高兴还是愤怒？是平静还是激动？是赞成还是反对？是喜欢还是厌恶？舆情需求主体在第一时间迫切想知道的是公众的情绪状态，以便判断社会的总体舆情态势，为决策提供参考。为了满足探知公众情绪状态的需要，有机构专门研发了在自媒体平台上测验公众情绪的舆情软件应用。

5. 监测具体案例

有时候，人们并不需要了解常规的、经常产生的舆情信息，而是希望着重对具有典型意义的舆情事件加以深入剖析，深入研究该舆情发生、发展、变化的特点和规律，作为未来工作的参考。

6. 监测舆情数据

当一个机构需要对某个时期的相关舆情做总体分析时，舆情数据就是特别需要的信息。多角度、多维度的舆情数据收集和整理，可以科学地呈现媒体和公众对某项工作阶段性的传播和评论的状况，间接反映该项工作的进展程度，有助于舆情需求主体总体把握。

7. 监测综合舆情

在多数情况下，舆情需求主体对舆情信息的需要是综合性的，希望了解的网络舆情信息涵盖了上述舆情类型的多个方面。当前，综合性舆情信息需求正成为舆情需求的主流。

二、网络舆情的需求主体

（一）党政机构

在我国，党政机构是掌管公共权力、具有公共事务管理职能的各类机构。作为网络媒体的应用者、受益者，党政机构已经普遍把网络作为发布信息、塑造形象、开展工作的平台。各级党政机构在应用网络的过程中切身感觉到，舆情的发生和传播机制已经发生巨大的变化，尤其是那些发生突然、传播迅速的负面舆情事件，往往猝不及防就把某个地方的党政机构曝光在互联网这个巨大而开放的舆论场中，使其承受媒体和公众的考问，所以党政机构比以往任何时候都更加迫切地需要加强对网络舆情的掌握。

（二）企业

企业对舆情服务的需求来自多个方面：一是企业随时需要了解自己的产品或服务在市场上引起的反应；二是企业随时需要知道竞争对手的市场表现；三是当相关突发事件发生时，企业希望掌握各方反应和评论情况，以便有的放矢地做好危机公关。尤其是那些大型企业和上市公司，正面舆情有利于维护企业良好形象，保持市场热销，负面舆情则很可能通过网络传播，使企业一夜之间陷入产品滞销、股价暴跌的困境。因此，很多大企业都十分重视利用网络舆情来提升自身的市场地位，提高市场占有率。

（三）社会组织

社会组织是指在民政部门正式注册登记的社会团体、社会服务机构（民办非企业单位）和基金会的总称。社会团体是指中国公民自愿组成，为实现会员共同意愿，按照章程开展活动的非营利性社会组织。社会服务机构（民办非企业单位）是指企业事业单位、社会团体和其他社会力量以及公民个人利用非国有资产建立的，从事非营利性社会服务活动的社会组织。基金会是指利用自然人、法人或者其他组织捐赠的财产，以从事公益事业为目的，按照法律规定成立的非营利法人。

我国社会组织的发展趋势越来越去行政化，将来会完全靠社会资源开展服务活动，赢得购买服务方和整个社会的认可。只有那些服务能力强、综合表现优异的社会组织，才能得到社会的广泛认可，从而获得更多的支持和更优化的舆论环境，有更多壮大发展的机会。而那些陷入负面舆情旋涡的社会组织，则很可能声名狼藉，陷入困境。这就决定了网络舆情对社会组织的特殊重要性。

（四）社会公众人物

网络舆情服务对个人来说也是十分重要的，尤其是那些把公众影响力作为事业基础的社会公众人物或知名人士，都十分注意公众形象的塑造。他们会在公关公司、经纪公司、专业舆情监测机构的帮助下，一面营造、扩大正面影响，另一面对由负面舆情造成的形象损毁进行修复和再造。

三、网络舆情监测的原则

从事网络舆情监测工作要遵循以下基本原则。

（一）坚持需求导向原则

舆情监测服务是客观存在的市场需求，要遵循市场规律。因此，舆情监测服务应以舆情需求主体的需要为导向，监测哪方面的内容、采集什么样的信息都要符合舆情需求主体的实际要求。脱离舆情需求主体的需要而开展舆情监测工作就失去了存在的意义。

（二）坚持客观真实原则

网络舆情监测和网络信息宣传有本质的区别。宣传是主动发布对自身有利的信息，目的是引导公众、塑造形象，在操作策略上可以带有主观倾向性。网络舆情监测则是为了切实了解信息传播和公众舆论情况，要求做到紧贴实情、符合实际。客观真实是舆情监测工作的生命。舆情监测机构搭建高技术含量的监测系统平台，组建高素质的舆情监测工作团队，一切都是为了帮助服务对象了解到真实、客观的舆情状况和趋势。舆情监测所获得的信息越客观、越真实，就越有利于服务对象准确把握舆情态势、正确制定应对策略。

（三）坚持技术优先原则

网络舆情监测工作面对的是浩瀚的互联网数字信息海洋，并且这个海洋的规模每天都在迅速增长。在这样的信息海洋里挖掘网络舆情信息，缺乏优良的技术手段简直寸步难行。舆情监测工作建立在先进的信息挖掘和数据处理技术基础上，并且要随着形势变化，不断提升技术等级，始终保持以先进技术手段开展舆情监测活动。

（四）坚持服务至上原则

舆情监测实际上是为舆情需求主体提供的一种网络舆情信息服务。这种服务不同于单纯的商品供求关系，需要双方持续互动，服务内容应该融入每天的信息交流、沟通、调整之中。提供舆情信息固然是舆情监测服务的核心，但是以什么样的态度、什么样的形式完成这个过程，也是服务的重要组成部分。舆情监测机构必须坚持客户至上、服务至上的原则，使舆情需求主体得到良好的客户体验。只有做到了技术、产品和服务兼具，才能实现优质的舆情监测服务，形成稳定的合作关系。

四、网络舆情监测工作主要流程

(一) 调研舆情需求

不同类型的服务对象，其舆情需求各有侧重，对舆情监测的要求也有所不同。因此，舆情监测机构应做好舆情需求调研，确保舆情监测服务充分满足实际需要。舆情需求调研是保证舆情监测针对性、准确性的基础和前提。

1. 了解需求主体的业务

舆情监测是与具体业务内容密切相关的。某需求主体的舆情一定是由与该需求主体的工作内容、业务范围相关的事件引发的。为某需求主体提供舆情监测服务，必须通过各种渠道尽可能多地了解该需求主体的工作状况、业务内容。对舆情需求主体的业务越熟悉，舆情监测方向就越准确，所监测到的舆情信息就越符合实际需要。

2. 了解需求主体的偏好

需求主体一般都会提出一些方向性要求，比如是侧重于负面信息的监测还是侧重于具体观点的整理等。舆情监测机构的工作人员要准确领会，以便把握舆情监测活动的方向和重心。同时，要尽量了解需求主体所需的舆情信息的类别和特征，并让对方尽可能齐备地提供相关背景资料，给出相关业务常用关键词，作为关键词管理的基础。

3. 确定舆情需求清单

根据调研了解到上述情况后，舆情监测机构需清晰列出舆情需求清单，包括舆情监测方向和内容、舆情报告模板、报送舆情的频率、报送舆情的方式等。而舆情内容方面的需求描述是整个清单的基础部分。列清楚内容需求，便于确定舆情监测的具体方向和范围，也便于在委托协议中明确界定舆情监测机构的具体义务。

舆情需求清单是开展一项舆情监测活动的初始依据，舆情监测工作的开始、深入、完善，都是从这份清单开始、以这份清单为依据的。

4. 对需求宜动态把握

经过调研列出的舆情需求清单是开展舆情监测的基本依据，但又不能机械地执行。舆情信息瞬息万变，需求主体的要求也会消长变化。在原有清单的基础上，有些需求会被放弃，有些需求会被修改，有些需求则要被补充。这些变化对需求主体来说是有必要的，也符合网络舆情的变化规律。因此，舆情监测机构对需求主体在舆情监测内容、形式上提出的变化，既要予以理解，又要做到机动灵活、动态把握，能够根据需求主体提出的要求及时调整。

(二) 确定网络信息采集的技术策略

1. 站点筛选

舆情信息采集工作是通过软件应用实现的。舆情监测系统中的采集模块不间断地巡回扫描所设定站点，一旦发现新增信息就立即采集，放入数据库。但具体应该扫描哪些站点，要根据实际需要进行筛选和设定，尤其是当选择自主采集策略的时候。站点筛选相当于传统抽样调查工作中的确定抽样范围，即决定要在什么范围内抽取样本。一般情况下，人们把网站的一个频道或一个栏目作为舆情信息采集的一个来源站点。

设定监测站点需要把握以下要点：一是在内容上，筛选的站点要符合舆情监测内容特征，比如，如果需求主体需要的是政法类舆情信息，那么就要把各大网站政法类频道、栏目设定为舆情信息来源站点；二是在数量上，所筛选站点要保证基本的覆盖面，尽可能把相关同类信息采集到位，设定的采集站点越多，遗漏就越少，采集到的相关舆情信息就越全面。

2. 确定信息采集和推送策略

信息的自主采集，就是网络舆情监测机构在搭建舆情监测分析系统平台时，在本地系统中设置信息采集引擎，设定信息采集站点，开展网络舆情信息采集工作。

舆情信息数据推送，就是专业机构以数量众多的服务器作为信息采集引擎和存储库，对数万个站点进行不间断的扫描，实时采集选定站点的新增信息，存入数据库，并实时推送到需求主体的数据库。舆情监测机构选用舆情信息数据推送服务，意味着主要依靠推送来的舆情信息进行舆情监测和收集。

采取推送策略，省却了采集的功能模块，节约了用于采集的硬件配置，可以集中软硬件资源用于数据存储和数据分析。专业机构推送的数据，采集站点范围广，配置均匀，所获得的数据覆盖方方面面，拓展了舆情监测的深度和广度。舆情信息数据推送策略，是舆情监测机构更科学、更经济、更高效的选择。

（三）设置舆情监测系统

确定信息采集策略，解决了从互联网获取舆情信息数据的问题，接下来很重要的一项工作是对舆情监测系统进行必要设置。

1. 设置关键词

网络舆情信息的特征需要用关键词来描述。为了将符合某种特征的舆情信息集中提取出来，要通过数据库软件对该信息的特征进行描述和限定。于是关键词设定和管理成为舆情监测的重要一环。如果关键词设定准确、配置科学，那么所提取的数据准确率就高，舆情分析结论就更接近真实状况；反之，所提取的数据准确率就低，舆情分析结论与真实情况的差距就大。

不同业务领域的关键词跨度很大，但基本的类别是相同的。第一类是一般名称词，包括相关的人名、地名、机构名等；第二类是业务词汇，以名词和动词为主，名词指示业务内容，动词指示活动内容；第三类是效果词汇，用以描述业务活动的状态和结果，以动词和形容词为主。

用关键词描述网络信息的特征，就是要描述某类信息的标题特征和正文特征，亦即通过关键词设置，标示出含有某些关键词的标题和含有某些关键词的正文。具体有两种基本情况：一是标题含有某些关键词或者正文含有某些关键词；二是标题含有某些关键词同时正文也含有某些关键词。对舆情监测系统进行了这样的设置之后，采集到数据库中的信息就会以系统设计好的样式集中呈现出来，便于人们做进一步的分析。

2. 设置栏目

在舆情监测系统中，对日常舆情信息的监测是以栏目的形式呈现的。设置系统栏目，主要是通过设置适当的关键词组合，使某一类信息集中呈现。

设置舆情监测系统各栏目，需要遵循两个原则：一是准确。不同的关键词，不同的组合策略，栏目呈现的结果大相径庭。栏目内总会有一部分关联度不高的信息被提取出来，所以必须通过完善关键词遴选和组合策略，提高所提取信息的准确率。二是适宜。栏目数量以基本覆盖舆情需求主体的主要业务范围为宜。栏目数量并非越多越好，太多显得纷繁复杂，容易淹没重要信息。

3. 设置专项事件

当一起比较重要的舆情事件发生之后，人们往往希望对该事件的舆情最新发展状况和总体走势进行连续追踪，以便监测该事件舆情酝酿、扩散、平息的全貌，这时候就需要在舆情监测系统中进行专项事件设置。

设置专项事件，需要考虑的主要是关键词组合策略和时间段设置。与栏目不同，设置专项事件，除了对信息的标题和正文进行关键词设定，还可以对相似文本、微博信息做相关设定。设置相似文本的功能，在集中呈现同一信息的不同版本和转发频率方面很有用处。设置微博信息关键词，是为了将相关的微博信息集中呈现。在时间段选择上，栏目一般设置为最近若干天，旨在采集最新增加的信息；专项事件则既可以设置为指向未来，追踪事件最新信息，也可以指向过去发生的事件，设置好前后两个时间节点，对该时段内的某一事件进行回顾式的信息集中呈现和分析整理。

4. 设置微博热点

微博用户数量庞大，有数亿之多，舆情监测系统难以将所有微博账号纳入监测范围。微博用户总数虽然庞大，但具有实际意义的是日活跃用户数。截至2021年3月，微博月活跃用户数达到5.3亿，日活跃用户数达到2.3亿。在这些活跃用户中，具有舆情监测价值的也只是其中一部分。因此，开展舆情信息数据推送服务的专业机构所使用的微博信息采集策略是将活跃用户中最有代表性的那部分用户作为大数据样本，列为舆情监测对象。监测样本的数量一般在3 000万到5 000万之间，这个数量足以反映微博平台的舆情动态。

在舆情监测系统中，主要是通过设置关键词组合，有效筛选、过滤微博焦点舆情信息和热点舆情信息，从而呈现微博热点。系统依据转发量、评论量等数据，自动计算某一话题的热度，并呈现出来。在所设置的专项事件中，与该事件相关的微博热点信息也会被自动提取出来，以图表形式呈现。

5. 设置敏感信息预警

一般的网络舆情监测服务都有敏感信息预警的任务。因此，比较优秀的舆情监测系统一般会有舆情预警功能模块。用关键词组合对敏感信息进行规定之后，系统会将符合特征的网络信息集中起来，并计算每条信息的转发频率，从而发现敏感信息。舆情监测系统的预警功能模块与短信系统、电子邮件系统对接，当符合条件的“敏感信息”转发频率达到规定数值时，该条信息便被以短信、电子邮件的形式发送给监测人员。

至此，网络舆情监测操作基本完成应有流程，接下来的工作是如何借助技术平台有效收集网络舆情信息。

第 2 节　网络舆情收集

在网络舆情监测中，发现舆情信息是基础，有效收集舆情信息是核心。舆情监测服务前期的重点是监测，即通过舆情监测系统对网络信息进行采集、汇总、分类，便于舆情监测团队及时发现有价值的信息；后期的重点是收集，即网络舆情监测团队对舆情监测系统呈现出来的有价值的信息进行收集整理。舆情监测以舆情收集为目标，舆情收集则是舆情监测的延伸与结果。网络舆情监测主要靠技术平台来实现；网络舆情收集则在技术平台的支持下主要靠人工进行识别、筛选与汇集。

一、网络舆情收集的对象与范围

（一）舆情案例

舆情案例是舆情需求主体以典型案例方式了解舆情特点、探究舆情规律的重要舆情信息形态。通过舆情监测系统中的“按热度排列”功能，能够发现某时段内传播热度相对较高的事件，以此确定案例信息收集的基本线索。

确定案例线索之后，可以分别设置专项舆情事件，将数据库中有关该事件的信息集中呈现，然后收集相关数据信息。收集舆情案例，需要记录的数据包括以下几方面。

1. 舆情走势

舆情走势即指定时间段内每日信息数量的起伏变化。一般的舆情监测系统，都能实现新闻网站、微博、博客、论坛、微信信息数据量的并列呈现和分别呈现。借助相关功能模块，可以轻松获取舆情走势相关数据图表。

2. 信源结构

信源结构即在该案例相关信息总量中，来自新闻网站、微博、博客、论坛、微信等不同信息源的信息比例结构情况，一般以便于阅读的图表形式呈现。

3. 热点信息

热点信息即围绕该案例而在互联网上出现的传播热度较高的若干条信息，一般是 5 条或 10 条。热点信息的作用是，既呈现该案例的核心内容，又便于分析人员在做舆情分析时迅速抓住该案例中的主要矛盾。

4. 主要观点

主要观点即该舆情案例中来自网络的典型评论，主要包括媒体评论、专家观点、官方回应、网民意见等。

（二）舆情观点

蕴含观点的信息是舆情收集的重点。记录舆情观点的信息在网络上的聚集方式是有规律可循的。收集舆情观点，一般按照如下策略展开。

1. 到容易形成网友聚集热议的新闻网站收集观点

在新浪、网易、搜狐、腾讯、凤凰等主流商业网站，新闻页面和论坛无缝衔接，点击量大，因此，一些关注度较高的新闻信息往往在这些网站的新闻跟帖评论页面形成网友热议。在舆情监测系统中，利用“来源检索”功能，可集中列出上述网站相关报道，轻松找到引发网友热议的新闻。这些网站通常列出获得支持（网友以“赞”“顶”“支持”等方式参与）较多的热帖。热帖观点及其支持数量可以作为判断主流观点的重要依据。

2. 到具有代表性的微博账号下收集观点

在通过“专项事件”功能模块进行案例信息集中呈现时，与该案例相关的微博热点信息也相应呈现。借此可以选择那些有较大影响力的媒体微博、政务微博和知名人士微博，打开博文原始链接，收集具有代表性的微博用户观点。

3. 论坛观点收集

上述网站的论坛由于和新闻页面密切链接，更便于网友在阅读新闻信息之后直接发布观点，因而成为采集网友观点的代表性论坛网站。而其他一些知名网站和地方论坛也是网友观点的信息来源。尤其是一些反映尖锐诉求的网帖，通常会选择在这样的论坛发布，吸引论坛内的网友点击、转发和评论，形成相对集中的网友观点。这类观点的数量不一定庞大，但能体现出反映诉求类信息发布后舆情观点的初步状况。

4. 媒体观点收集

对于内容比较重要、公众关注度较高的舆情事件，媒体经常会发布一些代表该媒体立场的评论性文章，形成各具特色的媒体观点。收集媒体观点要注意三个要素：一是传播热度。真正有思想、有见地的评论性文章，往往也是传播热度较高的文章。二是媒体代表性。对于较为权威的媒体发布的评论性文章，要格外注意，尽量不要遗漏。三是观点的价值。尽量收集那些深刻揭示问题实质的文章和提出有价值的应对策略与方法的文章。

5. 在线调查收集观点

在线调查是迅速收集网友观点的有效渠道。舆情监测机构既可以开发自己的在线调查网络工具，也可以利用第三方在线调查工具，甚至可以与影响力较大的网站合作开展在线调查。无论用哪种办法，做好调查活动信息的推广都是至关重要的，因为只有尽量广泛地宣传并强调该项调查的价值，才能吸引足够多的人踊跃参与，从而收集到足够多的公众观点。

（三）热词词频统计

词频是指一个或多个重要词汇在一则或一组信息中重复出现的次数。在舆情监测中经常用词频来呈现舆情的某方面特征。热词词频能直观地体现媒体对某词汇所代表的内容的关注度。对与某项工作、某项业务、某个活动密切相关的词汇的词频进行对比，可以分析出该项工作、业务或活动的各个方面被媒体和公众关注程度的不同。

计算热词词频有两种思路：既可以统计标题中的热词词频，也可以统计正文中的热词词频。对两种思路统计出的词频数据进行对比分析，可以得出更丰富的结论。

网络信息中热词词频的统计，是通过舆情监测系统中的数据库统计功能实现的。可以一次性输入多个词汇进行统计并迅速计算出结果，便于舆情监测分析人员对这些词汇进行排序、比较、表格化等处理。

收集词频数据，需要合理确定词汇及词汇组合。热词的确定要把握以下几点：

其一，所选词汇须与舆情涉及的内容密切相关，关联度越高，词频数据的分析价值就越大；其二，对多个词频的分组要合理，注意把属于同一类内容或反映同一主题的词汇组合在一起，这样才有可比性；其三，对于收集词频数据的必要性须灵活把握，并不是所有的舆情监测工作都需要收集词频。事实上，词频较多地应用于阶段性、总体性、总结性的舆情收集工作。

（四）一般信息数量收集

在做舆情分析的时候，用一般信息的数量来辅助描述舆情总体概况。因此，统计和记录一般舆情信息的数量是网络舆情收集工作的重要一环。

收集一般舆情信息数量主要包括两个方面：一是收集舆情监测系统中的相关数据。例如，每天的舆情信息总量，每天来自新闻网站、博客、论坛、微博、微信的信息数量，各网站的相关信息数量，所涉及的机构列表，所涉及的人名列表，诸如此类。这些数据在舆情监测系统中已经呈现，需要做的工作只是以适当的形式做好收集和记录工作。二是对偶发性数据的收集。例如，在监测某舆情事件的时候发现，在某些新闻网站、论坛或在微博平台上形成了热度较高的网友聚集热议，这就需要对网友参与人数、发帖数量、热帖支持热度等信息数量进行收集，并以此作为重要的分析数据。

（五）其他信息收集

网络舆情的收集是一项开放性的数据统计和收集活动，从收集内容来看，有一个基本框架，但随时会扩大和延展。

除了上述几种比较基本的舆情收集工作，根据实际需要，还有其他一些收集工作。例如，有的舆情需求主体提出，要收集国内各平面媒体对其某项工作的报道情况。这时候就要通过对舆情监测系统采集站点的设置，专门针对国内各报刊的数字版进行舆情信息统计。也有的舆情需求主体希望监测来自英文网站的相关舆情信息，进行信息数量的统计。类似的需求是不确定的。舆情监测机构在技术平台、团队建设等方面，要保持一定的延展性服务能力，以满足各种类型的舆情监测与收集需要。

二、所收集舆情信息的基本应用

（一）舆情信息的编辑加工

收集到的舆情信息可能是杂乱无序的，还不能作为最终的舆情产品加以利用，需要对这些信息做必要的编辑加工才可以提供给舆情需求主体使用。

舆情信息的加工有两个层次。一是初步加工，即按照一定规则，对收集到的信息进行必要的文字梳理，增强条理性、逻辑性，符合舆情信息基本规范；二是深度加工，即按照相关要求，对收集到的信息进行系统整理和深入分析，提出相关建议，撰写综合性舆情报告。

（二）各类舆情信息的应用

1. 负面舆情信息的应用

收集到负面舆情信息后，舆情监测团队应遵循时效性原则，立即向舆情需求主体报告，确保舆情需求主体在舆情发生后最短时间内获知相关情况，便于其启动舆情应急预案，及时采取相关举措，避免舆情进一步发酵，从而最大限度减少不良影响、维护自身形象。为了便于舆情需求主体精准、全面地掌握舆情信息，舆情监测团队在确保时效性的前提下，要完整地采集舆情事件的发生时间、发生地点、人员情况、背景情况、相关数据、最新进展、传播情况等信息。根据需要，还要及时跟进报告后续进展信息。

2. 媒体热度相关信息的应用

舆情需求主体越来越重视自身信息的媒体曝光率，对哪些媒体对自己进行了报道、分别侧重于什么内容等情况十分关注，往往用这些信息判断自己所开展的工作的公众影响力，评估自身在行业内或者在公众心目中的形象。因此，收集到的这类日常信息，在经过整理加工后，应该按照一定周期提交给舆情需求主体。舆情需求主体一般会将这类信息作为内部工作资料，在内部尤其是领导者中间传阅，便于大家掌握舆论情况，更有针对性地开展工作。

（三）具体案例信息的应用

舆情监测团队收集到的具体案例舆情信息，实际是围绕该案例产生的相关信息，包括舆情事件发生的原因、涉及的人群、主要情况、节点变化、媒体热度、相关数据、具体观点、公众情绪等。这些信息，对全面准确描述舆情事件具有基础性和决定性意义。依据这些信息，可以描述清楚相关事件的来龙去脉、公众舆论，从而形成关于具体案例的舆情分析报告，提供给舆情需求主体，作为掌握事件总体面貌的依据和做出相关判断的参考。

（四）舆情数据的综合应用

日常收集的舆情数据可以作为基础素材，用于针对某项业务的阶段性综合分析。比如，有的舆情需求主体需要阶段性、周期性地了解本机构或本行业、本领域的综合舆情信息，就要应用所收集到的各类舆情数据，撰写周舆情分析报告、月度舆情分析报告、季度舆情分析报告。个别情况下需要撰写年度舆情分析报告，便于掌握全年舆情信息的起伏变化以及变化背后的深层次原因。舆情数据的综合利用价值在年度舆情分析报告中得到最充分的体现。

三、网络舆情收集的工作机制

网络舆情收集工作需要专业化的团队协作开展，并应建立如下基本工作机制。

（一）日常值班机制

舆情监测与收集工作具有连续性、不间断性的特点。网络舆情每时每刻都会发生，在时间上没有固定规律，所以网络舆情的监测与收集也必须保持连续性、稳定性。为了充分适应迅速、及时的要求，必须建立舆情监测与收集日常值班机制，无论是工作日还是节假日，都应始终有人值班，负责舆情收集，确保随时发现最新网络舆情。

值班机制的基本要求是，排出值班表，明确值班者的责任，包括责任时间段、查看舆情监测系统的频率、了解到相关舆情后的操作流程等。为了鼓励和督促值班人员，应设计必要的检查、奖励、惩罚办法。

（二）舆情预警机制

舆情预警，是指舆情监测机构在收集到比较重要的网络舆情信息之后，及时报告给舆情需求主体，提示相关情况，并提出应对原则和策略的建议等。

为了使舆情预警环节做得流畅、及时、有效，舆情监测团队应建立专门的舆情预警机制。该项机制的基本内容包括：一是全员强化预警意识；二是设预警专员，专门负责；三是预警信息审核。主管者需要对预警价值做最终判断，根据该舆情的紧急程度、重要程度，向预警专员明确应在什么时间、以什么方式向舆情需求主体报送预警信息。

（三）团队协作机制

舆情的收集和整合特别需要团队协作，这是由网络舆情信息的复杂性决定的：从横向上看，舆情的发生是多线程的，舆情监测团队要在同一时间面临多个领域的不同舆情，而每个领域又可能同时有多个舆情事件发生；从纵向上看，每个具体的舆情事件都在一个阶段持续酝酿、发展，并在其进程中的每一个节点涉及多个角度、多个方面的复杂信息；从信源上看，舆情信息分别来自新闻网站、论坛、博客、微博、微信等多种网络形态。

网络舆情的现实是如此复杂，而舆情需求主体对内容结构、文字质量、时间节点等方面的要求又是如此严格，因此，要想圆满完成舆情监测和收集任务，团队协作不仅是必需的，而且十分关键。没有高效的团队协作机制，就没有高质量的舆情监测与收集。

建立团队协作机制，有必要在团队中强化“两个意识”：一是强化总体意识。团队中的每个人都要清楚自己所承担的工作是团队工作的有机组成部分，每个人都要使自己的工作服从总体要求。二是强化统一意识。团队成员在分工上要服从统一安排，在监测工具使用上要坚持统一设置，在舆情信息收集上要按照统一尺度，在舆情信息编辑上要符合统一规格。

（四）舆情会商机制

舆情会商机制是舆情监测团队为研究问题、寻找方法、优化协作而进行沟通的机制。正是因为舆情监测和收集需要紧密的团队协作，会商才显得如此重要。

舆情会商有两种基本形式：一是常规会商，就是集中召开会议，会诊相关问题，研究解决办法；二是偶发性会商，就是根据实际需要，临时召开会议进行会商，研究突发事项，提出应对方案。

舆情会商主要解决如下问题：完善监测系统功能、优化关键词设置、预估舆情发展趋势、协作采集复杂信息。

（五）数据管理机制

通过舆情监测工作收集到的各种舆情信息，统称舆情数据。舆情数据具体表现为文字资料（如对事件、观点、人物、地点、机构等的描述信息，既可以是段落，也可以是目录索引）和统计数据（如用来呈现数量多少、比例大小、幅度增减、动态变化的数字类信息），根据实际情况，既可以是简单的列表，也可以是形象直观的图形（如柱状图、曲线图、饼状图等）。作为舆情监测和收集活动的成果，舆情数据是开展舆情分析的基本依据。所有舆情分析报告、舆情研判结论都是对舆情数据进行梳理、比对、判断、研究的结果。因此，舆情数据管理既是舆情监测和收集的最后一个环节，也是非常重要的环节。

制定舆情数据管理机制应重点把握如下几点：一是做到日积月累，贯穿始终；二是做到分类清晰，有利于高效提取数据、使用数据；三是做到安全稳妥，防止数据外泄。

【本章小结】

本章介绍了舆情监测和收集的基本内容和基本方法。网络舆情监测和收集团队最核心的工作是利用网络舆情监测系统精准、全面地采集网络信息，在理解工作任务的基础上，选择恰当的网络信息采集策略，并运用好设置关键词、设置栏目等基本技能。而舆情信息收集工作需要对所采集的数据进行记录、归纳和管理。为了高效完成舆情收集工作，应该建立一系列工作机制，如日常值班机制、舆情预警机制、团队协作机制、舆情会商机制、数据管理机制等。

【复习思考题】

1. 请谈谈在网络舆情监测中做好舆情需求调研的重要性。
2. 网络舆情监测中的站点选择和传统抽样调查中的样本抽取有何异同?
3. 关于采集和梳理网络信息中涉及某舆情事件的观点，你有哪些更好的意见和建议?

第 8 章 网络舆情的分析与研判

德国大众传媒学家、政治学家伊丽莎白·诺埃尔-诺伊曼提出了著名的“舆论是社会的皮肤”的观点。在当下，网络舆情已然成为社会舆情的晴雨表与风向标。因此，通过对网络舆情的分析与研判，可以有效掌握社会舆情的阴晴变化，进而对可能爆发的危机事件形成预警并及时有效地应对与引导，最终化解危机与风险，提高社会治理水平，促进社会的和谐发展。

第 1 节 网络舆情分析与研判的基本要求

网络舆情分析与研判，是指运用系统科学的程序与方法对监测与收集到的网络舆情信息进行甄别、分析和归纳，去伪存真、删繁就简，提炼并整理出具有全局性、趋势性、指导性、预警性和线索性的信息的过程。这一过程是网络舆情工作的重要环节，它一头连接着舆情的监测与收集，另一头连接着舆情的应对与引导，起着承上启下的重要作用。监测和收集到的大量舆情信息只有通过分析与研判才能实现其价值，及时有效地应对与引导同样离不开科学正确的分析与研判。网络舆情分析与研判的结果是政府、企业、社会组织等做出决策的基础与依据。因此，必须尽量保证分析与研判结果的全面、准确、及时，否则，舆情的应对与引导就如“盲人骑瞎马，夜半临深池”，错误的信息比没有信息效果更糟。

一、立足全局

网络舆情分析与研判就是要从监测与收集到的大量信息中提取代表舆情趋势与规律的内容，找到影响舆情发展的关键节点，这就要求立足全局，不能被细枝末节迷惑。要做到立足全局，需要对我国社会所处发展阶段的特点与问题有深入正确的认识。

著名学者曼纽尔·卡斯特（Manuel Castells）在其产生广泛影响的著作《网络社会的崛起》一书中指出：“我们对横越人类诸活动与经验领域而浮现之社会结构的探察，得出了一个综合性的结论：作为一种历史趋势，信息时代的支配性功能与过程日益以网络组织起来。网络建构了我们社会的新社会形态，而网络化逻辑的扩散实质地改变了生产、经验、权力和文化过程中的操作和结果……在网络中现身或缺席，以及每个网络相对于其他网络的动态关系，都是我们社会中支配与变迁的关键根源。因此，我们可以称这个社会为网络社会（the network society），其特征在于社会形态胜于社会行动的优越性。”①

网络社会作为一种新的社会存在方式，不仅极大地改变了传统的社会结构和人们的生存方式，而且深刻地影响到人们的思维方式。与传统社会不同的是，网络社

① 卡斯特．网络社会的崛起．北京：社会科学文献出版社，2006：569.

会改变了传统社会相对稳定的金字塔式的结构而变得扁平化。网络社会本质上是一个风险社会，政府、企业乃至个人的形象脆弱化，成为易碎品，危机成为常态化的社会存在。在网络世界里，“人类以往的社会结构提供给人们的安全感和生活的延续性已不复存在，变化和不确定是这一时代人们生活的主题”①。

英国社会学者齐格蒙特·鲍曼（Zygmunt Bauman）强调应将“危机”概念置于“常态”之前，在他看来，如果说危机是指常态方式和工具的失效，或者发展的确定性消散无形，那么危机实际上是“人类社会的常态”，社会是以持续打破平衡而非固守平衡的方式存在的。②

当前中国处于百年未有之大变局，国家安全同社会治理的关系问题以更加复杂的形式表现出来。社会利益日趋多元化，社会关系日趋复杂化，社会矛盾不断凸显，各种事关群众切身利益的焦点问题不断涌现，统筹社会各方面利益关系以及社会管理的难度不断上升。社会转型期、矛盾凸显期是对 21 世纪以来我国发展阶段的准确概括，因此，要做好网络舆情的分析与研判工作，必须对以上网络社会的特点与我国转型期的社会矛盾有深刻正确的认识，在此基础上，才能立足全局，看到问题的各个方面，而不是“头痛医头，脚痛医脚”。

二、及时准确

（一）及时

网络舆情分析与研判中的很大一部分是对危机事件的处理。危机管理理论视速度为第一原则。危机事件信息出现后应第一时间表态、第一时间发声，掌握舆论的主动权和事件处置的主导权。如果不能先发制人，被网络舆情牵着鼻子走，挤牙膏似的应对舆情，就容易陷入“塔西佗陷阱”。受传统社会治理思维影响，一些地方政府往往没有认真进行调查研究就第一时间本能地否认，导致舆情应对与引导的被动，当真相被一层层剥开，政府的公信力将不复存在。信息发布是否及时，很多时候会影响舆情走向，并制约应对与引导的效果。当前政府管理模式受“层层请示汇报”的反应周期的影响，导致对舆情信息的分析与研判、应对与引导都相对滞后，这也是某些群体性事件被激化的因素之一。

及时就是强调网络舆情回应的时效性，要求突发事件发生后，相关责任主体在尽可能短的时间内公开发声，对基本事实、事态性质、应对措施等民众关心的问题做出简要的回答。对舆情的分析与研判必须走在信息发布之前，这一阶段的分析与研判工作的重点是尽力找到核心事实，并披露掌握的信息，但切忌以求快取代求真，以免出现衍生舆情和反转舆情。

（二）准确

准确是网络舆情分析与研判工作的题中之义。准确主要包括以下几个层面：首先是信息准确，谣言在分析与研判阶段应被识别出来，并及时提请相关责任主体辟

---

① 陈立辉．互联网与社会组织模式重塑：一场正在进行的深刻社会变迁．社会科学研究，1998（6）．

② 鲍曼．寻找政治．上海：上海世纪出版集团，2006：75．

谣。其次是捕捉到有价值的信息，准确判断舆情的发展趋势。特别要注意的是，在事件原因尚未清晰时，不宜简单粗暴地对事件进行归因，网络舆情分析与研判人员应提示责任主体发言人避免使用一些刺激网民心理、引发网民吐槽的敏感词。“不明真相的群众”“别有居心”“一小撮”“临时工”等都是极易引起民意啸聚的敏感词，应避免使用。

每年央视“3·15”晚会播出当晚都被视为企业公关与舆情管理人员的未眠夜，他们必须做好应对舆情危机的准备。被曝光的大型企业一般能迅速做出回应，这与其健全的舆情管理体系不无关系，但迅速的同时还需准确，否则衍生舆情或反转舆情等次生灾害将不可避免。

及时和准确相辅相成，缺少任何一个，分析与研判的效果都会大打折扣，甚至走向反面。

纵观各类网络舆情事件的发展过程可以发现，如果在事件爆发之前或爆发之初对危机有及时准确的趋势研判，往往能在很大程度上缓和冲突、化解危机。

第 2 节　网络舆情分析与研判的基本程序

在舆情治理实践中，普遍存在“重收集、轻研判”的现象，如何进行科学、有效、务实的舆情分析与研判，是社会治理与公共关系的重要环节。网络舆情分析与研判是一项科学系统的工作，具体来说主要包括以下基本程序：信息甄别—信息汇总与分类—趋势与走向判断—形成对策建议—总结规律—矫正与纠偏。当然，并非每次网络舆情分析与研判都需要经过以上所有步骤。而且，以上步骤有的是同时进行的，做如上排列主要是为了叙述与研究方便。

一、信息甄别

信息甄别是指对监测和收集到的网络舆情信息进行真伪正误的初步分析与鉴别。互联网的匿名性、复杂性使得真假信息鱼龙混杂，有些网络大 V 利用自身影响力散布谣言，而网络水军及网络公关公司的存在更是使得许多利益的权衡与博弈披着“代表民意、为民发声”的外衣。而且，网络话语建构和强化了社会阶层对立的价值偏好，进而传播社会悲观情绪，形成群体极化与社交茧房。因此信息甄别尤显重要。

（一）舆情与谣言

1947 年，美国社会学家奥尔波特和波斯特曼最早提出了谣言公式：

R（rumor，谣言的能量）＝I（importance，谣言所涉及问题对传播人群的重要性）×A（ambiguity，谣言证据的模糊性）

传播学者克罗斯在这一公式的基础上提出如下公式：

谣言＝事件重要性×事件模糊性×公众批判能力

媒介技术的日新月异，传播通路的日益多元，传统媒体的渠道霸权时代终结，网络自媒体缺乏公认的行业操作规范和必要的审核机制，使得谣言比以往任何时候传播范围都更广、影响都更大。对上市公司而言，谣言引发的舆情甚至会影响其市值，因为网民会通过“用脚投票”惩罚涉事企业。因此，在网络舆情分析与研判的最初，应将谣言从舆情信息中区分开来，并寻找有力证据尽快辟谣，避免其发展成为大规模的舆情事件。

2022 年“3・15”晚会曝光了湖南插旗菜业等公司生产的酸菜包原料卫生安全问题后，相关公司迅速回应。由于湖南插旗菜业官网显示肯德基为其合作伙伴（见图 8－1），肯德基在当晚 22：27 即通过官方微博发布通告辟谣，避免了被舆情误伤（见图 8－2）。而涉事的康师傅于 3 月 16 日开盘后则股价暴跌（见图 8－3）。如果肯德基没有及时辟谣而被舆情所累，后果可能会很严重，再想挽回损失就不容易了。

图 8－1　湖南插旗菜业官网显示的合作伙伴

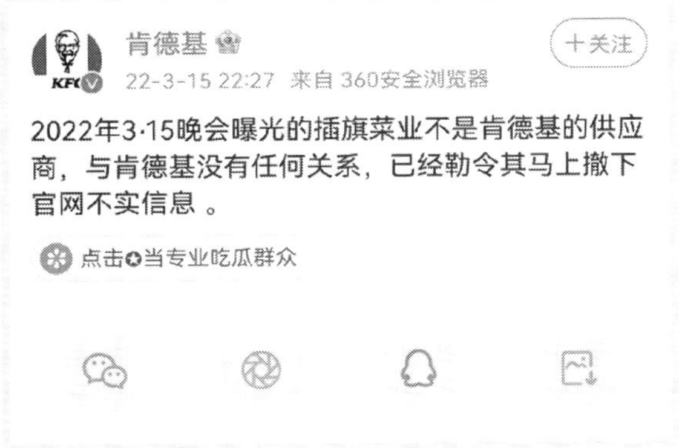

图 8－2　肯德基的官微回应

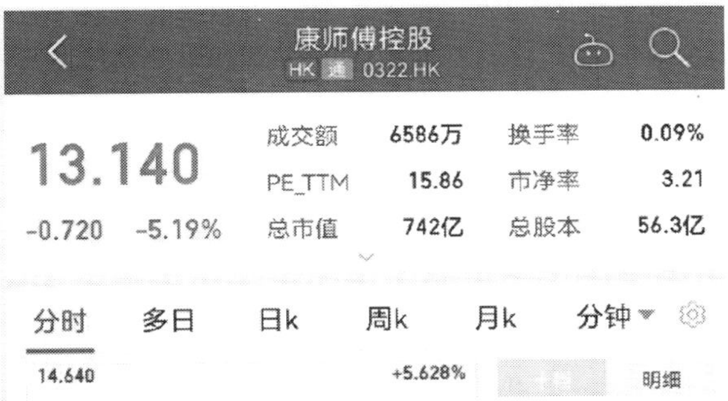

图 8－3　康师傅股价暴跌

（二）真舆情与伪舆情

网络的普及特别是社会化媒体的兴起，使得困难群体有了更有效地表达意见情绪、维护自身权益的通道。互联网也成为政府及企业了解社情民意的重要平台。而中国网民天然的“为民请命”的正义感，也促成了一些突发事件的圆满解决，促进了社会公平与正义。

但是，互联网的复杂性在其发展过程中也显现出来，政治利益与商业利益的博弈也从现实社会走向网络，使得互联网最初具备的正义变了味。不管是“五毛党”“五美分党”还是网络推手、网络打手，都在一定意义上制造了伪舆情，“舆论绑架司法”的现象也时有发生。

网络水军一般受雇于专门的网络公关公司，以经济利益为直接目标，大量发帖、跟帖或转帖，短时间内造势，引发集束效应，造就虚假舆情，从而达到宣传雇主或者打压竞争对手的目的。网络水军中专门有一类是网络打手，只要接到指令，成千上万的网络打手就会针对同一个话题在网上使用各种片面、偏激而具有扰乱视听功能的文字来诋毁竞争对手。通常网络打手以谩骂、诽谤为主，语言多数比较夸张。网络打手通过不断发帖、跟帖，造成群体效应，并最终引导社会舆论。

近年来，个别算法推荐服务提供者利用算法虚假注册账号、非法交易账号、操纵用户账号或虚假点赞、评论、转发，利用算法屏蔽信息、过度推荐、操纵榜单或检索结果排序，控制热搜或精选等干预信息呈现，对舆论进行隐性控制。如2020年，某大集团一名高管被爆料个人生活作风问题并登上微博热搜榜，但由于该集团是另一家著名微博的第二大股东，这家微博在短时间内便删除了相关热搜话题，以便降低热度，控制舆论。随后，网信部门针对该微博在该事件中干扰网络信息传播秩序对其约谈，责令整改，并暂停更新微博热搜榜一周。

所以，至关重要的第一步是分清舆情与谣言、真舆情与伪舆情，做好这一步，有助于精准地进行舆情应对与引导。

二、信息汇总与分类

（一）信息汇总

在进行信息汇总之前需要对收集到的信息进行预处理，如格式转换、数据清理、数据统计等。对于新闻评论，需要滤除无关信息，保存新闻的标题、出处、发布时间、内容、点击次数、评论人、评论内容、评论数量等，对于论坛，需要记录帖子的标题、发言人、发布时间、内容、回帖内容、回帖数量等，最后形成格式化信息，概括出主要问题、主要内容、主要观点以及主要策略，并以此形成网络舆情信息摘要。

（二）信息分类

所有类别的网络舆情都有其共性，又有其个性，在应对处理时，不同类型的网络舆情有不同的方法与技巧，因此分类是有必要的。按照不同的标准，可以分为不同的类型，可以按地域分，也可以按内容涉及的行业分。在具体网络舆情分析与研判过程中，分类并不是固化的、排他的，根据舆情信息的特点可以选择一种或几种分类方法。而且有些事件在发展过程中其所属的类别也是会变化的。在日常的分析与研判中，可以按照网络舆情的不同类型建立案例数据库，在突发事件发生时就可以根据分类找到类似案例的经验作为分析与研判的参考。

三、趋势与走向判断

趋势与走向判断是网络舆情分析与研判的核心，是应对与引导的依据。根据汇总的舆情信息，通过系统的分析，做出关于舆情发展趋势与走向的基本判断。这一判断主要是在定量判断基础上得出的定性判断，例如矛盾是否会升级、影响是否可控、大规模群体性事件是否会爆发、外媒是否会跟进等，决策者据此可以选择正确的应对策略。

（一）把握舆情热点和社会热点

纵观近些年的网络舆情热点事件，可以发现主要围绕以下社会热点问题展开：社会风险、贫富差距问题、腐败问题、劳资矛盾问题、住房问题、房屋拆迁问题、流动人口问题、失地农民问题、医患关系问题、社会保障问题、网络安全问题、环境问题、涉疫问题等。

（二）把握舆情发展的阶段性特征

网络舆情事件的发生发展分为潜伏期、形成期、发展期、高峰期和平息期等不同阶段。每个阶段有自己的发展特点，要正确判断舆情事件的趋势与走向，必须对其所处的发展阶段有明确的界定。在此基础上，才能正确判断其走向。

网络的互动性和即时性使得网络舆情信息的变化十分迅速，每个时间段有每个时间段的舆情，每个阶段的网络舆情会有不同的阶段特征，呈现出不同的发展趋势。因此，在判断网络舆情的趋势与走向时，应对其所处的阶段进行深入分析，注重分析研究每一特定时间段网民比较突出的情绪、意见和诉求。抓住不同阶段的网络舆情的特点和规律，就容易抓住其中的趋势和走向。

（三）注重反映思想及情绪内容

网络舆情归根结底是网民对社会存在和发展的情感认识和思想反映，因此，在对网络舆情进行分析与研判时，不仅要分析舆情信息的文本，更要着重分析背后网民的思想意识及情感态度，这样才能准确了解舆情特点，把握发展趋势。

网络的匿名性使得其相对于现实社会的言论环境更为自由，网民在网上的言论很多与其现实身份是不相符的，如网络暴民、网络愤青中有相当一部分在现实中是较为有教养的、含蓄的白领及学生群体。从网络舆情预警的角度看，网络舆情中隐藏着的、未公开表达的情绪、态度、立场和意见，更应该得到足够重视。否则很容易从网上发酵，最终走向现实社会，由虚拟的网络舆情发展为现实的矛盾危机。

海恩法则指出，每一起严重事故的背后，必然有29次轻微事故和300起未遂先兆以及1 000起事故隐患。网络舆情的分析与研判就是通过对这29次轻微事故、300起未遂先兆及1 000起事故隐患进行分析，从而预测严重事故的发生趋势。

（四）对网络舆情的走向做出判断

根据分析与研判的结果及当时网络舆情的特点做出关于事态走向的预判：是舆情继续扩大，从情绪层面走向意见层面，从意见层面走向行动层面，还是网民关注点已经发生转移，事件会慢慢平息。具体的网络舆情事件的发生发展是有其生命周期的，但是各个要素围绕某些“阈值”时刻处于涨落起伏的动态变化中，形成耗散结构，如果在此过程中不断有新的要素加入，使得各要素偏离平衡位置过多，就会形成巨涨落，这往往是质变的关键节点。网络舆情的分析与研判工作必须时刻注意新要素的加入，从而找到影响事态发展的关键节点，准确预判事态的走向。

在舆情潜伏初期，相关部门对事件走向缺乏正确的判断及预警，结果会导致不能有效地对舆情进行引导，缺乏对所反映问题的重视以及积极解决问题的态度，使网络舆情应对陷入被动，并有可能最终激发群体性事件，给社会造成进一步的危害。

四、形成对策建议，对可能发生的危机进行预警

（一）形成对策建议

通过对网络舆情的分析与研判，根据网络舆情发展的趋势和走向，提出有针对性并可操作的意见建议供决策者参考。对策建议应及时、有效、可操作，主要包括：如何发布信息、信息发布时机、信息发布者、信息发布渠道、信息发布基调（道歉、认错，或是澄清事实真相）等。

（二）对可能发生的危机进行预警

不是所有的网络舆情经过分析与研判之后都需要进行预警，主要是针对那些有可能会引起民意啸聚，进而引发群体性事件的负面舆情进行预警。根据事态的轻重缓急，预警可以分为蓝色预警、黄色预警、橙色预警、红色预警等。网络舆情预警是分析与研判的结果、应对与引导的先声。

网络舆情预警和应对是指从危机事件的征兆出现到危机造成可感知的损失这段时间内，对网络舆情尤其是负面舆情及时妥善控制，从而达到有效化解网络舆论危机的目的。网络舆情预警的意义在于及早发现危机的苗头，及早对可能产生的现实危机的走向、规模进行判断，及早通知各有关职能部门共同做好应对危机的准备。

五、总结规律，形成案例数据库

通过对网络舆情应对过程中的经验与教训进行总结，发现其中的规律，是网络舆情分析与研判的又一重要环节。通过对同类舆情事件的分析可以找到相应类别舆情事件发生发展的规律，通过对一个时期舆情事件的分析可以找到舆情事件发生发展的时间及空间规律。比如，每年春节期间是舆情事件发生的低谷期，这是由于中国人对春节的重视，任何不顺心的事情在全家团圆的美好时刻都可以暂时搁置。而每年三四月份是舆情事件高发期，这跟季节变化引起的人们的情绪波动不无关系。地域环境对人的行为也有一定的影响，舆情事件多发与当地的经济社会发展不平衡不无关系。

另外，还有一项重要的工作是建立数据库，不仅包括案例数据库，还包括专家数据库、敏感词数据库等。

六、矫正与纠偏

矫正与纠偏贯穿网络舆情分析与研判的始终。由于分析与研判工作受许多特定条件的限制，难免出现误判，及时矫正与纠偏对舆情的应对与引导意义重大。

网络舆情分析与研判可能会出现失误，主要原因如下。

时间紧。如前所述，突发事件发生后，要求责任主体在“黄金 4 小时”甚至“钻石 1 小时”内做出第一次回应。在如此短的时间内，信息收集难免出现遗漏进而造成误判。因此，在第一次回应时应注重讲事实，慎重讲原因。待有新的事实及调查的阶段性结果时，可以及时补充。人们往往可以原谅错误，但不能宽恕谎言。

不确定因素多。突发事件的一个重要特点就是不确定性，随时会有新的要素加入，从而影响事件发展。例如，意见领袖的评论与转载或者相关当事人突然非正常死亡等都有可能会使工作人员措手不及从而产生失误。

因此，矫正与纠偏是网络舆情分析与研判过程中一个重要且必需的环节。

第 3 节　网络舆情分析与研判的基本方法

按照不同的分类标准，网络舆情信息分析与研判的方法可以分为以下几种：技术分析与人工分析、定量分析与定性分析、日常研判与即时研判。

一、技术分析与人工分析

(一) 技术分析

目前，网络舆情分析的一些关键技术如网络舆情话题的发现与追踪、网络舆情倾向性分析、自动分类、摘要生成、排重、聚类、敏感词过滤等都已成熟，许多舆情监测机构均可通过计算机技术对传统媒体网络版（含中央媒体、地方媒体、市场化媒体、部分海外媒体）、网站新闻跟帖、网络社区/论坛、微博客、网络意见领袖个人博客等网络舆情主要载体进行 24 小时的监测，并对监测结果进行专业的统计和分析，形成分析报告等成果，还可利用百度、谷歌、奇虎 360 等搜索引擎进行信息补充，并进行关键词、关注度、转载率等统计分析。但舆情监测系统擅长的是抓取新闻网页，在社交媒体及网络社区中则效果有限，此时舆情主要依靠人工分析。

(二) 人工分析

计算机对信息的处理能力始终存在一定的滞后性和简单化，虽在一定程度上解放了人力，但在高层次的信息处理如情感判别和影响力评估等方面，计算机还不能完全取代人工，计算机处理在实践中的有效性和可行性还有待进一步提升。

人工分析就是在技术分析的基础上，进一步修改、补充研判类的信息，特别是提供有关网民的情感、情绪分析。传统的舆情分析往往重视解读舆情信息的文字内容，而忽视网民互动的社会关系网络研究，这些都需要人工进行分析，甚至需要社会学、心理学、传播学方面的专家。

此外，由于网络表达的戏谑化和娱乐化，计算机单凭文本不能分析出网民的意见倾向和价值取向，这些工作都要靠人工完成。例如，“呵呵”原指微笑或开心地笑，是笑声的拟声词。但在网络用语中，有时表示敷衍，或者表示赞同，或者表示好笑，或者表示无奈，或者表示同情，以至于有“流言止于智者，聊天止于呵呵”的调侃。另外，某些网络流行语如“绝绝子”“YYDS”等，计算机也无法理解其确切含义。

二、定量分析与定性分析

（一）定量分析提供数据

定量分析，是指对网络舆情信息进行量化处理，根据信息的数量及频率来分析和把握网络舆情的影响大小和发展方向及趋势。网络舆情信息的显著度和集中度可以用发帖量、点击量、转载量、回帖量、评论量等指标来衡量，这些也是定量分析的主要指标。

一般来说，事物的发展是从量变到质变的过程，因此对量方面的关注是十分有必要的。例如，有学者经过对 40 个微博舆情事件的监测数据统计发现，一个社会性公共事件从微博场域“溢出”到社会话语场域的临界阈值是该条微博转发次数超过 1 万次或评论数超过 3 000 条，满足其中一个条件就可以。

（二）定性分析提供判断

定性分析主要是对网络舆情的性质与走向的研判，主要从以下方面着手：信源出处、确定舆情信息的类别、判断是自发舆情还是人为制造的舆情、判断是否会成为热点事件。对于网络舆情信息，单靠定量分析或定性分析都难以得出有价值的、准确的结论与判断，必须综合运用两种分析方法。一般来说，定量分析为定性分析提供数据及证据，定性分析则提供价值判断，有时也用来解释定量分析的结果。

三、日常研判与即时研判

网络舆情分析与研判工作是一项系统性工作，主要由两部分组成：一是对网络舆情信息进行日常性和持续性的分析与研判，并在此基础上总结规律，建立网络舆情信息库。二是针对某一突发事件进行有针对性的研判，为突发事件的应对与引导提供依据，促成突发事件的圆满解决。

（一）日常研判

日常研判具有长期性、稳定性、系统性的特点。日常研判应重点关注两方面的工作：一是发现倾向性、苗头性的话题，二是在突发事件结束后对网络舆情发生发展的特点以及网络舆情发生发展过程中舆情主体所表现出来的社会意识、社会情绪、社会态度以及社会的思潮进行专门化、系统化的研究，为顶层设计建言献策。

一般来说，日常研判更注重宏观与中观层面，主要内容包括：中介性事件发生发展的特点及规律分析、网民的网络舆情表达方式、网络舆情中显示出的思想观念。日常研判就是要发现个别事件背后的深层次问题，这样突发事件发生时就能抓住关键问题，从容有效应对。

（二）即时研判

即时研判，相对于日常研判来说是一种微观层面的研判，是指在网络舆情的具体处理过程中，针对本次舆情的具体内容及特点所做的研判，一般体现为对特定突发事件的研判。即时研判的内容主要是找出本次舆情的直接导火索、对舆情形成过程中意见领袖及网民的代表性意见倾向进行分析，在此基础上对本次舆情的下一步发展做出预判，同时为相关责任主体的应对与引导工作提供具体的意见。

相较于日常研判，即时研判是一种紧急状态，对时效性、指导性和可操作性要求很高。此外，即时研判随着突发事件舆情的平息而结束。

如深圳卫健委微信公众号于2022年3月15日凌晨2：08发布的《谢谢你，慢下来！守出抗疫的“深圳速度”》，很快阅读量就达到10万＋，置顶的评论是一位小吃店店主诉说生活的不易，深圳卫健委的回复是“南山区想和您联络，可否提供电话”（见图8－4）。这就是即时研判后的迅速回应，取得了良好的传播效果。

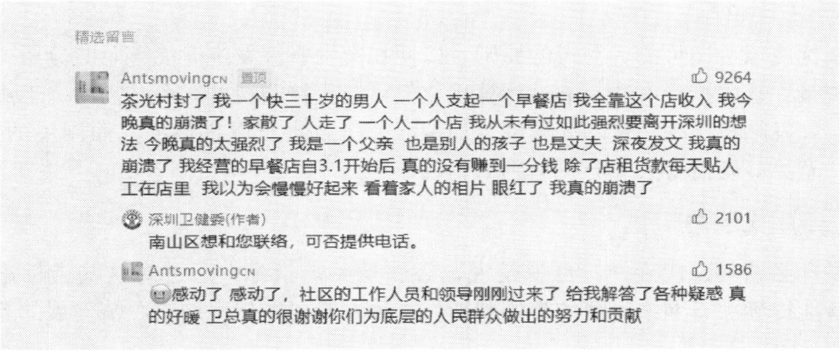

图8－4　深圳卫健委微信公众号文章《谢谢你，慢下来！守出抗疫的“深圳速度”》下的评论截图

对网络舆情工作来说，日常研判与即时研判是同等重要、相辅相成的两个方面。日常研判为即时研判提供宏观理论指导，即时研判为日常研判提供具体案例经验。

第4节　网络舆情分析与研判的指标体系

网络舆情的分析与研判存在许多困难，这主要是由网络表达的特点决定的，网络表达具有匿名性、公开性、即时性、互动性。因此，必须建立一整套科学的指标，这样在分析与研判过程中才不至于无从下手。

一、指标要求

指标是评价特定研究对象的依据和标准，指标体系是由一整套相互联系、相互补充的具体指标构成的有机整体。指标体系可以将一个复杂的问题分成若干个部分，每个部分相对独立又相互联系，共同构成对问题总体特征的描述。指标体系有利于从多个层次揭示事物之间的相关性和系统性。将复杂的事物分为若干个相互联系的部分，通过研究每个部分的特点及相互关系，就能找到关键指标，透彻认识整体。

网络舆情分析与研判指标是指网络舆情分析与研判的维度，即从哪些方面、哪些角度对网络舆情信息进行分析和研判。网络舆情分析与研判指标要能反映整个舆情的特点与趋势，从而通过分析这些指标就能准确地做出判断、发出预警、提供支持。因此，这些指标必须具有普遍的适用性，同时又是可测的、有代表性的。

（一）适用性

适用性是指选取的指标要具有一定的普遍性，适用于绝大多数网络舆情信息的分析与研判，不管是什么类别、处于什么阶段的网络舆情都可以根据这些指标进行分析与研判。

一般来说，一条具体的网络舆情信息是由以下要素构成的：消息来源（发布者）、发布时间、发布渠道、信息内容、参与者、传播范围等。指标应该考虑到这些因素，使之都能得到体现与评价。

（二）可测性

指标应该遵循可测、易得的原则，以便在突发事件发生时能够及时分析，快速做出决策。这些指标有些是通过计算机软件可以直接测得的，有些需要人工进一步加工。如发帖量、跟帖量、评论量等都是计算机技术可以提供的，而网民的态度、情绪、意见等则需要人工分析与判断。

（三）代表性

指标必须具有代表性，也就是说，必须是关键指标。通过对这些指标进行分析，就能得到关于网络舆情的整体判断，这种判断要能代表网络舆情发展的趋势与方向。

二、具体指标

构建舆情分析与研判指标体系是一项系统性工程，而且随着舆情表现形态的变化及新的媒体表现形式的不断涌现，需要不断修正、丰富和完善指标体系。目前存在的指标体系主要是出于对舆情监测与预警的考虑，各有侧重，对实际的舆情工作有一定的价值和意义。综合各指标体系，这里列出两种有代表性的供学习参考（见表8-1、表8-2）。

表8-1　指标体系一

一级指标	二级指标	具体指标
发布者及主要传播者	人口统计指标	性别、年龄、受教育程度、职业、地域等
	网络影响力	活跃度、专业性、价值倾向
舆情信息文本	主题类别	生存危机、公共安全、收入分配差距、腐败现象、时政、法治
	形式	文字、图片、视频
	关注度	浏览量、评论量、转帖量

续表

一级指标	二级指标	具体指标
参与者	态度倾向	赞成、反对、不关心
	心理层面	情绪、意见、行为
	网络分布	点击者 IP
传播平台	媒体类型	门户网站、网络论坛、博客、微博、微信
	媒体影响力	总流量、日流量、点击率
区域和谐度	贫富差距	基尼系数、农村与城镇居民收入、财富集中度
	信息水平	广播、电视、网络等媒体覆盖率
	社会保障水平	社会治安、医疗保险覆盖率、养老保险覆盖率、工伤保险覆盖率
	民族宗教情况	宗教冲突、民族矛盾

这个指标体系主要从网络舆情关联各方的角度进行综合分析和研判，具有综合性、系统性与关键要素相结合的特点，但由于涉及的数据量较大、覆盖面较广，收集数据的难度也较大，较适用于日常研判，对时效性强的即时研判有一定的制约。

表 8-2　指标体系二

一级指标	二级指标	具体指标
网络舆情的稳定性	时间维度	反映某一议题的舆论在不同时间点上的变化情况（具体表现为某一议题每天呈现的帖子的总数变化）
网络舆情的分布	意见维度	反映某一议题的帖子各种不同意见的分布情况
网络舆情的强度	数量维度	反映某一议题的帖子的多少（总帖数和平均每天的帖数）
	显著维度	反映某一议题的帖子数占论坛帖子总数的比例
	集中维度	反映某一议题的帖子在不同网友之间的分布

这个指标体系主要从网络舆情本身入手进行分析与研判，优势是焦点突出、问题集中，相关数据和内容易于获取，缺点是就舆情论舆情，不能全面反映舆情的复杂性。

实际的舆情工作纷繁复杂，没有适用于所有舆情事件分析与研判的指标体系。在实际操作中，舆情工作者最好将这两种指标体系的优势结合起来综合运用，也可根据具体情况在此基础上加入新的要素构建新的指标体系。对于各个要素，可根据重要性对其赋值，算出平均分，进而进行不同程度的预警。

【本章小结】

本章系统地介绍了网络舆情分析与研判的基本要求、基本程序、基本方法与指标体系。分析与研判是网络舆情工作的重要环节之一，起着承上启下的作用。监测和收集到的大量舆情信息只有通过分析与研判才能实现其价值，及时有效地应对与引导同样离不开科学正确的分析与研判。网络舆情分析与研判的结果是政府、企业、社会组织等做出决策的基础和依据。

【复习思考题】

1. 根据网络舆情分析与研判的流程对近期发生的某一舆情事件进行分析与研判。
2. 造成网络舆情分析与研判失误的因素有哪些？如何解决或弥补？
3. 你认为网络舆情分析与研判指标还应包括哪些？

第 9 章　网络舆情报告

分析和研判网络舆情后，应该形成书面的分析报告，即网络舆情报告。网络舆情报告以简洁明晰的形式呈现纷繁复杂的舆情，帮助我们认识舆情，并在需要时确定实施舆论引导的策略。无论是对决策者做出决策而言，还是对大众了解和分析判断舆情而言，网络舆情报告都是重要的帮手。对决策者而言，一份客观而富有建设性的网络舆情报告尤为重要。

第 1 节　网络舆情报告概述

分析网络舆情通常会划定特定的范围，在特定的时间、地域范围内，或是针对特定的事件来讨论。整合特定范围内的舆情，辅以相关的分析信息，才能形成有针对性、有建设性的网络舆情报告。

网络舆情报告是一种非常灵活的应用文体，在服务对象、针对范围、时效性等方面都有较大的灵活性，既可以针对某一个主题、某一次事件，或是某一时间、地域或领域范围内的某一类、某几类事件，也可以针对一定时间、地域范围内的所有事件。网络舆情报告具有一定的时效性，时效性的强弱则与具体的需求有关。

以 2022 年 2 月为例，我国的网络舆情围绕两件关注度极高的大事展开：北京冬奥会和江苏丰县“生育八孩女子”事件。具体到后一事件，如果相关机构需要对舆情做出引导，则需要发布时效性更强、时间间隔更短的网络舆情报告，比如每日舆情报告，或是在关于丰县“生育八孩女子”事件的每一版调查结论发布后的 24 小时、48 小时内舆情报告。

一般来讲，舆情报告有特定的服务对象，既可以是企业、社会组织，也可以是政府机构等。不同服务对象对舆情的关切不同，舆情报告所收集整合信息的范围、给出的分析与应对建议也不同。

一、网络舆情报告的目的和作用

互联网的发展将世界带入了海量信息的时代。近年来，移动互联网的发展更是增强了网络的交互性，为参与和表达创造了更加广阔的空间、更加便捷的条件，甚至以侵略者般的姿态改变了人们的信息获取方式和生活方式。

除了网络新闻跟帖、网络论坛、博客等传统的互联网平台，由于移动互联网的发展和手机、平板电脑等智能终端的普及，微博、微信、短视频网站等倚重分享与社交功能的网络平台给网友提供了更多的发声空间和更便捷的交流方式。

虽然意见领袖仍然存在，权威渠道在一定程度上仍然不可替代，但传统的传播者和接收者的关系已然改变，报刊、电视、广播等传统媒体的传播模式已然被颠覆。这是一个人人都有麦克风的时代。

与渠道的多元化相伴随的是内容门槛的降低。这已经不是一个需要说或者写才能表达的时代。精致、讲究的内容的确会受到用户的欢迎，一些粗糙甚至粗鄙的“下沉”内容亦可能受到追捧。

至于表达，也不一定需要有逻辑的思考和精巧的语言组织，在评论或者转发中添加表情符号，甚至单纯分享、转发、点赞、点击“在看”等，都是态度、意见或情绪的表达。搜索指数和点击量更是提示大众：即使是简单的搜索点击，也代表着关注。

在一定程度上，网络是个自由市场，“把关人”相对缺席，平台丰富而广阔，无形也无际。面对纷繁复杂的网络信息和四面八方声音的喧嚣，怎样做到相对简便、快捷又比较科学地认知网络舆情？这就需要网络舆情报告的帮助。

通过一定的归纳和总结，对网络舆情信息进行有效的汇集、整理和分析，以简洁明晰的形式呈现舆情的重点，帮助特定的对象认知和把握舆情，这是网络舆情报告的基本目的和作用。

除此之外，在认知和把握舆情的基础上，网络舆情报告还可以帮助客户对舆情的发展情况做出一定的预测。基于这些认知和预测，客户可以根据需要，决定进一步的应对策略。这对及时应对网络突发公共事件和全面掌握社情民意有相当重要的意义。

面对突发事件，及时反应早已成为共识。除应对事件本身外，及时掌握相关网络舆情并适当应对，也是突发事件处置的重要组成部分。及时掌握相关的网络舆情，厘清相关诉求、意见、质疑等，通过信息发布、舆论引导等手段加以回应，才能避免次生灾害的发生，或减小次生灾害带来的损失。

近年来的一些舆情事件也提醒人们，即使是一些并非突发、看起来无关大局的事件，也有可能由于事件本身的进程、关注的积累或人为的助推成为有巨大影响力甚至破坏力的舆情事件。因此，及时、正确、智慧地应对极为重要。

对于政府部门来说，及时掌握网络舆情，有效应对和引导，化解危机，对维护社会稳定、促进经济社会发展具有重要的现实意义。如果处置不善，负面的网络舆情会对公共安全和经济建设环境构成较大威胁。对企业、社会组织和个人而言，质疑的声音形成舆论足以伤害品牌、企业、组织和个人的形象，造成直接的经济损失和负面的社会影响。

无论是临时的危机管理还是长期的机构形象维护与构建，舆论引导都是必不可少的。引导舆论的前提，正是了解舆情。为了更好地维护社会稳定，塑造品牌与企业形象，政府或企业需要对网络舆情进行监测。这种需要使网络舆情监测的存在成为必然。网络舆情报告则是网络舆情监测结果的呈现。

网络舆情报告不仅是一种应用文体，为不同机构的形象维护、公共关系、新闻发布等工作提供参考，更是一种具有商业价值的信息产品。作为一种信息产品，网络舆情报告服务于政府机构、企业、个人等不同的客户，针对其不同的关切和需求提供相对个性化的服务。专业舆情监测机构通过一定的技术手段监测和分析与客户有关的网络舆情，为客户提供网络舆情报告，客户不仅可以节省在海量网络信息中监测舆情需要消耗的较大的时间和人力成本，还可以获得更加专业的分析结果与行动建议，甚至是更进一步的相关服务。

二、网络舆情报告的分类

根据时间跨度、地域范围、客户属性、内容偏重等，网络舆情报告可以分为不同的类型，不同类型的网络舆情报告之间又有交叉和重合。

（一）社会网络舆情报告和客户网络舆情报告

根据内容的不同，网络舆情报告可以分为社会网络舆情报告和客户网络舆情报告。其中，社会网络舆情报告关注的领域较为广泛，以关注度或热度为标准，选取一定时间、一定区域内人们普遍关心的事件作为考察对象，梳理并分析相关信息，有时还会做出一定的预测分析。比如选取未来一段时间内有可能引发较广泛关注的事件，并对相关应对工作给出一定的应对建议。社会网络舆情报告是一种“天气预报”式的全景式报告，涵盖的范围较广泛，针对性相对较弱。

相较于社会网络舆情报告，客户网络舆情报告显得更有针对性，一般由专业舆情机构根据特定客户的需求量身定制。客户的类型包括政府机构、企事业单位、社会组织和公众人物等，其中，政府机构又包括中央部委和地方政府。服务于政府机构的报告又称政务报告，针对企业的报告则称为财经报告。

政务报告主要服务于中央部委和地方政府。中央部委往往需要对一定时间内本领域的舆情有宏观的了解，掌握本领域发生的重大或热点事件以及媒体、网友的评价、看法，比如政法领域、环保领域、医疗卫生领域、教育领域、农业领域、食品安全领域等。地方政府则需要对本地在一定时间内发生的各个领域的热点事件及相关舆情有所掌握。一些发生在外地但涉及本地或本地人的事件，也会引发本地的舆情热点。

需要注意的是，社会网络舆情报告和客户网络舆情报告并非截然分开，对一些政府部门来说，社会网络舆情报告是非常重要的工作参考和依据。

（二）网络舆情简报、网络舆情专报和网络舆情快报

根据舆情监测工作以及所服务客户的不同需求，网络舆情报告可以分为网络舆情简报、网络舆情专报和网络舆情快报。

其中，网络舆情简报是根据网络舆情监测系统采集的舆情信息自动分类分析生成的，或是人工整理相关信息生成的比较初级的舆情报告，只求呈现基本情况，解决“是什么”的问题，让人们对相关舆情有大致了解。网络舆情简报既可以是相对宽泛的社会舆情报告，也可以是服务特定客户的客户舆情报告。

网络舆情专报通常以某一事件或观点为核心，根据采集的舆情信息对事件进行全面、深入的分析，内容包括事件发生的原因、经过、结果、影响等，或是观点产生、流传的背景、原因、过程、影响等，以及国内国际媒体关注情况、网友关注情况、引发的社会影响等。通常还包括事件的未来走向，对各利益相关方可能造成的短期和长期影响，或是观点的传播与演变情况、对社会观念造成的影响等。

在服务不同客户的网络舆情专报中，常常会应客户的要求给出应对策略建议。如社会各界对政府部门某项举措的评价和反应如何，相关部门是否需要做出更详细的政策解读与说明工作，是否需要对有关举措进行一定的调整等；针对企业某类产品或服务近期出现的问题，危机管理的效果如何，是否避免了对品牌或企业的形象造成较大损害，公众对品牌或企业的评价有无回升等；某些社会热点事件如果涉及政府部门的工作，尤其是涉及某些部门和工作人员工作不到位甚至失职的情况，是否需要相关部门继续跟进或及时介入事件的调查、处理与信息发布工

作等。

相较于舆情简报和舆情专报，舆情快报更像“急就章”。它对时效性的要求极高，往往在事件发生初期，尤其是爆发期之前就应该生成，在较为紧急或者热度较高的舆情事件中，舆情快报需要以较短的时间间隔生成，以便灵活调整应对策略，实现有效应对。

在事件发生初期，舆情快报往往带有预警功能，提醒政府机构、企业或其他组织和个人注意问题的苗头，做好应对的准备。在针对性上，舆情快报和舆情专报一样，往往以某一特定的事件为对象；在时效性上，对舆情快报的要求不亚于新闻报道。敏锐地发现才能为事件处置和舆论引导争取时间，积极有效地应对，避免陷入被动和蒙受损失。

（三）思想反应类网络舆情报告、对策建议类网络舆情报告和专题分析类网络舆情报告

根据网络舆情报告在相同事件或话题上的不同侧重，网络舆情报告又可以分为思想反应类、对策建议类和专题分析类。

思想反应类网络舆情报告着眼于网友对热点问题的观点，进行信息收集和梳理。这些观点既包括某一事件发生或话题发表后网友表达的看法，也包括网友在长期关注的问题上在一定范围内形成的一种或几种比较具有影响力的主张。比如，网友在婚育观念、性别平等、经济走势、抗疫策略等问题上的看法，对“双减”的相关调整是否满意，对法定节假日的补休补班等有何建议等。

对策建议类网络舆情报告主要针对某一热点问题提出解决问题的对策建议。这类报告一般会综合媒体、网友、专家学者的具体意见和建议，做出归纳总结，侧重于为促进问题的解决提出可供采纳的办法，目标明确，思路清晰。

专题分析类网络舆情报告是对某个专题性或综合性的舆情进行较深入的分析，综合分析某一类事件，剖析这类事件及相关舆情的共性，为政府部门或企事业单位以后应对类似情况提供可资借鉴的意见。这类网络舆情报告带有一定的总结性质，无须具有非常强的时效性。

以城管群体为例，全国多地发生过城管与小贩的冲突事件，有些甚至发展为刑事案件，引起广泛的关注。相关舆情不仅影响城管这个群体的形象，而且对一些城市的形象、地方政府的形象产生了较大影响。

“南通城管三个月内两次野蛮执法冲击热搜榜”“广州城管掐女商贩脖子押上警车”“广州小贩货物被没收持棍怒闯城管办公室”“大理古城近百位摊主集体上街直指城管暴力执法”“常州新北城管围殴瓜农警方已介入调查”“瓜农汽车遭城管扣押数日后部分西瓜不翼而飞”“网曝成都城管打人遭多位女子围堵”……对于类似的网络新闻标题和网帖、微博热门话题，网友应该都不陌生。此外，北京小贩崔英杰刺死城管案、沈阳小贩夏俊峰刺死城管案、湖南临武城管涉嫌致瓜农死亡案等刑事案件也都引起了广泛关注和巨大争议。

每一次发生类似的事件，都会引起大规模的关注和讨论，从早年的网络新闻跟帖、博客到2021年的南通城管野蛮执法上微博热搜，虽然讨论的网络平台有所不同，但网友表达的观点和情绪有很多共通之处：城管冷血、暴力执法、恃强凌弱、素质低；小贩可怜、困难群体谋生不易、犯法甚至犯罪都是被逼无奈……

大量的评论中充斥着对城管的愤怒、敌视、质疑和对小贩的同情与宽容。怎样减小类似事件对城管群体形象的影响，让社会公众正确认识城管群体和他们的工作，这是有关部门需要认真研究的问题。综合分析类似事件的舆情，归纳出一定的规律，总结应对的经验和教训，为以后出现类似情况提出可资借鉴的意见或建议，形成专题分析类网络舆情报告，其重要性可见一斑。

（四）网络舆情日报、网络舆情周报、网络舆情月报和网络舆情年报

根据网络舆情报告覆盖的时间周期，网络舆情报告可分为网络舆情日报、网络舆情周报、网络舆情月报以及网络舆情年报等。

网络舆情报告可以根据覆盖时间和内容交叉分类，比如关于某一事件的网络舆情日报、关于某一领域的网络舆情周报、关于某一地区的网络舆情月报等。通常，网络舆情报告所覆盖的时间范围越小，时效性和针对性就越强。在一些矛盾爆发较为集中、热度较高的事件发生时，用网络舆情日报追踪每日舆情变化，为解决问题、应对舆情提供最直接和最及时的依据，是非常有必要的。覆盖时间范围较小的网络舆情报告往往带有专题分析的性质，用于综合分析事件、总结相关经验和教训等。

以 2022 年 1—3 月为例，在短短的两个多月的时间里，发生了北京冬奥会、冬残奥会，丰县“生育八孩女子”事件等舆情事件，这些事件有的是正面舆情，有的是负面舆情，它们的共同特点是在发生发展的过程中关注度都非常高。

在北京冬奥会和冬残奥会中，公众不仅关心赛程赛况，对冬奥村、比赛场馆、赛事保障、比赛规则、项目知识，包括很多运动员个人的成绩、成长经历、家庭背景等也很好奇，想要了解相关信息，很多人会在微博、微信、短视频平台等网络平台上发布评价、参与讨论。在大型体育赛事中，不同国家的运动员之间竞争激烈，一些讨论难免涉及国家之间的关系等议题。一些归化运动员取得好的成绩、获得大众关注，也难免引发争议。好在和突发事件不同，大型体育赛事属于预期中的事件，早在申办成功时就可以确定其发生时间。申办成功到赛事举办通常时隔数年，有较为充分的时间为舆情引导做准备。

北京冬奥会和冬残奥会、丰县“生育八孩女子”事件持续时间都比较长，社会影响广泛而深入，围绕它们产生的舆情往往复杂多变，需要持续监测。在事件发生过程中，舆情瞬息万变，可以提升时效性、缩短发布间隔，发布网络舆情快报，便于及时、准确把握舆情。也可以根据需要以专报的形式对事件或事件中的分议题进行专门的分析。在事件的关注高峰期结束之后，则可以拉长周期，以网络舆情月报或季报的形式关注事件“尾音”或“回声”。

第 2 节　网络舆情报告的撰写要求

网络舆情报告用于呈现网络舆情监测结果，服务于舆论引导、形象维护等工作，是制订未来工作计划、采取下一步行动的基础。因此，撰写网络舆情报告要遵守一些基本原则，实际撰写时要在选题、内容、材料、格式等方面达到基本要求。

一、网络舆情报告的撰写原则

（一）客观准确、实事求是

在政府机构和企事业单位中，有些会由新闻宣传、党群组织等部门负责舆情监测工作，也有一些会把舆情监测工作外包给专业的舆情监测机构。出于敬畏领导、迁就甲方等种种原因，无论是内部的舆情监测人员还是外部的舆情监测机构，都有可能在撰写舆情报告时“美化”舆情，而不是直面问题。这看上去给了领导、甲方或者相关人员“面子”，照顾了合作关系，实际上不利于披露有关方面真实情况、有效应对舆情。

客观准确、实事求是撰写网络舆情报告最基本的原则。

首先，关于事件或话题本身，反映的事情本身必须真实、确有其事，不能捕风捉影，更不能凭空编造。其次，要如实反映事件的重要程度、严重程度，不夸大、不缩小，尤其不能夸大成绩、回避问题。最后，要尽量全面地反映各利益相关方的声音，不刻意隐瞒或无故“忽略”任何一方面的意见表达。

就带有分析结论的网络舆情报告而言，分析的准确性是决定整份报告是否成立的关键。信息和数据的准确是分析准确的基础。在进行网络舆情分析、撰写网络舆情报告时，必须以事实为导向，根据搜集到的信息和数据如实进行分析，而不能“主题先行”，根据需要的观点、方向去寻找和收集信息与数据以支撑观点。主题先行、报喜不报忧、“刷”数据、以偏概全是撰写网络舆情报告的大忌。

（二）形式简洁、观点鲜明

网络舆情报告服务于舆论引导、品牌建设、维护社会稳定等现实工作，从传播效率和传播效果的角度考虑，需要能够比较明了地表达意思，事实清晰、形式简洁、观点鲜明。

在报告中可以添加表、示意图、新闻照片、资料照片等，但切忌为了显得报告内容丰富或是“有诚意”而添加枝枝蔓蔓、华而不实的元素。

（三）兼顾时效与深度

网络舆情的发展迅速而多变，在很多情况下，如果不能在第一时间掌握情况、做出反应，就会陷入被动。此时，网络舆情报告的时效性就显得非常重要。对于国内国际的重大事件或是某一类客户非常关注的领域发生的重要事件，要迅速反应，收集和整理相关舆情信息，撰写并报送舆情报告。

对于一些特别重大的事件，还要在第一份舆情报告报送之后，以网络舆情专报、日报、周报等形式连续跟踪事件的发展和相关舆情的变化，方便有关部门、企业等随时掌握最新情况。在事件发生之初，可以根据事态的发展，决定网络舆情报告生成和报送的频率，如 6 小时一次或 12 小时一次；随着事件进入解决和平息期，可以适当延长网络舆情报告生成和报送的间隔，改为 24 小时、48 小时、72 小时一次，甚至每周、每月一次。

同时，现实工作的需要往往不止简单了解网络舆情的基本情况，需要更加深入地了解舆情的产生背景、发展形势、未来趋向、应对建议等，因此，在很多时候网络舆情报告还要有一定的深度，除了有事实以外，还要有分析、有观点、有建议，既要基于大量资料，又要跳出资料本身看到事件的本质。

二、网络舆情报告的要素

作为一种应用文体，网络舆情报告并没有非常严格的格式要求，只要便于阅读、对实践有指导和参考价值即可。

从形式上看，网络舆情报告的写作和新闻写作相似，标题和正文必不可少。其中标题用于概括报告的大致内容或作者的主要观点。正文可以分为导语、分析和结论等部分。导语部分用于介绍事件的核心内容，表明写作原因与必要性；分析部分介绍网友、媒体等对事件或话题的关注情况，各方观点等；结论部分做出趋势预警，给出应对建议，或者总结经验教训。

从逻辑上看，根据客户不同的需要，以及各种网络舆情报告不同的作用，网络舆情报告的内容和形式可以较为灵活。以下介绍几种常见的网络舆情报告须具备的要素。

（一）网络舆情专报

网络舆情专报通常是针对特定的热点事件或话题，分析其受关注的情况、发生及成为热点的原因、各种相关观点等，有时还会包括对舆情发展形势的预测、应对策略建议等。网络舆情专报应具备的要素如下。

1. 事件或话题概述

事件或话题概述相当于导语，用于概述事件或话题，以及围绕该事件或话题的舆情现状。概述中应出现事件发生的时间、地点、过程、结果等基本情况。如果撰写网络舆情报告时事件尚未完结，则应交代事件的最新进展或阶段性结果。至于话题，应该写明话题产生的原因、契机等，以及话题涉及的主要人物、事件等。

2. 背景信息

背景信息阐明事件发生或话题产生的背景。背景信息既可以作为一个单独的部分，也可以与事件或话题概述合并。

3. 舆情概况

舆情概况用于呈现与该事件或话题相关的舆情，如媒体报道情况、网友关注情况和相关观点等。比如，一定时间内，关于此事件或话题的新增网络信息数量、这些信息的属性和分布情况等。信息的属性主要是指信息来源或体裁，比如是媒体报道还是网络新闻后的跟帖、留言或评论，媒体报道又可以分为媒体和自媒体，是网友发帖还是意见领袖在社交网络上发布的内容，最好都能区分清楚。各类信息的数量除了用绝对数表示，还可以用百分比更加明确地展示信息的分布情况。

相关观点是舆情概况中一个非常重要的部分。一般来说，需要关注三个方面的观点，即媒体、网友和专家。媒体观点的影响力比较大，容易通过转载、转发等形式广泛传播，能吸引广泛的注意力，达到“一呼百应”的效果；网友观点则是网络舆情监测关注的重点；专家在各自的领域拥有权威的地位，由于研究深入、视野开阔、掌握更多的材料等，常常更容易得到媒体和网友的信任，其观点更容易得到支持。因此，这三个方面的观点都是撰写网络舆情报告时必须梳理和引用的。需要注意的是，出于新闻报道的客观需要，媒体往往会借助专家、市民等“第三方”之口表达观点，这就要求网络舆情报告的撰写者在收集信息时练就“火眼金睛”，加以辨别。

4. 舆情发展形势预测

舆情发展形势预测指根据舆情现状，对未来一段时间内舆情发展的形势进行预测。比如，某政府部门的某项工作已经受到较高的关注度和较高的评价，形成了良好的传播效果。在已经取得的宣传效果的基础上，根据目前的宣传策略，未来一段时间内，围绕此项工作的舆情是否会延续之前良好的态势？在未来的报道中，当话题被引向深层次，此项工作或者相关工作中是否存在有可能被挖掘、延伸、质疑，以至于形成负面舆情的内容？如果有，是哪几个方面？分别有哪些潜在的“危险”？

比如，在梳理关于世界社会工作日的舆情时，舆情分析师总结了三个需要提前注意的问题：一是关于社会工作者的处境。可能会有一些媒体或自媒体对社会工作者的处境，特别是薪酬待遇、岗位稳定性、职业前景等进行深度挖掘，是否会有一些相对“消极”的信息见诸报端和网络？二是关于购买服务。服务质量、购买程序等如果被媒体或自媒体报道，可能会形成舆论热点。

5. 应对策略建议

应对策略建议指根据分析的情况，提出相应的应对策略，促进事件的解决和舆情向好的方向发展。

应对策略一般包括及时发布信息回应公众关切、在解决事件的过程中采纳各方合理意见建议等。可以具体到信息的发布时间和发布内容、发布机构、发布人等。比如发布时间最好避开周末、深夜等容易引发“不真诚”“有意降温”“逃避监督”等质疑的时间点，发布机构和发布人的层级也需要仔细斟酌。

（二）网络舆情日报/周报

相较于网络舆情专报，网络舆情日报/周报一般并非针对某个特定的事件，而是涵盖一天或者一周之内某个地区或领域内的热点事件。其作用在于让政府或企业能够比较方便地监测本地区或本领域的舆情。因此，网络舆情日报/周报的基本要素如下。

1. 舆情概述

舆情概述介绍本日/本周内，本地区或本领域的几个热点事件。可以概述这些事件的基本情况。需要注意的是，一定要注明信息源，即事件最初被报道或曝光的地方，比如某媒体或某社交平台等。有必要的话，也可以简述事件的前因后果、发展经过或最新进展等。

2. 传播情况

传播情况可以用数据说明问题，交代本日/本周内关于某一事件的新增网络信息数量、转载情况等。其来源包括传统媒体、新闻网站、网络论坛、微博、短视频平台等。用数据说明问题时，为了给网络舆情报告的阅读者比较直观的感受，可以使用图表。比如，用饼状图呈现相关信息在新闻网站、网络论坛、微博等不同平台的分布情况，用折线图呈现相关信息不同时间在同一平台上的分布状况，用柱状图呈现几家同类型平台对某一事件的关注情况等。

3. 舆情观点

舆情观点列举和归纳媒体、网友、专家等方面关于某事件的主要观点。可以将每类群体的主要观点分门别类，并引用若干条附在该类之后。但是，归纳观点时要注意准确性，尤其要注意一些观点的前提以及提出的背景等，切忌断章取义、哗众取宠。为了准确归纳观点，可以给出媒体或专家的背景、惯有立场等供阅读者参考。

4. 舆情评价

舆情评价对舆情事件的爆发力、持续时间、影响力等做出评价，总结一定的经验与教训。

5. 预警信息

预警信息体现未来一段时间内，本领域或本地区有什么事件有可能成为舆情热点，尤其是形成负面舆情。这种预警信息往往来自一些尚未引起广泛关注和讨论的新闻报道，或尚未引起媒体关注、跟进和网友转发的“爆料帖”等。预警信息中除了要写清楚事件本身以外，还要注明信息源，最好附上链接。

有些网络舆情日报/周报除了关注本地区、本机构的舆情以外，还会附上一些其他地区或本机构的舆情信息，以提醒本地区或本机构做到“有则改之，无则加勉”。例如，对于丰县“生育八孩女子”事件，首先是预防层面：本地是否存在类似情况？如果能把负面舆情发生后的“应对”改为发生前的“预防”，把妇女儿童权益保障工作做到位，则可避免类似负面舆情的发生。其次是应对层面：如果本地相关情况没有排查、整改完全，仍然发生了负面舆情，有无应对策略？能否在及时、认真调查了解情况的同时，真诚、充分地回应社会关切，避免进一步损害地方政府公信力、损害地方形象？能否避免陷入类似的窘境？

在网络舆情日报/周报中，还有如下两个要素可以根据实际需要决定是否添加。

其一，热点舆情事件关注度排行。在介绍一段时间内的舆情热点时，单纯概述和列举热点事件可能不够直观，尤其是一段时间内的舆情热点较多时，为了更清晰地呈现所有事件的热度，以及相互之间的比较关系，可以用条状图的形式对热点舆情事件关注度进行排行，用递增或者递减的顺序排列事件的相关信息或转载情况，让人一目了然。

其二，综合分析。可以根据舆情的传播情况、各方观点等内容对舆情进行综合分析和点评。比如，某段时间内，某地的舆情有何特点？某个行业是否得到了足够的关注度？其中关注度最高的是什么问题或什么方面？什么方面关注度不够高？在某省的舆情热点中，哪个地市的事件较为集中？在某个行业的舆情热点中，哪个方面的问题、哪个企业、哪个事件较为集中？等等。

（三）网络舆情预警专报

舆情监测的一个相当重要的功能是预警危机，为危机管理提供依据和参考。用于提示网络舆情预警的网络舆情预警专报直接针对某条有可能形成负面舆情的网络信息，非常简洁明了，其要素如下。

1. 信息时间

信息时间指该条网络信息初次出现在网上的时间。如果是新闻网站原创或转载新闻，则指信息初次上网时间；如果是网友在微博等网络平台发帖，时间应具体到时、分。

2. 信息地址

信息地址可以是网帖或网络新闻地址，附上链接、媒体名称或发帖 ID 即可。

3. 信息主题

信息主题即新闻或网帖的主题，用一句话概括即可。

4. 内容概要

内容概要即用一两段话简明扼要地概括信息的主要内容，以及事件中有可能引发矛盾的关键内容。

5. 回应情况

回应情况包括：撰写网络舆情报告时，新闻报道或网帖反映的情况是否得到了有关部门或单位的回应？回应的情况如何？当事人、媒体或利益相关方是否满意？是否对回应提出了新的、进一步的质疑？

6. 信息影响

信息影响包括：从该信息发布到撰写网络舆情报告，信息的影响如何？有多少人阅读了该信息？回复、转发情况如何？是否有媒体跟进或其他平台转载？网友，尤其是有一定号召力的意见领袖有何相关的态度和评价？

7. 应对建议

应对建议应从解决问题和应对舆论两方面出发。首先，信息反映的问题是否存在？存在的话，是否属于不合理甚至违规？如果违规，应该如何整改？什么部门或人员应该对此负责？对当事人是否应该做出赔偿或道歉？如果不违规，应该怎样向当事人、媒体和网友说明情况？其次，如果信息反映的问题不存在或者存在一定程度的失实，应怎样迅速与当事人沟通，并向媒体或网友澄清情况？对于政府部门和企业而言，澄清情况的对象往往还应包括上级部门和相关监管机构等，应尽可能降低失实的负面舆情对本地或本企业的影响。

（四）行业网络舆情报告

对一些企业来说，除了了解自身的相关舆情以外，还需要关注本行业的重大事件，比如政策的变化、市场形势的变化，以及同类企业，尤其是业内龙头和竞争对手的相关舆情。所以，提供给企业的网络舆情报告可以增加以下两个要素。

1. 行业趋势

行业趋势部分应简要说明本行业近期的重大政策变化、市场形势变化等，或者对未来变化的预期，以及这些变化已经带来或者有可能带来的舆情变化。

2. 同类企业近期的舆情

同类企业近期的舆情部分应交代近期发生了什么关于同类企业的热点事件、形成了怎样的舆情、这些企业是如何应对的等，可以为本企业的决策提供参考和借鉴。

以“双减”背景下的教育培训行业企业为例，行业的大趋势是怎样的？未来还能不能开展学科类培训？如果可以，在什么时间、地点和内容范围内可以？如果不可以，企业应如何转型？本行业的头部企业，如好未来、新东方在如何调整策略？中小企业又应如何做出有效应对？学前英语培训机构转型为艺术培训机构是否可行？市场需求是否还在？供需双方可以从哪方面对接？这些判断的做出都需要可靠的舆情信息作为支撑。

三、网络舆情报告的具体撰写要求

（一）选题要求

1. 关注度

在撰写网络舆情报告时，最重要的选题标准是关注度。有关注度才会形成舆情热点。无论是出于研究需要还是服务政府或企业客户，都需要在相应的范围内筛选关注度较高的事件，研究相关舆情。

2. 矛盾性和利益性

和新闻报道一样，矛盾性是网络舆情报告选题的重要标准。许多事件反映的其实是一些常见的矛盾，比如企业或商家的行为和消费者权益保护的矛盾、城管和小贩的矛盾、地方政府行为和中央精神的矛盾、经济发展与环境保护的矛盾等，网友和媒体对这些事件的关注也源于这些问题的长期存在与矛盾的难解。

矛盾的本质往往是利益冲突。有观点认为，舆情的本质是民众对自身利益的诉求和表达。很多容易形成舆论热点的实际工作解决的也是利益问题，比如早些年的拆迁和近三年的疫情防控等。

3. 趋势性和倾向性

网络舆情的变化非常复杂，政府部门和企业所要应对的正是其中的“变”。因此，在撰写网络舆情报告时，要关注事件和舆情发展的趋势、倾向，以及问题的苗头，做出一定的预测、预警和预防。如果能够较早地捕捉到舆情发展的趋势和倾向，或者发现问题的苗头，就可以帮助政府部门和企业及早着手应对，避免热点形成后陷入被动的局面。

（二）内容要求

1. 主题明确，层次清晰

网络舆情复杂多变，网络舆情信息繁杂无序，网络舆情报告又是一种非常灵活的文体，所以，在撰写网络舆情报告时，撰写者自己首先要明确撰写的主题，做到主题明确。其次，要根据不同的撰写目的，确定每一篇网络舆情报告的要素、结构等，并根据时间、地域、事件或话题的类型等做出合理的归纳，做到层次清晰。由于网络舆情复杂多变，在撰写网络舆情报告时，可以根据舆情的发展归纳不同时期的主题，划分不同时期的层次。

比如，在梳理大型体育赛事的相关网络舆情时，开幕前，舆论的关注点往往集中在赛事保障、疫情防控等方面；开幕后，赛事本身、运动员的故事、一些项目上的强队之争则更受关注。2021年夏季在日本东京举行的2020年奥运会上，男子体操团体决赛中，对中国和日本选手的打分引发争议，乒乓球混双决赛中刘诗雯/许昕、伊藤美诚/水谷隼和乒乓球女单决赛中孙颖莎等选手的角逐，也引发了关于两国关系的讨论。2022年北京冬奥会上，中国小将谷爱凌、苏翊鸣表现抢眼，则引发了一些关于家庭教育、归化运动员的讨论。这些都值得以舆情报告的形式加以分析，或者在相关的舆情日报中辟出专门的部分来进行分析并提出应对建议。

2. 真实客观，理性判断

网络舆情报告要如实地反映舆情，但是为了更加直观地传递信息，便于阅读者接受，提高传播效率，网络舆情报告的撰写者往往需要做出一定的判断，并将自己的判断体现在报告中。这种判断和体现是允许的而且是有必要的。但是，在行文中要注意，观点与判断需要在舆情信息的基础上做出，而且要避免个人观点影响舆情信息的真实客观。

此外，在网络空间有许多偏激的不理性言论，或者“吃瓜”“围观”“路过”“打酱油”等娱乐化的表达和行为，对这类表达和行为要认真甄别和过滤。尤其是在归纳网友观点时，应当选取较为理性、富有建设性的观点作为主要内容，但“吃瓜”“围观”等表达的关注也不应被忽略。

3. 语言流畅，通俗易懂

网络舆情报告服务实际工作，讲求的是真实与效率，因此语言必须简明流畅、通俗易懂，行文中要避免“掉书袋”“拽文”，避免出现过多、过深的专业术语，如果必须出现，则要加以注释。当然，行业舆情报告除外。

（三）材料要求

在阐明舆情时，往往需要配合使用一些材料，比如事件发生的背景、对某一语言表达的解释说明，以及关于舆情传播情况的数据等。对资料和数据的要求包括以下两点。

1. 背景资料可靠，解释说明权威

比如，在一篇关于对外贸易的网络舆情报告中，可以适当介绍一国与相关国家的交往历史、目前关系、合作中存在的优势与面临的问题等。还应考虑到多边关系，纳入其他相关国家的态度，以及在相关地区的发展战略等，这样才能帮助阅读者了解上述国家舆情形成的原因。需要强调的是，这些背景资料的来源应该是可靠的，来自权威出版物或信息发布渠道。

随着网络的普及，网络语言和符号一直在变化发展，而且很多新词语及其用法开始被越来越多的人接受。不仅是年轻人和网络空间，现在，中老年人、传统媒体也开始越来越多地接触并谨慎地使用一些网络语言和符号，比如“喜大普奔”“细思恐极”“十动然拒”“人艰不拆”“不明觉厉”“累觉不爱”，甚至“YYDS”“XSWL”“ORZ”等。此外，每个时期都有一些流行语，其中一些有特定的语境，比如“凡尔赛”“且行且珍惜”“你懂的”“周一见”，以及“累成狗”“给跪了”“黑出翔”“给力”“酷”“新技能 get”“脑洞大开”等。微博和微信上出现的“点赞”功能让“点赞”成了近两年的流行语，点赞有时候意味着夸奖、称许等正面的情绪，但是在负面消息，比如在车祸的报道下点赞代表什么呢？代表幸灾乐祸，还是代表鼓励、安慰等？一些关闭评论功能或限制评论，甚至限制转发的网络新闻或社交媒体信息的点赞量极高，表达的是赞美、支持，还是仅仅是关注、“不要沉”、“让更多人知道”呢？这些都需要根据具体情况加以辨别，不然就会形成完全相反的理解。因此，在撰写网络舆情报告时，遇到类似的词语和表达应根据语境准确理解并加以解释，以帮助阅读者更好地理解报告的意思。

2. 数据准确

在撰写网络舆情报告时，引用的数据最好是主流媒体、专业机构或权威人士公布的数据。如果引用网络新闻报道或帖子的阅读量、回复量和转发量等动态数据，一定要说明引用的时间点。

引用一些网站发起的网上调查，也需要注明数据引用的来源和时间点。尤其需要注意的是，在概括此类调查的结果时要非常小心，应强调说明调查参与者的范围或数量，比如，切不可把“六成调查参与者”“六成调查接受者”“六成参与调查的大学生”写成“六成人”“六成国人”“六成大学生”等更大范围的概念。否则，不仅以偏概全，会差之毫厘谬以千里，而且有哗众取宠之嫌。

(四) 格式要求

网络舆情报告没有严格的格式要求，但是在一些方面应该做到基本的规范，不可太过随意。比如，文中所用序号层次应为一—（一）—1.—（1)。避免低级错误也是网络舆情报告和舆情分析师专业性的体现之一。

第3节　网络舆情报告的撰写技巧

前面讲过，网络舆情报告是一种应用文体，服务实践，在格式上其实并没有非常严格的要求，只要便于阅读、对实践有指导和参考价值即可。当然，如果要概括撰写技巧，那么可以从结构、标题、摘要、图表这几个大的方面加以考虑。

一、网络舆情报告的常用结构

网络舆情报告最常用的结构有并列式结构和倒金字塔形结构两种。

(一) 并列式结构

并列式结构常见于网络舆情周报、月报等常规监测报告，此类报告往往涵盖一条以上舆情热点内容，每条之间可以采用并列式的结构，条理清晰，便于写作与阅读。

并列式结构也可用于网络舆情专报等针对性较强的网络舆情报告，将某一事件或问题的几个方面并列排布。

并列式结构的使用前提是几个事件之间，或者某一事件的几个方面之间重要性差别不大，相对一致。

(二) 倒金字塔形结构

和新闻报道中的消息写作一样，倒金字塔形结构也是网络舆情报告撰写常用的结构。倒金字塔形结构的好处在于可以按重要性递减的顺序排列要写的内容。对阅读者来说，开门见山，一目了然。

这种按重要性递减的顺序排列方式既可用于不同事件之间，也可用于一个事件的多个方面。在处理媒体、网友观点时，也可以采取这种排列方式。例如，权威、影响力大的媒体的观点排在前，其他媒体的观点排在后；网友中意见领袖的观点排在前，普通网友的排在后；等等。

二、网络舆情报告的标题

不论是新闻报道还是文学作品，标题都是阅读者首先会关注的部分，网络舆情报告也一样。网络舆情报告的标题起着概括文章大意或提示主要内容、观点的作用，目的是给阅读者一个大概印象并提示阅读。

（一）网络舆情报告标题的要求

1. 准确，不以偏概全，忌“标题党”

网络舆情报告的标题应准确概括或引用舆情要点，切忌武断、夸张、片面、断章取义的“标题党”，总结、判断、结论性的标题一定要有扎实的资料和数据作为支撑。

比如，“多数网民认为房价拐点已到来”，其中，“多数”如何判断？“拐点”又如何定义？“六成大学生认为大学军训应取消”，其中的“六成”从何而来？是参加某项网络调查的大学生中的六成，还是某个学校学生中的六成，或者是全国大学生中的六成？

此外，标题的用词应该较为讲究，慎用“网民”“灾民”等词语，最好以“网友”“受灾群众”等表达替换，效果会更好。

2. 直接明确，忌生造“悬念”

新闻标题有吸引阅读的作用，有时会制造悬念；但网络舆情报告的标题以直接明确为宜，忌生造“悬念”。比如“怀孕8月女子持有‘准生证’遭强制引产”是一则典型的网络新闻标题，其中制造的矛盾和留下的问题可以吸引网友点击，但在撰写相关的网络舆情报告时，标题最好是“女子称怀孕8个月遭强制引产，当地计生干部否认，众多网友关注”。在事件真相未明的情况下，这样的表述更为准确，也更符合舆情报告的属性。

3. 以信息量为导向

在简练的前提下，网络舆情报告的标题应该包含尽可能大的信息量。比如，作为网络舆情报告的标题，“冬奥冠军谷爱凌引发网友高度关注”就不如“冬奥冠军谷爱凌成长经历引网友好奇，归化运动员身份引关注”信息量大，且意思明确。

（二）网络舆情报告常用标题的类型

1. 动态类

动态类标题一般用于针对某些网络舆情热点的网络舆情专报，跟踪事件动态或舆情动态。比如，“农夫山泉回应消费者质疑”“媒体不满农夫山泉回应，掀起又一轮报道高潮”等。

2. 观点类

观点类标题是引用网友或媒体有代表性或影响力的观点作为网络舆情报告的标题。比如，“媒体指出：‘车顶维权’事件暴露车企服务漏洞”“网友：不应纵容特斯拉‘店大欺客’”等。

3. 对策建议类

对策建议类标题是将网络舆情报告中的对策建议提炼成网络舆情报告的标题。比如，“应保护危害儿童事件受害者，避免过度曝光”“建议有关部门尽快回应网友对××事件的关注和质疑”等。

三、网络舆情报告的摘要

一些篇幅比较长、内容比较丰富的网络舆情报告往往需要在文前加上摘要部分，以便于阅读。摘要一般仅为一个较短的自然段，百字左右的篇幅即可，过短难以表达清楚，过长则失去了摘要的本意。摘要主要概述舆情中的核心事件或观点，可以适当省略信息源、背景等。

根据着力的重点，摘要主要有以下两种类型。

一种是动态类。动态类摘要主要着力于舆情热点本身，关注事件的发展情况、发展阶段等。比如："据媒体报道，有消费者投诉农夫山泉水中出现黑色不明物。对此，农夫山泉回应称，近期有消费者反映农夫山泉丹江口工厂生产的部分瓶装水中有细小沉淀物。获悉后，农夫山泉将产品送至第三方权威检测机构，检测结果显示，其符合国家标准的各项安全指标。但质疑并未平息，仍有大量媒体、网友和消费者质疑农夫山泉产品质量和安全性。"

另一种是观点类。观点类摘要主要着眼于媒体和网友对热点事件的评论等，列举其中具有代表性的观点及其主要内容。

四、网络舆情报告中的图表

在网络舆情报告中，图表的使用非常普遍。图表可以用于说明舆情的分布状况、传播情况等。相对于较为抽象的数字而言，图表可以给网络舆情报告的阅读者更加直观的感受，让人一目了然。

使用图表时应注意为相关数据选择合适的图表类型。用饼状图说明相关信息在新闻网站、论坛、微博等不同平台的分布情况；用折线图表示相关信息在同一平台上不同时间点的情况；用柱状图呈现几个事件在同一时期内关注状况。饼状图还可以用于表示持相同观点的人群中不同身份者的比例，或相同身份的人群中持不同观点者所占比例等。

适当使用图表可以提高效率，但应注意不要过分，不能为了使用图表而使用图表，而应该根据报告的需求决定是否使用。过多、过杂、过滥地使用图表只会频繁打断正文，添加无用信息，增加阅读负担。

此外，图表以数据为基础，但图表上的数据并非越多越好。图表的制作应该遵循"清楚、清晰、清新"的"三清"原则，用于简化文字，而非重复表达。一些可以用图表清晰表达的数据，可以不在文中另外加以叙述或解释。

遵循以上原则和要求，图表的使用才能恰到好处，为简化阅读、提高网络舆情报告的传播效率提供帮助。

【本章小结】

网络舆情报告是在网络舆情监测和分析基础上生产的一种信息产品。本章介绍了网络舆情报告的目的和作用、分类、撰写原则、要素、具体撰写要求、撰写技巧等，从操作层面提供了一些基本的规则供参考。

在实际应用中，网络舆情报告是一种服务实践的文体，非常灵活，各种要素可以根据需要组合与调整，一切以客户需要和真实准确为原则。

【复习思考题】

1. 请选取最近两周内的一起舆情热点事件，分别撰写网络舆情专报、舆情监测日报和同类事件的舆情监测专题分析报告。

2. 请撰写一份本学校所在地最近一个月的网络舆情监测月报。

第 10 章　网络舆情信息的分发与报送

在撰写好舆情报告之后，要尽快完成网络舆情信息的分发与报送工作。分发与报送是网络舆情工作的重要组成部分，直接关系到网络舆情工作发挥的价值与效用。

第 1 节　网络舆情信息分发与报送的概念与意义

网络舆情信息的分发与报送是一项技术性、政治性和政策性很强的工作，是网络舆情工作中不可或缺的重要环节。

一、网络舆情信息分发与报送的概念

在网络舆情工作中，分发与报送是两个不同的概念。分发是指上级向下级、同级之间传递信息，报送是指下级往上级传递信息。

（一）网络舆情信息分发的概念

网络舆情信息分发是指各级人民政府及其有关部门、专业机构、监测网点以及法人或其他组织，运用专业的网络舆情分析工具，对网络舆情信息经过监测、收集、分析、研判、撰写等环节后，将加工处理完成的网络舆情信息产品发送给相关党政部门、新闻媒体、群众团体、研究机构、企业法人等网络舆情信息需求者。主要包括：各级人民政府及其有关部门向同级、下级政府机关以及相关职能部门分发网络舆情报告；政府部门、专业机构、监测网点等部门通过信息分发系统平台将网络舆情信息产品分门别类，根据需求，精准分发给新闻媒体、群众团体、研究机构、企业法人等。

（二）网络舆情报送的概念

网络舆情报送是指各级人民政府及其有关部门、专业机构、监测网点、企事业单位以及公民或其他组织，向上级人民政府或有关部门报告网络舆情信息的活动。主要包括：各级人民政府及其有关部门向上级人民政府及其有关部门报告网络舆情热点信息；专业机构、监测网点和信息报送员及时向所在地人民政府及其有关主管部门报告网络舆情事件信息；获悉突发事件的公民、法人或者其他组织向所在地人民政府、有关主管部门或指定的专业机构报告网络舆情事件信息；拥有海量数据的网络平台向相关部门报送数据；等等。

信息报送是突发事件处置的重要环节。《中华人民共和国突发事件应对法》将突发事件定义为突然发生，造成或者可能造成严重社会危害，需要采取应急处置措施予以应对的自然灾害、事故灾难、公共卫生事件和社会安全事件。按照社会危害程度、影响范围等因素，自然灾害、事故灾难、公共卫生事件分为特别重大、重大、较大和一般四级。网络舆情工作者要严格遵守国家与地方政府制定的关于突发

事件信息管理的相关制度规定，厘清紧急信息报送责任，明确报送标准：凡是达到《中华人民共和国突发事件应对法》和各级人民政府制定的突发事件应急预案报送标准的必报；重大群体性事件必报；正在发生、可能演变成特别重大事故的必报；可能引发重大群体性事件的偶发事件必报；等等。

报送舆情信息的主要流程大致可分成三个步骤。首先，需要从海量的网络舆情信息中发现、获取、筛选和整理提炼相关舆情信息。其次，根据舆情的重要等级决定舆情报送的时间，舆情可分为轻舆情（Ⅳ级，非常态）、中度舆情（Ⅲ级，警示级）、重舆情（Ⅱ级，危险级）和特重舆情（Ⅰ级，极度危险级）四个等级。最后，使用最便捷高效的途径向舆情接收对象报送。

（三）关于分发与报送的相关规定

在《中华人民共和国突发事件应对法》《中华人民共和国电子商务法》《中华人民共和国网络安全法》等法律法规中都有关于分发与报送的规定。

《中华人民共和国突发事件应对法》分为七章，分别为总则、预防与应急准备、监测与预警、应急处置与救援、事后恢复与重建、法律责任、附则等，每章都涉及信息分发与报送工作的相关规定。

"总则"第七条规定，突发事件发生后，发生地县级人民政府应当立即采取措施控制事态发展，组织开展应急救援和处置工作，并立即向上一级人民政府报告，必要时可以越级上报。第十条规定，有关人民政府及其部门作出的应对突发事件的决定、命令，应当及时公布。第十六条规定，突发事件应急处置工作结束后，应当向本级人民代表大会常务委员会作出专项工作报告。

在"预防与应急准备"环节，第二十二条明确规定，对本单位可能发生的突发事件和采取安全防范措施的情况，应当按照规定及时向所在地人民政府或者人民政府有关部门报告。

在"监测与预警"环节，舆情信息的分发与报送工作尤为重要。第三十七条规定，国务院建立全国统一的突发事件信息系统。县级以上地方各级人民政府应当建立或者确定本地区统一的突发事件信息系统，汇集、储存、分析、传输有关突发事件的信息，并与上级人民政府及其有关部门、下级人民政府及其有关部门、专业机构和监测网点的突发事件信息系统实现互联互通，加强跨部门、跨地区的信息交流与情报合作。第三十八条规定，县级以上人民政府及其有关部门、专业机构应当通过多种途径收集突发事件信息。县级人民政府应当在居民委员会、村民委员会和有关单位建立专职或者兼职信息报告员制度。获悉突发事件信息的公民、法人或者其他组织，应当立即向所在地人民政府、有关主管部门或者指定的专业机构报告。第三十九条规定，地方各级人民政府应当按照国家有关规定向上级人民政府报送突发事件信息。县级以上人民政府有关主管部门应当向本级人民政府相关部门通报突发事件信息。专业机构、监测网点和信息报告员应当及时向所在地人民政府及其有关主管部门报告突发事件信息。有关单位和人员报送、报告突发事件信息，应当做到及时、客观、真实，不得迟报、谎报、瞒报、漏报。第四十三条规定，可以预警的自然灾害、事故灾难或者公共卫生事件即将发生或者发生的可能性增大时，县级以上地方各级人民政府应当根据有关法律、行政法规和国务院规定的权限和程序，发布相应级别的警报，决定并宣布有关地区进入预警期，同时向上一级人民政府报告，必要时可以越级上报，并向当地驻军和可能受到危害的毗邻或者相关地区的人民政府通报。第四十六条规定，对即将发生或者已经发生的社会安全事件，县级以上地方各级人民政府及其有关主管部门应当按照规定向上一级人民政府及其有关主管部门报告，必要时可以越级上报。

在“应急处置与救援”环节，第五十三条规定，履行统一领导职责或者组织处置突发事件的人民政府，应当按照有关规定统一、准确、及时发布有关突发事件事态发展和应急处置工作的信息。第五十四条规定，任何单位和个人不得编造、传播有关突发事件事态发展或者应急处置工作的虚假信息。

在“事后恢复与重建”环节，第五十九条规定，突发事件应急处置工作结束后，履行统一领导职责的人民政府应当立即组织对突发事件造成的损失进行评估，组织受影响地区尽快恢复生产、生活、工作和社会秩序，制订恢复重建计划，并向上一级人民政府报告。第六十二条规定，履行统一领导职责的人民政府应当及时查明突发事件的发生经过和原因，总结突发事件应急处置工作的经验教训，制定改进措施，并向上一级人民政府提出报告。

在“法律责任”方面，第六十三条规定，迟报、谎报、瞒报、漏报有关突发事件的信息，或者通报、报送、公布虚假信息，造成后果的，以及未按规定及时发布突发事件警报、采取预警期的措施，导致损害发生的，根据情节对直接负责的主管人员和其他直接责任人员依法给予处分。

《中华人民共和国电子商务法》第二十八条规定，电子商务平台经营者应当按照规定向市场监督管理部门报送平台内经营者的身份信息。电子商务平台经营者应当依照税收征收管理法律、行政法规的规定，向税务部门报送平台内经营者的身份信息和与纳税有关的信息。第三十条规定，电子商务平台经营者应当制定网络安全事件应急预案，发生网络安全事件时，应当立即启动应急预案，采取相应的补救措施，并向有关主管部门报告。

《中华人民共和国网络安全法》第二十五条规定，网络运营者应当制定网络安全事件应急预案，及时处置系统漏洞、计算机病毒、网络攻击、网络侵入等安全风险；在发生危害网络安全的事件时，立即启动应急预案，采取相应的补救措施，并按照规定向有关主管部门报告。第四十二条规定，在发生或者可能发生个人信息泄露、毁损、丢失的情况时，应当立即采取补救措施，按照规定及时告知用户并向有关主管部门报告。第四十七条规定，网络运营者应当加强对其用户发布的信息的管理，发现法律、行政法规禁止发布或者传输的信息的，应当立即停止传输该信息，采取消除等处置措施，防止信息扩散，保存有关记录，并向有关主管部门报告。第四十八条规定，电子信息发送服务提供者和应用软件下载服务提供者，应当履行安全管理义务，知道其用户有前款规定行为的，应当停止提供服务，采取消除等处置措施，保存有关记录，并向有关主管部门报告。

二、网络舆情信息分发与报送的意义

网络舆情信息分发与报送工作是服务经济发展、维护大局稳定的需要，是服务领导决策的需要，是服务群众畅达民意的需要。网络舆情是社情民意的交汇聚集，是领导科学决策、民主决策的重要依据，是服务大局、维护稳定的预警器和晴雨表。

网络舆情只有通过一定的方式和渠道向上级部门、分管领导传递报送，为其提供可靠准确的决策依据，才能充分体现网络舆情工作服务大局、服务决策的作用和价值；而网络舆情信息产品只有通过专业分发平台精准到达具有处理相关问题能力的职能部门，这些职能部门才能迅速、深入、全面地掌握当前的网络舆情动态，针对难点、热点、焦点问题做出科学决策，加强工作的针对性、前瞻性和实效性，这对构建和谐网络环境、营造良好的社会舆论氛围具有十分重要的意义。

（一）畅达民意，建立沟通桥梁

我国正处于社会转型期和矛盾凸显期，人民群众利益诉求多样化，社会热点多、公众关切多，需要解疑释惑的事情多，尤其是在重大突发网络舆情事件中，政府与民众之间存在严重的信息不对称，不利于社会和谐稳定和经济持续健康发展。

中国互联网络信息中心（CNNIC）发布的第50次《中国互联网络发展状况统计报告》显示，截至2022年6月，我国网民规模达10.51亿，互联网普及率达74.4%。10亿多用户接入互联网，形成了全球最为庞大、生机勃勃的数字社会。其中，手机网民规模达10.47亿，手机已成为人们上网的重要途径。近年，网络治理、新冠病毒感染疫情、教育培训、网络消费、出行安全、上网健康、食品药品安全等一直是舆论场聚焦的主要议题，是网络舆情高发易发领域。当下，移动互联网的快速发展带动了直播、短视频等视听产业的创新发展，新平台与新形式的网络生活为网络舆论场的变化注入了新元素，同时也使得网络热点事件跨地域、跨领域，甚至突破次元隔阂，不仅影响数字空间，还逐步影响人们的现实生活。

网络舆情信息分发和报送工作，正是将互联网上多数民众表达的意愿、诉求、建议以及新现象、新态势等汇集整合成的舆情报告，传递报送给相关职能部门，服务大局、服务决策，使网络舆情成为反映工作态势的晴雨表和掌握工作进度的显示屏，网络舆情的分发与报送使得社情民意能够传达至决策机构，为在基层群众与各级党委和政府之间架设起直接沟通的桥梁。

（二）舆论监督，提升科学决策水平

互联网不仅改变了人们的生活方式，也深刻改变了政治生态环境和民主政治的参与方式，对促进民主决策、科学决策起着越来越重要的作用。互联网已成为群众进行意愿常态表达和社会监督的重要形式，单一的信息来源必然导致舆情信息的缺失和扭曲，直接影响决策的成效。“用数据说话、用数据决策、用数据管理、用数据创新”，已经成为实现国家治理能力现代化的新途径。在“人人都有麦克风”的互联网大数据时代，每个人都可能成为信息渠道与意见表达的主体。及时、准确、全面、持续进行网络舆情信息的分发与报送工作，能还原社会真实意见构成，有利于政府客观、全面、真实了解社会态势，准确判断社情民意，促进政民之间顺畅沟通和良性互动，为开展科学有效的社会治理提供依据，提升政府公信力和科学决策水平，使其成为“民心沟通的平台，领导决策的参谋”。

（三）化解危机，营造和谐社会环境

在信息化社会，互联网已成为覆盖广泛、影响力大、快捷高效的大众传媒，对

社会舆论的态势、发展和走向产生举足轻重的影响。网络改变了我国舆论的生态环境，形成了崭新的舆论场，在新的格局中具有不可替代的地位。网络舆情既是引发信任危机的“催化剂”，又是化解危机的“灭火器”。对网络舆情不重视或引导不力、不当，互联网将成“催化剂”和“放大镜”，导致局部问题扩大为全局性问题，使一般问题演变成政治性问题，不仅不利于危机的化解，而且会加速危机的发酵，影响社会稳定、损害政府形象甚至危害国家安全。因此，高效、畅通、快捷的网络舆情信息分发报送平台，有利于政府对突发事件的预测预警、应急处置及善后工作，有利于把握正确的网络舆论导向，阻止舆情持续发酵，防止次生舆情滋生，从而化解危机、缓和矛盾，为经济社会的发展营造和谐社会环境。

第 2 节　网络舆情信息分发与报送的基本要求

做好网络舆情信息分发与报送工作，需要把握以下基本要求，处理好几项基本关系。

一、网络舆情信息分发的基本要求

网络舆情信息分发，通俗的理解就是加工完成的相关舆情信息传递给谁，传递什么类别的内容，往哪里传递，什么时间传递，以怎样的方式手段传递。网络舆情信息产品种类繁多，音视频、书面文件、网络信息等，不同类型信息的分发要求、方式和渠道不同；不同的需求者订阅的网络舆情信息产品内容、类别不同，呈现一对多、多对一和多对多的分发模式；对舆情信息的实时性、高效性和可靠性要求高。因此，高效快捷、按需精准是网络舆情信息分发的基本要求。

（一）高效快捷

随着高科技在传输媒介中的广泛应用，讲究时效性越来越成为网络舆情信息的生命力所在，以最快速度、在最短时间内将舆情信息有效地发送至相关党政部门、新闻媒体、群众团体、研究机构、企业法人等网络舆情信息需求者，成为网络舆情信息分发的第一要求。

（二）按需精准

在多样化、数字化、碎片化的时代，不同机构对舆情信息的需求各不相同，差别甚大。应充分利用大数据、云计算、人工智能等先进技术，建立个性化信息精准分发平台，对不同类别的舆情信息进行甄别、分类、过滤，按需提供信息服务，精准地分发推送给不同用户，从而保证各类用户得到具有相关性、针对性的有效信息。

二、网络舆情报送的基本要求

在网络舆情信息报送要求时效性、准确性、客观性、持续性，不得迟报、谎报、瞒报、漏报。在网络舆情应对中，及时、准确、客观、持续的信息报送对提高政府的快速反应能力，及时有效地采取处置措施、控制事态发展至关重要。

（一）时效性

网络舆情具有即时性、突发性、开放性、难掌控等诸多特性，其演进与发展瞬息万变。信息的价值取决于信息的时效性，网络舆情报送最基本的要求是时效性，迅速及时，早发现、早收集、早报送，否则，不仅信息会因时过境迁而失去价值，更会削弱政府对重大突发事件的迅速应对和掌控引导能力而导致态势恶化。

在网络舆情报送工作中，严格执行重大突发事件的报送时限规定，“快”是重大突发事件信息报送工作的生命线。当下互联网技术发达，充分发挥特约信息员、基层信息直报点以及新媒体，微博、微信、钉钉等网络平台的作用，及时发现网络中的突发事件、敏感性重要舆情信息，确保紧急信息第一时间发现、第一时间报送。在特别紧急的情况下，敢于打破常规、简化流程，改变层层上报、逐级审签的工作方式，只要达到标准，就先报送，再报告、补签相关程序，确保紧急信息报送的时效性。

（二）准确性

网络舆情报送要求准确性，即时间、地点、人物、起因、性质、结果、影响范围、事件发展趋势、采取的措施等要素齐全、准确无误，保证信息准确，注重信息质量，抓住代表性、典型性、倾向性、苗头性等舆情信息，反映真实情况。同时，要确保信息来源多元化，对来自不同渠道的信息进行甄别比较，对差异大、有漏洞、存疑点的信息要进一步核实，提高信息把关能力。

（三）客观性

网络舆情由特定工作者报送，工作者本身的立场、观点、知识水平、认知能力都在自觉或不自觉地对舆情报送起着影响作用。舆情报送工作本身隶属于特定的阶级、政党或者社会集团，不可避免地受到各种制约和影响，从而使报送活动带有倾向性。在实践中，网络舆情工作者应尽可能摒除主观因素，不凭借个人主观倾向，不对事件进行夸大、渲染或者缩小，避免断章取义、片面失实地传递舆情事件。要实事求是，不偏不倚，全方位、多领域、多角度地报送舆情信息，客观地反映、陈述实际情况，还原事物的本来面目，反映事物的全貌，做到喜忧皆报。

（四）持续性

由于客观事物的复杂性以及网络舆情的即时性、突发性、多变性等特性，要全面、完整、深刻地反映事情的真相，网络舆情报送工作要具有持续性，要持续不断地对热点、难点事件进行关注、跟踪、汇报。持续的信息报送可以使相关决策部门更详细、清晰、全面地了解事情本质。要做到“接报即报”，注重时效性；“及时续报”，注重连续性；“立即总结”，注重全面性。在突发灾难舆情事件中，“首报”必须快，报清楚事件发生的时间、地点、伤亡等基本情况；“续报”务必准，梳理事件性质、伤亡详情、蔓延趋势以及采取的措施等；“阶段性报告”要实，对于事件发展变化中的重要动态、重大调整、重要举措、重要进展等要翔实上报；“终报”要报全，报清事件的前因后果、调查处置、灾后重建、追责问责、整改落实等综合情况。

三、注意把握的几个基本关系

（一）主观与客观的关系

分发与报送工作由特定的信息工作者，以文字、图像、声音等为载体收集、整理、传递网络舆情信息。报送者的主观倾向，包括价值观、个人经历、文化背景以及情感偏好等，会对信息分发与报送产生直接影响。这就要求从业人员把握好主观与客观的关系，切忌凭主观好恶与个人愿望来认定客观事实是否具有分发与报送的价值，切忌投其所好，将领导的喜好作为评判信息分发与报送的标准，切实提高筛选和处理信息的能力，将具有普遍性、典型性、指导性、前瞻性的网络舆情信息分发和报送给相关决策部门。

（二）时效与时机的关系

网络舆情的即时性、突发性、转瞬即逝等特性，对网络舆情信息分发与报送的时效性提出很高的要求，但网络舆情信息的价值并非完全取决于时效性，在一定程度上还取决于分发与报送的时机。时效，是指迅速、及时，以最快速度、最短时间分发与报送网络舆情信息；时机，则是指信息分发与报送过程中找到有利于获得良好效果的时间点，把握节奏，契合社会发展态势。时机得当，会引起国家相关部门重视以及社会关注，有利于解决问题，化解矛盾；反之，时机不当，网络舆情信息则可能被忽视，其价值大打折扣，达不到预期效果。

在处理时效与时机的关系时，要把时效放在第一位，在第一时间分发与报送第一手资料，速度越快，价值就越高；在保证时效性的前提下，要实现时效与时机相结合，要紧密契合党和国家重点工作、重大部署和领导关注热点等，增强政治敏感性，加强主动预判与科学分析，努力提高信息分发与报送时机把握判断的能力。

（三）短线与长线的关系

短线，是指对重大突发事件如事故灾难、自然灾害、公共卫生等热点事件发生、进展的即时分发与报送活动。长线，是指对热点事件背后隐藏的根本原因、长期积累的社会矛盾以及民众被压抑的负面情绪等做深层次剖析整理并向决策部门分发与报送。短线的网络舆情信息是对新近发生重要事实的客观记录，易于加工整理和分发与报送，做到“接报即报”，注重时效性；而长线的网络舆情信息具有变化复杂、难以预测、不易研判等特征，在操作时易出现认识不清、把握不准、实践不足等问题。

在实践中，必须坚持“长短结合”，不仅要将短线信息快速、准确地分发与报送，发挥舆情信息的最大价值，更要运用发展的眼光看事物，善于发掘事件背后隐藏的根本原因、深层次问题，不断增强工作的前瞻性、针对性、指导性。

（四）报喜与报忧的关系

网络舆情信息分发与报送中的“报喜”与“报忧”是指要处理好分发与报送正面信息与报送负面信息的关系问题。

这方面存在两种情况：第一，报喜不报忧是一个非常突出的问题。有些部门将舆情信息分发与报送工作的作用定位在宣传本地区、本部门的工作成绩上，报喜有功，报忧有过，讲成绩浓墨重彩，极力渲染，对问题和缺点则轻描淡写，讳莫如深，即便报忧也是无关痛痒、避重就轻、敷衍了事，甚至为达某种目的而隐瞒事实、粉饰太平，人为制造出一派繁荣昌盛、社会和谐的假象。第二，为吸引眼球，追求轰动效应，挖掘、夸大负面信息，给人以当前社会危机四伏、民不聊生的错觉。以上两种情况皆背离客观实际，具有严重的误导性，妨碍决策者对真实情况的了解与掌握，易造成决策失误，贻误解决问题的时机，使小矛盾变成大矛盾，小错酿成大祸，影响改革、发展、稳定大局。

处理好报忧和报喜的关系，就要坚持实事求是的原则，说真话，道实情，“有喜报喜，有忧报忧，喜忧兼报”。第一，要深刻认识到分发与报送的目的是实事求是地反映客观情况，为领导提供有价值的决策参考，而不是评功摆好、邀功请赏，更不是恶意揭短露丑、拆台添乱。第二，分析“喜”和“忧”是否具有分发与报送价值。对于“喜”，要保持客观谦逊的态度，不粉饰不邀功；对于“忧”，要考量是否具有典型性、代表性、普遍性，如果是个别地区偶尔出现的现象，则不一定值得分发与报送。在分发与报送负面消息时，也要客观公正，不偏不倚，不诿过，不遮掩，既要反映导致负面事件发生的不可抗力等客观原因，更要剖析政府相关部门在行政管理中存在的问题、弊病，如政府相关部门信息不公开、存在暗箱操作、职能越位缺位，以及在公共危机管理能力上存在不足等。

第 3 节　网络舆情信息分发与报送的渠道与方式

经过多年的实践探索，我国网络舆情信息分发与报送的渠道可以根据主体、载体来进行分类，并采取不同的方式，如专题方式、摘要方式以及综合方式。

一、网络舆情信息分发与报送的主体

（一）政府机构

各级政府部门可通过电话、传真、电子邮件等有效途径向上级政府部门报送重要的网络舆情信息；也可通过电子邮件、政务微博、微信平台等方式向特定对象分发相关网络舆情信息。通过政府机构分发与报送的网络舆情信息具有权威性、准确性、可靠性，但政府机构的分发与报送信息系统有时会“失灵”，当遭遇突发事件不利于当地政府时，有些地方官员会选择隐瞒事实真相，干扰阻碍信息的分发与报送，从而导致决策部门不能及时获得确切信息，错过引导舆情意见流向和改变正负态势的良好时机。

（二）新闻媒体

新闻媒体通过记者对社会热点、难点、突发事件等进行采访报道，挖掘有价值的舆情信息，报送给政府机构；或者舆情收集者从传统媒体和互联网等新媒体中收集与本地区、本部门工作相关的舆情信息以及群众的意见建议，通过分析、研判、筛选后，将有价值的舆情信息报送给政府机构。社会主流新闻媒体、网络新媒体具有影响力大、覆盖面广、受众多的优势，弥补了政府机构分发与报送易发生瞒报漏报的缺陷，许多被当地政府隐瞒的事件正是由于媒体的曝光成为社会焦点，引起上

级政府的关注与重视并得到解决。

（三）专业机构、监测网点和信息报告员

当前，各级政府、企事业单位结合实际情况，在社区、企业、学校、农村等基层单位设立信息报送点，成立专业机构与监测网点，聘任专职或兼职的舆情信息工作人员，负责信息收集、整理、归档、分发、报送等工作。信息报告员制度是政府和相关部门积极探索建立健全基层舆情信息报送网络、拓展信息报送渠道的一种举措，旨在通过多种途径灵活高效地收集突发舆情信息，有利于隐患排查、监测预警和应急联动。

（四）网络平台

在大数据时代，网络平台，诸如微博、微信、今日头条、抖音、百度、阿里巴巴、支付宝等，掌握了海量的用户数据，而这些数据对政府的公共管理、宏观决策颇具价值。在大数据时代，网络平台所掌握的海量数据，对确保政府有效履行公共职能、进行高效科学决策等日益重要。在大数据时代，政府科学管理能力的提高、决策水平与决策效率的提升，在很大程度将依托于大数据所呈现出的社会动态运行状况。

网络平台数据报送，是指出于促进公共利益的需要，数据主体依照法定条件与程序，向政府部门提供相关数据的活动。网络平台数据报送对政府维护公共利益至关重要，履行报送义务是大数据时代网络平台维护公共秩序的重要使命。赫伯特·西蒙教授在《管理行为：管理组织决策过程的研究》一书中指出："人类的理性是有限的，因此所有的决策都是基于有限理性（bounded rationality）的结果。如果能利用存储在计算机里的信息来辅助决策，人类理性的范围将会扩大，决策的质量就能提高。"当下，网络平台报送数据成为大数据时代政府获取数据越来越重要的一种方式。

建立网络平台数据报送规范体系迫在眉睫，应细化、明晰网络平台数据报送的范围，优化网络平台数据报送的程序规则，加强数据安全保障，建立规范清晰的归责体系等。

（五）公众

当今社会，互联网成为思想文化信息的集散地和社会舆论的放大器，改写了舆论引导新格局。在"人人都有麦克风""人人都是传播者"的自媒体时代，公众在微信、微博、抖音、论坛上自由发表的言论正是网络舆情信息的重要来源；同时，政府部门通过开设官方微博、官方微信小程序、12345 市长热线、领导邮箱、短信平台等方式主动接收民众提供的舆情线索。这些方式可以最直接、最广泛地征集民意，畅通表达通道，建立政民互动机制，打造政府和民众同频共振的"同心圆"。但不足之处在于民众提供的第一手材料难免存在片面、失实、零碎、分散等局限性，需要调查研究、鉴别核实。

二、网络舆情信息分发与报送的载体

（一）口头渠道

口头渠道一般是指通过面对面、语音通话、视频会议等方式汇报网络舆情信息，特点是简便快捷、时效性强、生动形象，但不易于存储，口口相传后信息容易

失真。在遇到重大突发事件，需要第一时间上报给领导时，可采用口头报送，之后再补充相关文字、图片、视频等详细材料。

（二）书面渠道

书面渠道是当前普遍采用的网络舆情分发与报送载体，将网络舆情信息整理成书面材料，通过传真、电传、电子邮件等形式报送给上级部门。书面分发与报送对网络舆情信息的标准格式、发文号、密级、发送部门、成文日期、信息抄送等都有具体规定。书面渠道具有易于保存查找、易于传递分发、准确规范等优势，但时效性弱，形式单一，单向传播，缺乏互动。

（三）网络渠道

网络渠道主要有在线的网络舆情信息分发与报送系统、政务微博、即时通信（钉钉、微信等）、网上办事大厅、领导信箱等方式。其优点是实时报送，简便高效，双向互动，实时反馈，有利于节约办公成本，提高工作效率，拉近政府与民众的距离。

三、网络舆情信息分发与报送的主要方式

目前，网络舆情信息分发与报送的主要方式有摘要方式、专题方式和综合方式等三种。

（一）摘要方式

摘要是指提取概要、内容提要，对于时效性较强的各种网络舆情信息，可以摘取概括主要内容，不加评论和解释，简明扼要地反映情况。摘要方式的特点是取材单一、短小精悍、言简意赅、事实集中、切中要害、言之有物、讲究实效、反应迅速，这种报送方式能让决策者在最短时间内审阅尽可能多的舆情信息，以最快的速度了解掌握所报送舆情的关键核心。摘要方式是当前网络舆情信息分发与报送工作中采用最普遍的方式，但具有一定的局限性，往往较为简略、粗浅、分散，无法清晰、深刻、到位地阐述社会上较为棘手复杂的热点问题。

（二）专题方式

专题方式是指对当前社会中某些具有典型意义和重大价值的突发事件、热点问题、社会现象等问题类、建议类信息，经过深入调查研究，从不同角度、不同侧面、不同层次进行阐述、分析与说明，由浅入深、由表及里，通过现象透视本质，立足现在揭示未来，是一种策划性、计划性、连续性较强的分发与报送方式。其特点为：主题性强，专题方式的主题鲜明，需要收集各种素材、例证、图片等凸显、烘托主题，佐证观点；策划性较强，筛选具有典型意义和重大价值的内容，策划分发与报送的主题、渠道、时机和运作过程，在充分反映客观情况的同时，还要充分体现前瞻性、典型性，眼光独到，见微知著；具有连续性，对于某些重要问题的分发与报送，要关注后续发展态势、解决情况、处理结果等，做到连续、全面、深刻，有始有终。专题方式存在时效性不够强，选题、整理、编写难度较大等不足。

（三）综合方式

综合方式是指围绕一个中心，把不同区域、不同部门、不同行业的具有共性的

新情况、新动向、新问题等做较全面的收集和概括，将分散但有共性的多个舆情现象综合起来，通过定性与定量的深度加工和甄别，进行去伪存真、去粗取精的分析整合。其特点为：点面结合，既综观全局，又有典型材料；分析和综合相辅相成，有材料、有观点，有分析、有综合；取材广泛、涉及面广，说服力强、影响力大。

综合方式与摘要方式、专题方式的主要区别在于：摘要方式只是客观地分发与报送单一的舆情信息，取材单一，技术加工少，层次和深度远远不及综合方式；而综合方式不仅反映网络舆情事实本身，更有丰富材料、鲜明观点、理性分析，其说服力、影响力远超摘要方式。专题方式只是对某一热点舆情问题进行深入调查分析；而综合方式则是从分散杂乱的舆情中分析提炼出具有共性的现象特征，更具有全局性、宏观性、指导性。综合方式同样也存在不足：时效性不够强，收集、分析、提炼舆情信息周期较长，需较多人力物力。

【本章小结】

网络舆情信息的分发与报送是网络舆情工作的重要组成部分，是一项技术性、政治性、政策性很强的工作，是服务经济发展、维护大局稳定的需要，是服务领导决策的需要，是服务群众、畅通社情民意的需要。

报送工作要把握时效性、准确性、客观性、持续性；分发工作则要做到高效快捷、按需精准。分发与报送要处理好主观与客观的关系、时效与时机的关系、短线与长线的关系、报喜与报忧的关系。网络舆情分发与报送的渠道按照主体分，有政府机构，新闻媒体，专业机构、监测网点和信息报告员，网络平台，公众；按载体分，有口头渠道、书面渠道、网络渠道。分发与报送方式主要有摘要方式、专题方式以及综合方式。

在互联网传播渠道多元化的时代，我国网络舆情信息分发与报送工作还处于起步阶段，存在诸多不足：分发与报送的理论体系尚未建立，自主研发创新能力不强，应用的数据模型和理论主要借鉴国外，研究舆情分发与报送的专业人才比较缺乏。

【复习思考题】

1. 谈谈网络舆情信息分发与报送的意义。
2. 在网络舆情信息分发与报送中，如何处理时效与时机的关系？请举具体例子说明。
3. 在网络舆情信息分发与报送中，如何处理短线与长线的关系？你觉得哪些信息适合长线报送？请举具体例子说明。
4. 网络舆情信息分发与报送有哪些主要渠道？各渠道有哪些利弊？
5. 如何理解网络平台数据报送的重要性？
6. 如何理解网络舆情信息要按需精准分发？
7. 摘要方式、专题方式、综合方式有何特点？它们的区别在哪里？

8. 收集整理10个以上近期舆论热点事件，判断哪些适合摘要方式、哪些适合专题方式、哪些适合综合方式。

9. 你对网络舆情信息分发与报送工作有何创新性设想?

10. 大数据、人工智能等技术的发展对网络舆情信息分发与报送工作产生了哪些影响?

第三篇
网络舆情与社会治理

第三篇从网络舆情的政府治理、网络舆情的企业管理、网络舆情与社会形象、网络舆情与突发事件以及网络舆情与对外传播等角度介绍了网络舆情的宏观应用。

学习完本篇内容，读者会对网络舆情的知识图谱建立起较为系统、详尽和立体的认知，并对其微观和宏观应用有所了解，便于在今后的网络舆情工作中学以致用。

第 11 章 网络舆情的政府治理

网络舆论已成为社会舆论最重要的组成部分和最主要的表现形式，正深刻地改变着社会舆论环境，并展示出日益强大的社会影响力。网络舆情和社情民意紧密相关，加强网络舆情信息工作、建立网络舆情信息机制是加强执政能力建设、提高执政水平的一项重要任务。

充分利用网络平台，把握社情民意的实时镜像，辅助政府决策参考，同时管理好网络平台，建立政民沟通的公信通道，构建网络和谐舆情，是当前政府网络舆情治理工作的关键所在。

第 1 节 网络舆情治理概述

在讨论政府如何做好网络舆情治理工作之前，我们先来看看什么是治理，什么是网络舆情治理。

一、治理与善治

（一）治理的内涵

“治理”一词普遍用于政治、商业、非营利性行业、公共管理和国际合作等情境中。治理理论主要创始人之一詹姆斯·罗西瑙（James Rosenau）指出，与统治不同，治理指的是一种由共同的目标支持的活动，这些管理活动的主体未必是政府，也无须依靠国家的强制力量来实现。[①] 也就是说，与政府统治相比，治理的内涵更加丰富。这一社会控制思想同样适合于带有明显社会公共产品属性的互联网及其衍生事务的管理。

治理理论的另一位代表人物罗茨（Rod Rhodes）指出：作为善治的治理，指的是强调效率、法治、责任的公共服务体系；作为社会控制体系的治理，指的是政府与民间、公共部门与私人部门之间的合作与互动；作为自组织网络的治理，指的是建立在信任与互利基础上的社会协调网络。[②]

格里·斯托克（Gerry Stoker）对流行的各种治理概念做了一番梳理后指出，各国学者对作为一种理论的治理主要提出了五种主要观点。[③]

其一，治理意味着一系列来自政府但又不限于政府的社会公共机构和行为者。它对传统的国家和政府权威提出挑战，认为政府并不是国家唯一的权力中心。各种

---

① 罗西瑙．没有政府的治理．南昌：江西人民出版社，2001：4－5.

② RHODES R. Understanding governance：policy networks，governance，reflexivity and accountability. Buckingham：Open University Press，1997.

③ STOKER G. Governance as theory：five propositions. International Social Science Journal，1998，50（155）：27－28.

公共和私人机构，只要其行使的权力得到了公众认可，就都有可能成为各个不同层面上的权力中心。

其二，治理意味着在为社会和经济问题寻求解决方案的过程中，存在着界限和责任方面的模糊性。它表明在现代社会，国家正在把原先由它独自承担的责任转移给各种私人部门和公民自愿性团体。这样，国家与社会之间、公共部门与私人部门之间的界限和责任便日益变得模糊不清。

其三，治理明确肯定了在涉及集体行为的各个社会公共机构之间存在着权力依赖。也就是说，各个组织必须交换资源、协商共同的目标；交换的结果不仅取决于各参与者的资源，而且也取决于游戏规则以及进行交换的环境。

其四，治理意味着参与者最终将形成一个自主网络。这一自主网络在某个特定领域中拥有发号施令的权威，它与政府在特定领域中进行合作，分担政府的行政管理责任。

其五，治理意味着办好事情的能力并不限于政府的权力，不限于政府发号施令或运用权威。在公共事务管理中，还存在其他管理方法和技术，政府有责任使用这些新方法和技术来更好地对公共事务进行控制和引导。

在治理的各种定义中，全球治理委员会的表述具有很高的代表性和权威性。该委员会在研究报告《我们的全球之家》(1995) 中对治理做出了如下界定：治理是或公或私的个人和机构经营管理相同事务的诸多方式的总和。它是使相互冲突或不同的利益得以调和并且采取联合行动的持续过程。它包括有权迫使人们服从的正式机构和规章制度，以及种种非正式安排。而凡此种种均由人民和机构或者同意，或者认为符合他们的利益而授予其权力。它有四个特征：治理不是一套规则条例，也不是一种活动，而是一个过程；治理过程的基础不是控制，而是协调；治理既涉及公共部门，也包括私人部门；治理并不意味着一种正式制度，而有赖于持续的互动。

所以，治理是一个比政府统治更宽泛的概念，从现代公司到大学以及基层社区，如果要高效而有序地运行，可以没有政府的统治，但却不能没有治理。

(二) 善治的内涵

国内外学者在构建治理范式的基础上，提出了作为对治理范式的完善和提升的理想和标准——善治。

“善治”一词的英文是 good governance。根据《牛津美国法律百科辞典》对“治理”(governance) 一词的解释，治理在某种程度上是社会管理进程中的一个模糊概念，它直接或间接地隐喻政治体制，它与社会学者提出的“社会控制”这一术语是相似的。① 它的政治外延体现在克利夫兰的著名警句中——我们需要的是“更多的治理和更少的管理”。这一格言代表了西方民众的长期态度，即政府应是不得已而采取的机制，他们“宁可选择宽松的立法管制（治理）及地方控制”。进入 20 世纪以来，更多有组织的（经常是全国性的）联盟取代了地方自治。总体来看，从“治理”到“善治”的演进脉络十分清晰。

国内学者也对“善治”进行了理论研究。王利明认为，善治本身是良法之治。

① 霍尔．牛津美国法律百科辞典．北京：法律出版社，2008：271.

“善治”中的“治”既是指一种治理方式与模式，也是指一种秩序、一种状态、一种结果。① 周安平认为，“善治”在汉语意义中作“善于治理”和“良好的治理”两种理解，兼具工具性与价值性。其意涵并不确定，在很大程度上停留在主观的价值判断上，是一个不成熟、不确定的概念。② 张文显指出，在中国语境中，“善治”远远超出了西方学者赋予它的语义，其基本特质是以人为本、依法治理和公共治理。③ 俞可平认为，善治就是使公共利益最大化的社会管理过程。善治的本质特征，就在于它是政府与公民对公共生活的合作管理，是两者的一种新型关系，是两者的最佳状态。④ 他还认为，“善治”应包含十个基本要素，即合法性、公正、参与、责任、稳定、回应、透明、协商、廉洁、有效。⑤ 万俊人等提出，“善治”必须符合九个理想的具体标准和原则：合法性、参与、法治、透明性、回应性、一致同意、公平性与包容性、效力与效率、责任性。⑥

党的十八届三中全会提出“国家治理”这一基本命题，党的十八届四中全会提出“善治”的基本思想。这说明党和国家正在实现由管理向治理的根本转变。十八大之后的中国是一个走向善治的中国，中国走向善治的路径也是中国梦的实现路径。

二、网络舆情治理的内容

（一）网络舆情治理的概念

网络舆情治理，是指政府、社会力量、民间组织、用户等多方参与，根据各自的作用制定和实施旨在规范网络舆情发展和使用的共同原则、准则、规则、决策程序和方案，从而解决呈现在网络上的社会问题，协调社会关系，化解社会矛盾，促进社会公正和谐的活动。

随着我国网民规模日益膨胀，以网络为载体、以网民为主体的网络社会正在形成。在开放、匿名的网络社会中，网民广泛参与国家政治、经济和文化生活，进行自由而平等的交流，互联网成为各阶层利益表达、情感宣泄、思想碰撞的主要场域。网络社会的出现在一定程度上促使单一的国家管理模式向公共治理模式转变。

当前我国的网络舆情治理主要从两个方面展开：一是内容治理，如谣言治理、有害信息清理，同时加强网络文化建设。二是技术治理，主要是采用有效的技术措施和设施对网络舆情全过程进行监测、预警、评估、引导等。

① 王利明．法治：良法与善治．中国人民大学学报，2015（2）．
② 周安平．善治与法治关系的辨析：对当下认识误区的厘清．法商研究，2015（4）．
③ 张文显．法治与国家治理现代化．中国法学，2014（4）．
④ 俞可平．治理与善治．北京：社会科学文献出版社，2000．
⑤ 俞可平．政治与政治学．北京：社会科学文献出版社，2005：23－24．
⑥ 万俊人，等．现代公共管理伦理导论．北京：人民出版社，2005：73－75．

【案例】 涉新冠病毒感染疫情防控辟谣

新冠病毒感染疫情暴发以来，谣言不断涌现，误导公共舆论，影响社会稳定。如“新冠病毒为人工合成”“粮食短缺，赶紧囤米抢油”“吃大蒜、喝白酒可以防治新冠病毒感染”“全国各地摘口罩时间表出炉”“北京新发地几万人被运送到河北唐山隔离”“中国囤积防护物资有意限制出口”等，涵括疫情发展情况、社会关切的民生问题、新冠病毒感染防治方法、疫情防控管理措施、突发疫情事件以及涉外疫情等方面。

公安部门、国家网信办等部门、中央重点新闻网站、行业性及区域性辟谣平台形成合力，及时阻击、协同查证、联动辟谣，通过援引权威指导澄清谬误、解疑释惑，为打赢疫情防控网络舆论阻击战做出了积极贡献，有效维护了防疫秩序与社会稳定。

图 11－1 是中国互联网联合辟谣平台的 logo，该平台由国家网信办举报中心主办、新华网承办，辟谣范围涵盖时事热点、公共政策、科学常识等领域。

图 11－1　中国互联网联合辟谣平台

（二）政府网络舆情治理

政府网络舆情治理主要是指政府机构及其工作人员在科学掌握网络舆情传播规律的基础上，整合运用多种工具和资源对网络舆情的孕育、发展、扩散和消解等过程进行干预与引导，进而在充分发挥网络舆情支持性作用的同时将其负面影响消除或降至最低。

部分反对政府干预的西方观点认为，互联网治理应遵从自下而上、分散化、以私营部门和民间机构自律与自我治理为特征的模式，追求自发演进的结果。政府对网络舆情的干预不可避免地会降低互联网运营效率，抑制私营部门的技术和应用创新。

但是，随着时间的推移，私营部门和民间机构在实现互联网的有效治理方面越来越力不从心。支持政府参与网络舆情治理的呼声也日益高涨。

政府干预公共舆论的合理性，是以承认公众的舆论权为前提的，只有在民主制度建立以后，公众获得了受法律保护的舆论权，围绕舆论权的行使才会产生政府干预的限度问题。从现实来看，政府在公共舆论领域进行干预是有必要的，但又必须适度，寻求政府干预和舆论自由之间的平衡才是研究政府干预公共舆论这一问题的核心所在。

三、网络舆情治理的重要意义

网络舆情作为公众在网络空间表达的与特定对象有关的情绪、意见和态度的集中体现，不仅是社会气候的晴雨表和温度计，也是互联网时代政民互动的新模式。

更为重要的是，网络舆情甚至成为境内外敌对势力在敏感时间节点发动舆论攻击的重要工具，严重威胁国家舆论与政治安全。因此，网络舆情治理成为政府最为紧迫的、需要长期面对的重要课题。

（一）维护社会稳定

舆论生态、媒体格局和传播方式等领域发生的深刻变化对政府舆情治理工作提出了新要求。在新时代，网络成为意识形态舆论斗争的主战场，成为大国博弈新的战略制高点。这就要求政府高度重视意识形态网络舆情治理工作，完善舆情治理体系，以应对新时代意识形态建设面临的新挑战，保障意识形态安全、政治安全以及社会稳定。

网络舆情事件如果得不到及时、妥善的处理，容易酿成舆情风险，进而影响社会公共安全与稳定。因此，确保网络舆情危机疏导的实效性，寻求新媒体时代舆情治理的有效路径，对加强意识形态建设、创新网络社会治理模式、实现网络社会治理现代化意义重大。加强网络舆情治理，统筹协调涉及政治、经济、文化、社会、军事等领域的信息化和网络安全重大问题，不仅是维护意识形态安全和社会稳定的迫切需求，也是社会现代化发展的必然趋势。

（二）推进民主法治

民主与法治是中国社会主义政治文明和法治中国建设的目标和基本内容。党的十八大以来，我们不断发展全过程人民民主，推进人权法治保障，坚决维护社会公平正义，人民享有更加广泛、更加充分、更加全面的民主权利。应认真贯彻发展全过程人民民主的要求，保障人民群众的知情权、表达权、参与权、监督权。广义的知情权是指知悉、获取信息的自由与权利，狭义的知情权仅指知悉、获取官方信息的自由与权利。表达权是指公民有权依照法律表达自己对国家公共生活的看法。参与权是指公民有权依照法律的规定参与国家公共生活的管理和决策。监督权指的是公民监督国家机关及其工作人员活动的权利。政府推进网络舆情治理的目的一方面在于规范公众舆论，另一方面要在防止不当谣言扰乱社会稳定的基础上，保障民众知情权、表达权、参与权、监督权的落实，推进民主建设。

保障公民权利也是法治的核心，法治模式是网络舆情治理的必由之路。以法治精神为主线剖析舆情治理的深层次问题，并做出若干改进，是推进法治社会建设的重要步骤。

（三）了解社情民意

网络舆情直接反映社会情绪。作为目前社会舆论的一种重要表现形式，网络舆情是指在互联网上流行的对社会问题呈现不同看法的网络舆论情况，是通过互联网传播的、公众对现实生活中某些热点、焦点问题所持的有较强影响力、倾向性的言论和观点，是以网络为载体、以事件为核心，广大网民情感、态度、意见、观点的表达、传播与互动，以及后续影响力的集合。网民通过互联网发声，既是网络社会舆论生态的集中表现，也是现实社会情绪的直接反映。互联网广泛应用后，网民表达意见变得方便快捷，在现实中不便直说的真实想法，可以通过互联网轻松表达，这种身份虚拟且身心放松状态下的主动表达，更接近内心的真实想法。数量庞大的网民争相发声，形成前所未有的浩瀚舆论场。

（四）加速事件解决

网络舆情具有将社会问题直观表现出来的“表征”作用。网络极大地提高了社会事件的曝光度，引起社会的广泛关注和监督，促使很多社会矛盾和问题得到解决。不少法律、行政法规或行业规定尚未涉及或短时间内难以及时调整、规制的事项，借助舆论压力，在民众的关注中得以迅速解决，网络也逐渐成为反腐倡廉的重要工具。

（五）完善公共服务

网络舆情力促政府完善公共服务，促进服务型政府建设。网络舆情事件涉及公共道德伸张、公共秩序维护、公民权利保护、公共权力监督等一系列重大社会问题，体现出更多网民具有积极的社会参与意识，以及自我实现和被尊重的强烈需求。在社会转型过程中，这种强烈的责任意识与维权意识，力促政府调整服务理念，开放网络表达，积极推进网民有序地参与政治，把关乎民意的网络表达作为促进服务型政府建设的重要抓手。

第 2 节　我国网络舆情的综合治理

2013 年 8 月，习近平总书记在全国宣传思想工作会议上发表重要讲话指出：要深入开展网上舆论斗争，严密防范和抑制网上攻击渗透行为，组织力量对错误思想观点进行批驳。要依法加强网络社会管理，加强网络新技术新应用的管理，确保互联网可管可控，使我们的网络空间清朗起来。党的十八大以来，我国相继出台一系列规定，对网络舆情治理进行了规范。

一、十八大以来的相关规定和指导意见

总的来看，目前我国网络舆情治理的相关法律法规位阶不高，以“条例”“规定”“办法”为主，相关法律规定不健全，网络舆情治理的法律规定分散于各项法律，缺少专门的网络舆情治理法，对规范网络舆论，实现相关主体的权利、义务，以及追究涉案主体的法律责任仍有不便（见表 11－1、表 11－2）。

表 11－1　十八大以来的相关规定

2013 年 9 月 9 日，最高人民法院、最高人民检察院《关于办理利用信息网络实施诽谤等刑事案件适用法律若干问题的解释》公布。
2014 年 10 月 10 日起，最高人民法院《关于审理利用信息网络侵害人身权益民事纠纷案件适用法律若干问题的规定》施行。
2017 年 6 月 1 日起，《中华人民共和国网络安全法》《互联网信息内容管理行政执法程序规定》和《互联网新闻信息服务管理规定》施行。
2017 年 10 月 1 日起，《互联网跟帖评论服务管理规定》施行。2022 年 12 月 15 日起，修订的《互联网跟帖评论服务管理规定》施行。
2019 年 11 月 1 日起，最高人民法院、最高人民检察院《关于办理非法利用信息网络、帮助信息网络犯罪活动等刑事案件适用法律若干问题的解释》施行。
2020 年 3 月 1 日起，《网络信息内容生态治理规定》施行。

续表

2021年9月1日起，《中华人民共和国数据安全法》施行。
2021年11月1日起，《中华人民共和国个人信息保护法》施行。
2022年3月1日起，《互联网信息服务算法推荐管理规定》施行。
2022年8月1日起，《互联网用户账号信息管理规定》施行。
2022年9月1日起，《数据出境安全评估办法》施行。
2023年1月10日起，《互联网信息服务深度合成管理规定》施行。

表11-2　十八大以来的相关部署与意见

党的十九届五中全会做出了“加强网络文明建设，发展积极健康的网络文化”的重要部署，为“十四五”时期的网络文明建设搭建制度框架。
2017年至2021年，《互联网群组信息服务管理规定》《互联网用户公众账号信息服务管理规定》《关于加强网络直播规范管理工作的指导意见》等网络治理系列政策法规发布实施，促进形成良好的网络舆论生态，“互联网不是法外之地”的观念深入人心。
2021年9月，中共中央办公厅、国务院办公厅印发了《关于加强网络文明建设的意见》，要求各地区各部门结合实际认真贯彻落实。该意见指出，要加强网络空间思想引领、加强网络空间文化培育、加强网络空间道德建设、加强网络空间行为规范、加强网络空间生态治理、加强网络空间文明创建。
2021年9月，国家网信办等九部门印发《关于加强互联网信息服务算法综合治理的指导意见》，指出要利用三年左右时间，逐步建立治理机制健全、监管体系完善、算法生态规范的算法安全综合治理格局。其中，健全治理机制要求制定完善互联网信息服务算法安全治理政策法规，明确算法安全治理的主体权责，治理结构高效运行，形成有法可依、多元协同、多方参与的治理机制。

二、我国政府网络舆情治理现状

（一）十八大以来的治理成就

1. 筑牢意识形态阵地

党的十八大以来，以习近平同志为核心的党中央着力解决意识形态领域党的领导弱化问题，坚持立破并举、激浊扬清，就意识形态领域许多方向性、战略性问题做出部署，就一系列根本性问题阐明原则立场，高举思想旗帜、建强理论阵地、创新手段载体，廓清了理论是非，校正了工作导向，意识形态领域形势发生全局性、根本性转变。我们党团结带领人民创造了经济快速发展和社会长期稳定两大奇迹，取得了全面建成小康社会等亮眼成绩，社会主义意识形态的凝聚力和引领力比以往更加强大。

然而，意识形态领域的斗争并不会消除。可以说，在意识形态领域，与新自由主义、历史虚无主义、西方所谓“普世价值”等的斗争，与污名化中国、宣扬“中国威胁论”等的交锋，将伴随建设社会主义现代化强国的全过程。

2. 培育网络文化风尚

以社会主义核心价值观引领网络文化建设，广泛凝聚新闻网站、商业平台等传播合力，把社会主义核心价值观传播到广大网民中、传导到社会各方面。深入开展网上党史学习教育，传播我们党在革命、建设、改革各个历史时期取得的伟大成就，弘扬党和人民在奋斗中形成的伟大精神，旗帜鲜明地反对历史虚无主义。激发中华优秀传统文化活力，打造了一批广大网民喜闻乐见的特色品牌活动和原创精品，举办丰富多彩的网络文化活动，推动了中华优秀传统文化创造性转化、创新性发展。提升了网络公共文化服务水平，推动了国家重大文化设施和国有文化资源的数字化、网络化，提高了网络公共文化服务供给的普惠性和便捷性。

3. 拓展道德建设空间

近年来，在社会各界的共同努力下，网络空间道德建设水平不断提升，爱国主义、集体主义广为弘扬，崇尚英雄、学习先进成为风尚，整体呈现向上向善的良好态势。强化网上道德示范引领，广泛开展劳动模范、时代楷模、道德模范、最美人物、身边好人、优秀志愿者等典型案例和事迹的网上宣传活动，推动形成崇德向善、见贤思齐的网络文明环境。深化网络诚信建设，举办形式多样的线上线下品牌活动，大力传播诚信文化，倡导诚实守信的价值理念，鼓励支持互联网企业和平台完善内部诚信规范与机制，营造依法办网、诚信用网的良好氛围。发展网络公益事业，深入实施网络公益工程，广泛开展形式多样的网络文明志愿服务和网络公益活动，打造出一批网络公益品牌。

4. 构建网络行为秩序

培育符合社会主义核心价值观的网络伦理和行为规则，鼓励各地区、各部门结合文明创建工作制定出台符合自身特点的网络文明准则，规范网上用语，把网络文明建设要求融入行业管理规范。强化网络平台责任，加强网站平台社区规则、用户协议建设，引导网络平台增强国家安全意识。加强互联网行业自律，坚持经济效益和社会效益并重的价值导向，督促互联网企业积极履行社会责任。发挥行业组织的引导督促作用，促进行业健康规范发展，鼓励支持各类网络社会组织参与网络文明建设。

5. 营造综合治理生态

加快建立健全网络综合治理体系，统筹推进系统治理、依法治理、综合治理、源头治理。广泛开展网络文明宣传活动，大力强化网络文明意识，引导广大网民积极投身网络文明建设。进一步规范网上内容生产、信息发布和传播流程，深入推进公众账号分级分类管理，加强中国互联网联合辟谣平台建设，健全全国网络辟谣联动机制。深入推进“清朗”“净网”系列专项行动，加大对网络暴力、“饭圈”乱象、虚假低俗“直播带货”等网络不规范行为的整治力度，动员广大网民积极参与监督。

6. 打造文明创建品牌

有力推进群众性精神文明创建活动向网上延伸，加强网民网络文明素养实践教育基地建设，推动基层深入开展网络文明建设活动。精心组织实施网络文明品牌活动，积极打造中国网络文明理念宣介平台、经验交流平台、成果展示平台和国际网络文明互鉴平台。深入实施中国正能量“五个一百”网络精品征集评选展播工程、争做中国好网民工程，打造“网络中国节”品牌，积极推进“阳光跟帖”行动。

（二）治理工作存在的问题

1. 治理理念存在偏差

信息技术的迅猛发展和互联网的不断普及使传统网络治理模式和手段面临挑战，需要不断升级、创新治理理念，加强网络综合治理。有关工作在以下四个方面还有提升空间。

一是强化良政善治理念，由管理向治理转变，从刚性压制转向柔性治理思维。柔性稳定是借助各类社会力量，通过新媒体让各种利益诉求有效表达，化解矛盾，处理社会治理中出现的各类事件和问题。尽可能多地倾听社会各方面的声音，兑现社会公众的表达权。在众声喧哗中，尽可能打捞那些沉没的声音。以政府之力，维护困难人群的表达权，使他们的利益能够通过制度化、规范化的渠道正常表达。

二是提升公共服务意识，致力于满足公众日益发展的公共服务需求。“治理”与“统治”“管理”存在差异，要求政府的定位从管理者转变为“合作者”“服务者”。[①] 在舆情治理中不能单向度地强调观点统一，形成一致性过强的官方舆论场，而是要秉持服务型政府的理念，坚持以人民为中心，在党的全面领导框架下，科学地进行舆情监督和舆情治理。推动民众舆情良性化解，增进政治主体在无边界舆情治理中的关系黏性，构筑服务共治的舆情治理新样态。

三是加快由“政府本位”向“公民本位”转变。政府应充分认识网络运用在提高社会治理能力方面的作用，改变传统官僚化独白的话语体系，以开放、包容和真诚的态度加强网络舆情的研判和分析。打破过去传统的政府主导模式，即政府“替民做主”式的公共服务供给模式，转变为公众需求导向模式，服务类型、服务数量、服务效果等均以公民为中心。

四是加快从“倒逼”向“自觉”转变。当前政府网络舆情治理工作大多集中于舆情管理机制层面，主要是制定网络舆情管理策略、网络舆情应对机制等，倾向于在宏观管理制度及舆情发生后的应对策略上做研究，忽视了舆情的网络特征以及统计数据的价值挖掘，容易导致研判工作本末倒置，在突发危机网络舆情的处置中处于被动地位。

2. 法律体系不健全

网络舆情治理法律体系是网络舆情治理体系的重要组成部分，为网络舆情治理提供规则保障。我国网络舆情治理适用的法律包括适用于网络平台的传统法律规范和专门性互联网法规两大类。国家法律、行政法规、部门规章、司法解释等多种类型的法律规范构成了涵盖互联网内容生产、传播、管理各个层面的网络法律体系。但如王利明所言，我国的互联网法规虽然从数量上看已经初具规模，但“这些制度规范大多是部门规章和政策性规定，存在立法效力层级较低、规范内容模糊、缺乏可操作性等问题”[②]。

第一，有关网民信息和表达权利保护的重要法规缺位。王凤翔在探讨网络治理规范时总结指出，“在有关互联网领域的 80 余部法律法规中，涉及网络关键信息基础设施、网络大数据储存、保护个人隐私等方面的立法和规范仍是空白的；对网络

---

① 汪旻艳．网络舆论与中国政府治理．南京：南京师范大学出版社，2015：46.

② 王利明．论互联网立法的重点问题．法律科学（西北政法大学学报），2016（9）.

行为没有明确的法律界定等”①。同时，针对突发事件中的网络舆情处置，以及紧急状态下的网络舆情处理也缺少专门性的规定。王国华就指出“目前我国法律体系中针对网络舆情立法的条款鲜见，已有的主要是针对网络载体本身予以立法。由于法律不健全，既难以从法律层面对人们的网络行为加以引导，也给实践操作带来缺乏法律依据的不便”②。

第二，现行法规偏重为治理主体赋权，而对以公共权力为主导的治理机制和行为规范不足。从法规形式来看，我国的互联网舆情治理法规主要以行政法规和部门规章为主。这种以部门立法形式扩充网络监管部门行政权力的行为，很可能因为行政权力运行边界不明和运行程序方面的缺失，导致相关职能部门在舆情治理过程中越权、滥权或者不作为等情况发生。

第三，部分现行规定内容宽泛且模糊，缺少明确的执行标准和可操作性。这一方面导致约谈条件泛化，网信部门的监管权力被放大，“缺乏互联网经营者的申诉和辩护机制，互联网经营者在行政权力面前处于弱者地位”③；另一方面也为网信部门推诿监管责任、网络新闻信息服务提供单位强化用户身份和内容审查提供了空间。

第四，在网络舆情治理法规的制定过程中，网民参与程度较低。网络舆情治理相关法规的不足，一方面赋予公共权力主体更大的行动空间，加大了公共权力在网络舆情治理过程中偏离公共利益的概率；另一方面，当权利受到侵害时，网民面临权利救济无法可依的窘境，这强化了网民进行网络意见和利益表达的疑虑以及对法规本身正当性的质疑。从网络舆情治理规则来看，出于对维护国家安全和社会秩序的考量，当前公权力主导下的网络舆情治理规则具有明显的“偏刑主义”特征，为了规避“政治风险”，往往以国家的名义采取“删”“断”“限”“禁”等手段。

3. 舆情应对机制不完善

新媒体时代民众利益诉求增多，暴露出应对机制不完善的问题。一是舆情监测、收集方面，一些基层政府的舆情预警意识不强，智能化监测系统的应用范围有限，使其在意识形态网络舆情信息收集上存在滞后与偏差，从而错失应对舆情、引导舆论的最佳时机；二是舆情研判、预警方面，当前意识形态网络舆情研判标准体系尚未建立，很多工作人员仅凭经验来确定信息的真伪、风险，这自然会影响到对意识形态网络舆情的把控，发出的警报信息也就不可能做到及时准确；三是舆情引导、处置方面，一些基层党政部门在处理舆情危机时存在理念缺陷，面对舆情事件，或采取删除、屏蔽、禁止搜索甚至断网等消极手段隐瞒事实真相、封锁消息，或在未充分调查的基础上仓促、草率回应，这些都容易导致次生灾害，引发新一轮舆情风暴。另外，一些党政机关网络媒介在媒体应对、舆情回应上易陷入被动的局面，也使政府公信力受到损害。

4. 引导能力不足、效果不佳

当前舆情引导工作面临一系列现实难题，主要表现在以下四个方面。

---

① 王凤翔，申文静．新时代的互联网络治理创新：从网上信息管理向规范网络行为转变．新闻与写作，2018 (1).

② 王国华．突发事件网络舆情的动力要素及其治理．武汉：华中科技大学出版社，2017：171.

③ 周松青．中美网络舆情监控法律规制比较研究．社会科学战线，2017 (12).

一是引导主体不明确，事实扭曲现象频发。就目前来看，舆论引导机构之间职权交叉，权限不明，分工不细，在现实操作中常常会出现政出多门、多头管理、合力缺乏等情况。有关部门在不明确其作为引导主体的情况下，未对舆论事实进行全面了解和整体评估就武断地依照版块权限进行封杀、限制，导致舆论引导工作效率低下甚至无效，最终影响政府公信力。

二是引导法规不健全，法律基础保障薄弱。舆论引导的法制环境不够好，针对自媒体传播和舆论引导的立法滞后，法规不健全或缺失，让民众在舆论中的自我约束以及保护意识淡薄，使一些不良行为或非法行为有机可乘，混淆视听，传播一些虚假的舆论信息。

三是部门引导不到位，问题处理方式偏颇。相关部门对舆论引导重视不够，这主要体现在一些政府机构和网络运营商对舆论事件的处理态度以及处理方式上，包括隐瞒或杜绝信息传播，忽视舆论引导的一些必要环节和手法技巧。侥幸心理的存在和危机意识的缺乏使有关部门在舆论出现时不能进行正确的应对与处理，致使一些负面舆论的传播范围扩大。

四是引导方式不新颖，引导理念缺乏创新。网络舆论来源主体运营的技术支撑是互联网技术。这种技术的快速发展要求当前的舆论引导方式与手段必须跟得上，这样才能有效地引导网络舆情。然而，当前的舆论引导方式实际上依然较为保守，存在忽视或无视网络自媒体特性等问题，迫切需要引导方式和引导理念的创新、变革。

5. 社会矛盾复杂化，社会诉求机制相对短缺

当前网络舆情问题多发，没有协调好现实利益冲突、民众利益的合法表达路径不畅，是网络负面舆情多发的深层次原因。随着社会结构的变动和利益关系的调整，诸多社会问题显现，如收入差距加大，就业压力增大，教育、医疗等无法满足需要，加之一些行政监督与法律保障未能及时跟进，导致一些民众生存压力增大、各种非理性情绪滋生。如果常规性的民意表达渠道受阻，民意表达自然被“挤压”到言论自由度较大、人身威胁风险较小的网络空间中。在这种情况下，如果政府能够高度重视网络平台的建设，使民意能通过制度化渠道表达并得到有效反馈，将大大促进社会矛盾的纾解。但一些政府官员对政府网络平台建设重视不够，忽视对舆情的管理，出现了政府网站信息更新慢、弄虚作假、信息不公开以及“舆情回应不到位、回应效果不理想”、网上办事难等问题。

第 3 节　政府如何进行科学有效的网络舆情治理

随着网络舆情演化为一种新的民意空间与社会力量，若缺乏网络道德约束和社会法律规制，网络舆情极易走向情绪化、复杂化和放大化，给我国社会治理带来挑战。在此背景下，科学有效地进行网络舆情治理，是政府的一项重要工作。

一、我国的治理原则

（一）坚持党的领导

中国特色社会主义最本质的特征是中国共产党的领导，中国特色社会主义制度

的最大优势是中国共产党的领导，我国改革开放和社会主义现代化建设取得历史性成就的根源就在中国共产党的领导。因而，在网络舆情治理系统工程中，一定要进一步构筑党的领导地位，加强党的集中统一领导。在舆情治理纷繁复杂的互动关系中，以党的统一领导为基础，充分发挥制度优势，维持政权组织—社会媒体—公民合作三方舆情主体协同平衡的样态。采取科学的治理方式，妥善运用技术工具，避免不当舆情引发的突发公共事件次生灾害。

（二）坚持以人为本的核心理念

以人为本是科学发展观的核心要义，也是中国共产党践行全心全意为人民服务的根本宗旨的重要体现。这就要求政府在治理网络舆情、引导网络舆情的过程中，坚持依法处置、舆论引导、社会面管控“三同步”原则，切实做到以人为中心，关心和尊重人民的切身利益，始终把实现好、发展好、维护好人民的根本利益作为工作的出发点和落脚点，解决好人民群众最关心、最直接、最现实的利益问题。这要求政府应对网络舆情时做好以下两方面的工作：一是舆情治理要尊重和理解不同个人和群体的根本利益诉求。积极听取和回应不同个人和群体的心声，使得网络舆情治理措施变得更加人性化、规范化。二是在政府对网络舆情的治理过程中提升公众参与度，拓展公众参与渠道，广泛听取公众意见，进而有效增强公众对政府工作的信任感。

（三）以解决实际问题为基本导向

网络舆情治理的首要目标不是“治”舆论，而是透过舆论发现和解决社会问题。同时，在规制构建中体现网络舆论场域的复杂性要求，理解和把握网络内容生产机制中的关联性，保护意见成分的多样性。① 在政府出台和执行网络舆情治理公共政策的过程中，要切实预防象征性执行和敷衍执行的问题。这就要求政府应对网络舆情的工作以解决实际问题为基本导向。

就舆论场域意见生产的国家治理而言，规制是国家治理中最主要的手段。规制的设立与实施应该帮助管理者明确从舆情的表达中发现和解决社会深层次问题这一首要目标，因为舆情的发生其实是由现实的社会问题、社会矛盾决定的，仅仅把它看作由话题引导的问题，会导致治标不治本。科学正确的管理应将舆情反映作为一个重要的参照系来安排社会政策、社会管理，以实现社会运作的科学调整和改善。

（四）疏导为主，疏导与预防并重

当前我国社会正处于转型期，在此过程中，许多隐藏的社会问题和社会矛盾可能会持续爆发，跟现代互联网传播技术相结合，迸发出能量巨大的网络舆情危机。从一定程度上说，网络舆情危机的爆发是不可避免的。因此，政府应对网络舆情危机需要及时采取有效的疏导对策，以化解和减少网络舆情危机带来的各种消极影响，包括积极制定应对网络舆情的制度规范、具体行为准则，同时积极探索网络舆情引导的技术和方法，不断总结、推广和完善网络舆情疏导方式，将网络舆情危机的危害降到最低。坚持疏导与管理相结合，即从疏导的角度提高网民理性发声的自觉性，同时提高网络舆情的治理水平，用科学治理手段来保证网络舆情疏导的质量和效果。

---

① 喻国明．网络舆情治理的要素设计与操作关键．新闻与写作，2017（1）．

【案例】仝卓高考伪造身份事件曝光，参与造假的数人被处理：教育公平不容舞弊

2020 年 5 月 22 日，艺人仝卓在直播中自曝高考时将往届生身份改为应届生身份，在网络上引发热议。

仝卓于 5 月 23 日的直播中回应，表示舆论指责让他很委屈，并称艺人发言不自由，还以大段篇幅激动地陈述了自己复读期间的压力，但对于“往届生改应届生”的操作并未给出正面回应。

5 月 28 日，人民网网络评论部官方微博@人民网评点名批评仝卓高考伪造身份事件，严肃指出“教育公平事关中国未来，容不得一丝舞弊造假”。

2020 年 6 月 12 日，山西省教育厅关于仝卓以伪造应届生身份参加高考问题的调查处理通报发布，通报称仝卓 2013 年高考各阶段、各科成绩无效。

6 月 12 日，中央戏剧学院发布关于撤销仝卓毕业证书的通报。

6 月 12 日，临汾市纪委监委发布关于仝卓以伪造应届生身份参加高考等问题调查情况的通报。

6 月 18 日，延安市纪委监委发布关于对李庆锋等人为仝卓办理虚假转学手续问题调查情况的通报。

6 月 22 日下午，仝卓更新微博，告别湖南台。

2022 年 1 月，临汾市尧都区人民检察院发布的起诉书曝光了仝卓高考舞弊案细节，牵扯出山西临汾、陕西延安共 19 人。

（五）依法治理与道德自律相结合

加强对网络舆论的引导和规范，不断提高网民的法治意识，发扬民间舆论自主性，使法治理念和道德自律成为每个网民内在的约束力是政府有效推进网络舆情治理的必要途径。善用网络生态的自组织机制，促成网络文化的自身成长和价值“涌现”也是逐渐减少具有危害性的网络舆情的可靠方略。

网络意见表达和内容生产作为一个有机的生态系统，具有自我调节、自我发展，从简单到复杂，从幼稚到成熟的成长特性。对于一个进化力和自组织能力很强的网络文化有机生态的成长而言，尊重规律的规制构建极为重要，其底线是让每一个网络文化的生产者和表达者都拥有一种免于“动辄得咎”的表达自由度。在这条“底线”之上，在互联网逻辑下的舆情生态中，系统基于共同体的协同作用达到动态平衡，而政府则应充当全新的“守夜人”角色，通过制定规则、搭建平台、共营生态，为舆情生态系统中的每个主体提供最基础的保障与约束。政府应相信公民的力量，通过不断教育、培养、赋权，引导公民增强理性运用互联网的能力。

（六）与时俱进，重视新媒体新技术

在大数据时代，网络舆情治理的传统技术需要与物联网、云计算、智能终端等新兴信息技术融合。数据监测、挖掘、存储、分析和安全等技术为舆情管理提供了新路径。利用数据挖掘、相关性分析提高网络舆情的可预见性，构建网络舆情预警指标、网民态度倾向模型，研判网络舆情，做好舆情处理备案；通过数据可视化技术展现事件前因后果和发展过程，实行动态数据分析，根据公众偏好打造接地气的

政府信息公开途径，增强网络舆情引导的公信力；培养大数据技术和网络舆情管理的复合型人才，综合社会学、信息科学、传播学、管理学等学科知识和特点，打造大数据时代的网络舆情治理后备军。

二、完善意识形态网络舆情治理的路径选择

（一）增强现实矛盾纾解力，塑造良好社会舆论环境

诉求表达机制短缺、现实利益冲突加剧是网络负面舆情爆发的深层次原因。因此，要切实把握好舆情治理标与本的关系，需要明确：舆情乱象整治是标，畅通社情民意是本；舆情危机应对是标，现实社会矛盾解决是本；网络监管是标，服务民众是本，应将服务最广大人民的根本利益作为意识形态网络舆情治理的根本出发点与价值旨归。

具体而言，要抓住以下两方面工作：第一，协调各种利益关系，解决人民现实矛盾问题。要透视舆情背后社会治理领域存在的深层次矛盾和困难，将事关人民群众生存和发展的教育、住房、医疗、交通、养老、生态环境等问题作为重大实际问题来抓；大力实施“互联网＋政务服务”，构建高效的公共服务信息体系，及时有效地为人民排忧解难；不断完善城乡、干群、强弱势群体之间的利益协调机制，从而把矛盾解决在基层、化解在萌芽状态，使人民真切感受到党和政府的关怀，进一步提升人民对主流意识形态的认同感，确保社会有机体健康良性运行。

第二，畅通利益诉求表达渠道，引导和释放舆情压力。政府部门要畅通群众利益协调和权益保障渠道，努力推行网上受理信访、举报制度，为群众提供便捷、高效、热情的服务，确保件件有明确答复。同时，要完善与公众沟通对话的网络平台，除了在传统的政府门户网站多开设互动交流栏目外，要把政务博客、政务微博、政务微信公众号等建构成更为规范化的网络沟通平台。通过沟通对话，解答、解决关涉民众切身利益的现实问题。

（二）加强网络阵地建设力，巩固意识形态网络舆论宣传主阵地

要有效抵御西方意识形态的渗透，必须提高网络宣传阵地的建设能力，抢占网络宣传的制高点，这样才能逐渐壮大与西方意识形态相抗衡的力量，确保马克思主义在意识形态领域的指导地位。

第一，加强马克思主义理论阵地建设。首先要加快建立一批特色鲜明的马克思主义理论和社会主义思想文化宣传的主流网站。要统筹规划，加大对网上理论阵地建设的财力、物力投入，积极整合宣传部门、党校系统、马克思主义专业研究机构、网络技术机构和各主流媒体等的人才资源，不断提高网站内容供给的丰富性与时效性，增强专业网站的感染力和说服力。

第二，加快完善网络主流媒体建设。一是要在资金、技术、人才等方面加大对主流媒体的支持力度，尊重网络发展规律，结合网站自身定位，打造一批在国内外有较强影响力的综合性网站和特色网站，发挥主流媒体的意识形态舆论引导作用。二是要加强对主流媒体的“四个意识”教育，确保其能够坚持正确的政治方向和舆论导向，全面宣传习近平新时代中国特色社会主义思想，努力推送内容丰富、品味高雅的先进文化产品，从而让正面的声音占领网上舆论阵地，形成正面舆论优势。

三是对私人资本尤其是外资参股的主流媒体，要从意识形态安全的高度进行研究和审核，严格把好入门关、审核关、组织关、内容关，牢牢掌握网络舆论的领导权、管理权和话语权，使主流媒体真正成为意识形态宣传主阵地。

第三，在媒体融合中整合官方与民间两个舆论场，形成网络舆情“同心圆”。一要推进两大舆论场技术、平台的融合。对政府部门而言，要通过主办网络公共论坛、设立微信公众号等方式搭建起两大舆论场的互动平台，熟练运用网络化话语，打造“微时代”主流意识形态舆论话语权。对于传统主流媒体而言，要积极发展移动客户端、手机网站等新应用、新业态，实现不同媒介形态的融合，努力成立统一指挥调度的“中央厨房”等，从而以新技术引领媒体融合发展，构建舆论传播新高地。二要推进两大舆论场内容的融合。无论是政府还是主流媒体，都要以群众需求点和关注点为基础，找准各种舆论场中的对接点和共振点，最终促成舆情正向集中涌动，形成舆论合力。三要推进两大舆论场价值观的融合。要把社会主义核心价值体系作为融通不同媒体与舆论场的共同主题与精神内核，引领多元化社会思潮与网络舆论方向，最终实现不同舆论场之间的共融、互动与共赢，打造新时代主流舆论宣传新格局。

（三）提高舆情监控引导力，健全舆情应对机制

加强舆情的监控引导，是意识形态网络舆情治理的基础性与关键性工作。要从以下几方面构建立体化的舆情应对长效机制，提高舆情监控引导力。

第一，建立健全舆情监测、跟踪机制。各级党政机关要高度重视意识形态网络舆情监控工作，加大财政投入力度，购买或定制适合本部门的舆情监测系统，解决海量舆情信息的监测问题；要设置专门的舆情监测中心或设置专业舆情监测员，建立和完善专人负责的纵向到县（区）、横向到各部门（单位）的全天候、立体化的舆情监控体系；要完善常规监测与重点监测相结合的监测机制，除了日常常规监控外，对一些重点网站、账号、论坛等还要派专人值守，对重大舆情事件与重要政治活动期间的舆情进行重点监测，防止敌对势力和民族分裂主义者利用重要时间节点借助网络进行鼓动和制造骚乱。

第二，建立健全舆情研判、预警机制。为促进舆情工作的常态化，可在市级以上党政机关内部组建三人以上的舆情分析工作组，负责日常一般性舆情信息分析，在遇到意识形态舆情热点事件或碰到重大政治事件和政治敏感问题时，还可以邀请相关领域权威专家参与分析，使得舆情研判更透彻、更全面。同时，努力完善意识形态网络舆情预警指标体系。可以由统筹意识形态工作的党委宣传部门牵头，联合网监等部门，组成党政合作、部门协同的评价主体，遵循系统性、科学性、可比性等原则，设置意识形态网络舆情分级预警指标体系，并拟定科学的预警阈值，确定相应的预警级别，并将设定好的指标参数导入舆情监测系统，当综合指数超过阈值时自动报警，从而提高意识形态网络舆情预警的速度与效力。

第三，健全舆情引导处置机制。一要纠正舆情引导理念的偏差，树立及时应对、抢占先机、公开透明、实事求是的观念，主动向社会提供信息，满足不同社会群体、不同层次的信息需求，同时保证信息的真实性，积极掌握舆论主导权。二要综合应用各种舆情引导策略。可通过“网络新闻发言人”引导舆情，配备专人从事网络新闻发言人工作，提升舆论引导能力，保障良好的舆情引导效果；通过网络意

见领袖引领舆情，发挥意见领袖舆论纠偏、引导的功能，使其成为政府意识形态网络舆情引导的一大助力；借助网络评论员疏导舆情，积极发展民间网络评论员，通过培训全面提高网络评论员的舆情引导水平；通过议程设置诱导舆情，根据受众的心理特点，主动设置议题、加强引导，同时促进传统媒体与网络媒体的议程互动，实现不同媒介之间的议程融合，从而扭转舆情发展不良态势，发挥舆情引导的最大功效。

第四，落实舆情问责追责机制。公共事件问责制是针对公务员在公共事件的起因、过程或处理中存在过错或重大过失，并且证实其负有领导或执行责任时的一种责任追究制度。在政府舆情治理中对行政问责制的引入和完善，实现了权力问责向制度问责的转变，能够对官员进行事发前的责任划分和有效监督，减少官员失职无为引发公共事件的风险概率，同时在事发后依据严格量化的问责运行标准，达成问责的依法推进和信息公开，实现舆情事件处置结果的去形式化。

（四）提高多元主体协同力，构建舆情协同治理模式

意识形态安全是网络安全的重要领域，构建舆情多元主体协同治理模式，是衡量意识形态网络舆情治理能力现代化的一个重要标准。

促进多元主体协同治理，一是要强化党政机关内部联动。要理顺意识形态网络舆情治理体制。可由各级党委宣传部门牵头成立意识形态网络舆情领导小组（或委员会），作为具有综合应急管理功能的专门常设机构，同时由各部门抽调熟悉专项业务的工作人员组成具有专业应急管理功能的临时工作组，保证在重大事件、重要节点上，各部门能够共享资源、统一行动，从而为有效控制意识形态网络舆情事件生成与蔓延提供组织保障。

二是要构建党政机关各部门联动协调机制。各级领导小组可通过完善舆情会商联席会议制度等，促进部门之间沟通协作；可建立统一高效的大数据基础平台，实现舆情信息资源共享；可实行网站异地备案、服务器异地托管等制度，促进异地政府之间的联动互动，最终形成中央和地方、上级和下级，全国各省市之间、各部门一盘棋的大舆情工作格局。另外，各部门之间应建立和完善网络舆情信息的传达机制。鼓励基层政府及时对辖区内的网络舆情危机信息进行收集和分析，同时落实好问责机制。

三是要加强与外部主体的协同。首先，完善与互联网企业的合作。政府可通过举办各种论坛、联席会等方式，积极搭建沟通合作平台，充分发挥互联网企业的平台优势，弥补政府在直播平台、微信群等新媒体监管方面存在的不足。其次，完善与网民的合作。要积极鼓励网民尤其是青少年网民参与到网络监督与网络正面舆论宣传中来，并从专家学者、优秀党员、高校思想政治工作骨干中选拔组建网络评论员队伍，发展网络意见领袖，让网民在保障意识形态安全上做出更大贡献。最后，完善与高校、技术公司、协会的合作。政府可以委托这些机构开发具有自主知识产权的意识形态网络舆情监控产品，开展部分非涉密的意识形态网络舆情监控工作，还可从这些机构中选拔舆情人才，建立舆情专家数据库，从而全面提升自身应对重大意识形态网络舆情事件的能力。

（五）提高网络法法治张力，完善舆情治理法律体系

首先，通过把握舆情治理时代特征明确网络舆情立法形式。国家层面要牢牢紧

跟时代的步伐，把握住信息时代网络舆情治理的新特点、新环境、新挑战，充分结合中国社会发展的特殊国情和社会治理实践经验，加快完善网络舆情治理的法律法规，在网络舆情治理机构的设置和管理权限等方面形成明确的指导意见，做到网络舆情治理有法可依。出台体系完备、有机衔接、可操作性强、紧跟网络发展趋势、体现大数据新技术特点的网络管理法律法规，构建由法律、行政法规、部门规章和司法解释共同组成的规范系统的体系。

其次，通过完善立法体系推动舆情工作指导。要形成完整的网络舆情治理法律法规体系内容，应当涵盖网络舆情预防、网络舆情危机应急处理、网络舆情危机善后处置等整个网络舆情治理的过程，进而对我国网络舆情治理的各项工作起到全面性的指导和管理。

最后，通过细化网络舆情规章制度贴近网络舆情现实。中央政府也要整合各地方政府已有的网络舆情治理规章制度，加大审核力度，废除过时的或者明显不符合现实经济社会发展需要和现状的规定，使得地方政府的网络舆情治理规章制度更加符合现实需求。

（六）提高人才技术支撑力，升级舆情治理支撑体系

加强新时代意识形态网络舆情治理，还需要创新网络舆情技术，加强人才队伍建设，从而为意识形态网络舆情治理提供强有力的支撑，全面提高意识形态安全防御能力。

第一，构建大数据网络舆情技术创新体系。首先，要提高网络监管技术，加强防火墙技术研发，抵御不良信息的恶意侵袭。其次，要大力提高信息技术的自主创新能力。加强对西方“破网”技术、互联网攻击技术的攻克，加速研发网络安全防卫技术，同时尽快研制我国信息安全系统所需的关键性硬件和软件产品。最后，要完善意识形态网络舆情大数据监控技术。实现对海内外媒体、论坛、微博、微信等各个舆情主要载体的24小时监测，深度挖掘有价值的舆情，解构舆情事件热点核心要素，即时把握传播渠道和范围、网民意见倾向、舆情发展趋势等多维数据，准确捕捉舆情事件隐含的风险点，从而实现对意识形态网络舆情的精确化管理和精准化调控。

第二，加强舆情治理人才队伍建设。一是加强领导队伍建设，以加强对意识形态网络舆情治理工作的引领。二是完善主流意识形态宣传队伍建设，建立起一支既精通网络宣传技术又熟悉马克思主义理论的主流意识形态宣传队伍。三是加强舆情应对处置队伍建设。努力提高新闻发言人的政治素养与专业素养，积极培养体制内外的网络意见领袖，加强对网络评论员队伍的甄选、培训与保障工作。四是进一步完善专业技术队伍建设，加大网络舆情分析师与大数据舆情管理人才的培养和引进力度，解决舆情分析、研判人才极度短缺的瓶颈，努力创建一支有较高政治素质的大数据技术的人才队伍，不断提升意识形态网络舆情治理水平。

【本章小结】

本章介绍了网络舆情治理的概念和内容，概述了我国网络舆情的综合治理依据与现状，并就政府如何进行科学有效的网络舆情治理给出了思路。随着网络舆情演

化为一种新的民意空间与社会力量，若缺乏网络道德约束和社会法律规制，网络舆情容易出现情绪化、复杂化和放大化的问题，给我国社会治理带来挑战。在此背景下，辨析治理工作中存在的不足并完善治理举措和思路，应成为新时代强化网络治理能力的重大课题。

【复习思考题】

1. 网络舆情治理的概念是什么？治理同统治与管理有何区别？
2. 网络舆情治理有哪些方面的重要意义？
3. 政府应如何进行科学有效的网络舆情治理？你有哪些新想法？

第 12 章　网络舆情的企业管理

企业是市场经济活动的主要参与者。在社会主义经济体制下，各种企业并存，共同构成社会主义市场经济的微观基础。现代经济学理论认为，企业本质上是一种资源配置机制，能够实现整个社会经济资源的优化配置，降低整个社会的交易成本。

随着互联网的发展和社会的进步，舆情传播载体呈现出多样化的发展特点，网络舆情渗透到了社会生活的各个方面。企业也相应成为网络舆情的重要主体。网络舆情管理对企业具有十分重要的价值和意义。

当前，很多企业存在舆情应对能力不足、舆情预警滞后等问题，导致舆情危机处置不力，企业形象和口碑受损，对企业发展造成负面影响。因而，及时、准确、全面地对网络舆情实施有效监测和管理，是企业发展和管理的重要课题。

第 1 节　企业网络舆情的定义、特点、主体和生成机制

我国对网络舆情的研究起步较晚，对企业网络舆情的研究更有待深入。企业要做好网络舆情管理工作，需要先了解企业网络舆情有何特点，其生成机制与一般的网络舆情有何不同。

一、企业网络舆情的定义

关于企业网络舆情的定义，学术界研究较少。通常认为是限于企业这个主体的网络舆情。梁循等将其定义为“由个人以及各种社会群体构成的公众，在一定的历史阶段和社会网络空间内，对自己关心或与自身利益紧密相关的特定企业的产品、经营和管理，通过网络表达的多种情绪、意愿、态度和意见的集合”①。

肖丽妍等将其定义为“公众利用网络发表和传播的对企业热点事件的不同认知、看法和态度的总和”②。

我们认为，企业网络舆情是网络舆情的一种具体表现形式。作为具有特定对象的网络舆情，企业网络舆情以网络用户为舆情主体，以企业及相关事件为舆情客体，以网络为传播空间和工具。简单来讲，企业网络舆情就是以企业为中心或与企业相关的网络舆情。

二、企业网络舆情的特点

当代社会环境中的企业网络舆情是网络舆情的一个重要分支，在网络舆情中占

---

① 梁循，杨小平，李志宇．社会网络大数据下企业舆情建模和管理．北京：清华大学出版社，2016：10.

② 肖丽妍，齐佳音．基于微博的企业网络舆情社会影响力评价研究．情报杂志，2013（5）.

有重要分量。与其他以国家、政府、个人等为对象的网络舆情相比，企业网络舆情既有一些共性特点，又具备一些特殊性质。所谓共性特点，包括网络舆情空间的虚拟性、舆情发生演变的实时性、参与各方的交互性等，企业网络舆情作为网络舆情的一部分，与网络舆情的基本特点相比别无二致。所谓特殊性质，主要有以下几点。

（一）舆情议题主体的特殊性

顾名思义，企业网络舆情的议题主体当然是网络舆情中的企业。网络媒体和网民以企业为中心进行议论，由此可能衍生出更多的经济、社会和政治议题，但起点和终点仍然聚焦于企业。

在互联网时代，企业日益成为网络舆情热点，企业网络舆情与其他网络舆情相比也更容易受到炒作。当前，各个利益群体与企业的交流、互动模式发生了巨大改变。社会的进步、技术的发展，促使社会公众对企业履行社会责任的期待值增加，公众对企业的关注更加广泛深入。企业在履行社会责任过程中的一举一动，往往会被小小的手机摄像头即时、直观地反映在互联网上。企业一旦发生环保、安全等社会责任类问题，很容易引发舆论关注，这会对企业的生产经营和声誉形象造成严重后果，最严重时甚至可能造成企业倒闭。

（二）舆情议题内容的特殊性

多年来，社会上围绕企业网络舆情的热点层出不穷。但仔细甄别会发现议题范围较多局限于企业本身、员工、产品服务和企业服务对象。

特别值得一提的是，维权议题是企业网络舆情的一大热点。当前企业网络舆情与政府网络舆情一样，常被当作维权渠道。社会的进步和经济的发展，使得人民对美好生活的需要日益增长，各种利益诉求不断增多，公众的维权意识也不断增强。与通过前往信访部门上访、寻求法律人士帮助等传统的维权方式相比，网络维权成本相对较低，且传播速度快、扩散范围广，更加能够引起相关部门的关注和重视。因此，当个人作为消费者、交易方或服务对象与企业产生利益矛盾时，当员工与所在企业发生劳资纠纷时，前者越来越倾向于把矛盾发布到网络空间，借助网络的力量维权，从而也把企业推向网络舆论的风口浪尖。

（三）舆情情感表达的特殊性

一方面，较之于国家、政府和个人等网络舆情对象，无论是网络媒体还是网民等网络舆情主体，在进行批评、谴责甚至咒骂等负面评论，以及不辨是非就“非理性表达”“跟风”“围观”等错误网络行为时，相对缺少法律约束与道德顾忌。另一方面，在企业网络舆情事件中，企业面对的是员工、消费者以及社会大众等相对弱势的群体。多数利益群体或社会大众普遍具有“同情弱者”的思维模式，为企业负面舆情的恶意炒作、加速传播扩散提供了条件。

（四）舆情管理目的的特殊性

政府进行网络舆情治理的目的是服务国家、社会和公众。政府部门利用社会网络及时发现社会中的不稳定因素，在第一时间进行监管和处理，保证国家和政府的有效治理和社会的和谐稳定。而企业进行网络舆情管理的目标是维护企业利益，与政府相比更加微观，企业通过对自身品牌形象、竞争对手动态、法律政策环境、相关热点事件等进行跟踪监测并及时处理，从而塑造正面形象，消弭负面声音，改善社会声誉，促进企业获得更多盈利和更好的发展。

三、企业网络舆情的主体和生成机制

企业网络舆情的生成机制和演化路径周期，与一般的网络舆情基本一致，本节不再单独分析。在此从企业网络舆情的传播主体要素出发，探讨企业网络舆情生成机制的特殊之处。通过对企业网络舆情传播过程中各传播主体的分析，了解企业网络舆情的生成机制和传播过程。

（一）企业

企业是企业网络舆情产生的根源。企业网络舆情的发生发展和整体演化趋势在很大程度上取决于企业。同时，作为舆情事件的重要利益相关方，企业既有依法宣传、解释的知情权和发言权，也可能因自身错误、失职乃至失德、违法而承担相应的道歉、改正等责任。

企业面临的网络舆情主要涉及产品服务、经营管理、生产安全、环境保护等。企业在日常管理中出现产品服务问题引起消费者或客户不满，在经营管理中出现利益分配不均或劳资纠纷，在生产中出现安全事故或环境问题等，都可能引发网络舆情，甚至爆发舆情危机。

企业形象、规模和舆情管理方式方法，对企业网络舆情热度和深度走势都有很大的影响。

企业形象对企业网络舆情热度和走势有重要影响。企业形象，是指公众对企业的主观态度、看法和情绪，是综合评价企业的一个重要指标。当有关企业的热点事件发生，公众除了关注事件本身，还会关注涉事企业，此时，企业形象就尤为关键。如果该企业在网民心目中的形象良好，网民则很可能对企业网络舆情事件保持观望和保留态度，在一定时间内并不参与话题的热议，而是等待信息的进一步发布，由此可降低舆情传播速度，降低网络舆情热度。如果该企业长期以来在网民心目中的形象不佳，一旦有负面网络舆情发生，网民则很可能积极参与对事件和企业的跟踪热议，推动舆情向更深、更热发展。

企业网络舆情的影响力大小，往往与企业自身规模正相关。一方面，大企业有更雄厚的资本和更丰富的公共资源、网络资源，网络舆情管理能力更强；另一方面，由于大企业在舆情事件发生后影响范围更大，更易引起网民和社会对该企业的“理所当然”的更高标准要求甚至挑剔，在出现网络舆情危机时一旦处理不及时、不得当，则会对企业形象造成更大的伤害和修复难度。

当然，企业本身对网络舆情的应对处置是否及时、准确、合理、有效，更能决定企业网络舆情能否化解或是否会激化。及时全面的舆情监测、科学合理的应对引导、诚恳公开的解决态度，都有助于企业尽快化解舆情危机，争取网民谅解，消除负面影响。企业网络舆情还可能成为同业竞争的有力武器。当一家企业产生舆情危机，其竞争对手可以充分利用前车之鉴，避免犯同样的错误，改进对同类舆情的管理方式方法，从而有效引导舆论、化解危机。竞争对手也可能会针对该事件和涉事企业进行蓄意传播，从而放大对该企业的负面影响，打击该企业品牌；并通过蹭热度来吸引网民转而关注自身品牌，甚至会利用企业负面舆论制造对自己有利的正面舆论。

【案例】 美团、饿了么对“压榨骑手”指责的不同应对

2020年9月8日，《人物》杂志发表题为《外卖骑手，困在系统里》的微信公众号文章，批评饿了么与美团两大外卖平台对骑手进行算法压榨，导致骑手为了快速送达完成任务而长期违反交通规则，成为高危职业。该文章引发汹汹网议。

随后，饿了么于9日凌晨1点发布了《你愿意多给我5分钟吗?》的声明作为回应，表示将发布“我愿意多等5分钟/10分钟”的新功能，并大打感情牌，请各位顾客“等等我们的外卖小哥”（见图12-1)。此举招致网友大面积负评，认为这是企业在甩锅，有强烈的通过道德绑架消费者的意味，而不是在解决问题。

而此前“暂不回应”的美团随后才发布声明，提出“更好地优化系统”等改进措施，没有转嫁平台与骑手、消费者的矛盾（见图12-2)。美团采取以退为进的策略，承认“没做好就是没做好”，克制而理性地应对、平息舆情，得到较良好的社会反馈。

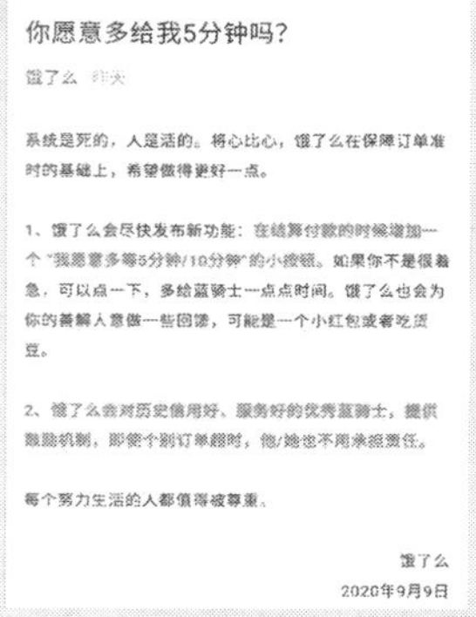
你愿意多给我5分钟吗?

饿了么

系统是死的，人是活的。将心比心，饿了么在保障订单准时的基础上，希望做得更好一点。

1、饿了么会尽快发布新功能：在结算付款的时候增加一个“我愿意多等5分钟/10分钟”的小按钮。如果你不是很着急，可以点一下，多给蓝骑士一点点时间。饿了么也会为你的善解人意做一些回馈，可能是一个小红包或者吃货豆。

2、饿了么会对历史信用好、服务好的优秀蓝骑士，提供鼓励机制，即使个别订单超时，他/她也不用承担责任。

每个努力生活的人都值得被尊重。

饿了么
2020年9月9日

图12-1 饿了么回应截图

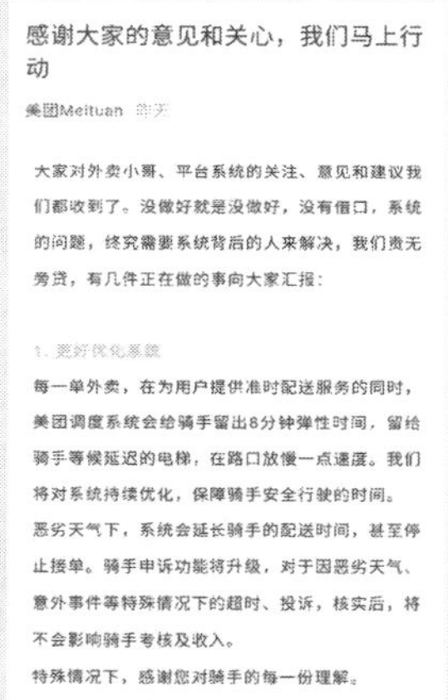
感谢大家的意见和关心，我们马上行动

美团Meituan

大家对外卖小哥、平台系统的关注、意见和建议我们都收到了。没做好就是没做好，没有借口，系统的问题，终究需要系统背后的人来解决，我们责无旁贷，有几件正在做的事向大家汇报：

每一单外卖，在为用户提供准时配送服务的同时，美团调度系统会给骑手留出8分钟弹性时间，留给骑手等候延迟的电梯，在路口放慢一点速度。我们将对系统持续优化，保障骑手安全行驶的时间。
恶劣天气下，系统会延长骑手的配送时间，甚至停止接单。骑手申诉功能将升级，对于因恶劣天气、意外事件等特殊情况下的超时、投诉，核实后，将不会影响骑手考核及收入。
特殊情况下，感谢您对骑手的每一份理解。

图12-2 美团回应部分截图

（二）网民

网民是企业网络舆情演化的主导者，网民基于事件产生的情绪、观念等在网络空间里相互交织碰撞，最终形成一种或几种相同或对立观点。企业网络舆情中的网民与通常的网民具有同样的心理特征，如求知、好奇、个性化、娱乐、宣泄、从众等。网民的受教育和收入水平、利益诉求、性格喜好等都会影响网民的最终行为和决策结果。在企业网络舆情的演化过程中，广大网民通过积极追问真相、维护权益、呼唤正义、施加舆论压力惩恶扬善，促进了企业网络舆情相关问题的积极解决，也促进了社会公平正义。但与此同时，由于受思想认知高度和知识结构等因素限制，许多网民缺乏批判性思维能力，容易被意见领袖的观点牵引；或者非理性地

放大自己的情绪，甚至恶意曲解事件的真实情况，有时会对无辜企业造成不应有的误伤。

在企业网络舆情事件生成传播的过程中，一方面，最先在互联网上就企业议题发出批评、质疑等声音的可能是作为个体的网民。另一方面，网民作为信息接收者和传播者，会对信息进行接收、分析、加工、转发、评论，从而推动网络舆情事件进一步发展。

作为消费者或企业员工的维权需求和共情，是促使网民参与企业网络舆情传播的重要动机。作为消费者，网民可以借助网络平台发布自己在现实生活中遇到的不公平或者损害自身利益的事件，以引起其他网民的同情或共鸣，争取维护作为消费者的权益。如有消费者通过微信公众号发文，揭露平台“杀熟”的不当行为，引起网上广泛共鸣。

作为企业员工，网民可以借助互联网的匿名性，通过网络平台表达在现实生活中不便倾诉的问题，如一些互联网“大厂”员工在网上控诉“996”，表达对公司加班制度的不满等，从而形成网络舆情，引起相关监管部门介入，倒逼企业做出改进。

（三）网络媒体

网络媒体指网络论坛、即时通信工具、博客、微博、社交网站等借助互联网进行社会沟通交流的工具，具有传播快捷性、传播开放性、交流互动性等特点，承担着一定的舆论引导、舆论监督等社会责任。它伴随着互联网的发展，社会影响力日益扩大，也给民众提供了与政府平等对话的重要沟通平台。媒体是企业网络舆情的搬运工，现代网络媒体利用网络发布有关企业的舆情事件信息或对事件进行跟踪报道并同时做出相关评论，网络媒体是网民了解企业网络舆情事件的主要渠道之一，网络媒体对事件的关注在很大程度上影响网民对事件的关注。媒体对事件报道的片面性与全面性、真实性与客观性都会影响企业网络舆情的整个演化趋势。但是，也存在网络媒体报道失真、误导舆情的风险。因此，网络媒体对舆情应对效果的影响不可忽视。

网络媒体是企业网络舆情形成和传播扩散的主要媒介，具体有两种作用机制：一是网络媒体作为舆情产生者。专业新闻媒体和自媒体等，对企业某些涉及公众利益的行为进行报道，从而形成网上的热门事件及话题。不同于传统官方媒体的权威性，网络媒体具有多样性，特别是在当前网络环境下产生诸多自媒体，使不同网络媒体的公信力差别较大。二是网络媒体作为网络舆情传递者，并作为重要媒介为企业网络舆情的发展变化提供承载空间。企业网络舆情发生发展过程与网络媒体的参与度以及公信力有很大关系。网络媒体对舆情事件进行跟踪报道，其报道频率在一定程度上可以反映舆情热度值的变化。网络媒体的多样化造成公信力差异化。通常，专业新闻网站和门户网站会比微信公众号或者个人微博账号等更有权威性，公众对报道的认可度更高。

（四）政府

政府在企业网络舆情中的角色主要是监管者。企业网络舆情发生，往往是因为该舆情事件与公众利益关联度高。此时需要政府部门介入，监管、督导企业及时解决问题，或直接对企业进行处理，以维护社会稳定。

在企业网络舆情处理过程中，政府的态度和措施在引导企业网络舆情方向和控制影响范围等方面有很重要的作用。政府部门工作的透明度和效率、质量直接影响公众的满意度，进而影响网民对企业网络舆情事件的情绪、态度的转变，最终影响网民的舆情传播行为。

（五）网络推手

网络推手又名网络推客，也有人称之为“网络策划师”，特指一些懂得并善用网络推广的人和团队，他们借助网络媒介进行策划、实施并推广特定对象（包括企业、品牌、事件以及个人），使之产生影响力和知名度。网络推手是区别于网络媒体的另一种存在形式，他们出于自身利益需求而对舆情事件推波助澜，是影响网络舆情走向的重要直接因素之一。

网络推手借助较强的专业能力，为企业提供品牌和产品网络宣传推广、舆论事件炒作与宣传、企业网络声誉管理、企业（产品）危机公关及上市公司品牌美誉度维护等服务。近年来，网络推手从以个人工作室的形式零散存在向集约、专业化的推手公司发展。一些大型传统广告公司纷纷进入该行业或开展该业务。专业软件代替人工，业务范围不断扩大，初步形成了产业链雏形，行业迅速洗牌。

网络推手的一个重要问题是合法合规性。据说有的网络推手明确提出接活原则：不做有损国家及人民利益的行为；不采取非正当手段替客户打击竞争者；不发布行业负面消息；不接维权类和牵扯到政府、国企、大型企业之间矛盾的业务。反向思考，这些恰恰反映出当前网络推手为了经济利益而存在的普遍问题。

当前，由企业引发的舆情事件数量逐年上升。与传统企业舆情相比，新媒体已经取代报纸等传统媒体，网络也已成为现代企业舆情传播的主要渠道，企业网络舆情也取代传统企业舆情，成为企业舆情发展的主流。企业舆情传播环境更加复杂，传播内容更加多变，不可控度大大提高。对企业网络舆情的管理应引起充分重视。

第 2 节　企业与网络舆情管理

企业进行网络舆情管理的总体目的是促进自身的发展。主要包括两点，一是维护和改善企业形象，二是获取情报信息、帮助科学决策。

在维护和改善企业形象方面，及时采集和分析涉及网民消费、企业口碑形象等的舆情数据，了解舆情热点、突发事件对网民和消费者的影响。及时预警网络负面信息，对网络谣言及时捕捉，消除误会、解决问题，努力消弭其对消费者消费心态和对企业认知的负面影响，避免负面舆情发酵对企业造成损失。合理引导和设置有利话题，引导消费。

在获取情报信息、帮助科学决策方面，通过及时、准确、全面的网络舆情检查，及时了解经营所在地相关政策环境，掌握同业伙伴（或称“竞争对手”）工作动态，为科学决策提供有力的信息支持。

一、企业网络舆情管理的必要性

近年来，我国企业网络舆情事件逐年增多。有效的网络舆情管理对企业发展的重要性日益显著。

(一) 了解成绩口碑

通过网络舆情监测，企业可以对自己的产品和目标市场进行实时跟踪，了解自身在发展中取得的新进展、新成绩是否为外界所知晓。同时，企业要在互联网上保持正面的公众形象，就必须了解自身的网络舆情状况，对网络舆情进行监测是保证享有企业良好网络舆论环境的前提。

【知识窗】 网络口碑

网络口碑（word of mouse）是指网民通过论坛、博客和视频分享等网络渠道，与其他网民分享的关于企业、产品或服务的各类多媒体信息。

网络口碑具有以下几个特征。

（1）网络口碑传播具有匿名性。网络的匿名性使得网民能够以匿名或化名的方式发表自己的意见或想法，因此，消费者能更自由地在网络上分享自己使用产品或服务的正面或负面的想法，而不必担心被发现真实身份。

（2）网络口碑形式和传播渠道具有多样性。网络口碑形式可以是文本、声音、图像与视频，不再局限于口头语言，并且口碑信息可以保存。网络用户可以通过电子邮件、网页、虚拟社区及即时通信工具等多元传播渠道获取或分享口碑信息。

（3）网络口碑传播范围极广泛。消费者可以不受时间与空间的限制，随时随地在网络世界里搜寻产品信息或发表自己的意见。这样使网络口碑的传播不再局限于由亲属及朋友等熟人构成的社交圈，使网络口碑传播网络存在更多的弱联结。

（4）网络口碑传播效率极高。互联网允许用户之间以不同的对应关系进行信息的传递活动。用户既可以进行一对一的口碑信息传递，如即时信息等，也可以进行一对多的口碑信息传递，如邮件列表等，还可以进行多对多的口碑信息传递，如聊天室、讨论区等。这样一来，网络口碑信息的传递变得更为直接，这使得网络口碑的传播效率大为提高。

（5）网络口碑具有相对可控性。与传统口碑不同，某些网络口碑信息是可以人为控制的，例如亚马逊的营销人员可以决定是否显示消费者的评论，并且规定了消费者对商品的评论模式，这些都会对网络口碑信息接收者的行为造成一定的影响。

网络口碑对消费者行为影响巨大。据中国互联网络信息中心（CNNIC）调查，85%的网购者购物时会浏览商品的所有评价，不受已有意见影响而坚持自己最初购买决策的被调查者占比仅为3.29%，逾九成被调查者都会受到不同购物评价的影响。与预期假设不同的是，好评并没有成为网民对所挑选商品更为动心的刺激因素，仅有18.35%的被调查者会因为好评很多而更想买某件商品。①

① 中文互联网数据研究资讯中心．CNNIC：85%的网购者购物时会浏览商品的所有评价．（2014-04-03）[2022-09-08]．http：//www.199it.com/archives/207184.html.

（二）预警风险问题

风险预警是指企业根据外部环境与内部条件的变化，对企业未来的风险进行预测和报警。企业通过风险预警，可以增强自身的免疫力、应变力和竞争力。

要想在日趋激烈的市场竞争中站住脚，企业就必须建立风险预警机制，在风险和危机还没有形成时就发出预警，引起管理层的重视，并将风险和危机消灭在还没有形成的状态或萌芽状态，从而使企业能够实现可持续发展。在互联网时代，企业网络舆情管理者通过对互联网上的企业品牌、产品及服务等所有信息进行监测，使企业可以第一时间发现与之相关的舆情信息，并开启预警功能。当信息出现时，迅速准确地做出判断，将符合条件的信息通过多种方式第一时间通知相关联系人，为企业争取更多时间以应对舆情。另外，当行业内有重大事件发生时，通过实时监测行业动向，能够帮助企业及时发现潜在的行业风险。例如 2019 年前后，社会上发生 P2P 网贷大面积暴雷事件，形成较大的网上舆论压力，监管部门也果断进行了干预。相关企业如果能在此时通过网络舆情监测及时掌握信息，可能会对该行业风向做出准确预判，从而理性规避行业“雷区”，防患于未然。

（三）感知政策环境

企业所处的政策环境，既包括针对企业的政治经济政策、行业政策、投资环境、法律政策、环保政策、文化社会政策等专项政策，还包括与企业高度匹配的教育、养老、医疗、助残、扶贫等领域政策，对企业的重要性不言自明。但是许多企业未必能实时关注相关政策，使工作处于被动。有时，政府也会出台一些有利于企业的政策，企业通过网络舆情监测，可以实时获取信息，给自身带来收益。全球化使得更多企业的经营环境不再是单一稳定的本土，而是不同国别地域、不同文化背景的复杂环境。“走出去”的中国企业日益增加，做好境外网络舆情管理工作、及时感知掌握东道国投资政策环境动态，对企业而言已是势在必行。

（四）掌握同业动态

知己知彼，百战不殆。同业伙伴和竞争对手，在此所指实为同一对象。行业内的其他企业既是企业需要不断警惕防范的竞争对手，也是刺激企业发展的动力，在面对一些共同挑战的特定情况下，还可以是开展合作的伙伴。通过网络舆情监测，可对竞争对手在网络平台的舆情动态，包括负面声量、品牌宣传、新品发布、公关活动等进行实时监测，从而帮助企业洞悉竞争对手的商业战略变化，为赢得和保持市场竞争优势提供决策支持。特别是在竞争激烈的行业实时掌握市场状况和竞争者最新动态对一个企业的生存来说意义重大。通过对同业伙伴（竞争对手）进行舆情监测，及时了解其战略、研发、营销等各环节工作动态，有助于企业了解自身优劣势，规避同类风险，掌握市场竞争信息，优化市场定位，提升品牌竞争力。这也可以理解为通过网络舆情管理获取企业竞争情报。

【知识窗】 企业竞争情报

企业竞争情报是用于竞争决策和可作为行为依据的事实、状态、趋势及事物的判断、识别、预测。

企业竞争情报是对整体竞争环境的一个全面监测过程。通过合法手段收集商业竞争中有关商业行为的优势、劣势和目的等信息，并对所收集的信息进行分析，为企业决策提供可靠的事实依据。

资料来源：陈飏，薛刚．商业竞争情报实务．北京：经济日报出版社，2011：19.

二、企业网络舆情风险

全球已进入新媒体时代和大数据时代。伴随着网络技术、数字媒介技术的长足进步和新闻传播模式的新发展，对于企业来说，潜在的网络舆情风险无处不在。总体来看，主要有信息泄露和负面舆情危机两种风险。

（一）信息泄露风险

无论是哪个行业，企业在运营中都会涉及敏感信息。如果这些信息得不到有效的保护而通过互联网泄露，将影响广大客户和消费者的利益，并可能给企业带来重大损失。如果企业的图纸和源代码、关键业务数据等核心信息泄露，企业整体就必须承担风险，最直接的就是经济损失。企业发生信息泄露事件还会导致企业在公众中的威望和信任度下降，会直接使公众改变原有选择倾向。

企业信息泄露有的是由于恶意攻击或犯罪活动，有的是由于员工人为错误。比如有人在网上随意发布所服务的明星的信息，借以炫耀，造成明星个人隐私被侵害，这对涉事企业的信用造成了负面影响。

【案例】 国航员工泄露演艺明星乘客信息

2020 年 1 月 3 日，微博网友发文举报称，有人在微博上发布了包含大量演艺明星个人信息的乘机记录。

在被举报的微博中，可以看见包括张杰、韩红、周笔畅等多位艺人的乘机信息被泄露。被曝光的信息包括乘客中英文姓名、国籍、出生日期、登机时间、会员信息及座位号。而在这些被泄露的信息上，就有八个标红大字“旅客资料，禁止外传!”有业内人士分析称，相关信息可能是通过国航班机上使用的信息查询终端或者内部软件进行查询所得。

1 月 3 日晚，中国国际航空官方微博回应了“员工泄露乘客信息”一事：“经核查，涉事人员系国航一名乘务人员。该员工的行为严重违反了国航数据管理相关规定。目前公司已对该员工做出停飞处分，后续将根据公司有关规定进一步严肃处理。我们对此事涉及的旅客表示最真诚的道歉。”（见图 12－3）

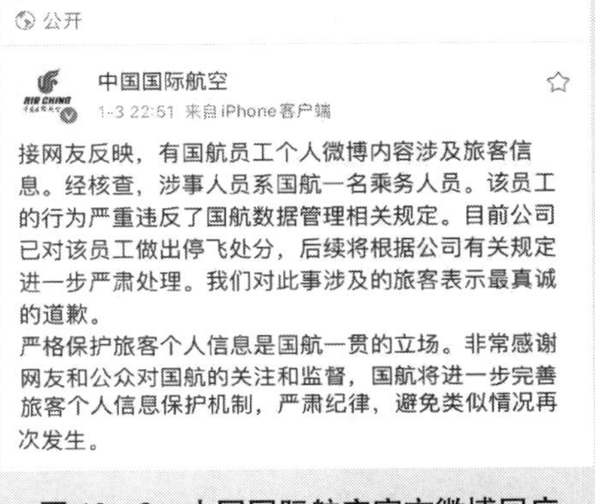
公开
中国国际航空
1-3 22:51 来自iPhone客户端
接网友反映，有国航员工个人微博内容涉及旅客信息。经核查，涉事人员系国航一名乘务人员。该员工的行为严重违反了国航数据管理相关规定。目前公司已对该员工做出停飞处分，后续将根据公司有关规定进一步严肃处理。我们对此事涉及的旅客表示最真诚的道歉。
严格保护旅客个人信息是国航一贯的立场。非常感谢网友和公众对国航的关注和监督，国航将进一步完善旅客个人信息保护机制，严肃纪律，避免类似情况再次发生。

图 12－3　中国国际航空官方微博回应“员工泄露乘客信息”

（二）负面舆情危机风险

网上有关企业的负面舆情会直接影响企业形象，甚至引发企业公关危机。负面网络舆情造成企业社会形象恶化，进而使客户和消费者不买账，规避该企业的产品或服务，使营销受阻，企业盈利缩水甚至亏损，更严重的甚至会导致企业倒闭。对舆情发生主体进行分析，主要有如下几种情况。

一是消费者对企业产品、服务、广告营销活动等产生意见、投诉、不满等，并在网上发布传播负面舆论信息，这常常能够在短时间内引发舆论共鸣，进而爆发重大舆情危机事件。

二是作为舆论监督者的媒体、自媒体以及匿名网友等对企业及行业相关的公共事件进行负面报道和批评。

三是政府主管部门或相关监管部门对企业自身及其竞争对手甚至相关行业进行处罚，其中有的还涉及企业司法案件，有可能引发企业舆情危机。

四是企业竞争对手甚至合作伙伴等出于自身利益需求，利用媒体或雇用网络水军，在网上针对企业制造负面声音，发动舆论攻击，将企业推向舆论的风口浪尖。

五是企业内部员工曝光爆料负面舆情信息，如裁员、加班、降薪等导致员工不满，或安全事故等。

六是企业负责人负面新闻。企业负责人的个人形象是企业品牌形象的缩影和重要构成要素，直接反映公众对该企业产品及企业本身的评价。企业负责人糟糕的个人形象会严重损害、破坏企业的形象。

【案例】 上市公司董事长无视防疫政策“走偏门”进寺烧香

2022 年初，市值近 500 亿的 A 股某医疗上市公司董事长因违反防疫政策，在“禁地”烧香祈福，把自己送上了热搜，受到网民批评。

就在几个月前，这位董事长曾在雪球上与质疑公司业绩不达投资者预期的网友互怼，言辞激烈。对此，人民网评表示，上市公司董事长用一些脏字骂网友，显然有失身份、对股东或投资者缺少起码的尊重。只有懂得尊重和回报投资者的上市公司，才会赢得市场的认同和尊重。

截至 2022 年 2 月 10 日收盘，该医疗公司股价报距离 2021 年 6 月 30 日 421.99 元/股的高点，已跌去超 60%，市值蒸发 864 亿元。

资料来源：每日经济新闻．无视防疫政策，董事长“走偏门”进寺烧香！公司市值从 1300 亿跌到 490 亿，此前还怒怼股民．（2022-02-10）[2022-09-21]．https://baijiahao.baidu.com/s?id=1724375843078229507&wfr=spider&for=pc.

三、企业网络舆情管理中的常见问题

为应对随时可能爆发的舆情危机，企业不断加强舆情风险管理是最主要的手段。为此，不少企业逐渐意识到做好舆情监测和危机管理工作的重要性和紧迫性，并建立起相应的舆情管理机制。但现阶段的舆情管理仍存在诸多与发展需求不匹配的问题，具体可以从思想认识、管理机制、应对策略、节奏把握、口径文案五方面分析。

（一）思想认识不够

在具体的管理思路、工作思路等方面，企业易形成思维定式，存在误区。例如，将媒体和公众置于企业的对立面，认为外部环境缺乏对本企业应有的客观、公正和善意，指责媒体总是对企业挑毛病，对媒体有畏惧心理；部分员工的危机管理思路仍停留在“封、堵、拖”上，危机爆发时第一反应不是沟通而是想办法拖延和掩盖，最终错过管理危机的最佳时机，甚至造成危机进一步升级；对网络舆情的认知也存在偏差，认为个人通过微博、微信等自媒体发布的信息不具备影响力和传播力，无须耗费巨大精力监测和管理等。

（二）管理机制不健全

近年来，随着对自身形象和舆情管理的重视，很多企业特别是国有企业都设立了舆情管理或危机管理处室，并设置了专门岗位负责相关工作。有的企业官网还专设“媒体报道”专栏，关注媒体对本公司的最新报道情况。然而，从危机管理的角度来说，不少企业在工作机制层面仍有短板。例如，舆情预警机制尚不完备，缺乏科学健全、操作性强的危机预案；对不同类型的舆情危机，也缺乏明确的舆情管理机制，比如是多部门协同合作还是成立应急管理专项小组等，未做明确界定；日常信息公开机制和危机信息传播机制仍需完善，以便在危机发生时抢占话语权；危机应对机制在时效性和灵活性上仍有所欠缺，决策和应对周期较长，普遍超过微时代危机应对的“4 小时黄金期”；未建立舆情管理责任追究机制；等等。

（三）应对策略不足

很多企业尚未形成舆情管理和危机应对的基本原则和应对策略。这些策略包括：在舆情危机爆发后，积极召开新闻发布会、刊登通稿，主动通过媒体和自建渠道向外界公开真实信息；运用第三方策略，召集行业专家、学者以及知名人士对舆情所涉及的事件进行权威解读；建立企业员工信箱和消费者论坛，力求实现负面舆情的自我分解和消化。此外，随着企业舆情和传播环境的进一步复杂化，上述应对策略已不能完全满足需求，还需要积极归纳总结、综合运用各类危机管理策略，如媒体关系策略、渠道选择策略、舆论引导策略、新媒体策略、情感策略等，争取在危机爆发时占领传播高地。

（四）节奏把握不准

不少企业在发生舆情进行回应处置时，没有准确把握节奏，从而造成不利后果。这主要有两种极端表现。一是企业由于想要展示积极姿态或片面抢抓时间等原因，在负面舆情应对准备工作还未做好的情况下，就贸然做出回应，后续还频频发声“找补”，未与事态处置进展保持同步。这样往往会给网民留下刷存在感、草率行事、不负责任、做表面文章等负面印象，不但无助于促进负面舆情的快速平息，还加重了处置负担，同时也使企业形象雪上加霜。二是有的企业谨慎过度或草拟审核流程纷繁复杂，回应速度总是慢半拍或严重滞后，导致各种言论已经在网上沸沸扬扬，当事企业回应滞后被动，致使次生舆情和原生舆情并存发酵。在网民眼里，事件本身反而变得不那么重要了，聚焦点可能转向各种次生舆情，企业扭转局面变得举步维艰。

（五）口径文案不过关

有的企业在网络舆情处置过程中对口径工作没有给予充分重视，出现多种问题。一是没有及时建立和更新“舆情应对口径库”，当网络舆情事件发生时，企业内部仓促上阵，忙中出错。二是口径库质量不高，文本拟定不当，或宣传腔严重，自说自话，避重就轻；或对传播规律研究不够，口径技巧不佳；或缺乏敏感度而滥用“领导高度重视”“情绪稳定”“临时工”等网络舆论场禁忌词。三是在运用口径库时，对固有的回应口径生搬硬套，甚至牛头不对马嘴，闹出笑话。以上种种表现容易影响舆情处置效果，加深网民对企业的负面印象。

总之，这些在舆情应对策略方面的问题，反映出企业在舆情管理能力、经验技巧以及媒介素养等方面亟待提升。这一方面需要进一步在全公司范围内开展舆情管理能力培训，另一方面也需借助外脑，如高校学术机构、专业行业资讯机构等，制定较为可行的危机管理方案，形成有价值的决策参考意见。

第 3 节　企业网络舆情管理原则和方法

企业开展网络舆情管理，首先要确定管理战略和原则，同时要建立有效的工作机制。本节将从企业网络舆情的管理原则、工作机制和管理工具方面加以阐述。

一、管理原则

企业进行网络舆情管理工作，首先要确定符合自身运营规律的原则。

（一）企业网络舆情管理的一般原则

企业网络舆情管理是企业管理的一部分。企业管理是对企业生产经营活动进行计划、组织、指挥、协调和控制等一系列活动的总称，是社会化大生产的客观要求。企业管理是尽可能利用企业的人力、物力、财力、信息等资源，实现省、快、多、好的目标，取得最大的投入产出效率。

关于企业管理原则，通用电气前 CEO 杰克·韦尔奇在管理学名著《赢》中，归纳了企业管理的四条基本原则，分别是：认识到强烈的使命感和切实的价值观的重要性；在企业经营的任何环节都绝对需要保持坦诚的态度；发挥业绩评估的力量，建立精英化的组织；让每个个人都得到发言权和尊严。①

一般认为，科学的管理包含方法、人、合作和职责、分工等基本要素。作为企业管理最重要的和顶端的企业战略管理，要遵循以下六个原则。

一是适应环境原则。来自环境的影响力在很大程度上影响企业的经营目标和发展方向。企业战略的制定和企业的发展，要遵守法律法规，要适应社会主义市场经济发展的需要和全社会的需要，要遵循社会价值观、发展观、道德观，要与外部环境建立良性互动。

二是全程管理原则。发展战略的制定、实施、控制与评价是一个完整、系统的过程。各个阶段相互支持、互为补充，任何一个阶段都不能忽略。

---

① 韦尔奇．赢．北京：中信出版社，2010：15.

三是整体最优原则。要将企业视为一个整体来进行管理。强调整体最优，而不是局部最优。通过设立企业的宗旨、目标来协调各部门的活动，从而形成合力。

四是全员参与原则。企业管理应该由企业全体员工共同参与，而不仅仅是企业领导和管理部门的事。

五是反馈修正原则。管理的实施过程通常需要根据形势环境等因素发生的变化，不断跟踪反馈和修正完善。

六是从外往里原则。企业战略制定是从外往里而不是从里往外。这一点与第一、第五条原则相匹配。

（二）企业网络舆情管理的特殊原则

除了要遵循上述企业管理原则，企业在网络舆情管理工作中还应遵循以下特殊原则。

1. 方向一致原则

企业网络舆情管理要始终与企业的发展需求、战略规划和文化内涵相一致。企业不应被舆论“牵着鼻子走”，而应将所有应对策略和决策建立在最有利于企业长久发展的基础上。企业在网络舆论引导和舆情危机应对的过程中，必须认识行业和自身的特点，明确自身的目的，并且在此过程中掌握主动权，服务于自身。

2. 主动沟通原则

在企业网络舆情发生后，企业应主动与舆论主体直接交流，获取第一手资料，通过对舆情动向的准确把握，了解事件发展的来龙去脉，摸清背后的价值追求、利益诉求、心理情感，从而更有针对性地引导舆论。引导舆论要求全面、实时掌控舆情，把控引导主动性，操控舆情动向、发展。在日常的网络舆情管理工作中，企业应重视与媒体、消费者、政府监管部门及内部员工等多方的常态化沟通，未雨绸缪，努力将负面舆情消解于萌芽状态。

3. 以人为本原则

企业网络舆情管理的对象是网络舆论，这些舆论来自公众意见，特别是消费者意见。因此，企业网络舆情管理要从公众诉求、需要和利益出发，充分尊重利益相关方特别是消费者的利益，通过舆论引导增进公众对企业的积极认识，提升公众对企业的满意度，扭转负面舆情和不利局面，使对企业有利的意见主导网络舆论场。

4. 真诚坦率原则

负面的企业网络舆情难免会对企业声誉、形象甚至经营考察造成困扰和损害。此时，一些企业弄虚作假、封锁消息、打压舆论、愚弄大众，结果往往是适得其反，对企业造成更大的负面影响。在网络舆情管理中，企业要坚持真诚坦率原则，敬畏互联网的力量，敬畏法律和公众的力量，敬畏网民的智商和判断力，拿出决心和诚意，老老实实地承担责任，解释问题原因，不文过饰非、不推卸责任，以真诚赢得公众的理解，从而有效缓解网络舆情危机。

5. 引导有度原则

企业网络舆情管理要把握好时机、分寸和效果。企业无论是进行日常的正面形象、成就宣传，还是应对引导突发的负面网络舆情，都应坚持有度原则，抓住时机、把握节奏、讲究策略、掌握火候，防止过犹不及、适得其反。实践证明，在网络舆情危机爆发时，如果企业不能及时应对或控制，就可能导致危机的不良影响迅速扩散，对企业造成更大的危害。但及时应对并不等于立即发声。实际上，在一些舆情事件处理过程中，说晚了不行，说早了也不行，马上说不如先不说。另外，有的企业在进行正面典型宣传时不注意把握分寸，结果适得其反。如有国企发新闻稿表扬员工春节长假坚守岗位无私奉献，家人病危都不回家。这被网民批评不近人情、违反劳动法等，对企业造成负面影响。科学有度地做好网络舆情管理工作，是企业管理者必须通过实践才能融会贯通的一门艺术。

二、工作机制和管理工具

工作机制，涉及工作程序、规则的有机联系和有效运转，泛指在一个系统中，各元素的相互作用过程和功能，多用于自然科学。工作机制是一个各元素相辅相成的整体，贯穿工作的各个环节。企业舆情管理工作机制建设对企业网络舆情管理的效果具有决定性作用，能够保证舆情管理各个环节合理有效，明确负责人以及各部门的权责，使舆情引导处置工作在突发情况下有章可循，提高舆情管理效率。

对于企业而言，最重要的是对部门和人员设置、工作方式方法和效果等因素加以考虑，建立起网络舆情危机预警和管理的长效性机制。企业网络舆情管理工作机制主要有三类。一是新闻发布机制，二是预警监测机制，三是引导处置机制。舆情风险的管理工具包括应对预案与口径库。网络舆情工作机制应该渗透到企业经营的全过程，并进行网络舆情的常态化管理，才有可能推动舆情管理的系统性运作。

（一）新闻发布机制

企业进行网络舆情管理，不能只是被动地应对网络舆情，还应主动策划发声，正面宣传企业形象、成绩，赢得公众的好感。网上发生负面舆情事件时，网民和公众往往给予口碑优良的企业更多的宽容和解释时间，宁可“让子弹飞一会儿”，从而为企业做好充分周到的网络舆情应对提供有利条件。

企业网络舆情新闻发布的主要内容包括：一是企业在经营过程中取得的项目进展和成绩。二是企业领导的言论活动。三是企业承担社会责任，与社会公众良性互动的案例。四是企业文化建设、员工事迹等。

企业网络舆情新闻发布的主要方式包括：一是建立企业网站、开设企业及企业负责人社交账号。企业一般要有企业微博、微信公众号，有海外业务的企业还应有脸书、推特、优兔等账号。二是举办新闻发布会。三是制作企业形象宣传片、短视频，在网站上发布软文等。

1. 企业网站和社交账号

企业通过建立网站和开设社交账号实现如下四个功能。一是信息发布和传播。发布企业最新经营资讯和产品信息，通过网络平台组织一些活动，便于用户及时了解企业和品牌的最新动态。二是倾听用户声音，解决问题。现在的用户不满意时会在企业网站或微信公众号上留言抱怨，一旦问题得不到解决，用户就会扩大传播。而企业通过及时回复并解决网络平台上一些用户反映的问题，可以避免问题的进一步激化。尤其是一对一的回复，既能让其他有同类抱怨的人受益，又能让用户有受到重视的感觉。三是与用户互动，提升品牌亲和力。充分利用网络平台开展各种基于产品和服务的沟通和活动，所有的互动都围绕“贴近用户”的宗旨进行，从而充分发挥粉丝的口碑价值，提高公众对企业和品牌的信任度。四是营销功能，即社会化电子商务功能。企业在自家网站或社交网站上开设店铺直接向粉丝销售商品，既能提高销售额，又有助于提升企业形象。

企业在运营网站和社交账号时，需重视网络安全问题。许多知名企业，如麦当劳、吉普汽车等，都发生过社交账号被黑事件。要避免这类问题，就需采取预防措施，谨慎管理密码；集中渠道、整合所有社交账号；对内部员工开展网络安全教育培训。

2. 新闻发布会

新闻发布会是企业定期或不定期对外发布工作新进展新成绩、通报有关重要工作和活动安排等信息的重要途径。新闻发布会应当坚持紧紧围绕企业的中心工作，把握正确的舆论导向，全面、正确、及时、主动地向社会介绍情况，用事实说话，以此获得舆论肯定。在突发事件的舆情应对中，新闻发布会是普遍采用的信息发布方式，其舆论影响力最大，引导作用往往最显著。但也有可能因事件处置不力和新闻发言人的不当言论引发舆论下滑。

新闻发布会的筹备组织工作主要包括如下五部分内容。

一是策划方案。包括时间、地点、主办方、承办方、主持人、发布人、参加的领导及其位置安排、参加的人员等基本要素。

二是会议程序。包括主持人宣布发布会开始、各发布人致辞、自由采访等。

三是会场布置。包括会标、场地规模、设备、资料陈列、餐饮供应等。

四是职责分工。包括秘书、联络、文稿、会务等。

五是工作进度和资料等。

企业新闻发布会工作机制要注意把握好以下三个重点。

一是统一领导、统一口径。举行新闻发布会前，企业新闻发言人、联络员对需要发布的新闻材料进行汇总和整理后，由新闻发言人确定新闻发布内容，对新闻发布稿、新闻通稿、问答预案、主持词（主要介绍主题、背景、发布人、议程等内容）等形成统一口径和新闻发布会方案，报请企业主管领导批准后组织实施。

二是做好和与会新闻记者的沟通联络工作。企业新闻宣传部门负责联络邀请新闻记者参加，并配合相关单位和部门做好会务工作，对新闻记者在会结束后的报道要及时跟踪落实。

三是及时总结。新闻发布会结束后，企业要及时将总结材料收集备案。根据新闻发布会后的社会反应，有选择地进行信息的后续发布或补充发布。

3. 网络形象宣传片、短视频、软文等

在新媒体时代，越来越多的企业认识到网络形象宣传片、短视频和网络软文等短平快宣传方式的重要性和有效性。通常企业负责提出需求、提供背景资料和资金，邀请更熟悉新媒体业态和网民接受心理的专业宣传片制作公司和网络软文制作团队，进行有针对性的策划与制作，这样能达到事半功倍的效果。

（二）预警监测机制

网络舆情监测与收集的有关实务，在本书前面有专门论述，在此不做过多复述。网络舆情预警监测是企业网络舆情管理的一项常规性重要内容。企业要制定危机预警方案，利用舆情监测系统等提升监测力度，在第一时间大量采集、汇总、处理各种网络舆情信息，保持对舆情事态的第一时间获知权。一旦在日常舆情监测中发现苗头性、预警性舆情信息，就要立刻启动预警方案，为后续舆情应对处置做准备。企业在舆情监测环节一般要做好如下四方面工作。

一是设置专门机构。在企业内部设置工作部门，购买专业舆情监测软件，或委托专业舆情监测公司开展日常舆情预警监测。

二是确定监测渠道和内容。监测渠道主要包括新闻网站、网络社区、时事论坛、推特、脸书等相关传播媒介。监测内容一般为与企业利益关联度大的舆情信息。为了保证信息完整，既要收集信息的主要内容，也要收集其他相关内容，如地理位置、转发数量等数据，以期发现各数据之间的关系，从而找出网络舆情的演化规律。

三是健全关键词词库。根据网络舆情的特点，企业舆情管理部门应重视关键词的日常积累。批量的关键词对增强实时监测、收集相关舆情具有重要价值。企业应提前建立信息关键词词库，增强舆情信息收集的针对性。在信息收集完成后，应按照统一的格式分类汇总，加强信息分析工作，按照情感聚类、时间等特征分类，并通过图表的方式直观地展现网络舆情的情感倾向、演化特征等，并在今后工作中不断健全关键词词库。

四是确定舆情风险等级分类。这是企业在舆情危机事件中应当采取何种处置手段的重要判断依据。确定舆情风险等级分类需要对企业的风险承受能力进行评估，同时要结合企业战略规划，之后才能制定切实可行的预警处理方案。

对于企业来说，根据突发事件的舆情性质、影响程度、涉及范围等因素，通常会将舆情划分为一级（特大）、二级（重大）、三级（敏感）、四级（一般）四个预警等级（也有的只划分高、中、低三个预警等级），企业要针对不同舆论状况，启动不同的应对机制，实施差异化的处置方案，有效开展全方位的舆情应对。

四级舆情（一般预警）主要涉及企业内部员工发牢骚、抱怨工资低及领导态度不好、分配不公等，以及外部指责、投诉企业员工服务态度不好。这类舆情有利于了解员工思想，改进内部管理。应由相关企业部门负责人及时、妥善处理，做到有效回应，做好答疑解惑。

三级舆情（敏感预警）涉及企业违反法律规定，遭到通报批评；企业内部存在用人不公、用人不当等问题；有较为严重的内部管理问题被曝光；发生局部、未产生严重影响的违规违建事件等；发生较大法律纠纷案件。舆论对此类事件有一定的关注度，但事件持续时间不长，或集中在某个不大的范围。此类事件对企业造成一定的负面影响。为此，企业应及时回应，有效引导舆论，争取舆情尽快消退。

二级舆情（重大预警）主要包括企业业绩下滑、利润下降；进行重大改革；海外业务出现重大亏损；发生质量问题、工程建设问题；项目施工破坏、污染环境；劳工纠纷、群体性上访事件；等等。此类事件具有社会热点特征，或具有话题性，较易成为媒体、网友关注的焦点，可能对企业造成较大的负面影响。企业应充分重视，利用官方网站、新闻通稿、新闻发言人等重点回应。

一级舆情（特大预警）多涉及公众利益、制度建设等方面，如重大安全、环保、施工事故等，不仅损害企业形象、品牌及口碑，还会对企业造成长期的负面影响。一旦发生危机，企业应高度重视，全力以赴进行处理。

（三）引导处置机制

引导处置是企业在网络舆情应对处置工作中对网民的主观意向进行引导，进而影响网民之后行为的过程，是企业网络舆情工作的重要环节。具体来说，引导处置包括以下三方面内容。

1. 遏制负面信息源头

企业要在第一时间与发布新闻的源头媒体（网站、微信公众号等）取得联系，并通过当地媒体资源获取发布者的联系方式，立即以企业官方网站、企业微信公众号等官方渠道澄清事实。对于社交网站上的负面评价以及明显带有挑动社会矛盾色彩的舆情，可向平台举报，争取通过平台删除相关评论。这方面的工作要求是既要快、又要准。从发现舆情到成功处置，用时要尽量缩短，同时要准确查找出负面信息源头。

2. 密切监测媒体转发情况

在舆情监测专业机构的协助下，监测到相关转载，通过对方邮件与转载文章且未撤销误导性信息的网站取得联系，澄清事实，并要求网站删除相关信息。还应持续关注转发网站的后续删除情况。

3. 发动有效的舆论引导

针对负面网络舆情，及时披露相关信息，包括事件的起因与后果与企业采取的措施等，从根本上消除网民心底的疑虑，促使网络舆情趋于平缓。此外，企业应积极转变观念，将社交媒体作为沟通渠道，积极在社交媒体（如微博）上发布消息并与网民进行互动，促进真实信息的传播。在信息发布过程中，企业要加强与网络意见领袖的沟通，把握网络舆情演化的关键传播主体，从而推动网络舆情趋于平息。

4. 防止衍生风险，重塑形象

网络舆情爆发后，主要任务是及时、有效应对引导，降低和化解网民和社会的质疑。但是如果引导处置工作不及时或者处理过程中存在逃避责任等问题，那么就可能衍生出新的不满，从而再次推动网络舆情爆发。网络舆情的酝酿期较短，因此，企业应格外注意降低突发事件应急处理工作不到位导致的各种风险，及时通报事件处理进度，对相关责任人的处理也应及时发布。此后，企业应通过各种方法重塑形象。例如，可通过召开座谈会等方式强调企业加强管理的措施。形象恢复是一项长期工程，企业应充分履行自身社会责任，防止出现衍生舆情危机。

5. 及时评价，总结经验

企业应将突发事件的应急处理纳入部门考核体系，强调突发事件应急管理工作的重要性，要求相关部门提高应对能力。对网络舆情管理部门和个人也要加强考核，在信息披露及时性、网络舆情引导等方面对其工作进行考核。考核不应局限于相关责任人的绩效考核，还应及时总结网络舆情管理过程中的经验教训，避免再次出现问题。此外，还应总结好的经验做法并将其流程化、制度化等，逐步健全网络舆情应对体系。

每一次网络舆情事件的及时处置，都有利于企业建立健全各项管理制度、谋求长远发展。了解媒体和网民的评论分析，有助于企业掌握外部发展环境，发现自身在生产经营特别是安全生产、社会责任等工作中的问题，不断改进工作，改善企业形象。

(四) 舆情风险应对预案与口径库

当前，全球企业之间的竞争已经从产品竞争、技术竞争、管理竞争逐步过渡到更高水平的品牌竞争乃至背后的国家实力竞争，进入了真正的全球竞争时代。品牌形象是企业软实力的重要组成部分，已成为影响国家生活、社会舆论和群众情绪的重要因素，以及影响企业经营决策、决定企业命运的重要方面。面对网络舆情风险，企业一旦处理不力，就会对自身声誉、形象造成显著的危害。因此，如何有效应对网络舆情风险，推动和塑造企业形象，成为重要的议题。许多企业面临复杂的外部环境，对网络舆情的研究掌握和对舆论危机的预防应对重视不够、投入不够，一旦遇到舆情危机，往往容易陷入被动。因此，制定舆情风险应对预案与口径库、做好风险事前防范，积极开展舆情引导工作，对企业运营、声誉、形象维护意义重大。

舆情风险应对预案通常包括以下内容：价值意义、舆论环境、企业舆情风险管理现状、舆情风险处理工作机制、舆论引导操作流程、舆情应对及声誉修复技巧、舆情风险应对策略与口径库等。

面对突如其来的舆情事件，企业经常因慌不择言、词不达意、有口无心等陷入被动的境地。在实际的舆情处置工作中，涉事企业也经常受到“因言获罪”的困扰。舆情发生时，口径问题是涉事主体首先要解决的问题，同时也贯穿于舆情发展的整个过程。因此，提前编制口径库对维护企业形象和声誉十分重要。常见的口径库主要涉及安全事故、产品服务、企业管理、社会责任等内容。

在口径库编制以及传达的过程中，需要重视如下几个问题。

一是口径库编制人员的专业性。宜成立专门部门或团队，对口径库编制进行专门研究。除了企业内部战略管理和相关职能部门人员，还必须有专业公关人员和舆情研究人员参与。

二是合法合规。口径内容必须符合法律法规和政策要求。

三是口径文风要通俗易懂。要以普通网民听懂为目标，避免过多使用专业术语，从而获得网民的理解与支持。

四是与时俱进，及时更新。根据形势发展和危机演变，及时更新口径。

五是前后一致。口径要有连贯性。

【本章小结】

本章介绍了企业网络舆情管理的定义、特点、主体和生成机制，分析了企业进行网络舆情管理的必要性、风险和常见问题，梳理了企业网络舆情管理的原则与方法。在互联网时代和社交媒体时代，企业应该高度重视网络舆情管理对自身形象与发展的重要价值和作用，认真遵循传播规律和管理原则，以科学有效的网络舆情管理方法促进自身的发展与进步。

【复习思考题】

1. 企业网络舆情管理的定义、特点和生成机制分别是什么?
2. 企业进行网络舆情管理的必要性、风险和常见问题主要有哪些?
3. 企业进行网络舆情管理主要有哪些原则与方法?

第 13 章　网络舆情与社会形象

形象是指客观存在的本体状态以及社会民众对这种客观状态的主观反映。形象是客观性和主观性的统一，从内容上来说形象又包括自然形象和社会形象，其中社会形象是本章的关注重点。

网络舆情的社会影响力覆盖了国家、政府、社会组织、企业、个人等多种主体，不仅国家、政府机构等需要应对网络舆情，随时注意网络舆论对自身社会形象的影响，而且很多原来不受公众关注、没有社会形象的组织和个人也因为网络舆论形成了社会形象。

第 1 节　网络舆情与国家形象

国家形象的重要作用毋庸置疑。对内，国家形象起着凝聚人心、形成共识的重要作用；对外，国家形象则对一国的舆论环境、国际权力、国家利益等都有着重要影响。在网络新媒体时代，"环球同此凉热"成为现实，网络舆情对国家形象的影响力越来越大。

一、国家形象简介

（一）什么是国家形象

关于国家形象的含义，中西方学者都有较多的论述。西方学者对国家形象的系统性研究开展得较早。国家形象的研究最早出现在国际关系领域，毕竟国家形象产生于国家间的交往。古希腊著名学者修昔底德在经典著作《伯罗奔尼撒战争史》中提出：国家和个人一样，对安全（避免恐惧）、荣誉和私利的追求是它的本性。[①]国家在诞生之初，就追求良好的荣誉和声望，这就是国家形象的追求之一。

中西方学者从不同的角度对国家形象进行了定义。不少西方学者从心理认知的角度定义国家形象，如美国新制度经济学的代表肯尼思·博尔丁在《国家形象和国际体系》一文中提出："国家形象是一个国家对自己的认知与国际体系中其他行为体对它的认知的结合。"著名建构主义国际关系理论学者罗伯特·杰维斯则提出："国家形象是对国家的心理认知。"[②] 奥利·霍尔斯蒂指出："国家形象是感知一个国家所形成的信念体系的一部分。"[③]

中国学者多从民众的评价方面定义国家形象。如管文虎认为"国家形象是国家的外部公众和内部公众对国家本身、国家行为、国家的各项活动及其成果所给予的

① 修昔底德．伯罗奔尼撒战争史．北京：商务印书馆，1985.

② 杰维斯．国际政治中的知觉与错误知觉．北京：世界知识出版社，2003：198－303.

③ HOLSTI O R. The belief system and national images：a case study. Journal of Conflict Resolution，1962. 6：244－252.

总的评价和认定"[①]。郭树勇则认为"国家形象是一个国家在国际社会印象中的基本精神面貌和政治声誉"[②]。杨伟芬则更简洁地将其定义为"国际社会民众对一国相对稳定的总体评价"[③]。

也有中国学者从文化的角度定义国家形象，柳斌杰认为"国家形象作为一个国家的文化结晶，象征了一个国家文化最核心的部分，也是一个国家硬实力和软实力的双重体现。它既有助于建立本国的文化认同与文化自信，有效呈现一个国家的整体面貌，同时也是跨文化交流过程中的金色名片"[④]。

一些学者从新闻传播的角度定义国家形象，认为"国家形象是一个国家在国际新闻流动中所形成的形象，或者说是一个国家在他国新闻媒介的新闻和言论报道中所呈现的形象"[⑤]。较为宽泛的定义则从本源上界定国家形象，如"在物质本源基础之上，人们经由各种媒介，对某一国家产生的兼具客观性和主观性的总体感知"[⑥]。有学者从国家形象的内容来进行定义，认为"国家形象的内容首先是一种主体意识，是国家或民族精神气质的闪光点。它是在历史文化传统的基础上，融入现代化的要素，经萃取、提炼而成。作为民族精神、意志的集中体现，它不但有助于形成公民对国家、民族的向心力与凝聚力，更有助于向外界展示一个鲜明的、一贯的国家形象"[⑦]。

因此，综合来讲，国家形象是一个国家的综合实力和文化价值观的综合体现，是一个国家在国际社会中所展示的整体面貌，以及国际社会对其国家利益、综合实力、文化价值观以及整体面貌的感受和评价，即国家形象通常包括本身的客观存在和外界对它的主观认知两个方面[⑧]。

可见，国家形象的构成要素主要包括国家利益、价值观、综合实力，以及各种客观载体，包括政府、内外政策、产品、公民等。国家利益和价值观是核心要素，是国家形象的灵魂；综合实力是国家形象的物质基础；政府、内外政策、产品和公民等作为重要的载体，各自以不同的方式影响着国家形象。

（二）互联网时代国家形象的重要性

国家形象对内对外都起着非常重要的作用。对内，国家形象起着凝聚人心、形成共识的重要作用。对外，国家形象则对一国的舆论环境、国际权力、国家利益等都有着重要影响。国家形象的重要性集中体现在以下三个重要方面。

1. 国家形象是实现国家利益的重要手段

国家形象与国家利益密切相关，有学者总结认为"国家形象战略是主权国家为

---

① 管文虎．国家形象论．成都：成都科技大学出版社，2000：23.

② 郭树勇．论大国成长中的国家形象．国际论坛，2005（6）.

③ 杨伟芬．渗透与互动：广播电视与国际关系．北京：北京广播学院出版社，2000：25.

④ 范红，苏筱．新时代中国形象的多元建构与国际传播策略．对外传播，2022（2）.

⑤ 许小鸽．国际传播中的国家形象问题//刘继男．国际传播：现代传播文集．北京：北京广播学院出版社，2000.

⑥ 刘继男，何辉．中国形象：中国国家形象的国际传播现状与对策．北京：中国传媒大学出版社，2006：5.

⑦ 程曼丽．大众传播与国家形象塑造．国际新闻界，2007（3）.

⑧ 对外传播中的国家形象设计项目组．对外传播中的国家形象设计．北京：外文出版社，2012：13-14.

了实现国家利益而综合运用政治、经济、文化、传播等手段来调动、挖掘、协调、整合各种战略资源以追求和塑造国家理想形象的科学与艺术”①。拥有良好国家形象的国家，不仅国内民众对本国政府的利益十分认同和拥护，国际社会以及各国政府也会在国际交往中认可其利益诉求。在这种情况下，国家形象极大地降低了一国维护利益的成本，甚至会扩大本国的利益范围。

2. 国家形象是获得国际权力的重要来源

国家形象是软实力的重要来源，“软实力”概念的提出者、美国著名学者约瑟夫·奈在《权力大未来》的序言中指出，传统智慧通常认为拥有最强军事力量的国家可以主导一切，但在信息时代，最擅长国际报道的国家（或非国家行为体）可能胜出，信息革命和全球化正在为非国家行为体提供新的权力资源。在互联网时代，擅长报道的国家有多种渠道来设置议题，推行它们的思想观点、价值观和政策，从而树立可信的、有吸引力的国家形象。

3. 国家形象是形成国家认同的重要基石

只有形成统一的国家形象，国内民众才能形成鲜明的国家概念，才能进一步产生国家认同感和归属感。如果在“我们是谁”这个问题上出现困惑，国家的民众心理基础就会动摇。同样，一个国家的国际角色也首先需要有一个鲜明的国家形象来加以区分和识别。

二、网络舆情与国家形象塑造

（一）网络舆情对国家形象的重要性

网络新媒体、自媒体的蓬勃发展，推动了传播环境从区域性向全球性转变，覆盖全球的超大型传播平台不断出现，推动了网络舆论环境的大众化趋势，使得网络舆情对国家形象的影响力越来越大。

网络新媒体的发展，推动传播环境从区域性向全球性转变。一直以来，受制于不同地区的媒介发展水平、受众在语言和文化上的差异等因素，性质迥异的地区传播环境是国际传播需要面对的现实，但新媒体正在构建跨越国界、时空同步的网络国际传播空间，其影响力正逐步覆盖多个国家和地区，新媒体所塑造的传播环境是全球性的。我们进入了一个“全球、全民、全媒”的时代。“全球”意味着信息的传递彻底突破了民族国家的疆界，“环球同此凉热”已经成为现实。

网络自媒体的发展，推动网络舆论环境大众化。全球传播的一大特点是传播主体泛化，虽然媒体仍是国际舆论的中坚力量，但新传播技术的发展给个人、社会组织尤其是智库、企业等多种主体提供了传播平台，形成“一轮明月，满天星光”的传播主体格局。大众政治觉醒又加强了个人和社会组织的政治表达意识和愿望。新技术和大众政治觉醒的结合产生了强大的推动力，媒体的舆论话语权被无数个体和组织分享，舆论环境出现了大众化趋势。

网络空间的扩张，使得网络舆情对国家形象的影响力越来越大。随着互联网影响力的增大和影响方式的创新，网络国际空间话语权的影响力、覆盖面越来越大，

① 张骥，刘艳房．论全球化时代国家形象战略与国家利益的实现．国际观察，2009（1）．

各国政府纷纷采取各种措施扩大自己在网络国际空间的话语权。随着数字化的进一步发展，网络国际空间必将更加成熟，在国际社会生活中的作用将更加重要，国家在网络空间中塑造自己的国家形象将具有重要的战略意义。

（二）网络舆情给国家形象塑造带来的挑战

在互联网时代，从大众传播的角度看，国家形象的塑造主体发生了巨大的变化。过去，电视、报纸、期刊、广播等传统媒体是国家形象的主要塑造主体，但随着信息化的发展，尤其是以社交媒体为代表的新媒体蓬勃发展，国家形象的塑造越来越受到网络舆情的影响。网络舆情的异军突起，给国家形象的传播带来了巨大挑战。

首先，网络舆情大大加剧了国家形象竞争。在传统媒体时代，国家形象的传播一直面临诸多传播壁垒，如各民族不同的语言和文化习俗、不同的宗教信仰，以及各国不同的新闻管理和媒体准入政策等，各国都在维护自己传播领域的独特性，也将国家形象的竞争在一定程度上限制在了国界范围内。可以说，任何国家形象在全球都呈碎片化的分布。但是，信息化在飞速地打破国界、语言、文化、宗教、管制等传统传播壁垒，网络导致原先彼此分割、拼图式的国际传播领域逐渐相通，全球性的网络舆论场迅速成形。由此，国家形象要在相通的网络舆论场上进行直接竞争，激烈性大大增加了。

其次，网络舆情加大了国家形象的塑造难度。网络是一个开放平台，大大降低了传播门槛。一直以来，国家形象的传播主要以专业媒体为主，但是新媒体的发展在快速改变着这一传统现实。以推特为例，近年在关于中国的信息来源中，传统媒体约占 80%，社交媒体的比例约为 16%，从来源上细分，排在第一位的仍是国外主流媒体，比例接近 40%，非媒体来源的信息约占 30%，国外社交媒体、国内官方媒体、国内商业媒体和国内社交媒体所占比例合计约为 25%。网络舆论的话语权呈现多元化的趋势，媒体的话语权正在被越来越广泛的、多元化的社会传播主体分享。来自社会的不同主体都可以对国家形象产生影响，使得国家形象的塑造难度大大提高。

最后，国家形象塑造出现了新的数字化渠道和方式。很多传统的国家形象传播方式已经不适用于网络舆论场，而传统传播空间又受网络舆论场的发展影响，不断缩小甚至基本消失。近年来，传统报纸如《华尔街日报》《纽约时报》等不断扩大数字出版业务。除媒体领域之外，网络的发展还催生了新型的国家形象数字化领域，集中体现在短视频、网络文学、网络游戏等新的数字文化领域，它们以全新的角度面向各国的年轻人，影响和塑造着国家形象。

三、网络舆论与中国国家形象

（一）网络舆论对中国的关注度越来越高

21 世纪以来，伴随着中国综合实力和国际影响力的提高，尤其是中国成为世界第二大经济体之后，中国备受各国舆论关注。2008 年之后，关于中国的新闻报道量持续上升，据当代中国与世界研究院国际传播大数据服务平台的不完全统计，世界主要网络媒体关于中国的报道量从 2008 年的 40 多万篇，迅速上升至 2021 年的接近300万篇。网络舆论的“中国热”持续升温，这既是因为网络不断发展，也是中国国际影响力日益提升的结果。

（二）国际网络舆论与中国国家形象

1. 认可“中国崛起”的同时，担忧“中国威胁”

21世纪以来，“中国崛起”成为网络舆论的热门话题，尤其是2008年金融危机以来，相对而言中国经济仍然保持持续的高速增长，网络舆论中出现了很多讨论中国何时成为世界第一大经济体的声音。可见，网络舆论已经普遍认可“中国崛起”是不争的事实。对于“中国崛起”，网络舆论普遍将其视作21世纪以来最重要的全球大事件之一，是冷战结束后全球权力格局最重要的变化；但同时国际舆论始终关心“中国能否和平崛起?”，担心中国崛起之后会给其他国家带来影响，夸大中国崛起的影响甚至炒作“中国威胁论”，这是需要警惕的网络舆论现象。

2. 期待中国为世界经济、全球治理做出更大贡献

全球金融危机爆发之后，网络舆论中期望中国为世界经济做出更大贡献的声音越来越大，将中国形容为“世界经济的最大引擎”“全球经济希望的灯塔”等。同时，也有很多国际声音希望中国在全球治理方面发挥更大的作用，尤其是在气候变化、环境保护等方面。传统西方发达国家舆论强调中国经济需要为世界做出更大的贡献，承担更多的全球治理责任，却很少提及相应扩大中国应享有的权利。因此，对网络舆论中的不同声音，我们应该保持清醒的认识。

3. “中国道路”与“中国模式”受到热议，认可与疑虑并存

改革开放以来，中国探索自己的发展道路并取得了巨大的发展成就，这使得“中国道路”和“中国模式”成为网络舆论的热点话题。在西方舆论中，一些主流媒体和学者承认“中国道路”的成功，期望从“中国道路”和“中国模式”中汲取成功经验，以完善金融危机之后受到冲击的“西方模式”；还有一种舆论观点则对此表示担忧和疑虑，力图发现“中国道路”和“中国模式”的弊端和缺陷，甚至试图进行否定。我们要理性看待这两种舆论观点，既要认识到我国发展道路的珍贵和独特性，也要看到其中的不足并努力完善。

【知识窗】

《中国国家形象全球调查报告》是当代中国与世界研究院、凯度集团合作开展的中国国家形象全球调查，每年发布。根据2019年的全球调查报告，关于中国国家形象有如下调查发现：

中国整体形象好感度继续上升，海外受访者对中国的整体印象分为6.3分（满分10分），较2018年上升0.1分。发展中国家对中国整体形象好感度较高，得分达7.2，呈现继续上升趋势。海外18～35岁受访者对中国整体形象的打分最高，为6.6分。

中国对全球治理的贡献和国内治理的表现得分分别为6.3分和3.2分，中国国际事务影响力保持全球第二，仅次于美国。在中国参与全球治理的领域中，中国最受认可的三个领域为：科技（66%）、经济（63%）和文化（57%），受访者对中国在文化和安全领域的全球治理表现认可度提升幅度最大，均上升4个百分点。超过五成的受访者期待中国在经济和科技领域发挥更

大作用，比例均为52%。

“历史悠久、充满魅力的东方大国”仍是海外受访者对中国的突出印象，比例为56%。另有近半数受访者认为中国是“全球发展的贡献者”。勤劳敬业是最突出的中国国民形象，海外受访者用“勤劳敬业”（71%）、“集体主义”（51%）、“热情友善”（48%）、“诚信谦虚”（45%）来形容中国人。海外受访者普遍看好中国未来发展趋势，61%的受访者认为“中国的国际地位和全球影响力会持续增强”，近半数受访者认为“中国即将成为全球第一大经济体”“中国将引领新一轮全球化，为全球治理做出更大贡献”。

全面从严治党、学习和创新能力强的中国执政党形象愈发鲜明，海外受访者对中国执政党的印象主要集中在“全面从严治党”和“具有很强的组织动员能力”上，比例分别为38%和28%。与2018年相比，有更多海外受访者认同“国有经济占主体”在中国发展道路中的积极作用，认为中国发展道路“对本国的发展有借鉴意义”以及“能够解决一些国家发展面临的共同问题”。六成以上的海外受访者认可“人类命运共同体”理念，七成以上的受访者认可“文明交流互鉴”主张，认可其对个人、国家、全球治理的积极意义。“一带一路”的海外认知度继续提升，达到23%。

中国经济形象更加积极，本次调查中经济影响力排前三的为美国（54%）、中国（35%）和日本（17%）。海外受访者认为中国企业能够给当地“带来新的资金技术”（37%）和“增加就业机会”（34%），中国品牌熟悉度排名前三的是华为、联想和阿里巴巴。但质量问题仍是影响海外受访者购买中国产品的首要因素，比例为62%，其次是“品牌认知度不高”（34%）和“服务不佳”（34%）。

中餐（60%）、中医药（60%）、武术（41%）仍是海外受访者认为最能代表中国文化的元素。高达80%的受访者体验过中国饮食文化，体验后有较好印象的超过八成。31%的海外受访者体验过中医药文化，高达81%的体验者中持有较好印象。68%的海外受访者认为中国科技创新能力强，高铁（44%）依然是认知度最高的中国技术，其次是超级计算机（24%）和载人航天技术（23%）。

第2节　网络舆情与机构形象

本节选取政府、社会组织和企业等为例，分析网络舆情对机构形象塑造产生的重要影响。

一、网络舆情与政府形象

（一）政府形象概述

同国家形象一样，政府形象也是没有统一概念的学术讨论热点。在一定历史时期，政府形象在某种程度上是国家形象的代名词，政府形象代表着国家形象。但近年来相关研究一般倾向于从狭义范畴和对内的角度来讨论政府形象。准确地说，政府形象是政府本身的客观状态在社会民众心中的主观反映，这里面包括政府本身的客观状态，如政府行为、政府政策及其所传递的价值理念，也包括民众对政府的认知、评价。

关于政府形象的构成要素，有学者提出政府的价值理念、政府行为、政府产品与政府绩效等共同构成政府形象的内在结构。由此出发，理想的政府形象体系应该是一个“民主的政府、亲市场的政府、公共的政府、负责任的政府、具有理性和较高生产力的政府、法治的政府”①。也有学者提出“政府形象传播的内容（即政府形象的构成体系）包括政府价值理念体系、政府行为和绩效体系、政府视觉标志体系”②。综合来说，政府形象的内在构成要素如下。

1. 政府公共价值理念

政府公共价值理念是指政府在公共行政、政策法规等公务行为中所体现的公共价值观理念，它们体现着政府处理公共事务的价值尺度，是公权力的意志。政府官员个人的价值喜好虽然可能对政府形象造成影响，但不是政府形象的构成要素。

2. 政府行为及其绩效

政府通过公共决策和施政，履行权力职能、行使公共权力，这种具体的施政行为本身就是向公众展示政府形象，而施政效果则是政府形象至关重要的组成部分。政府是不是有效改善了民生、发展了经济、完善了社会保障等，都是民众评价政府行为及其绩效的重要标准。

3. 政府提供的公共品

政府提供了社会所需的公共品，如政策法规、一般公共服务、安全、货币等，民众对这些公共品的认知和评价，也是政府形象的重要来源。

4. 政府言论和反馈

公共言论是政府与社会的沟通的重要渠道，政府会就重大公共事项向公众咨询、告知、通报等，同时也会对公众的问询和来访进行反馈。在互联网信息时代，针对网络评论和留言，政府机构的回复也渐渐增多。政府形象构成要素中，政府言论和反馈这部分的比重越来越大。

（二）网络舆情对政府形象的影响

近年来，网络舆情的迅猛发展为政府形象塑造带来了极大的挑战，同时也提供了难得的机遇，尤其是重大公共事件中，政府正确应对和处理网络舆情，及时释放权威信息，引导网络舆情，对塑造良好政府形象有着积极的作用。如 2020 年初新冠病毒感染疫情在湖北武汉暴发，当地政府初期并没有很好地回应网络舆情，先后出现“500 万人离开武汉”、疫情捐赠物资流向不明、口罩不足等网络舆情，极大影响了政府形象。之后当地政府采取了积极的网络舆情应对举措，随着抗疫工作的开展重塑了当地政府形象。

网络舆情危机是指政府相关负面信息在网络上大范围传播，引起网络舆论关注，对政府在公众中的信誉度和公信力造成了损害，进而引发严重的政府形象危机。如 2022 年丰县“生育八孩女子”事件引发社会广泛关注，江苏省徐州市丰县

① 胡宁生．中国政府形象战略．北京：中共中央党校出版社，1998：57－58．

② 刘小燕．政府形象传播的理论框架．现代传播，2005（4）．

发布《关于网民反映“生育八孩女子”情况的调查通报》，但通报未能消除社会疑虑，在网络上引发了更大的网络舆情，县级政府形象受到极大损害，直至江苏省委省政府调查组将事件调查清楚，回应了社会关切和网络舆情。网络舆情的发展，对政府维护自身形象提出了更高的要求。

（三）网络舆情中的政府形象塑造

鉴于网络舆情给政府形象塑造带来的挑战，我国政府探索了多种方式以树立良好的政府形象。

1. 完善政府新闻发言人制度

我国的政府新闻发言人制度由来已久，然而网络舆情对政府新闻发布提出了更高的要求，网络新闻发言人应运而生。在2009年3月召开的全国政协会议上，政协委员施杰首次向政府提议设立网络新闻发言人，7月初云南省委宣传部明确提出将在各级政府部门建立网络发言人制度，9月贵阳市政府宣布正式启动网络新闻发言人工作。目前，我国的政府网络新闻发言人制度还处于建立初期，有待进一步完善。

2. 政府信息网上公开

目前，我国各级政府基本建立了政府信息公开网络平台，政府网站会及时公布政府的重要信息，如政策文件、最新动态、人事任免、办事指南等。打造权威的信息发布网络平台，对树立政府公信力有着极大的帮助。

3. 利用各类网络平台，积极同网民交流

政府部门在各类网络平台上开通账号，如开通微博、微信账号，一方面让政府问政于民，向民众了解实际情况和真实意愿，另一方面也让民众通过这些平台提出诉求和意见并监督政府。如微信用户可通过微信账号搜索中国政府网，关注公众号。据介绍，中国政府网官方微博和微信主要发布国务院领导同志政务活动信息、国务院重要会议信息、国务院和国务院办公厅公开发布的政策文件及解读稿件等政务信息。

二、网络舆情与社会组织形象

（一）组织形象概述

1. 何为组织形象

组织形象是公共关系理论的核心概念。很多公共关系学者对组织形象的定义往往注重民众的主观评价，如将组织形象定义为社会公众认识组织后形成的一种总体评价，认为组织形象是组织的表现与特征在公众心目中的反映。① 有的学者将组织形象称为公众形象或公关形象，它指的是一定的组织或个人在社会公众心目中相对稳定的地位和整体印象，具体表现为社会公众对组织或个人的全部看法、评价和整套要求及标准。② 我们认为，组织形象既包括组织本身客观存在的状态，也包括民

① 居延安．公共关系学．上海：复旦大学出版社，2001：193.
② 何云峰．智者的公关．上海：上海交通大学出版社，2001：122.

众对组织客观状态的主观评价，形象是主客观相互作用的结果。组织形象是组织的真实状态以及民众对组织的相对稳定的总体认知和评价。

2. 组织形象的一般特征

（1）客观性。客观性指组织本身能够对形象产生影响的客观载体及其状态，一般包括组织机构、组织人员、组织行为、组织产品或服务等。作为物质载体，组织的客观性是组织形象的物质基础，这些客观因素本身的提升，是组织形象改善的根本所在。

（2）主观性。组织形象既具有客观性，又具有一定的主观性。这种主观性表现为，社会公众对组织客观状态的主观认知和评价，准确来讲是社会公众的整体认知和评价，而不是某一个人或一群人的，因此就需要对整体主观认知和评价的概括和调查。一般来说，这些认知和评价的生成渠道，既有直接渠道，即民众与组织机构、人员、产品等载体的直接接触，也有间接渠道，主要是大众传媒，其中网络舆论是最重要的渠道。

（3）稳定性。稳定性是指组织的客观状态和民众的主观认知在一定时间内的持续。组织形象成形之前，其本身的物质载体或民众对它的评价都十分脆弱，形象或者模糊不清，或者变动不居，非常容易受到各种因素的干扰。客观状态和民众认知能在一定时间内持续存在，才可以判定组织形成了稳定的社会形象。

（二）社会组织及其类型

1. 何为社会组织

社会组织是指在国家、地方、国际等级别上组织起来的非营利性、自愿发起的公民组织。

2. 社会组织的类型

根据 2018 年 8 月民政部公布的《社会组织登记管理条例（草案征求意见稿）》的分类，我国的社会组织由以下三个主体组成：社会团体、基金会和社会服务机构。

（1）社会团体。社会团体是指中国公民自愿组成，为实现会员共同意愿，按照其章程开展活动的非营利法人。国家机关以外的组织可以作为单位会员加入社会团体。我国的社会团体一般分为以下几种类型。

学术性社会团体，是指由专家、学者和科研工作者自愿组成，为促进自然科学、人文社会科学、交叉科学教学研究的深入，普及科学知识，培养人才，促进科学和社会经济的可持续发展，维护自身合法权益而开展活动的非营利性社会组织，如全国港澳研究会、中国社会保障学会、中国社会治理研究会等。

联合性社会团体，是指由相同或不同领域的法人组织或个人为了共同的兴趣、爱好、利益进行横向交流而自愿组成的非营利性社会组织，如中国书画文化发展促进会、中国工业环保促进会等。

行业性社会团体，是指由相同或相近领域的法人组织或个人组成，通过沟通本行业企业和从业者与政府的关系，协调同行业的利益，规范市场行为，提供行业服务，反映会员需求，保护和增进全体会员合法权益的非营利性社会组织，如中国银行业协会、中国足球协会、中国煤炭工业协会等。

公益性社会团体，是指依法成立的、以发展公益事业为宗旨的慈善组织等社会团体。根据我国捐赠法的规定，公益性社会团体和公益性非营利的事业单位可以依法接受捐赠，如中国红十字会等。

（2）基金会。基金会是指利用自然人、法人或者其他组织捐赠的财产，以提供扶贫、济困、扶老、救孤、恤病、助残、救灾、助医、助学、优抚服务，促进教育、科学、文化、卫生、体育事业发展，防治污染等公害和保护、改善生态环境，推动社会公共设施建设等公益慈善事业为目的，按照其章程开展活动的非营利法人。

基金会分为面向公众募捐的基金会（简称公募基金会）和不得面向公众募捐的基金会（简称非公募基金会）。公募基金会按照募捐的地域范围，分为全国性公募基金会和地方性公募基金会。

（3）社会服务机构。社会服务机构是指自然人、法人或者其他组织为了公益目的，利用非国有资产捐助举办，按照其章程提供社会服务的非营利法人。

社会服务机构的类别很多，目前一般包括民办非企业单位和智库等。

民办非企业单位，是指企事业单位、社会团体和其他社会力量以及公民个人利用非国有资产举办，从事非营利性社会服务活动的社会组织。民办非企业单位分布在社会各行各业中，目前主要包括：（1）教育事业，如民办幼儿园、小学、中学、学院、大学等。（2）卫生事业，如民办门诊部（所）、医院，民办康复、保健、卫生、疗养院（所）等。（3）文化事业，如民办艺术表演团体、文化馆（活动中心）、图书馆（室）、博物馆（院）、美术馆、画院、名人纪念馆、收藏馆、艺术研究院（所）等。（4）科技事业，如民办科学研究院（所、中心），民办科技传播或普及中心、科技服务中心、技术评估所（中心）等。（5）体育事业，如民办体育俱乐部，民办体育场（馆），民办体育学校等。（6）劳动事业，如民办职业培训学校或中心、介绍所等。（7）民政事业，如民办福利院、敬老院、托老所、老年公寓，民办婚姻介绍所，民办社区服务中心（站）等。（8）社会中介服务业，如民办评估咨询服务中心（所），民办信息咨询调查中心（所），民办人才交流中心等。（9）法律服务业，如民办法律咨询、普及机构等。

智库又称思想库（think tank）。智库的概念最早出现在第二次世界大战期间的美国，最初是一个纯军事术语，指军事决策者与学者讨论军事战略与作战计划的保密室（think box）。现在，智库则泛指开展公共政策研究、旨在影响政府决策的研究机构。在我国，智库的组织形式十分多样，社会组织是智库的主要存在形式，同时也有部分智库以企业的形式存在。智库可能以社会团体的形式存在，如中国国际经济交流中心、中国公共外交协会等，也可能以民办非企业单位的形式存在，如品牌中国战略规划院、当代社区发展与治理促进中心等研究机构，还可能以基金会的形式存在，如中国和平发展基金会等。

（三）网络舆情与不同类型的组织形象

网络舆情要求各类面向公众的社会组织在网络舆论场中重塑社会形象。在网络舆情中，各种不同类型的社会组织形象都受到影响，组织形象对组织生存、发展的重要性大大增加。近年来，社会团体、民办非企业单位以及基金会等社会组织与网络舆情的联系越来越紧密，不仅网络舆情对社会组织形象的影响越来越大，一些社会组织如智库也借助网络舆情大大扩大了自己的舆论影响力。

同时，网络舆情为社会组织的社会形象塑造带来诸多挑战。一是网络舆情要求社会团体拥有更高的信息透明度。社会团体接受的捐款数额、用途、去向等都需要在网络上公布。二是网络舆情提高了社会团体形象的维护难度。网络舆论场是一个全新的舆论领域，社会组织需要在其中面对更多的受众重新树立自己的形象，难度要比在传统媒体领域大得多。三是社会团体需要应对随时可能出现的舆情危机。社会团体如果出现腐败行为、低效率现象等，网络舆情将会放大形成强大的网络监督力，甚至形成网络舆情危机，极大地损害社会团体的社会形象，危及组织生存。

1. 社会团体与网络舆情

近年来，公益性社会团体的社会形象受到网络舆情的影响越来越大。慈善组织作为社会团体的重要组成部分，在灾害救助、贫困救济、医疗救助、教育救助、扶老助残和其他公益事业领域发挥了积极作用。作为道德属性极强的社会组织，慈善组织社会形象中的道德形象最为重要。网络舆情对慈善组织有着至关重要的重大意义，网络舆情在给慈善组织带来便利的同时，也提出了更高的形象要求。在网络舆情中“郭美美事件”给中国红十字会带来的形象危机，为我们提供了网络舆情与社会团体形象关系的经典案例。

2. 民办非企业单位与网络舆情

由于民办非企业单位在各行业中广泛存在，尤其是民办教育、民办卫生、民办文化、民政事业等对人们日常生活有着巨大影响，因此始终是网络舆情的焦点，如民办幼儿园、民办医院的收费与管理问题等都是近年来网络舆情的焦点。总体来讲，由于我国民办非企业单位的兴起时间还不长，各项政策法规还不完善，民办非企业单位虽然是网络舆情的焦点，但还没有树立起运作规范、收费合理、服务良好的社会形象。

3. 基金会与网络舆情

受网络舆情影响较为明显的是公募基金会。由于面向社会公众募捐，网络舆情对公募基金会及其社会形象的重要性不言而喻，直接关系到基金会募捐的效果。负面的网络舆情事件往往导致公募基金会的募捐金额大幅下降。中国红十字基金会是中国红十字会总会主管、经民政部登记注册的具有独立法人地位的全国性公募基金会。受网络舆情“郭美美事件”影响，2013 年全国各级红十字会系统接受的社会捐赠为 2 188 亿元，与 2011 年相比下降了 679 亿元，同比下降 23.68%。

4. 智库与网络舆情

当代社会中，智库强大的舆论影响力被广为认可。智库是一种具有极大的传播能力和舆论影响力的机构，产生思想，引导政策制定者，并通过舆论影响力来发挥作用。网络舆论影响力既是智库的重要能力，也是智库社会形象的重要组成部分。

智库影响网络舆情的一般方式表现为以下几点。

一是形成舆论储备。智库是思想家的学校，智库产生的思想能够形成较为丰富的舆论储备。这些储备可能转化为舆论附加值，并经由网络舆论变成话语权。如美国主要智库和基金会长期从事全球热点地区的研究，研究报告频繁被各国媒体引用，网络舆论很可能偏向智库所提供的思想。

二是培养网络舆论意见领袖。智库专家是网络舆论意见领袖的重要来源，这些专家通常既有专业知识，又有政府工作背景，专业性和权威性使得他们具备成为网络舆论意见领袖的条件。以美国为例，智库研究人员进入政府从政和官员离开政府转而进入智库的“旋转门”现象在美国普遍存在。离任政府官员成为智库中的政治分析家屡见不鲜，智库研究人员成为决策部门的高级官员也时常发生。这些人往往成为网络舆论意见领袖。

三是设置网络舆论议程。智库的重要目的之一就是推动政策制定进程，因此设置舆论议程就变得非常重要。智库举行新闻发布会、接受媒体采访等行为则是借助媒体去影响社会大众，从而引导社会思潮，创造议题或者影响议程设置。智库的思想或见解本身不是舆论，但它通过媒体广为传播之后就可能形成公共舆论，推动政策制定进程。

四是强化新媒体影响力。目前大多数智库都有自己的网站，并且在社交网站上注册了官方账号，将自己的信息通过这些平台进行传播。智库利用网络传播的优势是能够通过各种平台最大限度地掌控发布的内容，并且把握时机有效地引导网络舆论。

三、网络舆情与企业形象

（一）企业形象概述

作为公共关系理论的热点，学者对企业形象进行了大量的研究。有学者从企业形象与社会公众的关系角度出发来阐释企业形象的内涵：“企业形象与社会公众关系密切，因此就与公众的关系而言，企业形象是公众对企业在运作过程中表现出来的行为特征和精神风貌的总体性评价和综合性反映，是企业的外在现象和内在本质、物质文明和精神文明的有机统一。”① 还有学者从企业本身出发来定义企业形象：“所谓企业形象，就是企业这个有机体的内在素质及其效能的综合显示，是它在人们（消费者、社会公众、企业职工）心目中总的印象以及人们对它的评价。企业形象是企业文化的重要组成部分。”②

我们认为，所谓企业形象，是指社会公众、消费者对企业本身的客观状态及企业活动的总体认知和评价。一般来说，企业形象的主要构成要素包括企业家形象、品牌形象、产品与服务形象。

企业形象识别系统（corporate identity system，CIS）是当今企业最常用的形象塑造系统，它旨在通过形象识别让公众认识企业文化与产品，向公众传达企业价值观、企业发展目标、市场定位等以塑造企业形象。企业形象识别系统一般包括三个方面：理念识别（mind identity，MI）、行为识别（behavior identity，BI）和视觉识别（visual identity，VI）。

理念识别（MI）强调企业应建立起有一定识别度的价值理念，让消费者和社会公众了解企业的核心价值观、发展愿景、战略、哲学、宗旨等，好的理念不仅能起到社会识别的作用，还能增强企业凝聚力。

行为识别（BI）是指体现企业理念的具体实践与具体活动。企业的外部行为尤其是企业履行社会责任的行为如开展社会公益活动，是企业塑造良好社会形象的常

① 张茂林，王奕俊．企业形象策划与管理．北京：中国建筑工业出版社，2008：5.
② 姜学敏．企业美学：企业形象策划之魂．北京：中国社会出版社，1995：22.

用方式。体现企业理念的对内行为也能起到塑造企业形象的作用，企业独特的组织结构、管理方式、福利制度等都可以让社会大众记住自己。

视觉识别（VI）即企业通过产品包装、形象代言人、企业标志等看得见的形态，向消费者、社会公众直观地展现企业形象。

（二）网络舆情与企业形象塑造

企业面临的网络舆论环境在发生着重大的变化。以往企业的网络舆论环境主要由新闻门户网站构成，单向传播仍然是主要方式，对企业的网络舆论压力较小。现在，企业面临的网络舆论环境发生了重大的变化。

一是社交媒体舆论环境的出现。社交媒体为企业产品和服务使用者提供了发表意见、抒发感情、分享产品与服务使用经历的重要平台，它的出现使消费者能够轻松地发表有关产品、服务等方面的话题，相关话题以极快的速度在网络中传播，并得到其他网友的关注和支持，进而形成一种互动式、更为真实可信的网络舆论环境。如汽车企业要面对众多汽车网络论坛，各类汽车使用经验、自驾心得等很容易形成对汽车企业的舆论压力。如"丰田汽车爬坡门"的视频在土豆网广泛传播，"福特汽车断轴门"引发很多车主利用网络舆论维权等。

二是电子商务网站的用户评价。电子商务网站的兴起，让企业面对新的网络舆论元素，那就是用户评价。淘宝网、京东商城等电子商务网站，在每一种所售出商品的下方，用户都能方便地看到购买者对此商品的评价，多则几十万少则几百个用户评价，形成了更有利的核心舆论环境，这对企业不断改善产品和服务提出了更高的要求，使其面临着更大的网络舆论压力。

面对网络舆论环境的变化，企业利用网络舆论塑造形象的能力也在不断提高。一是广泛利用网络口碑传播。社交媒体形成的网络舆论场，往往是用户之间相互传播，逐渐形成网络舆论，这种传播方式对企业产品和服务的口碑有着重大影响。目前企业也充分重视在社交媒体上的口碑传播。二是在多个平台上开通官方账号，发布权威信息。移动互联网的异军突起，尤其是微信的蓬勃发展，让很多企业注重利用移动互联网进行企业形象推广。三是与用户充分沟通，提升用户评价。企业更加注重用户体验，并通过与用户充分沟通来改善自己产品和服务在电子商务网站上的用户评价。

【知识窗】

《中国企业形象全球调查报告 2021》，由中国外文局国际传播发展中心联合当代中国与世界研究院、国际知名调查机构凯度集团共同开展。此次调查发现，总体而言，包括中国在内的 12 国受访者对中国企业在责任、公平、可信、成功 4 个维度上表现的认可度总体上都超过了 75%。分维度来看，受访者对中国企业的成功维度评价最高并达到 82%，其中二级子维度"拥有精心设计的产品、服务"获得 86%的认可度。分国家和年龄群体来看，金砖国家和 18～35 岁的青年群体对中国企业的评价更为积极。

资料来源：中国外文局中国企业形象研究课题组. 2021 年中国企业形象全球调查分析报告：以全球 12 国为调查对象. 对外传播，2022 (2).

第3节 网络舆情与地区形象

本节以城市、民族地区为例，分析网络舆情给地区形象塑造带来的重要影响。

一、网络舆情与城市形象

（一）城市形象的含义与构成

一般认为，城市形象是城市历史文化底蕴和城市风貌的外在表现以及民众对城市的总体认知和评价，体现着城市自身独特的历史文化特征和风格。城市形象包括两个不可分割的部分，一个是城市自身具有的历史文化底蕴、地理风貌、人文资源等客观因素，另一个是民众通过旅游、媒体等形成的认知和评价。

与国家形象、组织形象相比，城市形象具有自己的特点：一是独特的历史文化风格，城市与国家不同，城市的历史文化风格往往更为具体，更有地方特色，一个拥有深厚历史文化底蕴的城市往往具备更鲜明的城市形象。二是独特的地理风貌，如沿海城市和沙漠城市各自独特的地理风貌是它们形象的重要特色。有学者将特色城市分为五种类型：一是政治型城市，如纽约、日内瓦等。二是经济型城市，如鹿特丹、香港等。三是文化型城市，如威尼斯、戛纳等。四是宗教型城市，如耶路撒冷、麦加等。五是旅游型城市，如桂林、苏州等。[①]

近年来，城市形象越来越重要，是一个城市吸引人才、投资、旅游的重要因素。因此，城市形象的塑造也被我国各大城市重视。一部分城市也参照企业形象识别系统，将城市形象分为城市理念形象、城市行为形象和城市视觉形象，并分别设计，进行传播和塑造。如“北京精神”是“爱国、创新、包容、厚德”。苏州则提出“崇文睿智、开放包容、争先创优、和谐致远”的“苏州精神”，提出“建设宜居新苏州，打造创业新天堂，共筑幸福新家园”的发展目标。

（二）网络舆情对城市形象塑造的影响

网络舆情给城市形象塑造带来了机遇，提供了更大的传播空间，提供了诸多难得的契机。同时，应对网络舆论压力也给城市形象塑造带来了挑战，舆论引导难度大大增加，舆论环境也更加复杂。

1. 网络舆情为城市形象塑造提供了更多的空间和机会

以往城市形象的塑造更加依赖直接体验和单向宣传，人们通过到一个城市生活、旅游来认识它，或通过媒体认识它。当一个城市成为网络舆论的焦点，人们会更多地关注这个城市，应对网络舆论的过程也是城市塑造形象的过程。2022年北京冬奥会的举办让北京成为整个世界的焦点，同时各种关于北京的网络舆论包括网络谣言一时间充斥网络，北京通过应对各种网络舆论，成功地向世界塑造了“双奥之城”的国际城市形象。

2. 城市网络舆情引导的作用更加凸显

一些突发事件往往需要城市开展网络舆情引导，否则会引发社会情绪、民众不

① 陈柳钦．城市形象的内涵、定位及其有效传播．湖南城市学院学报，2011（1）.

满。2020年新冠病毒感染疫情在武汉暴发、2022年江苏丰县“生育八孩女子”事件舆情的发酵等，都说明了城市网络舆情引导的重要性。值得注意的是，越来越多的城市网络舆情引导由专业人员来开展，尤其由相关政府专业部门和事件所涉领域的专家来实现。

3. 城市面对更加复杂的网络舆论环境

社交化、本地化的网络舆论环境，使得舆情的来源和爆发、发酵更加复杂，提高了城市的网络舆情应对难度。为此，多数城市均建立了城市网络负面舆情监测体系，并建立多层次、立体化的舆情应急处理机制。除新闻发布、信息公开之外，还利用各种社交平台、专业人士甚至网络名人的力量，一起应对复杂的网络舆论环境，多方开展城市形象的塑造。

二、网络舆情与民族地区形象

（一）民族地区形象概论

民族地区形象是指民族地区的整体面貌以及公众对民族地区的总体评价，是民族地区的民族特征、历史文化内涵、人文地理、社会风貌、政治经济情况等在社会公众心目中的反映。我国民族地区有着丰富的形象资源，丰富多彩的民族文化、景色美丽的地区风貌、深厚的历史底蕴等，为民族地区形象奠定了深厚的基础。

对我国少数民族地区来说，民族地区形象有着特殊的重要性。首先，良好的民族地区形象有利于我国少数民族传承。根植于特殊的民族传统，每个民族都拥有自己的民族传承，我国是有五十六个民族的大家庭，每个民族都有自己独特的民族传统和文化遗产，良好的地区形象可以吸引更多的力量保护这些珍贵的民族传统和文化遗产。其次，民族地区形象对促进少数民族地区经济发展有着重要意义。与东部发达地区相比，广大少数民族地区的经济发展水平仍然不高，仍然需要大量的人才和资金投入，好的地区形象才能吸引人才、吸引投资；此外，良好的民族地区形象有利于地区稳定和国家发展；良好的民族地区形象有利于形成民族向心力，鼓舞各族人民为共建美好家园而努力。

（二）网络舆情对我国民族地区形象的影响

近年来，我国民族地区的网络普及率迅速上升，网络舆情的影响力在这些地区也迅速扩大，对民族地区形象的影响力则同时增加。

1. 网络舆情推动民族地区积极搭建各种网络舆论平台

随着互联网的发展，网络舆情必然以更多的形式来影响民族地区形象构建，每一次网络舆论聚焦民族地区，都为构建民族地区形象提供了难得的机遇。为了充分利用网络舆论，民族地区也在通过多种方式构建自己的网络舆论平台。如新疆维吾尔自治区打造了自己的网络传播权威平台“天山网”；面对移动互联网发展趋势，新疆维吾尔自治区人大常委会开通了“新疆人大在线”微信平台。

2. 民族地区形象与网络舆情的联系越来越紧密

网络舆情在某种意义上对民族地区形象具有重要影响，这主要表现为：一是网络舆论事件引起人们对民族地区的关注度不断上升，影响了民族地区形象。二是民族地区加大了信息透明度和传播力度，利用网络了解民族地区真实情况成为主要方式之一。三是随着地区间的经贸往来、人员交往尤其是旅游的发展，越来越多的人关注民族地区发展。

3. 民族地区形象塑造受到多种网络舆论因素影响

民族地区往往有自己的语言和文化，形成独特的网络舆论环境。同时，西方媒体试图利用网络舆论对我国民族地区事务指手画脚，我国民族地区形象塑造受到干扰。另外，各种势力也不断利用网络舆论干扰民族地区的稳定发展。这些因素都使得民族地区面临的网络舆论环境更加复杂，需要民族地区提高应对能力，将民族地区形象的塑造主导权掌握在自己手中。

第 4 节　网络舆情与个人形象

在互联网时代，信息可以迅速到达每一个人，信息传播渗透到社会生活的各个方面、各个角落，尤其是网络舆论的出现，使得诸多以往并非传统媒体焦点的个人也被推到了聚光灯下。同时，个人形象的重要意义早已超出个体范畴，往往对其所在家庭、组织乃至国家都有着重要影响。本节关注网络舆情对个人形象的巨大影响力。

一、个人形象概论

（一）个人形象的概念

个人形象是指个人的内在精神与外在面貌的状态以及社会公众对其的整体认知和评价。可见，个人形象并不限于外在形体相貌，还涉及人的文化修养、道德品质、性格特征等内在精神，是对一个人的综合认识与评价。个人形象具有以下几个特点。

1. 整体性

个人形象是内在形象和外在形象的统一，良好的个人形象是内在美和外在美的统一。内在修养和外在相貌是一个整体，片面注重外貌修饰并不能带来良好的个人形象，内在修养是个人形象的重要内容。

2. 多面性

个人形象包含多个重要方面，如个人的外貌形象、职业形象、媒体形象等。不同方面的形象对个人的影响不同，个人的外貌形象可能对择偶、交友方面的影响较大，良好的职业形象则有助于个人事业的发展。

3. 可塑性

个人形象的可塑性指通过个人形象设计、管理等方式可以有效提升个人形象。形象都有一定的可塑性，而个人形象的可塑性最强，通过一定的形象设计可以很快提升甚至完全改变个人形象。

4. 动态性

同国家形象、组织形象相比，个人形象的稳定性相对较低，动态性则较高。个人形象很容易受到各种因素的影响从而发生变化，比如原本拥有良好形象的名人，其形象可能因为个人婚姻问题受到影响。个人形象随着年龄的增长、社会地位的变化等也在不停地变化。

（二）个人形象的重要性

在互联网时代，由于信息传播渗透到社会的各个角落，信息可以迅速到达每一个人，个人形象的重要意义早已超出个体范畴，不仅对个人有着重要的影响，而且对个人所在家庭、组织乃至国家都有着重要影响。

1. 良好的个人形象是个人社会竞争力的重要组成部分

在竞争激烈的互联网时代，个人形象是个人的核心竞争力所在，人们要谋求更好的生存与发展，需要具有良好的个人形象。在各种竞争中，良好的个人形象能提升竞争优势。

2. 个人形象对个人所在组织的社会形象有着重要影响

个人形象与组织形象互相联系、互相影响，二者之间存在着非常密切的关系。个人形象是构成组织形象的基本要素，对组织形象的塑造功能主要体现在领导者、公关人员和组织其他成员三个方面。[①] 其中，组织领导者的个人形象对组织有着重要影响，是组织形象的代表。

3. 个人形象是国家形象的重要组成部分

在信息化时代，人际交往越来越频繁，个人形象的好坏有时甚至影响国家和民族的整体形象。近年来，越来越多的中国人到国外旅游，一些国人不太注意所在国的文化风俗和生活习惯，给外国人留下了不好的印象。在这种情况下，个别国人的陋习就损坏了中国人的整体形象。

二、网络舆情对个人形象的影响

网络舆情的出现是一个划时代的事件，尤其是对个人形象来说，网络舆情的出现具有里程碑式的意义。没有网络舆情尤其是没有社交媒体网络舆论的出现，诸多非传统媒体焦点的个人就无法拥有社会形象，个人形象也不会有如此巨大的影响力。网络舆情也为个人形象的设计与塑造提供了更多选择。

（一）网络舆情推动拥有社会形象的个人群体不断壮大

在网络舆情出现之前，除了少数的政治领导人等人物，拥有社会形象的个人群体并不大。受制于传统媒体的传播力和社会影响力，一般人很难通过传统媒体拥有社会形象。网络舆情出现后，媒体的社会渗透力空前提高，传播力和社会影响力也空前提高，尤其是社交媒体出现后，每个人都能通过社交平台塑造自己的社会形象，如很多专家学者通过网络舆论成为意见领袖，他们就因为网络舆情而拥有了社会形象。

（二）网络舆情提高了个人形象的价值

个人形象对个人社会竞争力、组织形象乃至国家形象都有着十分重要的意义，而网络舆情将个人形象的重要性进一步提升。网络舆情出现之前，个人形象的影响力被传统媒体的传播力所限制，一般个人形象仅影响不大的社会范围，而网络舆情

---

① 吴良亚．个人形象与组织形象的辩证关系．西南师范大学学报，1999（5）．

将这种影响力无限地放大了。现在全球任何一个人都可以通过网络舆论认识某个人，同样，个人形象信息也可以同时传达到全球各个角落，这使得个人形象的价值空前地增加了。

（三）网络舆情为个人形象设计提供了多样化的方式

在传统媒体时代，个人形象的设计方式是直接的，包括在言行上培养和体现优雅的风度，在外貌装饰、语言谈吐、内在修养、社会行为等方面下功夫。网络舆情则提供了一种包含多种手段的间接方式，通过网络报道、个人微博、微信、博客等，发表个人言论、分析文章等引起网络舆论注意，塑造自己的个人形象。

三、网络舆情与个人职业形象

（一）网络舆情与国家领导人形象

国家领导人形象对外是一个国家形象的代表，极大地影响着国家形象；对内代表政府形象，对树立政府形象、凝聚民心起着重要作用。国家领导人形象总是网络舆论热点，如几分钟的《领导人是怎样炼成的》动漫短片上传两天就播放了 100 多万次，迅速引起广泛的舆论关注。不仅仅是国家领导人，国家领导人配偶形象往往也是国家领导人形象的重要组成部分，引起网络舆论的关注。网络使得国家领导人形象越来越丰富、越来越重要。

当今各国领导人越来越注重利用网络舆情塑造个人形象。根据国际智库数字政策委员会（Digital Policy Council）2013 年的统计数据，至少 133 个国家领导人拥有推特账号，约占世界国家领导人总数的 80%。在美国领导人中，排名第一的美国前总统奥巴马拥有 1.2 亿粉丝，粉丝量比被称为“推特总统”的特朗普要高得多。网络空间对许多西方国家领导人而言，是重要的个人形象塑造领域，不管是总统竞选，还是重要事件、重要言论的发布，都有重要的影响，因此很多国家领导人在脸书、推特、优兔等影响广泛的社交网站创建了个人账号，并拥有自己的运营团队，推动有利于自己的网络舆论形成。

（二）网络舆情与领导干部形象

网络舆情为领导干部树立群众形象提供了新的平台。领导干部要在人民群众中塑造良好的个人形象，就需要深入群众、进行大量的群众工作，打下深厚的群众基础。现在，网络舆情为领导干部在人民群众中树立威信、获得口碑提供了全新的方式，领导干部利用网络舆情，可以了解群众需求，也可以树立良好形象。网络舆论焦点往往引起各种媒体的注意，引发媒体报道领导干部处理好网络舆论焦点，就能成为媒体报道中的亮点，树立良好的媒体形象。

网络舆情也给领导干部带来很多挑战。在信息化时代，领导干部要具备一定的网络舆情应对、引导和管理能力。以往，一些领导干部习惯于被动应对，不回应网络舆论的质疑和呼吁，甚至酿成网络舆论危机，导致自身形象和政府形象受损。现在，领导干部面对网络舆论，必须主动积极应对，通过多种方式引导网络舆论，时刻监测并科学管理网络舆情。领导干部形象要在网络舆情中重新塑造，经受网络舆论的考验。

（三）网络舆情与企业家形象

企业家形象对企业的重要性不言而喻。在市场经济时代，企业家形象的重要性对一个国家来说也至关重要，往往反映一个国家的经济活力，本国企业家形象好则意味着本国市场经济运作良好。企业家形象包括企业家的自然形象和社会形象，企业家的自然形象包括企业家的外貌、身高等，企业家的社会形象是我们关注的重点，包括企业家的道德品格、价值观念、文化修养和企业家精神等，其中最重要的是企业家精神。

网络舆论推动企业家形象的形成，帮助企业家塑造良好社会形象。当今时代，每一个成功的企业家都不可避免地成为网络舆论的焦点，他们通过与网络舆论的互动塑造了自己的企业家形象。华为创始人任正非企业家形象的形成与网络舆论密不可分，他的创业史及企业经营理念成为网络舆论的焦点，很多言论通过网络广泛传播。网络舆情发展到今天，已经和所有企业家建立了紧密联系，企业家形象的塑造离不开网络舆情。

（四）网络舆情与社会公众人物形象

社会公众人物是指具有一定的社会影响力并享有一定社会知名度的社会人物，包括影视演员、著名运动员以及知名作家等。自网络舆情诞生以来，社会公众人物就是网络舆论热点，他们的一举一动都能成为网络舆论热点话题。对社会公众人物来说，网络舆论是提升自身社会知名度、发挥社会影响力的重要方式。影视演员可能因为成为网络舆论热点而身价倍增或名声扫地；社会慈善家可以通过网络舆论呼吁社会捐款，通过网络舆论扩大慈善的力量。同时，网络舆论还是监督社会公众人物引导社会风气、履行社会责任的重要手段，社会公众人物可通过网络舆论引导社会风气，而他们不履行社会责任的行为也会受到网络舆论监督。

【本章小结】

本章主要阐释了网络舆情与社会形象的关系，分析了网络舆情对国家形象、机构形象、地区形象和个人形象的影响。网络舆情使社会形象及其塑造发生了重大变革，改变了社会形象的塑造环境，极大地推动了社会形象的普及，提升了社会形象的重要性。

【复习思考题】

1. 什么是国家形象？网络舆情对国家形象有什么重要影响？
2. 智库如何利用网络舆情塑造机构形象？
3. 网络舆情对个人形象的影响有哪些？

第 14 章 网络舆情与突发事件

习近平总书记多次指出，当前我们面临着“百年未有之大变局”。我国的改革攻坚日益进入深水区。在国内外各种因素的交织作用下，在发展中客观存在的问题与矛盾的推动下，突发事件在我国社会生活中已经成为常见的现象。

突发事件发生后，相应的网络舆情往往接踵而至。网络舆情反映了民众对突发事件以及诱发突发事件的深层次原因的态度和看法，对政府相关部门妥善处置突发事件有着重要的作用。政府如果能够有效引导网络舆情的走向，突发事件被成功处置的可能性就会大大增加。如果任由网络舆情发展，则不仅会增大处置难度，还有可能作用于现实世界为突发事件推波助澜。

网络舆情与突发事件的交互影响考验我国各级政府的执政水平。研究突发事件与网络舆情之间的关系既有重要的理论意义，又有重大的现实意义。

第 1 节 突发事件概述

当前，我国面临着错综复杂的国际国内形势。一方面，以美国为代表的西方国家竭力遏制中国的和平崛起，运用政治、经济、军事、文化等各种手段对我国实行打压和牵制。另一方面，我国政治、经济、文化等领域的改革进入攻坚克难的深水区，各种深层次矛盾不断出现、各种利益冲突日益加深，传统安全问题与非传统安全问题相互交织。在内外部各种因素的相互作用和推动下，突发事件进入多发、高发期，加之各级政府在社会治理能力方面还存在一些短板，使得处置突发事件的难度进一步加大。

一、突发事件的内涵

突发事件作为一种社会现象由来已久。由于突发事件本身涉及因素众多、演变过程各异、表现形式多样，所以在不同的国家或地区、不同的历史时期，人们对突发事件内涵与外延的认识也不相同。

美国国土安全部将突发事件定义为“一种自然发生的或人为原因引起的需要紧急应对以保护生命或财产的事故或事件，可以包括重大灾难、紧急事件、恐怖主义袭击、荒野和城区火灾、洪水、危险物质泄漏、核事故、空难、地震、飓风、龙卷风、热带风暴、与战争相关的灾难、公共卫生与医疗紧急事态，以及其他需要积极应对的事件”①。根据《罗伯特・斯塔福德灾难救助与紧急援助法案》，突发事件可概括为“在任何场合、任何情境下，由美国总统宣布的在美国任何地方发生的需联邦介入，提供补充性援助，以协助州和地方政府挽救生命、确保公共卫生、安全及财产或减轻、转移灾难所带来威胁的重大事件”。

---

① 寇丽平．应对危机：突发事件与应急管理．北京：中国人民公安大学出版社，2013：4.

欧洲人权法院对突发事件的解释是："一种特别的、迫在眉睫的危机或危险局势，影响全体公民，并对整个社会的正常生活构成威胁。"在《英国政府关于鉴别突发事件的意见》中，突发事件被定义为"使健康、生命、财产或环境遭受直接危害的情况"①。

根据2006年我国发布的《国家突发公共事件总体应急预案》，突发事件是指突然发生，造成或者可能造成重大人员伤亡、财产损失、生态环境破坏和严重社会危害，危及公共安全的紧急事件。为进一步明确对突发事件的认识与统一对突发事件概念的理解，2007年8月通过的《中华人民共和国突发事件应对法》第三条明确规定："本法所称突发事件，是指突然发生，造成或者可能造成严重社会危害，需要采取应急处置措施予以应对的自然灾害、事故灾害、公共卫生事件和社会安全事件。"这一定义是目前我国对突发事件最权威的界定。

突发事件严重威胁群众的生命财产安全与社会的和谐稳定，轻则使得个人遭受物质和精神上的极大打击，重则造成社会紊乱或产生新的社会危机事件。由突发事件造成的损失触目惊心。例如，据联合国欧洲经济委员会统计，"9·11"事件给美国造成的经济损失高达2 000亿美元。再如，2020年全球暴发的新冠病毒感染疫情在全世界导致大量的人员感染或死亡。截至2022年2月底，全球累计确诊新冠病毒感染约4.35亿人、死亡约596万人，其中我国累计确诊约19.8万人、死亡6 148人。② 突如其来的疫情对世界各国都造成了巨大的人员伤亡和财产损失。无论是自然原因引发的突发事件，还是人为因素引起的突发事件，若不加以处置，都会引起不可估量的损失。为此，政府以及相关组织必须高度重视，强化危机意识，构建科学的体制及运行机制，制定行之有效的应急方案，做好预防与处置突发事件的基础性工作。

二、突发事件的类型

根据看问题的角度、现实或理论研究目的和判断标准的不同，国内外对突发事件的分类也不同。在《中华人民共和国突发事件应对法》中，突发事件因发生的原因、机理、过程、性质和危害对象的不同而被分为四大类，即自然灾害、事故灾难、公共卫生事件和社会安全事件。这种分类法科学地界定了突发事件的外延，分类层次明确，有利于政府形成针对性强的处置预案。

（一）自然灾害

1. 自然灾害的概念

根据全国科学技术名词审定委员会审定公布名词数据库，在生态学中，自然灾害是"对自然生态环境、人居环境和人类及其生命财产造成破坏和危害的自然现象"；在地理学中，自然灾害的定义为"自然环境中对人类生命安全和财产构成危害的自然变异和极端事件"。简单来讲，自然灾害就是由自然原因引起的突发事件，

---

① 应对突发事件课题研究组．各级领导者应对和处置突发事件必备手册．北京：中国商业出版社，2012：4.

② 百度疫情实时大数据报告．[2022-02-28]. https://voice.baidu.com/act/newpneumonia/newpneumonia.

主要包括水旱灾害、气象灾害、地震灾害、地质灾害、海洋灾害、生物灾害和森林草原火灾等。具体有高温、严寒、台风、雷电、冰雹、大雾、大风等气象灾害，山体滑坡、崩塌、泥石流等地质灾害，风暴、海啸、赤潮等海洋灾害，重大生物灾害和森林草原火灾等。

随着经济社会的不断发展，各类改造自然的技术不断被创造出来，从而人类介入自然的领域越来越广，“上九天揽月，下五洋捉鳖”已成为现实。但是，在改造自然为人类所用的同时，我们赖以生存的自然发生了不可逆转的变化，自然对人类产生的反作用越来越明显，近年来自然灾害的加剧某种程度上正是这种反作用的表现。

由于特殊的地理环境与特有的地质构造条件，我国成为自然灾害高发的国家之一，灾害频发、受灾面广、灾害损失严重是我国自然灾害的明显特征。据统计，我国年均受灾人次在两亿以上，随着城镇化的进一步推进与社会财富的积累，灾害造成的损失也将逐年增长。据应急管理部消息，2021 年我国“各种自然灾害共造成 1.07 亿人次受灾，因灾死亡失踪 867 人，倒塌房屋 16.2 万间，直接经济损失 3 340.2亿元”①。

2. 自然灾害的特点

自然灾害由自然原因引起，因此有很强的自然属性。

（1）破坏性强。自然灾害是自然界对人类的反作用，对人类的生存形成巨大的挑战。自然灾害的受灾群体与受灾范围是不特定的，自然灾害是自然环境瞬间恶化的结果，其影响范围广泛，一经发生，将会有成千上万的群众受灾，在一定地域范围内，所有的工厂、企业、政府机关等社会单位都将受到严重的破坏。此外，自然灾害诱发社会性突发事件的趋势越来越明显，相较于经济损失，带来的社会危机影响更为深远。

（2）不可抗拒性。自然灾害的发生受制于自然力，难以预测与控制，其不可抗拒性较其他类别的突发事件更为明显。其不可抗拒性的特点让大多数处置此类突发事件的措施乏力。

（3）影响持续性。自然灾害可能持续数月，也可能仅仅持续几分钟，甚至更短的时间，但是其带来的影响持续时间长，尤其是带来的间接损害在接下来的几年甚至几十年中可能都难以弥补。

（二）事故灾难

在《现代汉语词典》（第 7 版）中，“事故”是指意外的损失或灾祸，“灾难”是指天灾人祸所造成的严重损害和痛苦。从这个角度看，事故灾难是指非自然因素或者人为因素导致，超出人类主观意愿，并且造成严重损害和痛苦的突发事件。

目前学术界没有形成事故灾难的统一定义，我们更多的是从分类上直观地把握事故灾难的概念。根据事故发生的情况，事故灾难主要有以下几种。

1. 环境污染

环境污染是指人为因素引起的环境中某物质的含量或浓度达到有害程度，危害

---

① 应急管理部发布 2021 年全国自然灾害基本情况（2022 - 01 - 23）［2022 - 10 - 07］. https：//www.mem.gov.cn/xw/yjglbgzdt/202201/t20220123_407204.shtml.

人体健康或者破坏生态与环境的现象。① 环境污染包括空气污染、水污染、固体废弃物污染、噪声污染等。常见的环境污染有严重雾霾、工厂排污、生产废弃物等；不常见但危害严重的环境污染有危险化学品、有毒物质、放射性物质引起的环境污染等。

2. 火灾事故

火灾是一种常见的事故，也是伴随着人类社会发展的一类事故。火灾是指失去控制的燃烧所造成的灾害。据应急管理部统计，2021 年全国共接报火灾 74.8 万起，死亡 1 987 人，受伤 2 225 人，直接财产损失 67.5 亿元。

3. 交通事故

交通事故根据发生地点与交通工具的不同可分为道路交通事故、铁路事故、内河航运事故、空难、海难。其中道路交通事故为人们所熟知，几乎每天都会发生。

道路交通事故是指车辆在道路上因过错或意外造成的人身伤亡或者财产损失的事件。随着经济的发展，人均收入不断提高，汽车成为当代主要的交通工具，然而，当前道路设置存在一定的缺陷，人们的驾驶知识不足，技术不够熟练，这就埋下了隐患。目前，道路交通事故成为所有事故中伤亡人数最多的一类事故。资料显示，我国每年道路交通事故的死亡人数超过各种生产事故的非正常死亡人数的总和。

4. 生产事故

工矿商贸等企业的各类安全事故频发与我国过去相当长时间内的经济发展模式密切相关。改革开放后，我国处于工业化加速发展阶段，粗放式的经济发展模式带来物质财富迅速积累的同时，也带来大量的生产事故问题。

生产事故是指生产经营单位在生产活动中，人为的过错或失误造成的损失严重突发事件。生产事故主要包括建筑安全事故、矿山事故以及其他特殊物质生产事故。

近年来，生产事故频频发生，究其主要原因有如下几点：一是片面追求利益最大化，进行非法生产；二是生产条件差、危险源多；三是管理人员与操作人员的安全意识淡薄；四是安全生产制度落实不到位；五是相关监管部门监管不力。

5. 爆炸事故

爆炸事故主要包括物理爆炸事故、化学爆炸事故和物理化学爆炸事故。我们所关注的主要是民用爆炸物品和易燃易爆化学品引起的爆炸事故。爆炸事故往往会带来巨大的危害和损失，给人民带来生命财产损失的同时也给社会增加大量的不安定因素。由于相关的管理制度落实不到位、相关政府部门及企业负责人安全意识淡薄以及爆炸物品在生产、运输、使用、储存、销售等任何一个环节都易出现问题，所以各种爆炸事故层出不穷。2021 年 6 月 13 日，湖北省十堰市张湾区艳湖社区集贸市场，天然气中压钢管严重锈蚀破裂，泄漏的天然气在建筑物下方河道内的密闭空间聚集，遇餐饮商户排油烟管道排出的火星发生爆炸，造成 26 人死亡、138 人受伤，其中重伤 37 人，直接经济损失约 5 395.41 万元。②

---

① 寇丽平．应对危机：突发事件与应急管理．北京：中国人民公安大学出版社，2013：11.

② 湖北省应急管理厅．湖北省十堰市张湾区艳湖社区集贸市场“6·13”重大燃气爆炸事故调查报告．(2021-09-30)[2022-10-07]. https://yjt.hubei.gov.cn/yjgl/aqsc/sgdc/202109/t20210930_3792103.shtml.

（三）公共卫生事件

国务院2003年公布的《突发公共卫生事件应急条例》对突发公共卫生事件进行了明确的界定。突发公共卫生事件是指突然发生，造成或者可能造成社会公众健康严重损害的重大传染病疫情、群体性不明原因疾病、重大食物和职业中毒以及其他严重影响公众健康的事件。

根据事件的性质与特点，公共卫生事件可分为以下几大类：自然灾害、环境污染引起的公共卫生事件；法定甲、乙、丙类传染病以及群体性不明原因疾病；食品、药品质量原因引发的安全事件；群体性食物中毒及职业中毒事件；医疗事故、预防接种或药物引起的不良反应事件；核事故、放射性事件造成的突发公共卫生事件。①

公共卫生事件治理困难的原因大致有两种。一是危害群体广泛，不易控制。危害群体不仅包括受感染群体，而且涉及从事疑似确诊病人治疗的医护人员、实验室研究人员、从事流感疫情流行病学调查的人员、海关出入境检疫人员以及公共设施运行和服务人员等，这些人群都被视作高风险人群。所涉及人群的职业与活动范围不确定，给处置工作带来了极大的不便。二是公共卫生事件专业性较强。首先，在名称上就与自然灾害、事故灾难有很大的不同。例如，地震、爆炸、火灾等一目了然，知名便知事，而公共卫生事件则不同，如“非典”、H1N1、新冠病毒等，大众从名称无从判断其危害如何。其次，在处置上专业性特征明显，事件发生的原因、趋势、对公众的危害以及控制与治疗方法都不是易于把握与预测的。

2020年暴发的新冠病毒感染疫情对全世界都造成了巨大的冲击与危害。为了更加有效地防治类似公共卫生疾病，2020年10月17日，第十三届全国人民代表大会常务委员会第二十二次会议通过了《中华人民共和国生物安全法》，自2021年4月15日起施行。该法的制定旨在维护国家安全，防范和应对生物安全风险，保障人民生命健康，保护生物资源和生态环境，促进生物技术健康发展，推动构建人类命运共同体，实现人与自然和谐共生。

（四）社会安全事件

社会安全事件给人民安居乐业与社会和谐稳定带来了巨大挑战，一直是我国国家管理和公众生活的重点和热点。

社会安全事件可以从多个角度进行分类。从事件的暴力角度，分为暴力性社会安全事件和非暴力性安全事件；按照事件矛盾的性质，可分为人民内部矛盾的社会安全事件和敌我矛盾的社会安全事件；从严重程度、可控性与影响范围的角度，可分为Ⅰ级（特别重大）、Ⅱ级（重大）、Ⅲ级（较大）和Ⅳ级（一般）社会安全事件；按照事件本身的性质，社会安全事件一般包括恐怖袭击事件、经济安全事件、涉外突发事件、民族宗教事件、重大刑事案件、群体性事件等。

社会安全事件属于社会性突发事件，因而具有一般社会性突发事件的突发性、社会性特点；同时，社会安全事件具有自身独有的特点：首先，社会安全事件爆发的深层次原因一般都经过长期的积累，达到爆发临界点后利益群体的诉求得不到满

---

① 宫承波，李珊珊，田园．重大突发事件中的网络舆论．北京：中国广播电视出版社，2012：30.

足。其次，预谋性强。重大社会安全事件一般是由有一定影响力的人策划，经过一段时间的组织，有计划、有目的地实施，控制与操纵痕迹明显。最后，暴力性特征明显。表达利益诉求的过程中一旦存在恶劣情绪，就会很快在群体中蔓延，当恶劣情绪渲染至整个群体时，冲动、急躁与暴力的表现则不足为奇。

三、突发事件的特点

（一）突发性

突发性是突发事件的首要特征。以迅雷不及掩耳之势爆发是人们对突发事件的直观认识，从字面上讲，"突发"是指突然发生、出人意料、令人猝不及防的状态。突发事件不可防备的突然性让公众措手不及，给社会带来极大的危害和威胁。突发事件的爆发往往出人意料，具有很强的随机性与偶然性，这也是其根本属性。①

突发事件的发展进程极快，从预兆、萌芽、发生、发展、高潮，一直到结束，这样一个完整的周期非常短暂，有时事件结束后人们仍旧没有反应过来。突发事件的发生与人们的意识之间常存在严重的脱节，有一段时间的认识空白，无论是对政府、公众还是媒体而言，突发事件的相关信息都处于短缺状态，因而难以判断及做出正确的反应。② 由于对突发事件的发生没有心理上的准备，在爆发阶段又得不到相关的信息，所以无论是群体还是个人，都会产生心理上的恐慌。突发事件爆发时间上的突然性给社会处置该类事件带来了极大困难。

突发事件的发生似乎没有征兆且无法预警，其实不然。它看似偶然，实则必然。从哲学上讲，任何事物发展都是一个从量变到质变的过程，事物矛盾、冲突在这一过程中起着推动的作用。事物发展的缓急快慢主要取决于矛盾的种类、性质，但也不排除外部因素的影响，在有些时候外部因素的变动对质变起到不可小视的作用。从这个角度讲，突发事件是质变迅速而且猛烈的一个过程，我们不能否认突发事件发展过程的联系性，不能孤立地看待突发事件。

突发事件是平日累积起来的矛盾因长期得不到疏导或者解决，并且有时以一定的外部因素催化为契机，突破临界点而突然爆发。外部因素以什么形式出现，在什么时候或者什么地点出现等，都影响突发事件的走向和程度。内部矛盾的长期潜伏与缓慢变化不容易引起人们的注意，同时，外部因素的到来使得事物发展的速度和程度呈指数级增长，事件瞬时性的爆发与人们的认识发生脱节，这就造成了出人意料的假象。在认识突发事件发生时间的短暂性时，也不能不顾其短暂性的实质。

（二）危机性

赫尔曼斯对危机做出了如下经典的定义："所谓危机就是这样一种情境，它威胁着决策单位的优先目标，限制了决定改变之前回应的可用时间，它的产生出乎决策单位成员的意料。"③ 这一定义强调了危机的三个特征：突袭、决策时间的短暂和对被重视目标的威胁，与突发事件的根本属性基本一致。突发事件的

---

① 宫承波，李珊珊，田园．重大突发事件中的网络舆论．北京：中国广播电视出版社，2012：10.

② 朱力．突发事件的概念、要素与类型．南京社会科学，2007（11）.

③ HERMANN CHARLES F. International crisis：insights from behavioral research. New york：Free Press，1972.

危机性不仅表现在与危机属性的相似性上，而且显现在与危机的交织联系上。

第一，危机中孕育突发事件。事物发展的联系性与发展过程的连续性决定突发事件不可能毫无准备就发生，突发事件发生的一般过程为：一个系统内潜藏的危机因素积累到一定程度后，可能会引爆某个突发事件，危机因素的继续积累可能会引发另外一个或者几个突发事件。在这种关系中，如果能及时遏制危机因素的聚集，突发事件可能就不会发生。

第二，突发事件诱发危机。突发事件可能会成为一场危机的诱因，在这里突发事件是诱发危机的一件大事，是一个“点”，既是危机开始的诱因，又是危机开始的标志。在这种情况下，如果突发事件能得到有效的处置，危机可能就不会发生或者危机带来的损失就会减少。

突发事件与危机相辅相成，一场危机中会出现一个或者多个突发事件，突发事件又会推动危机的发生，二者中的哪一个处理不当都将带来巨大的损失。

（三）破坏性

一般而言，突发事件是具有负面性质的事件，而不是中性的事件，必然会造成不同程度的破坏。宏观上，造成国家经济重大损失、社会秩序重大紊乱；微观上，造成社会公众生命、健康、财产以及心理的破坏。由于突发事件有突发性，很难提前预知，更不用说采取措施提前预防了，而且其爆发后发展非常迅速，再加上偶然因素作用，带来的危害很难控制，因此突发事件的破坏性非常大。破坏性特征明显也是各界关注突发事件的最大原因。

突发事件的破坏性以人员伤亡、财产损失为标志，包括直接损害和间接损害。更为严重的是突发事件带来的社会层面的负面效应，譬如对社会心理和个人心理造成的破坏性冲击，会渗透到社会生活的各个层面，以及由突发事件引发的其他一系列连锁反应。

第一，突发事件造成大量的人员伤亡。生命对每个人来说是最宝贵的，失去生命其他一切活动便无意义可谈，受害群体的生命损失是无法挽回的。突发事件中的受伤人员，不仅遭受了事件发生时的痛苦，而且要承受由此带来的长久的身心疾痛。

第二，突发事件导致严重的经济损失。突发事件造成大量人员伤亡的同时，还给国家和人民群众带来巨大的经济损失。相较于直接经济损失，间接经济损失往往是直接经济损失的几倍。物质基础是人类通过辛勤劳动实现的，是人民群众得以生存和发展的基础，若某一地区爆发突发事件，将直接威胁当地群众的生存和发展。

【案例】　河南省遭遇历史罕见特大暴雨

2021 年 7 月 17 日至 23 日，河南省遭遇历史罕见特大暴雨，全省平均过程降雨量 223 毫米，有 285 个站超过 500 毫米；有 20 个国家级气象站日降水量突破建站以来历史极值，其中，郑州、新密、嵩山站均超其历史日极值 1 倍以上，郑州气象观测站最大小时降雨量（20 日 16 时—17 时，201.9 毫米）突破我国大陆有记录以来的小时降雨量历史极值。多条河流发生超警以上洪水，郑州、新乡、鹤壁等多地遭受特大暴雨洪涝灾害，受灾范围广、灾害损失重、社会关注度高。灾害造成全省16市150个县（市、区）1 478.6万人受灾，因灾死亡失踪398人，紧急转移安置149万人；倒塌房屋3.9万间，严重损坏17.1万间，一般损坏61.6万间；农作物受灾面积873.5千公顷；直接经济损失1 200.6亿元。

严重的灾情给当地的经济发展带来了毁灭性的打击，多年的城市硬件设施建设毁于一旦，更严重的是当地政府及群众要承担灾后的处置与重建工作，将耗费大量的人力、物力和财力。

资料来源：应急管理部发布2021年全国十大自然灾害.（2022-01-24）[2022-10-07]. https://www.mem.gov.cn/xw/yjglbgzdt/202201/t20220123_407199.shtml.

第三，突发事件带来深远的、负面的社会影响。与可统计的人员伤亡和经济损失相比，突发事件带来的负面社会影响危害性更大，主要体现为给社会心理与个人心理带来冲击，进而渗透到社会生活的方方面面，甚至引发社会局势的动荡与生活秩序的紊乱。

经受自然的或人为的突发事件后，个人可能会无所适从、对生活失去信念，这种消极的态度在受灾群体中极易传染，进而造成社会整体的心理创伤，因此会引发受灾群体对政府和社会的不满，这种不满情绪一旦被人利用将会引发更严重的事件。突发事件的爆发一开始便给群众带来了恐慌，在一定程度上已经对社会秩序形成现实挑战。

同时，突发事件本身就是危机的一部分，是危机的前奏和预兆，而危机恰恰是超出政府和社会常态控制的严重影响社会正常运作的一种状态，突发事件在很大程度上是危机的导火索。不同类型的突发事件产生的危害也是不同的，具体可预见的危害有大量人员伤亡、严重经济损失、深远的社会负面影响等，这些危害不会具体到特定的人员或特定的地区，因此危害程度极大。

（四）不确定性

所谓不确定性，就是突发事件在爆发后的发展变化受到诸多内部或外部因素的影响，很难用经验去判断事件的发展趋势，基本无章可循。突发事件从开始到结束始终处在不断变化的过程中，没有固定的模式与轨迹，其发生时间、地点以及中间过程等都存在较大的偶然性。

第一，突发事件爆发时间和地点不可预测。突发事件是事物内在矛盾由量变到质变的爆发式飞跃过程，是由一定的契机诱发的，诱因具有一定的偶然性和隐蔽性。突发事件以什么方式出现、在什么时候出现，是人们无法把握的，也就是说突发事件发生的具体时间、具体地点，是难以预测的。

第二，突发事件的发展过程不确定。与突发事件在爆发点上存在偶然性类似，突发事件一旦发生就非纯粹的政治、经济、文化问题，而将变成多种因素交织、多个群体混杂、多项社会问题齐发的综合性社会危机。过程的非规律性、强波动性是处置突发事件的又一大难点。信息时代各种社会资源的流动空前活跃，有利于优化社会资源配置的同时，给突发事件的发展带来了更多的不确定因素，控制过轻或者过激都会引发叠加性新危机。

第三，突发事件的影响范围以及破坏程度存在不确定性。突发事件处于不同的阶段，其影响范围与破坏程度是不同的，不能简单地认为初期危害严重而后期危害较弱，也不能反过来。由于突发事件发展过程的不确定性，加之很难把握偶然因素的作用大小，事件危害性最强的阶段很可能是中间阶段，而中间阶段往往是人们所轻视或忽略的部分。

（五）连带性

连带性也称为连锁性，是指突发事件的发生往往不是孤立的，复杂的深层次矛盾可能会在突发事件发生时被引爆，因而牵连出其他社会危机，甚至出现“多米诺骨牌”现象，产生一系列连带性负面效应。

连带性主要表现为以下三种：一是同质牵连，指与危机具有相同或相似性质的人、事或者产品会受到牵连；二是因果牵连，指某一种危机导致相关危机的爆发；三是扩散牵连，指危机造成的心理恐慌使得人们把危机人为扩大到那些根本不存在危机的领域。[①] 这些连带性在由不同原因引发的突发事件中表现不同。自然性突发事件可能引发一系列社会危机。例如，对政府不满情绪的长期积累可能会由一场地震引爆，进而发生冲击政府的恶劣事件。社会性突发事件的连带性更强，当今我国社会正处于深化改革的关键时期，正逐渐转型，各种深层次矛盾冲突激烈，某个突发事件可能会牵扯各方面的利益。因此，社会突发事件需要格外引起关注。

第 2 节　突发事件网络舆情

突发事件与网络舆情关系密切。一方面，突发事件导致网络舆情出现，说明网络舆情是现实社会中突发事件在网络空间的反映与延伸。另一方面，网络舆情推动突发事件进一步发展。研究突发事件网络舆情的发展规律，把握突发事件网络舆情各个发展阶段中的要素是当前应急管理工作的一大任务。

一、突发事件网络舆情的内涵

突发事件网络舆情具有舆情与网络舆情的一般特征。简单地讲，突发事件网络舆情是指由突发事件引起的网络舆情。要深入理解突发事件网络舆情的内涵应从以下几个方面着手。

（一）突发事件网络舆情主体的广泛性

突发事件明显的特征之一是破坏性，不仅给当事人造成损害，而且对社会大众造成很大的心理创伤，这种危害所波及的范围是广泛的。任何人无论其受教育程度高低、年龄大小、职业如何，面对突发事件都可以在网络上阐述自己对突发事件的态度、意愿与意见。

---

① 赵士林，彭红．现代危机意识与危机报道．新闻记者，2004（10）.

（二）突发事件网络舆情客体的复杂性

突发事件网络舆情客体的复杂性表现为：首先，突发事件分为自然灾害、事故灾难、公共卫生事件、社会安全事件四大类，每类突发事件下又有不同类型的事件，突发事件的种类、特点、发生的原因、影响的因素都非常复杂。其次，突发事件爆发的偶然性与过程的不确定性进一步增加了客体的复杂性。

（三）突发事件网络舆情话题的多元性

不同年龄段、不同受教育程度、不同生活阅历的网民理性程度不同，因而其表达的方式以及情感的强烈程度也不尽相同。与此同时，网民对不同突发事件的关注焦点同样不尽相同，在表达意愿、态度与意见时话题呈现出多元性。譬如，在天灾人祸面前多表现出人道主义关怀与对不当行为的道德审判；在事故灾难面前表现出对责任的追究；面对公共卫生事件则表现出恐慌情绪；在社会安全事件面前表现出对政府治理的考问。

二、网络舆情与突发事件的关系

网络舆情是一个较大的概念，突发事件网络舆情是网络舆情的一类。单独辨析网络舆情与突发事件之间的关系，尽管无太大的南辕北辙之感，也有几分牵强。因此，我们在讨论二者之间的关系时，应该限定在与突发事件相关的网络舆情范围中。

第一，突发事件是网络舆情产生的根源。突发事件的发生会造成严重的危害，给社会带来的巨大影响，在很短的时间内，网络上就会掀起对突发事件的大讨论，一些倾向性很强的意见、态度与意愿聚集，进而形成网络舆情。

第二，网络舆情的消退是突发事件合理解决的表征。网络舆情经过一段时间的发酵，逐渐走向消退。网络舆情的消退是现实社会中的利益矛盾得到合理解决的结果，在一定程度上表明突发事件得到合理解决。

第三，网络舆情与突发事件相互影响。网络舆情的被关注程度与突发事件的社会影响正相关。突发事件越严重，网络舆情越高涨，反之亦然。网络舆情的演变对突发事件的发展有着不可估量的作用。如果网络舆情得到合理的引导，那么将有利于突发事件应急工作的开展；若对网络舆情控制不当，那么不仅给突发事件的处置工作带来困难，还有可能引发更严重的社会危机。

【案例】2021年河南郑州“7·20”特大暴雨灾害引发网络舆情

在2021年河南省由暴雨引发的自然灾害中，郑州受损最重。

2021年7月17日至23日，河南省遭遇历史罕见特大暴雨，发生严重洪涝灾害，特别是7月20日郑州市遭受重大人员伤亡和财产损失。灾害共造成河南省398人因灾死亡失踪，其中郑州市380人，占全省95.5%；直接经济损失1 200.6亿元，其中郑州市409亿元，占全省34.1%。

河南省气象局于7月20日6时启动Ⅱ级应急响应；河南省防汛防台抗旱指挥部于18时将防汛应急响应级别由Ⅳ级提升至Ⅱ级；国家防汛抗旱总指挥部于20时启动防汛Ⅲ级应急响应，并紧急赶赴现场协助开展抗洪抢险工作。

7月21日凌晨，国家防汛抗旱总指挥部紧急召开专题会议，会商研判雨情汛情形势，进一步部署河南防汛救灾工作，于当日3时启动防汛Ⅱ级应急响应。

7月21日上午，河南省纪委监委印发《关于强化防汛救灾监督执纪工作的紧急通知》，严禁迟报、瞒报、漏报重要汛情灾情信息。

7月21日下午，河南省人民政府新闻办召开河南省防汛应急新闻发布会，公布河南省汛情救灾情况，并就公众关注的问题回答记者的提问。截至7月29日，河南省人民政府共召开了八场防汛救灾新闻发布会，及时发布最新汛情并回应救灾情况。

河南省遭遇极端暴雨在网络上引发了巨大关注，几乎成为所有主流媒体和社交媒体的热点。7月20日至21日两天出现多次舆情高峰。7月20日14时左右，话题#郑州的海来看我了#登上微博热搜，起初舆论对其呈调侃态度。随着暴雨来势凶猛，防汛部门发布防汛等级调整通告，舆论对暴雨的关注度也随之升高。7月20日晚，随着“郑州地铁5号线一车厢多人被困”事件的出现，舆论对河南暴雨的关注度达到峰值。随后，“K226次列车请求紧急救援”“常庄水库泄洪，郑州中牟县通知做好撤离准备”“郑州地铁全线停运”等灾害救援和灾情预警信息均有较高热度。

根据主流媒体报道及微博平台数据，“河南”“郑州”“暴雨”是出现频率较高的词汇。此外，“救援”“应急”“防汛”“物资”等关键词也是此次传播中出现的高频词。舆论关注点主要在于暴雨现场情况、抢险救灾工作、捐款捐物信息和防汛预警信息等方面。

25%的媒体报道伤亡情况。例如，环球网发文《河南公布汛情受灾情况：特大洪涝灾害共造成302人死亡，其中郑州市遇难292人》。

23%的媒体报道了救援情况。例如，北青网发文《受困的K226/7次列车通信逐步恢复，食品持续补给》，封面新闻发文《郑州有乘客被困地铁5号线隧道内：已被安全疏散》。

19%的媒体报道了各部门为河南提供的支持。例如，新华网发文《国家防总工作组赴河南新乡现场协调组织被洪水围困村庄救援》《财政部紧急拨付30亿元支持河南省灾后恢复重建》。

12%的媒体报道了各界为河南捐款的情况。例如，搜狐新闻发文《数百明星艺人为河南捐款，总数已超2亿元》，中国新闻网发文《89家中央企业累计向河南省捐款超10亿元》。

5%的媒体报道了网红借洪灾诈捐作秀的情况。《中国青年报》发文《新乡卫辉灾区救援艇被偷，寻获后损毁严重，警方已介入调查》，和讯网发文《嘻哈歌手孩子王捐款造假：自己P图声称为河南灾区捐了1.8万元》。

6%的媒体报道了其他情况。澎湃新闻发文《河南这次暴雨为什么这么强？气象专家解析三大原因》《郑州希岸酒店暴雨后涨价被罚50万》。

随着灾情的发展，负面舆论也逐渐显露，声音主要集中在城市排水系统、官方灾情预警和应急救援方面。媒体对此跟进报道，对灾难进行反思。澎湃新闻发布了《河南暴雨启示录：我们该如何应对超标暴雨》的播客，从灾难预防的角度思考如何应对超标暴雨；第一财经发文《郑州5年海绵城市建设失效了？专家：这个观点失之偏颇》；《中国科学报》发文《特大暴雨面前，别拿“海绵城市”说事儿》，回应人们对郑州建设“海绵城市”的质疑；央视新闻发表了题为《灾后重建是不亚于抗灾的大考，必须高效公正公开透明》的评论，提出“灾后重建工作必须做到高效、公正、公开、透明，才能让人信服”。

资料来源：本案例主要根据国务院灾害调查组《河南郑州“7·20”特大暴雨灾害调查报告》、澎湃舆情数据中心《特大暴雨引发洪涝灾害，郑州为何被推上风口浪尖?》和腾讯网《“河南水灾”的舆情分析报告》相关资料整理汇总。

三、突发事件网络舆情的类型

（一）自然灾害网络舆情

自然力是不可控的，自然灾害带来的损失是不可逆转和无法挽回的，人们对遭受自然灾害的民众有着发自内心的同情。当自然灾害发生时，社会生活中的矛盾与争议会暂时被搁置。

与此同时，与自然灾害相关的网络舆情展现出明显的人道主义情怀：

第一，网民通过网络呼吁捐款捐物。网络的便捷性极大地拓展了捐献的空间，并使得所捐款项能以最快的速度到达灾区，帮助灾区同胞解决困难。

第二，开发网络新途径进行爱心传递。在网络时代，网民会自发在网上发帖，积极呼吁社会各界对灾区进行援助，号召大家参加志愿活动；在网络上为灾区祈福；开展网络心理辅导工作；为相关人员提供所需信息等。在互联网的帮助下，网民深切关注与关心灾区人民，对同胞的遭遇表达人道主义关怀。

第三，网络舆情能够对不当行为进行监督与道德审判。自然灾害爆发后，个人、企业以及政府的行为被高度关注。对于救灾过程中的不道德甚至违法行为，网络舆情会进行有力的声讨。这种自发的民间“道德审判”已经成为自然灾害网络舆情的一种走向。

（二）事故灾难网络舆情

自然灾害属于“天灾”，那么事故灾难便是“人祸”。事故爆发后，查明事故原因的工作也随之展开，网络中出现大片激昂情绪与质疑之声，网民情绪化的特点非常明显。这种情绪化带动事故灾难网络舆情的走向。当然，在网民宣泄情绪的同时也不乏理性的声音，如对事故真相的追求、相关责任人的追究以及事故背后的行业反思等。随着社会文明程度的进一步提高，这种理性的声音应该占据事故灾难网络舆情的制高点。

（三）公共卫生事件网络舆情

公共卫生事件的危害之一是带给社会贯穿始终的恐慌情绪。由于公共卫生事件的爆发没有地域限制，任何地点都有可能成为易感区，由此，群众的恐慌心理容易蔓延。现实中的恐慌情绪往往会在网络中加以放大，对人身安全与健康的关切，使得一部分网民会夸大事件的危害，草木皆兵的恐慌贯穿事件始终，这也是网民主观情绪的体现。2020 年新冠病毒感染疫情暴发初期，由于病毒起源不明、疫情来势突然、救治方法未定，加之自媒体中各种谣言快速传播、各种悲观论调甚嚣尘上，民众对疫情极为恐慌。直到我国逐步查明疫情起因、形成了有效的管控策略，逐渐控制住了疫情蔓延的态势，民众的恐慌才逐渐消除。

（四）社会安全事件网络舆情

社会安全事件往往由一个事件引发，当其演变为社会安全事件，原事件中的关键人物便会成为网民搜索和关注的对象，“人肉搜索”就因此而来。社会安全事件呈现出不同于其他类型突发事件的复杂性，其中涉及包括社会管理、相关规制、政府政策等在内的许多问题。某个事件之所以演变为群体性事件，除了事件本身，与事发地的行政、治安等深层次原因是分不开的，这些问题往往会成为网络舆情的焦点。

四、突发事件网络舆情的影响

（一）激化社会矛盾，影响社会稳定

在网络社会中，人们通过互联网认识外部世界，人的行为不再是对客观环境及其变化做出反应，而是对网络提供的某种经过人为改造的环境做出反应。网络媒体通过选择、加工、报道，重新加以结构化呈献给受众的信息，大多数具有特定的倾向性。经过互联网加工的事件不仅制约人的认知行为，而且对客观的现实产生影响。尽管网络媒体在绝大多数时候报道全面、评论详尽，但它提供给我们的事实毕竟是“媒体真实”。对某些极富矛盾冲突的事件过度炒作，这可能会导致民众看到过多的社会阴暗面，从而引起内心恐慌，进而影响社会的稳定。

（二）对核心价值观产生冲击

核心价值观是指信仰与日常生活经验相一致的价值取向。网络核心价值观缺失的一个重要表现就是信仰与日常生活脱节。在突发事件网络舆情的传播过程中，常常会出现忽略一个社会的核心价值观的现象，相反，利己主义、极端个人主义、享乐主义充斥其中。突发事件网络舆情的传播对核心价值观产生的影响不可忽视。

（三）影响政府与民众的关系

网络作为虚拟空间，鼓励了异质性权力的成长，这种权力在虚拟空间中越膨胀，就越容易引发其与原有公共领域的摩擦和冲突。这一点较好地解释了在很多突发事件中谣言大肆传播的现象。尤其要注意的是，由于部分地方政府在回复民众关切点的时候调查不够深入、细节不够清楚、表达不够严谨，在网络上相关谣言满天飞，政府公信力也受到了民众质疑。

第 3 节　突发事件网络舆情与危机管理

突发事件的突发性、危机性、破坏性、不确定性、连带性的特点决定了突发事

件的处置属于危机管理的范畴。突发事件网络舆情的出现给突发事件的处置工作带来了挑战。突发事件网络舆情处置不合理可能会带来更大的连带性危机。

一、危机与危机管理

（一）危机

危机的发生有着千变万化的现实场景，不能一言以蔽之，因此对危机的界定也各不相同。赫尔曼认为，危机是指一种情境状态，在这种情境状态中，决策主体的根本目标受到威胁且做出决策的反应时间很有限，其发生也出乎决策主体的意料。福斯特指出危机具有四个显著特征：急需快速做出决策、严重缺乏必要的训练有素的员工、相关物资资料紧缺、处理时间有限。罗森塔尔和皮恩伯格认为危机对一个社会系统的基本价值和行为架构产生严重威胁，并且要求在时间紧迫、不确定性很强的情况下必须对其做出关键性决策。格林提出危机管理的一个特征是“事态已经发展到不可控制的程度”以及“一旦发生危机，时间因素非常关键，减小损失将是主要任务”。因此，格林认为危机管理的任务是尽可能控制事态，在危机事件中把损失控制在一定的范围内，在事态失控后要争取重新控制住。巴顿指出，危机是一个会引起潜在负面影响的具有不确定性的事件，这种事件及其后果可能对组织及其员工、产品、资产和声誉造成巨大的伤害。

《现代汉语词典》（第 7 版）对危机的解释为“潜伏的危险”“严重困难的关头”。在很多研究者和管理者的认识中，危机是一个可以与突发事件等同的概念。但仔细追究，危机与突发事件还是有区别的：第一，危机多指人为造成的、已经或者将会置较多人于不利处境的事件，即指具有高度危险性和高度不确定性的情形；而突发事件既有人为的，也有自然因素造成的。第二，突发事件的负面影响一般是显性的、现实的，人们可以感觉到的；而危机事件的负面影响既可以是显性的、现实的，也可以是隐性的、潜在的，人们可能一时还无法感觉到。第三，突发事件强调即时性；危机不强调即时性，而是强调即将到来的某种可能性、某种压迫性的后果，强调事件可能带来的负面结果，是一个比突发事件更有弹性的概念。

（二）危机管理

危机管理是专门的管理科学，它是为了应对突发的危机事件，抗拒突发的灾难事故，尽量使损害降至最低而事先建立防范、处理体系和应对措施的活动。

所谓危机管理，可以理解为有关组织、国家乃至国际机构为避免或者减轻危机或者紧急事态所带来的严重威胁、重大冲击和损害，有计划、有组织地学习、制定和实施一系列管理措施和应对策略，包括危机管理的准备、危机管理的运作、危机的解决与危机解决后的复兴等不断学习和适应的动态过程。

危机管理就是要在偶然性中发现必然性，在危机中发现有利因素，把握危机发生的规律性，掌握处理危机的方法与艺术，尽力避免危机所造成的危害和损失，并且能够缓解矛盾，变害为利，推动社会的健康发展。在某种意义上，任何防止危机发生的措施、任何消除危机产生的风险的努力，都是危机管理。

（三）危机管理基本理论

危机管理理论体系的构建问题是我国学者讨论比较集中的研究领域之一。学者从不同视角提出有关危机管理理论体系构建的看法，反映了关于危机应对与管理的策略和见解。归结起来，主要有下列几种观点。

1. 机制论

机制论认为，近年来我国发生的一系列危机事件及政府处理的不得力，重要原因包括我国相关机制不健全、法制不完备，从而影响了政府的危机管理能力。

2. 公共关系论

公共关系论认为，在公共危机管理中，应当注重科学地运用公共关系学的原理、方法来应对危机。在实践中，一些公关原则、方式、方法、策略在危机管理中得到了广泛应用，而且卓有成效。随着近年来我国各种危机事件的频繁发生，在危机应对与管理中公关手段的独特作用逐步得到人们的认识。公共关系论在危机管理中非常重视非制度化的管理艺术。与制度论刚好相反，公共关系论认为过分强调制度、机制的作用会忽视实践的艺术性，从而影响危机管理成效。

3. 全面整合论

全面整合论认为，由于公共危机事件的复杂性和多变性，某一种机制、模式或策略很难单独解决全部问题，必须整合各种资源和力量，建立一个全面整合的危机管理体系来不断提升危机管理能力。简言之，政府危机管理能力的大小取决于各种各样的因素及其相互作用。

二、突发事件网络舆情的危机管理

（一）突发事件网络舆情的危机管理体制

突发事件网络舆情根源在于突发事件，同时又反作用于突发事件。突发事件网络舆情的危机管理必须与实际相结合，突发事件网络舆情的危机管理体制与突发事件的危机管理体制一脉相承。《中华人民共和国突发事件应对法》第四条规定，针对突发事件，国家建立“统一领导、综合协调、分类管理、分级负责、属地管理为主”的管理体制。对于该管理体制，应该从以下几个方面进行理解。

1. 坚持实行党中央、国务院的统一领导与综合协调

在我国，国务院是全国公共危机管理责任主体和最高行政机关，统一领导各类突发事件预防和处置工作。因此，党中央、国务院对公共危机管理的领导立足全局，覆盖全国。国务院设有安全生产委员会、国家减灾委员会等组织机构，负责领导和协调相关领域的公共危机管理。为了加强国务院非常态管理的协调职能，2005年末国务院在国务院办公厅下设立了国务院应急管理办公室，为司局级机构，职能是负责国务院办公厅所承担的相关应急管理方面的值班、信息汇总和综合协调工作，发挥了运转的枢纽作用。根据党的十九届三中全会审议通过的《深化党和国家机构改革方案》和十三届全国人民代表大会第一次会议批准的《国务院机构改革方案》，国务院办公厅应急管理职责于 2018 年 9 月划入应急管理部，不再保留国务院应急管理办公室。

与此同时，由于突发事件网络舆情具有综合性和联动性的特点，一个部门甚至一个地方政府无法有效应对突发事件网络舆情带来的影响，需要多个部门在信息、技术、物资以及人员等方面的相互协同与合作，这就要求整个危机管理活动必须由

一个强有力的部门去综合协调。

2. 分类管理与分级负责

为了发挥专业应急组织的优势，进一步明确部门职责和责任主体，以便在不同的专业领域内形成一套完整的舆情管理系统，根据突发事件网络舆情的分类，对不同类型的突发事件必须进行分类管理。根据突发事件网络舆情的影响规模和影响范围，分别由各级政府实施应急管理工作。跨省区、跨部门或特别重大的突发事件网络舆情，由国务院及有关部门进行直接管理，地方各级政府予以协助配合；其他局部性的或一般性的突发事件网络舆情，由地方政府相应层级公共管理部门负责处理，上级政府或有关部门可予以指导、支持和帮助，初步形成分级管理结构和响应体制。

3. 属地管理为主

不同地区由于其历史背景、民俗风情、现实发展状况不同，突发事件网络舆情的表现特点不尽相同。属地管理主要强调由事发地的地方政府统一组织实施应对工作，还要充分发挥垂直应急指挥机构的作用，这样才能做到快速反应、协同应对。

（二）突发事件网络舆情的危机管理机制

突发事件网络舆情的危机管理机制是指突发事件网络舆情应对各个环节的运行方式，目的是确保应对工作有序化、规范化，减少随意性、盲目性，增加科学决策、高效处置的胜算。[①] 实践证明，突发事件网络舆情的合理应对离不开高效的、科学的工作机制。

1. 媒体应急机制

当前，各地各部门高度重视突发事件应急预案编制工作。作为其中重要的一环，制定媒体应急预案，做好舆情应对准备，有利于防患于未然与及时反应，增强信息发布主动性，打好舆情引导主动仗，掌握处置工作主动权。突发事件发生后，能否按照事先制定的媒体应急预案，及时披露信息、引导报道方向，往往决定突发事件网络舆情博弈的成败。

2. 网络监管机制

加强互联网监管，需要社会各界关注，必须依靠政府、业界、公众三方共同努力，形成政府监管、行业自律与公众监督相结合的管理格局。就我国而言，要有效应对突发事件网络舆情，必须构建党委统一领导、宣传部门牵头、互联网信息办公室主抓、相关单位协同的领导与监管机制，强化网上舆情工作的统筹能力、管理能力与引导能力。党委把握方向，做好突发事件网络舆情指导工作。宣传部门、通信部门、公安部门要分别履行好网上信息内容管理、互联网行业管理、打击网络犯罪的职责。同时要发挥互联网行业组织的作用，推动业界加强自律，不为有害信息提供传播渠道。只有齐抓共管，形成合力，突发事件网络舆情才有一定的可控性。

3. 新闻发布机制

新闻发言人不是自然人，而是机构与组织的代表，其工作需要相应的制度和机制保障。第一，要成立服务团队。确定联络媒体记者、收集分析舆情、撰写发布材

---

① 曾胜泉．突发事件舆情应对指南（第3版）．广州：南方日报出版社，2012：198.

料、拟定答问口径、策划组织活动以及相关部门沟通协调等工作的负责人。建立舆情研判平台，及时全面研判舆情。第二，建立快速反应机制，对涉及本地的突发事件网络舆情苗头，要快速核实情况，制定口径，准确发布。第三，建立重要信息汇集机制，保障新闻发言人及时掌握相关重要信息。

4. 联动合作机制

突发事件的现实成因错综复杂、处置工作千头万绪，单靠宣传部门显然独木难支，因此需要建立突发事件网络舆情联动合作机制。联动合作机制可以采取信息交流会、重大舆情会商、处置情况通报等形式，努力实现政府议题、媒体议题和公众议题的有机结合，牵引突发事件网络舆情朝着有利于事件处置的方向发展。

5. 责任追究机制

问责有利于避免突发事件网络舆情升级与事态扩大，维护党和政府的形象和威信。2009 年 6 月，中共中央办公厅、国务院办公厅印发了《关于实行党政领导干部问责的暂行规定》，在被问责的七种情形中，包括“对群体性、突发性事件处置失当，导致事态恶化，造成恶劣影响的”。这是责任追究机制建立的现实依据，同时也有利于突发事件网络舆情应对工作的顺畅开展。2016 年 6 月 28 日中共中央政治局会议审议通过《中国共产党问责条例》，新修订的版本于 2019 年 9 月 1 日起实施。《中国共产党问责条例》第七条第九款规定“履行管理、监督职责不力，职责范围内发生重特大生产安全事故、群体性事件、公共安全事件，或者发生其他严重事故、事件，造成重大损失或者恶劣影响的”将被问责。

6. 总结评估机制

突发事件网络舆情消退后，要认真总结评估突发事件发生前、发生中、发生后三个阶段的舆情特征和应对效果。要采用定性与定量相结合的方法，详细分析和全面评估整个事件特别是关键点的舆情应对措施及其成效，深刻总结经验教训，研究舆情生成机理，掌握舆情处置规律，并及时修改突发事件网络舆情应对预案，不断改进方式方法，提高处置效率。

7. 资源保障机制

资源保障主要是指法律保障、人才保障、经费保障等，充足的保障是突发事件网络舆情有效解决的坚强后盾。我国实行依法治国的基本国策，法律是我国一切活动的依据与保证，加强与突发事件网络舆情相关的法律法规建设是当前解决此类问题的关键。人才与经费保障是应对突发事件网络舆情的基础，吸收专业人才能提高应对突发事件网络舆情的效率，能够很好地减少突发事件网络舆情带来的负面影响。

（三）突发事件网络舆情的危机管理法规

当前我国与突发事件网络舆情相关的法律法规还不够健全，现有的《中华人民共和国突发事件应对法》并没有对突发事件新闻报道和网络舆情引导的权利义务做出明确的规定，有关网络信息的管理法规还不够全面具体，缺乏操作性和约束力。

经历了 2003 年“非典”疫情等突发事件的冲击后，经学术界与新闻界的呼吁，《中华人民共和国政府信息公开条例》出台，并于 2008 年 5 月 1 日起实施。这部条例无疑是一种突破，但仍然停留在政府制度设计的层面，应当在此基础上制定更为完备的法规。2011 年 1 月，国务院修订了 2000 年出台的《互联网信息服务管理办法》。2012 年 12 月，十一届全国人民代表大会常务委员会第三十次会议审议通过《关于加强网络信息保护的决定》。

近年来，我国连续颁布了一系列法规，进一步规范了网络舆情管理工作。2017 年 6 月施行的《中华人民共和国网络安全法》第十二条规定："任何个人和组织使用网络应当遵守宪法法律，遵守公共秩序，尊重社会公德，不得危害网络安全，不得利用网络从事危害国家安全、荣誉和利益，煽动颠覆国家政权、推翻社会主义制度，煽动分裂国家、破坏国家统一，宣扬恐怖主义、极端主义，宣扬民族仇恨、民族歧视，传播暴力、淫秽色情信息，编造、传播虚假信息扰乱经济秩序和社会秩序，以及侵害他人名誉、隐私、知识产权和其他合法权益等活动。"

除了强调网络舆情的管理，我国在立法中也越来越重视对公民个人信息的保护。2021 年 8 月 20 日，十三届全国人民代表大会常务委员会第三十次会议表决通过《中华人民共和国个人信息保护法》，自 2021 年 11 月 1 日起施行。该法聚焦个人信息保护领域的突出问题和人民群众的重大关切，在相关法律的基础上，进一步细化、完善个人信息保护应遵循的原则和个人信息处理规则，明确个人信息处理活动中的权利义务边界，健全个人信息保护工作体制机制。这些法规为相关政府部门处理和应对网络舆情提供了明确的指引。

三、突发事件网络舆情的风险评估

（一）风险与风险评估

1. 风险

从本质上看，风险是产生损失的可能性，它是风险要素与脆弱性共同作用的结果。风险要素是指可能对人、财产和特定地方的自然环境产生影响的危险源或极端事件。所谓脆弱性，是指一个系统对风险要素产生的影响的承受能力。风险的大小取决于风险要素作用的强弱，也取决于脆弱性的高低。

风险是一个与不确定性密切相关的概念，通常可将风险界定为一种不确定的状态，或预期结果与实际结果之间的偏离程度。在危机管理中，风险与人们的决策和行为结果联系起来，被看作可以影响个人和群体的决策模式。

2. 风险评估概念

对于突发事件网络舆情来讲，风险评估就是运用科学的分析方法和手段，系统地分析社会所面临的突发事件网络舆情威胁及存在的脆弱性，评估突发事件网络舆情一旦发生可能造成的危害程度，提出有针对性的防范对策和整改措施，以防范和化解风险，或将残余风险控制在可接受的水平，从而最大限度地保障社会的和谐与稳定。

3. 风险评估过程

（1）资产识别。资产是对组织具有价值的信息资源，是安全策略的保护对象。资产可以是有形的物质资产，也可以是无形的精神资产。可赋予资产的重要性不同的等级，并对资产的机密性、完整性、可用性进行赋值。对资产进行赋值的过程也就是对资产在机密性、完整性和可用性上的达成程度进行分析，并在此基础上得出一个综合结果的过程。

（2）威胁识别。威胁是安全风险不可缺少的构成要素之一，在相关资产存在脆弱性和相应安全控制措施缺失或薄弱的条件下，威胁总是通过某种具体的途径或方式，作用于特定的资产，并破坏该资产一个或多个安全属性，从而产生安全风险。威胁识别主要是识别被评估对象关键资产直接或间接面临的威胁，以及相应的分类和赋值等活动。威胁识别活动的主要目的是建立风险分析需要的威胁场景。

（3）脆弱性识别。脆弱性是对一个或多项资产弱点的总称。脆弱性的识别可以以资产为核心，即根据每项资产分别识别其存在的弱点，然后综合评价该资产的脆弱性；也可以分物理、网络、系统、应用等层次进行识别，然后与资产、威胁结合起来。

（4）已有措施的确认。有效的安全控制措施可以降低突发事件网络舆情威胁发生的可能性，也可以减轻由突发事件网络舆情造成的不良影响。因此，在进行风险分析与计算之前，有必要识别被评估对象目前已有的安全控制措施，并对安全控制措施的有效性进行分析，为后续的风险分析与计算提供参考依据。

（二）突发事件网络舆情风险评估的方法

在风险评估中，出现了不同类型的评估方法，这些方法各有特色，有不同的适用范围，主要包括定量分析法、定性分析法、专家会议法、德尔菲法、概率风险评估法等。

1. 定量分析法

定量分析方法是通过将资产价值和风险等量化为财务价值的方式来进行风险计算的一种方法。这种方法的优点是能够提供量化的数据支持，威胁对资产造成的损失直接用财物价值来衡量，结果明确，易于管理层理解和接受。缺点是对资产的影响程度以参与者的主观意见为基础，计算过程复杂，对分析数据的收集目前还没有统一的标准和统一的数据库。

2. 定性分析法

定性分析法是根据突发事件网络舆情发生历史的记录统计、社会上同类型事件网络舆情的记录统计和专家经验，并通过对政府人员、网络技术人员、专家学者的访谈和问卷调查等方法来确定资产的价值权重，再通过计算方法来确定某种资产所面临风险的近似大小。定性分析法能比较方便地对风险按照大小进行排序，避免对资产价值、威胁发生的可能性等硬性赋值导致结果差异性较大的问题。定性分析法是目前普遍采用的风险分析方法。

3. 专家会议法

专家会议法是最古老、最简单的风险评估方法。在进行风险评估时，首先要确定并邀请一定数量的专家参加评估会议，请每一位专家就风险的类型、范围、作用过程等发表自己的看法，最后通过讨论形成较为一致的评估结论。

4. 德尔菲法

德尔菲法是专家会议法的发展，其实质是多次反复无记名的咨询。通过中间机构以匿名的方式征求专家的意见，专家就风险的类型、范围、作用过程等发表自己的看法，最后形成较为一致的评估结论。

德尔菲法一般经过多次反馈，步骤如下：第一，由评估主管部门提供背景材料，并列出风险一览表，请咨询对象填写具体意见；第二，整理与归纳咨询意见，将分析结果反馈给咨询对象，再由咨询对象发表意见；第三，上述过程重复3～5轮，通过对咨询结果进行统计处理，最后得出评估结果。

5. 概率风险评估法

概率风险评估是通过故障树分析网络系统被攻击的根本原因，定性分析与定量计算相结合，将系统逐步分解转化为初始事件进行分析，以概率与数理统计为基础计算风险事件发生的可能性大小。由于概率与数理统计强调统计数据与历史关系，其出发点是大样本，并要求对象服从某种典型分布，所以概率风险评估需要大量、全面的历史数据，通过数据累计确定风险事件发生的概率来计算风险。但因为信息系统安全风险涉及很多影响因素，风险影响因素带有很强的模糊性，历史数据的获取通常不充分，所以概率风险评估法是不易采用的。

（三）突发事件网络舆情风险评估结果的应用

风险评估的结果大致从风险要素与脆弱性两个方面呈现，风险要素作用的加强与脆弱性的增强都将导致风险变大，所以应用风险评估的结果主要从这两个角度考虑。当前，容易导致风险的因素有消息的封闭、流言谣言的扩散、应对行动的迟缓、应对口径不统一等。当明确了存在的风险后，就应该采取措施降低风险。降低突发事件网络舆情的风险需要从以下几个方面着手。

1. 加强突发事件网络舆情的收集与研判

首先，要建立舆情收集与研判机构。明确领导机构、办事机构和联动机构，形成“上下左右、互通互联，层层把关、积极落实”的收集和研判工作网络，是应对突发事件网络舆情的组织基础。其次，明确收集渠道。收集一般从两方面展开，一是重大敏感舆情动向的日常收集，二是突发事件发生后的应急收集。具体渠道有官方网站、网络论坛、博客、微博、QQ群、微信群等。最后，客观、科学地进行舆情研判。对舆情的来源、涉及人员、规模和网民情绪、媒体、政府等要素运用科学的研判模型与研判方法进行客观科学的分析，预测下一步的舆情走势，预防可能的风险。

2. 准确及时地报送舆情与公布信息

报送舆情与公布信息往往是应对突发事件网络舆情中的薄弱环节。控制舆情的机会稍纵即逝，只有及时报送舆情才能够提高把握机会的可能性，报送舆情要严守时限、讲究方法，坚持第一时间报送。报送舆情与公布信息往往是相互衔接的，在公布信息时要注意时间、地点、形式等要素，充分发挥信息公布消除网民疑虑的作用。

3. 做好媒体服务工作

突发事件网络舆情发生后，网民会利用各种渠道向政府咨询，因此，做好媒体服务工作是消除风险的一项重要工作。媒体服务的具体形式有记者接待、现场管理、网络问政等。一方面要充分利用网民的舆论监督，另一方面要做好信息服务工作，以便突发事件的处置更加公开、透明，实现舆情零隐患。

四、突发事件网络舆情的处置预案

凡事预则立，不预则废。突发事件网络舆情应急处置预案在危机管理中起着关键作用，它明确了在突发事件网络舆情发生之前、发生过程中以及结束之后，谁负责做什么、何时做，相应的策略和资源准备等。它是针对可能发生的突发事件网络舆情及其影响和后果严重程度，就应急准备和应急响应的各个方面所预先做出的详细安排，是开展及时、有序和有效的应对工作的行动指南。

(一) 突发事件网络舆情处置预案的制定原则

1. 完整性原则

制定突发事件网络舆情处置预案必须按照突发事件网络舆情的发展进程进行通盘考虑，从突发事件网络舆情的预防准备，到发生过程中的应急反应，再到发生之后的应对处置，对涉及舆情处理的所有方面和所有工作都要进行完整的安排，包括危机处理的目标、为实现既定目标而进行的工作安排等。

2. 预见性原则

预案不可能预见突发事件网络舆情所有可能的情况，但是，预案必须在以下方面体现预见性，以增强组织处理的预见能力并有利于危机的有效处理：第一，本地区不同类型突发事件的性质和大概原因；第二，突发事件及其网络舆情的可能发展方向；第三，不同级别突发事件网络舆情可能动用的资源；第四，针对突发事件可采取的措施等。

3. 主动性原则

现实社会与网络社会中非稳定因素的存在是一个长期的现象，这决定了制定和修订处置预案是政府机构与公共组织的长期行为。因此，预案中的所有措施都应该具有主动性，即预案的制定要求在各类突发事件发生之前，尽可能通过预案的主动规范来防止突发事件网络舆情的影响扩大。

4. 可操作性原则

处置预案中的所有措施都要结合实际环境及资源，具备可操作性。预案中的文字要简单、易懂，必要时可采用标志或图案等。同时，预案是为应对突发事件网络舆情而制定的有关防范、处理、管理和恢复的一套完整体系，具有强制性和权威性，各种组织和社会公众都必须遵守，所以规定必须简洁明确。预案的制定过程既是动员、协调相关部门和教育民众的过程，也是使处理单位明确应急状态下各自的目标和责任，在组织内部建立相应规章制度的过程，在这一过程中，要不断明确各部门、各岗位的运作模式。

5. 层次性原则

处置预案的制定应根据制定单位层级的不同分出层次，不同层级的管辖范围、职责职权不同。同一单位应根据不同的突发事件网络舆情制定不同的预案，使预案有较高的针对性、科学性与有效性。

(二) 突发事件网络舆情处置预案的内容

尽管不同层级、不同突发事件网络舆情处置预案各异，但内容大致如下。

1. 基本预案

基本预案内容如下。

(1) 介绍性材料。

法律、行政法规及规章制度：规定应对突发事件网络舆情的法定权威和责任；

签字页：预案相关单位的负责人签字表示对预案责任的承诺；

预案标题和日期页：表明文件制定或修改的日期；

分发记录：记载本预案送达的单位和部门；

目录：预案文件内容的页码排序。

（2）目的。

说明预案制定的理由和目的。

（3）形势和设想。

规定预案适用的范围和情景，描述预案针对的危险、影响以及预案制定的基本依据。

（4）行动概念。

规定在什么样的时间范围内，在谁的指导下，采取怎样的应对行动。一般包括以下几个主题：

上级政府与下级政府、同级政府之间的责任划分；

激活紧急事态行动预案的程序；

在每个层次采取行动的预警水平和任务；

在紧急事态发生前、中、后采取行动的一般后果；

谁可以申请援助以及申请的条件。

（5）组织与责任划分。

规定应对突发事件网络舆情的组织，要明确各个部门的任务和责任。相关责任人具体包括党委、政府主要负责人和分管负责人、公安部门负责人、卫生与医疗部门负责人、紧急事态行动中心主任、网络监测部门负责人、通信部门负责人、新闻部门负责人、资源管理部门负责人等。

2. 功能性附件

功能性附件是对突发事件网络舆情处置预案所涉及的每一个功能系统的行动方案的汇集。功能性附件所涉及的功能系统一般包括以下几个方面。

（1）指挥和控制。

规定指导和协调社区利用所有资源有效应对突发事件的机制。

（2）通信。

规定在突发事件网络舆情中应对者之间、应对者与地方相应部门之间快速联络的保障。

（3）预警。

规定预警系统对网络舆情的发布责任和程序。

（4）突发事件信息公布。

规定在突发事件发生前、中、后向公众公布信息的手段和方式。

（5）资源管理。

规定突发事件网络舆情应对所需资源的获取和分发的程序和方法。

（6）风险评估。

明确评估组织、规定评估结果的报送程序等。

五、突发事件网络舆情的善后处置

（一）突发事件网络舆情的后续影响监测

在突发事件网络舆情的后续阶段，由于网民有着多元的利益诉求，网民对突发事件的关注一般不会停止。虽然事件本身得到解决，但还会存在一个很长的后续影响期。这一时期的网络舆情一般不会再次掀起大的波澜，但是若有人从中挑拨或者又有类似事件发生，那么网络舆情再度被激发的可能性是非常大的。因此，做好突发事件网络舆情的后续影响监测十分必要。

后续影响监测的内容比较明确，具体包括事件所涉及相关网民的情绪、网民对政府处置措施的态度、网民对政府的信任度的变化、意见领袖的后续网络言论、衍生舆情的苗头等。对这些内容的监测，一方面有利于政府吸取教训、总结经验，一些好的做法与网民普遍赞同的工作可以形成常态机制；另一方面可以清楚地知道哪些工作还有不足，哪些工作仍需要继续改进。此外，对衍生舆情的监测可以避免新危机的出现。

（二）突发事件网络舆情影响的化解

除对突发事件本身的影响外，不当的网络舆情还会对政治稳定和社会正常运行产生深远影响。化解突发事件网络舆情的影响主要从以下几个方面着手。

1. 缓解由突发事件网络舆情激化的矛盾

突发事件网络舆情发生的深层次原因是社会矛盾。社会矛盾的双方通过互联网表达各自的利益诉求，相互之间的对抗与冲突导致舆情愈演愈烈。同时，每一个处于离散状态的网民又是另一个矛盾的构成因子。如果有人经过策划，发布谣言、制造混乱，那么新的矛盾就会形成，进而引发衍生舆情。因此，要格外关注突发事件网络舆情传播过程中的网民诉求。

2. 调节政府与民众的关系

随着改革的进一步深化，贪污腐败、贫富差距、城乡差距等各类社会问题凸显，群众的不满情绪日益增加，部分地区政民关系紧张。网络的出现使得群众可以自由地表达对政府的不满。当突发事件网络舆情出现时，网民往往会对政府表达不满，有时甚至捏造事实抹黑政府。可以说，突发事件网络舆情在一定程度上加重了政府的信任危机。政府机构要想调节与社会大众的关系，就应该开诚布公，公开政务信息，使政务活动透明化，接受社会大众的监督，重新树立政府权威。

3. 降低对核心价值观的冲击

随着社会主义市场经济在我国的发展，经济与社会飞速发展的同时市场经济也给我国核心价值观带来了挑战。拜金主义、享乐主义、个人极端主义大行其道，扭曲了社会主义核心价值观。突发事件网络舆情案例中存在许多有悖核心价值观的现象。为进一步净化网络环境，尤其是在突发事件网络舆情高潮期，相关部门要做好与价值观相关的舆情监测工作，以便及时地对此类舆情进行引导。

4. 防范境内外敌对势力借此威胁国家安全

当前我国各类社会矛盾、冲突进入高发期。境内外敌对势力一贯善于利用这些矛盾与冲突，在网络上发布各种消息煽动和蛊惑网民，酝酿和制造社会危机，破坏我国的政治和社会稳定。突发事件网络舆情可能造成严重的社会影响，给境内外敌对势力提供绝佳的可乘之机。面对此类情况，我们必须提高国家安全意识，以防网络舆情被敌对势力利用。

【本章小结】

突发事件与网络舆情在形成和发展的过程中双向互动：一方面，突发事件会激发网络舆情；另一方面，网络舆情也会诱发突发事件。突发事件的演变会引领网络舆情的走向，网络舆情的内容会反过来影响突发事件的发展。二者的互动过程，既可以相互推波助澜，又可以相互消解动力。正是因为网络舆情与突发事件存在这样的关系，所以我们要高度重视突发事件网络舆情，通过及时、合理、有效的应对使其逐渐平息，确保现实社会与网络社会的安全与稳定。

【复习思考题】

1. 如何合理看待突发事件与网络舆情的关系?
2. 在应对突发事件引发的网络舆情时，工作的重点应该是处置突发事件还是处置网络舆情?
3. 应该如何利用网络舆情推动突发事件的快速解决?
4. 突发事件是否必然导致网络舆情？为什么?

第 15 章　网络舆情与对外传播

随着我国综合实力和国际地位不断提升，国际社会越来越关注我国。近年来，国际网络舆情环境发生了重大变化，对加强国际舆论研究和提升对外传播能力，提出了更新、更高要求。

2021 年，习近平总书记在中共中央政治局第三十次集体学习时指出："要深刻认识新形势下加强和改进国际传播工作的重要性和必要性，下大气力加强国际传播能力建设，形成同我国综合国力和国际地位相匹配的国际话语权，为我国改革发展稳定营造有利外部舆论环境，为推动构建人类命运共同体作出积极贡献。"

当前，国际舆论场纷繁复杂。通过国际舆论研究，特别是国际涉华舆论研究，了解外界如何评价我们，掌握国际舆论格局，认识其生成机制和运作规律，有助于科学制定对外传播策略，为相关部门提供决策支持，推动我国对外传播事业的发展。

第 1 节　国际网络舆论生态

进入 21 世纪以来，互联网对世界产生了深刻而广泛的影响，几乎所有传统媒体，包括通讯社、报刊、电视和广播等，都选择在互联网上发布和传播信息，非专业新闻社会团体和个人更是借助互联网特别是社交媒体，拥有了发布信息和表达意见的平台和渠道，其影响甚至超过传统媒体。这里所观察和论述的国际网络舆论生态，可以基本等同于国际舆论生态。

一、国际舆论的概念

国际舆论又称世界舆论。对于国际舆论，学界有很多不同的定义，比如，刘肖认为："国际舆论，是指以大众媒体为主要传播渠道，以大众媒体言论和报道倾向为主要表现形式，反映大众媒体、国际公众、国际组织等对国际事务/问题等相对一致且具有广泛影响的信念和态度的总和。"[①] 龚婉祺和李喜根认为："国际舆论是国际主流媒体与其他大众信息传播渠道所传递的对重要国际问题的关注以及所表达意见的集合。""国际舆论，是指国际社会对重要事务通过国际传播渠道所表达意见的集合，主要体现为国际主流媒体对国际重要事件发表的新闻报道、观点和意见。"[②]无论是哪种定义，都离不开媒体、重大国际问题、意见和态度等关键词。因此，我们认为，国际舆论是国际社会主流媒体或国际组织及大众对重要国际事务或问题所表达的意见和态度的集合体。

---

① 刘肖．国际舆论研究中的关键概念辨析．新闻与传播研究，2010（1）．

② 龚婉祺，李喜根．做有国际影响的国际舆论研究．对外传播，2018（4）．

二、国际舆论生态的主体

研究国际舆论生态，首先要厘清和分析国际舆论的生成和传播主体。当前学术界对这方面研究不多，有的只是简单地将政府作为最主要的研究对象，有的甚至忽略了在国际舆论中发挥举足轻重作用的媒体。我们认为，媒体、智库、民调机构、意见领袖和政府是国际舆论生态的主要组成部分，是国际舆论生态主体。

（一）媒体

在国际舆论场上，媒体是影响力最大、覆盖面最广、渗透力最强的舆论生态主体。诸多媒体特别是国际知名媒体，生产并传播政治、经济、社会、文化、外交、军事、科技、体育、娱乐等各个领域的信息，这些信息既是新闻报道，又包含特定价值观，影响着人们对世界的认知与态度，甚至影响到政府决策。其中，美联社、彭博社、路透社和法新社等通讯社，《华盛顿邮报》《纽约时报》《华尔街日报》《新闻周刊》《金融时报》《经济学人》等报刊，美国有线电视新闻网、新闻集团、英国广播公司等广播电视和综合性传媒集团等，依靠西方政治经济军事国家霸权，凭借强大的财力及综合实力，牢牢掌控着全球话语权与舆论霸权。

同时，随着世界政治经济格局的演化、网络社会的兴起，西方媒体独掌话语霸权的局面正在发生微妙变化。一方面，从全球地理版图看，中国国际电视台、“今日俄罗斯”国际通讯社、卡塔尔半岛电视台等广大发展中国家和新兴国家媒体的舆论影响力不断增强。另一方面，非传统媒体特别是社交媒体迅猛发展，再加上数字技术等迅猛发展，使脸书、推特、优兔、TikTok 等成为受全球越来越多人士特别是年轻人青睐的主流传播和舆论平台，社交媒体后来居上。

（二）智库

智库又称“思想库”。有学者如此定义：“智库是指一种专门为公共政策和公共决策服务、生产公共思想和公共知识的社会组织，基本特征包括思想创新性、政策影响力和公众关注度。”①

智库是国家软实力和话语权的重要组成部分，对政府决策、企业发展、社会舆论与公共知识传播具有深刻影响。在现代国家治理结构中，智库扮演着引导舆论的重要角色，利用各种信息传播渠道来传播研究立场和研究成果，主动引导舆论。在美国，智库也被称为“第五权力”，与被称为“第四权力”的媒体共同设置人们的思想议程。美国智库充分广泛利用传媒，打通从思想生产到舆论制造，由公众舆论影响政策走向的各个环节。有研究者认为，美国智库“虽然不具备法律的强制性力量，但通过舆论对政策制定发挥着巨大的影响力”②。

随着信息革命步伐的加快，智库也将研究视野更多地面向全球，除了继续为本国政府和社会提供政策咨询建议，也积极参与到国际交流合作中，注重研究国际性、全球性问题，在国际舆论场上发挥日益突出的作用。由于智库具有专业权威性和相对于政府立场独立等特点，智库的观点和声音往往比媒体、政府和个人有更高

---

① 李凌．智库产业：演化机理与发展趋势．北京：三联书店，2021：2.

② 王莉丽．论美国智库舆论影响力的形成机制．国外社会科学，2014（3）.

的公信力和影响力。当然，一些别有用心的政府和组织也会利用智库在国际舆论场上兴风作浪。

【案例】 印度智库炮制“债务陷阱论”

2017 年初，印度新德里政策研究中心研究员布拉玛·切拉尼发表了一篇题为《中国的债务陷阱外交》的文章，罔顾事实，污蔑中国通过“一带一路”倡议，向具有战略意义的发展中国家提供巨额贷款，导致这些国家陷入中国的债务陷阱，只能对中国唯命是从。

“债务陷阱论”提出后，率先受到澳大利亚媒体等西方舆论追捧，一时间甚嚣尘上，成为西方抹黑“一带一路”倡议的重要舆论工具。经调查，这一抹黑中国事件背后，有一条美国政府出资，印度智库挑头、澳大利亚媒体配合，西方政客、媒体四处呼应的完整舆论炒作链。

（三）民调机构

民调，也就是民意调查，是一种了解公众对某些政治、经济、社会问题的意见和态度的调查方法。作为一种洞察社情民意的调查手段，民调已有相当长的发展时间，在政治、经济、社会民生等多个领域扮演着重要角色，已成为西方政治生态中影响民众认知的重要工具，也是引导舆论和建构话语权的重要手段。

民调机构作为独立的一手社会舆论信息提供来源，在舆论空间中占据信息资源优势和话语权优势，对网络传播、舆论引导和国家形象建构具备一定的引领性作用。比如在美国总统选举中，民调结果对竞选策略、舆论氛围、选民态度都有直接的影响。大选民调不仅是公众政治参与的一种话语手段，也成为权力与资本操纵下的一种舆论运作和政治运作方式。

发达国家还存在一种民调机构与智库结合的民调型智库，比如皮尤研究中心就是美国一家著名的民调型智库。相比于西方民调机构的成熟发展，中国的民调行业目前还处于起步阶段，在一定程度上限制了我们的国际话语声量。

民调机构都自诩独立客观，但实际上出于背后的政治、经济等动机，民调机构在指标设定、样本选取、调查对象择取等方面，肯定有偏颇和不足。2019 年 5 月，美国著名调查机构盖洛普发布报告，久陷战乱、千疮百孔的利比亚，其幸福指数排名居然远高于繁荣稳定、欣欣向荣的中国，该报告的意识形态偏见和匪夷所思的结果成为世界笑柄。2016 年美国共和党人唐纳德·特朗普在美国大选中“逆袭”当选，与美国多家民调机构预测的结果大相径庭。这些都反映了民调机构科学性、客观性的不足。

（四）意见领袖

意见领袖是传播学中的经典概念。意见领袖的传统定义是：“在传播学中，活跃在人际传播网络中，经常为他人提供信息、观点或建议并对他人施加个人影响的人物。”意见领袖作为媒介信息和影响的中继和过滤环节，对大众传播效果产生重要的影响。①

互联网和社交媒体为意见领袖提供了远大于传统媒体时代的发声空间。国际舆论中的意见领袖，相较于国内网络舆情中的意见领袖，体现出一些不同的特点。一是界别领域广。与国内网络舆论场的意见领袖多为“公共知识分子”不同，在国际舆论场上，政治、经济、社会、文化等各界精英、各领域专业人士中，都有很多意见领袖。二是在意见表达内容上，受所处社会制度、法律等条件影响，往往表现出不同的见解和价值观。三是在意见表达手段方式上，往往熟悉国际受众接受偏好，也更善于利用脸书、推特、优兔等国际社交平台。

在重大国际议题和重要国际事务中，特别是涉华舆论和国际舆论引导中，我们不仅要利用和引导已有的意见领袖，而且要培养自己的意见领袖，以使舆论朝有利于自身的方向发展。我国政府官员、工商企业高管、知识分子等社会精英应承担起意见领袖的责任，形成一个具有世界视野、熟悉传播特别是新媒体传播规律、善于表达并为国际受众欢迎的国际涉华舆论引导群体，通过比普通人更专业化、更有效的传播，营造客观友善的国际舆论环境，进而对国际舆论和中国的国际形象产生积极影响。

（五）政府

在国际传播中，政府具有特殊的地位。作为主导性的传播者，政府代表国家进行的对外传播是国际传播中最主要的部分。在一些舆论处于高度控制下的国家，政府甚至是唯一的对外传播主体。由政府主导的国际传播与国家利益密切相关，往往具有明确的政治目的和鲜明的政治色彩。同时，政府对其他主体特别是媒体的传播行为具有控制权和监管权，媒体希望通过获取来自政府的权威信息来体现自身的专业性和权威性。

多年来，美国政府一贯在国际舆论中自我标榜自由民主，但实际上却是内外有别，采取双重标准。美国 1948 年通过的《信息与教育交流法案》（俗称《史密斯-蒙特法案》）明确规定，对外传播的内容禁止向国内“宣传”，从而使美国民众一直蒙在鼓里，根本不了解由他们纳税资助的对外宣传情况。直到 2013 年，美国才在《国防授权法案》中做出了改变。2017 年 12 月，美国联邦通信委员会（FCC）宣布，废除其一直标榜的网络中立原则，这意味着美国电信公司可以对网络进行屏蔽、节流。美国还通过《以制裁反击美国敌人法案》，禁止美国公司为外国电视台提供上星渠道，结果使“今日俄罗斯”电视台和中国国际电视台等电视台失去了上星播出资格。

三、国际舆论的主要特征

国际舆论博弈是大国政治较量中重要的一环。近现代以来，一些西方国家凭借其在信息传播渠道上的垄断地位，在国际舆论斗争中占尽优势。进入 21 世纪，国际舆论场“西强我弱”的基本格局没有根本改变，具体体现出以下四个主要特征。

（一）强烈的政治性与西方国家利益驱动

国际舆论具有强烈的政治性。国际舆论代表着国家利益，由国家意志驱动，它

① 郭庆光．传播学教程（第二版）．北京：中国人民大学出版社，2011：189.

往往是国际政治、国际关系博弈的结果。国际舆论是一国在对外交往中威望和影响力的重要体现，是衡量其在国际社会中合法性和国际地位的重要标准。面对来自国际社会的舆论压力，一个国家的政治、经济、国防等重要方面往往会受到影响。在国际舆论形成过程中，政府对社会组织、大众媒体、智库以及广大民众等其他主体的观点和态度产生重大影响力。西方新闻媒体、网络平台受资本巨头掌控，在国际舆论战中表现出高度一致的政治立场，积极服务国家、政治和利益集团，新闻舆论成为从属于国家政治的工具。20 世纪冷战期间东西阵营的舆论战，就形象地体现出这一特征。冷战结束后，美国的国际舆论战略仍然出于其国家利益至上的需要，运用国际舆论力量影响和控制他国，维护自身在全球的霸权地位。近年来，西方媒体在冷战思维下对中国的攻击也表现出强烈的政治性，体现在新闻报道中刻意寻找中国的“政治问题”，把经济问题和社会问题政治化。

(二) 西方价值观占据所谓的“道德制高点”

多年来，“民主”“自由”一直是西方自我标榜的最大招牌。西方国家以此引领国际舆论，并创造了“民主/独裁”“自由/专制”等二元对立话语。所谓民主自由制度的绝对自信已经导致西方价值观的偏执和“共同偏见”。

二战后，美国大众传播成功地塑造了具有两重性的美国国家形象。一是在美国形象与平等、自由之间建立起强关联。二是炮制所谓“普世价值观”，鼓吹超越宗教、国家、民族，吹嘘只有美国的普世价值观才是全世界都必须遵从的人类共同价值观，否则就是专制落后和反人类。由此，西方国家尤其是美国占据国际舆论道德制高点，对世界各国颐指气使，党同伐异。实际上，民主自由在西方世界内部和对外是双重标准。一个典型例证是美国舆论对国内暴徒冲击国会与对其他国家和地区类似事件有截然不同的态度。此外，西方社会还存在着埋藏很深的白人种族主义，也深刻影响了国际舆论中的价值判断。

你知道吗

2020 年 6 月，美国、英国、澳大利亚及瑞典等国百余名跨党派国会议员组成“对华政策跨国议会联盟”(IPAC)。表面上看它是一个协调西方国家对华政策的政治论坛，实际上是一个带有反华制华色彩的“西方价值观联盟”。针对中澳关系，该联盟在西方社交媒体上渲染“支持澳大利亚，抗衡中国打压”，呼吁各国集中精力支持澳大利亚的葡萄酒产业。对于该联盟的日益活跃及其发挥的作用我们应予以警惕。①

(三) 西方拥有强势的国际话语权

关于话语权和国际舆论话语权的定义，左凤荣认为：“国际话语权主要分为制度性话语权和舆论性话语权。制度性话语权反映的是一个国家在国际机制中的地位与作用，直接决定了一个国家在国际制度中的代表权、发言权、投票权等具体权利，如美国在国际货币基金组织和世界银行中占有高比例的投票权，也决定了其掌握着这两大经济组织的话语权。一个国家在国际组织中所起的作用越大，其制度性话语权也就越强，其国际影响力也就越大。舆论性话语权是就话语内容的吸引力、影响力和感召力而言的，主权国家通过外交、媒体传播、民间交流等渠道，将蕴含一定文化理念、价值观念等因素的话语传播到国际社会，并得到其他国家和民众的接受和认同。国际舆论像国内舆论一样，会影响到治理主体的地位与影响力。”②

---

① 赵俊杰．必须击退“西方价值观联盟”．环球时报，2020-12-08.
② 左凤荣．全球治理中的国际话语权．学习时报，2019-11-22.

方晶认为："国际舆论话语权不仅是在世界上'说话'的权利，更是指'说话'的有效性和影响力，是国家软实力的重要组成部分。"①

话语的建构是一个长期的历史性过程。近代以来，伴随着西方国家在"丛林法则"下开展的殖民扩张活动，"西强东弱"的全球传播秩序由此逐步形成。西方国家基于话语设计的先发优势，设计建构起一系列西方主流话语体系，主导国际舆论，形成了强大的话语优势。冷战终结被西方和世界主流舆论解读为西方民主制度和自由经济制度的胜利，以美国为首的西方国家在国际话语权上取得进一步的主导性地位，抛出所谓"历史终结论""文明冲突论""人权高于主权论"等论调，一些源自西方的话语成为国际社会的主导性话语，而广大发展中国家和非西方国家则长期处于他者和失语者的位置。

（四）议题设置和标签化是西方惯用的舆论工具

当前，国际舆论斗争整体处于激烈态势。美国等西方国家动用舆论资源，对中国、俄罗斯等非西方国家持续攻击打压，而议题设置和标签化是其屡试不爽的有力工具。长期以来，国内学界对西方主导的"中国威胁论""中国崩溃论""中国责任论""债务陷阱论"等舆论议题的研究，偏重于从国际政治、经济、军事等力量消涨等因素查找原因，而忽略了一个重要的事实，就是这些议题和标签实质上是西方国家、利益集团和媒体企图遏制中国发展的共谋。

议题设置也称"议程设置"，是指通过传播内容的方向和数量，对某一个议题加以突出和强调，从而对受众认知和社会舆论形成影响。议程设置理论是传播学的重要理论，其主要观点之一是大众媒介往往不能决定人们对某事件或意见的具体看法，但可以通过提供信息和安排相关的议题来有效地左右人们关注某事件和意见以及人们所议论议题的先后顺序，新闻媒介提供给公众的是议程。议程设置理论奠基人之一大卫·韦弗认为，媒体议程设置通过对议题（或人物）的属性描述，不仅影响受众对该议题（或人物）的态度，而且影响其判断。换言之，媒体的议程设置功能不仅体现为告诉人们想什么，还能影响人们怎么想。②

郭庆光认为，资本主义社会的"议程设置"过程，从本质来说是占统治地位的政治、经济和社会势力对舆论进行操作和控制的过程。③

长期以来，西方大国掌握着国际议题走向，其惯用做法如下：一是在所谓"普世价值"理念框架下设置于己有利的议题。二是把握第一定义权，抢占舆论先机。三是将政治观点、价值观巧妙地隐藏于"低政治""非政治"文化领域，优化传播效果。

美国在议题设置的研究和实施中充分发挥了多组织联动协作机制（见图 15－1）。以对华议题设置为例。首先，由政府部门决策对华实施"有罪推定"，拟定舆论宣传的主要议题、大致方向与行动目标。接着，新闻媒体按照既定叙事主题完成新闻内容的策划、统编和制作，其他更多媒体配合转发、引用、再加工并向全球推送。然后，对华强硬派带头人以国会提案、国际演说及重磅文章等形式令舆论快速发酵。最后，学术机构和智库编制发布对华负面的专业性研究报告。通过将负面舆

---

① 方晶．对抢占国际舆论话语权的思考．军事记者，2021（11）．

② WEAVER D H，et al. Media agenda-setting in a presidential election：issues，images，and interests. New York：Praeger，1981.

③ 郭庆光．传播学教程（第二版）．北京：中国人民大学出版社，2011：198.

论上升到学术与政治高度的办法达到自圆其说的目的，形成自洽的逻辑闭环。其中智库环节也可能作为第二步，即在政府背后操控下，由智库先炮制议题，再由媒体扩大传播。总之，政府、智库、媒体、政客各尽所能、密切配合，构成一个“谣言制造者同盟”。

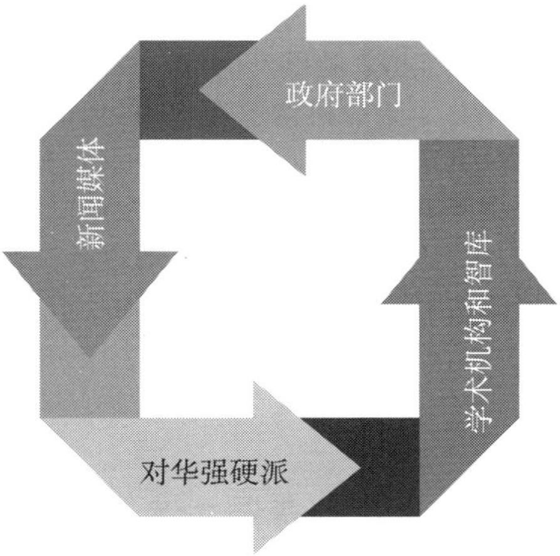

图 15-1　美国对华议题设置多组织联动协作机制

标签化是西方国家在国际舆论中抹黑他国的常用手段。当对他国产生敌意或想进行破坏时，就对他国的一些做法进行污名化和妖魔化的概括，套用或创造一个令人印象深刻的负面形象性概念，使对方在道义上处于弱势，从而达到削弱、损害和阻遏对方的目的。

标签化是一种十分有效的舆论手段，与一些西方国家长期掌握着国际话语权密切相关。它们凭借语言、传媒、技术和话语权的优势，吃透摸准网络时代受众的信息接收习惯，迎合受众碎片化、快餐化的阅读需求，达到了快速留下深刻印象的舆论传播效果。标签化的简单化必然影响人们对事件真相的全面认知，形成社会刻板印象和社会偏见。

【案例】　“战狼外交”

一个时期以来，针对西方毫无底线的攻击、抹黑和谩骂，中国外交部进行了严正驳斥，反而被西方媒体和政府贴上了“战狼外交”的标签。

2020 年，欧盟驻华大使郁白在北京举行的一次能源论坛上声称，欧盟和美国应该统一认识，联合对抗中国的“胁迫式外交”，对中国的“战狼外交”说“不”。同日，外交部发言人华春莹在例行记者会上回应有关“战狼外交”的提问时表示：从根本上讲，关于“战狼外交”的非议实际上是“中国威胁论”的又一个翻版，是一些人给中国量身定做的一个“话语陷阱”，本质是这些人做惯了“教师爷”，习惯了颐指气使，不习惯有人反驳。他们的目的就是要让中国打不还手、骂不还口，通过给中国扣上这顶帽子，威胁和讹诈中方，让中方放弃说出事实真相的权利。“如果有些人因为中国面对毫无底线的攻击、抹黑和谩骂做出回击、说明事实真相，就把中国外交称作‘战狼外交’的话，那么为了维护中国的主权安全、发展利益，为了维护国家的荣誉与尊严，为了维护国际的公平与正义，就做‘战狼’又何妨？”

资料来源：2020 年 12 月 10 日外交部发言人华春莹主持例行记者会（2020－12－10）［2022－10－07］. http://new.fmprc.gov.cn/web/fyrbt_673021/jzhsl_673025/202012/t20201211_5419625.shtml.

四、社交媒体的兴起

（一）社交媒体改变政治

伴随着互联网的发展，社交媒体成为人们传播、获取信息的重要媒介，并带来国际舆论生态的新变化。在以推特、脸书、优兔、微信等为代表的社交媒体上，多元主体的言论更加开放自由，个人、机构等用户通过社交平台分享信息，表达观点、形成态度，建立更广泛的联系和响应。作为分享意见、经验和观点的一种渠道，社交媒体即时传播的功能满足了主体对彼此“在场”的体验，社交媒体的政治潜能被挖掘出来。近年来，一些政党等特殊群体通过社交媒体唤醒民众的政治意识、组织民众参与到政治活动中，进而影响国内国际政治局势，这成为当下国际舆论场的一大景观。

【案例】 美国年轻人用 TikTok 参与美国大选

TikTok 不只是海外年轻人喜爱的社交软件，如今还成了他们表达政治观点的阵地。2020 年 6 月，TikTok 上的网红通过自己的影响力使特朗普的一场竞选集会大半座席空置。

在竞选集会开始前两周，一位名叫 Mary Jo Laupp 的用户在 TikTok 上发出号召：让特朗普以为会场爆满，但最后只留他一个人在讲台上。两天后，该视频的点击量就超过了 200 万。参与者们展现出高超的组织能力，大多数人在向周围人发出倡议后 24 小时内就删除视频内容，以防特朗普团队察觉出异样。他们免费抢到票后，在集会开始时集体缺席，成功瞒天过海，使特朗普沦为笑柄。

（二）后真相

随着数字化科技和社交媒体的兴起，后真相成为全球舆论生态中的新现象，不仅作为一种竞争策略被大量用于政治选举中，也因其掺杂更多结构性内涵而被网民用于理解当代社会现实。

“后真相”是源自西方的政治术语，其内涵要素有三：一是指拥有信息披露的选择性；二是带有情感刺激倾向；三是有刻意欺瞒的政治行为。2016 年，《牛津英语词典》将“后真相”（post-truth）选作当年的年度关键词，将其释义为有关或表示这样一种情境：“客观事实对舆论的形塑不如诉诸感情或个人意见更具吸引力”①。

社交媒体影响下的国际舆论生态正越来越深地融入互联网技术场景。在后真相时代，“把关人”消失，传统媒体公信力降低甚至崩塌，个体希望通过用户原创内容表达诉求以构建理想的公共领域。社交媒体话语比之前的社会舆论话语更加自由，但同时也更易被特殊群体用于心理操纵，沦为非理性宣泄。短视频的流行助推社会交流的主流性语言由书面文字转变为视频语言，为非理性、非逻辑的

---

① 孟威．社交媒体影响下的国际互联网舆论生态．学术前沿，2020（15）．

表达提供了更便利的条件。非理性已经成为传播机制中最重要的影响因素。人们往往不在乎严肃的事实，而是寻求一种情绪上的爆发、情感上的共鸣。以往被公众长期信奉的“事实胜于雄辩”“真相面前人人平等”等原则，已无法有效地应对公共意见的分歧。“后真相”中的激情操控使国际舆论和现代社会面临深刻挑战。

（三）全球社交平台

目前，全球社交平台市场中形成中美两强争霸格局，欧洲在争夺战中被排除在外。据 Statista 统计，大多数拥有超过 1 亿用户的顶级社交平台都起源于美国，而中国社交应用如微信、QQ 或抖音等服务也因当地背景和内容成为主流社交应用。Statista 数据显示，截至 2022 年 1 月，在全球月活跃用户数最高的前 17 家社交平台中，共有 6 家是中国的，占 35.3%，其中包括微信、TikTok、抖音、QQ、新浪和快手（见图 15 - 2）。由此可见，我国社交平台已初具全球舆论影响力，尤其是即时通信类和视频分享类应用，正在挑战美国的主导地位。

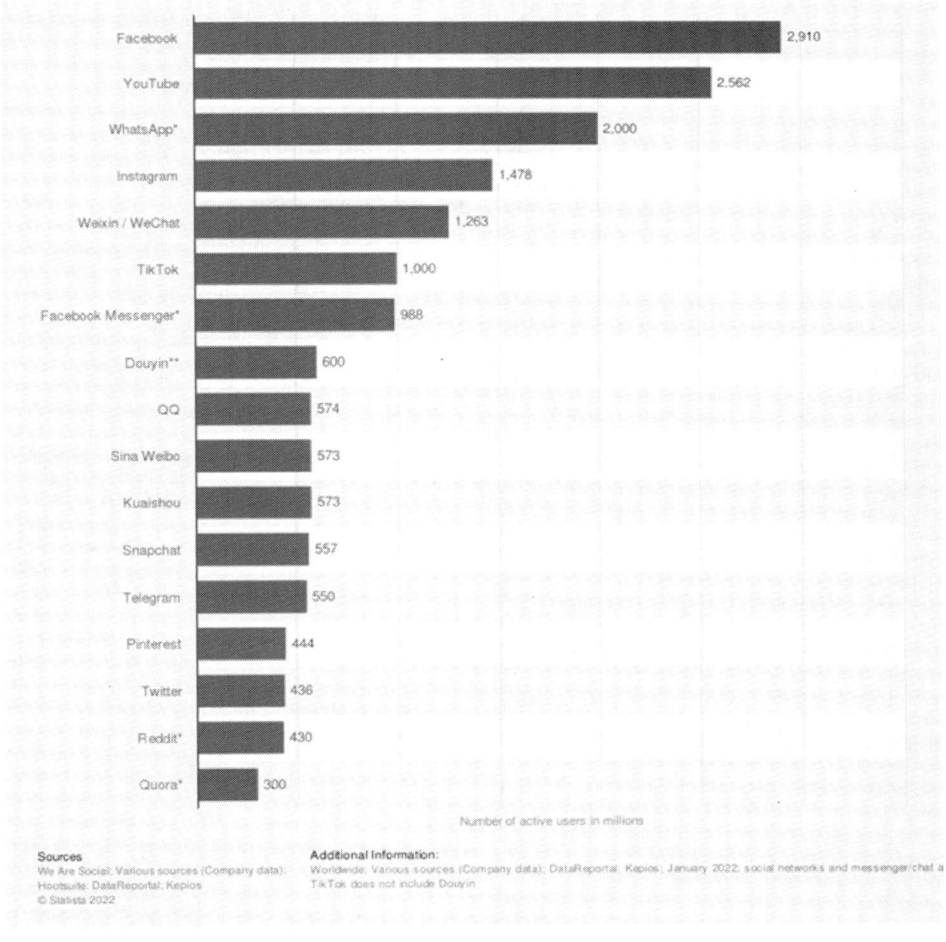

图 15 - 2　截至 2022 年 1 月全球最受欢迎的社交平台排名（据月活用户数排名，单位：百万）

【案例】 李子柒海外走红

李子柒2015年开始自拍自导古风美食短视频，并发布到社交平台上，获得海内外网友的广泛关注和喜爱（见图15－3）。

2018年1月，李子柒的原创短视频在海外运营几个月后获得了视频平台优兔的白银创作者奖牌，之后粉丝数突破1 000万，她也被国外网友称为“来自东方的神秘力量”。其发布的《汉妆》《面包窑》《芋头饭》等作品在脸书上也获得了数百万的播放量。

2021年2月，吉尼斯世界纪录发文宣布，李子柒以1 410万的优兔订阅量刷新了由其创下的“优兔中文频道最多订阅量”的吉尼斯世界纪录。

图15－3 短视频中的李子柒

第2节 境外涉华舆情热点与我国对外传播面临的机遇和挑战

当今国际政治、经济、安全形势错综复杂，大国竞争日趋激烈，博弈升级，世界格局加速深刻演变，全球治理面临突出挑战，全球传播秩序面临重建。

在新时代中国特色社会主义思想指引下，中国前所未有地走近世界舞台中央，成为国际舆论焦点。与面临严重经济疲软、民主失灵、种族冲突、难民危机等重重问题的西方世界相比，经济、政治、文化、社会建设全面发展的中国前景光明，中国道路和中国制度正受到越来越多国家和民众的关心与认可。同时，西方国家在国际舆论场上继续顽固地坚持冷战思维，煽动意识形态对立，抹黑中国形象。国际舆论“西强我弱”的形势未发生根本性改变。

一、境外涉华舆情主要特点

在后冷战时代，世界多极化和社会信息化是大势所趋，人类跨入了共担风险、共享利益的时代。海外主流媒体对中国的关注度不断提高，报道热点话题集中于中国发展、中国道路和中国影响，议题和观点更趋复杂多元。

（一）国别区域特征

涉华舆论报道量最多的国家是美国，其次是英国、法国、德国等主要发达国家和日本、俄罗斯、印度等周边国家。

随着中国崛起和国际影响力不断扩大，美国对华战略疑虑日益加深。为遏制中国强劲的发展势头，加大力度针对我国推进意识形态斗争。一方面从意识形态方面将我国污名化，诋毁中国共产党，否定我国建设成就，阻碍我国推动“人类命运共同体”建设和“一带一路”倡议。另一方面，全方位、多路径宣传美国意识形态，处心积虑对我国开展意识形态斗争。美国主流媒体涉华报道议题广泛，涵盖疫情、政治、经济、社会等多个方面，报道呈现高度政治化、意识形态化和双重标准化，妄图在国际舆论界对我国进行打压，挑起对华“叙事之争”。

欧洲主要发达国家涉华舆论比较复杂，媒体对中国经济议题保持较高关注度，大多数解读观点比较均衡偏消极，在涉及政治的议题上多存在对华偏见。

俄罗斯媒体涉华报道呈现积极正面的主基调，在新冠病毒感染疫情、经济、香港、外交、社会等议题上多有展现我方立场，不断在国际舆论场中发出于我方有利的声音，体现中俄关系高水平发展背景下的舆论特点。

在周边国家中，多数主流媒体的涉华报道基调相对比较客观，虽有对华杂音，但呼吁加强对华合作的声音始终占据主流。日本媒体涉华报道倾向多元，广泛关注中外关系、政治、经济、社会各领域热点话题。

非洲、拉美、亚洲非周边等广大发展中国家媒体主要关注我国经济、外交、社会议题，总体倾向较为均衡理性。在经济领域积极报道较多，希望借鉴中国经验，实现自我发展；在政治议题上，整体趋向理性；在外交议题上，更关注自身利益。同时也有部分媒体直接转发或引述西方媒体的负面报道，表现出对西方媒体的信源依赖性。

（二）国际舆论主要正面评价

当前，百年未有之大变局与中国发展历史机遇期相互叠加，中国面临的国际舆论环境更加复杂。中国不断加强国内治理，展现开放姿态，践行气候承诺，推动高质量共建“一带一路”国际合作。中国行动、中国政策、中国理念赢得更多的关注和认可，共同推动中国影响力的提升。

国际舆论对中国的正面评价主要集中在以下几点。

1. 中国理念获得国际舆论越来越多的响应

习近平新时代中国特色社会主义思想受到国际社会积极关注与好评。中国理念、中国价值的国际影响力增强，中国自信地表达对国际问题的看法，积极构建自身话语权，话语权显著提升。“人类命运共同体”“共同富裕”“全人类共同价值”等多个重要理念被国际社会关注、认可。国际舆论越来越深刻认识到中国崛起的合理性与必然性。广大新兴国家和发展中国家舆论对中国治理、中国经验、中国担当充满期待。

2. 中国共产党领导中国取得伟大成就受到国际舆论越来越多的关注

改革开放不断取得新的伟大成就，特别是第一个“两个一百年”奋斗目标——全面建成小康社会顺利达成，中国共产党成立百年等重要时间节点和中共十九大、二十大等重大会议活动，推高了国际舆论对中国成就和涉党话题的关注度，更多客观积极的声音增加，中国共产党和中国的国际形象更加立体。我国邻邦、友邦等发展中国家媒体、政要等高度评价中华人民共和国成立 70 年和中国共产党成立 100 周年的成就与治国理政方略，探究中国取得斐然成就的奥秘，将中国作为发展中国家与社会主义国家的标杆，对中国未来的发展持积极预期。

3. “一带一路”倡议赢得国际舆论越来越多的支持

习近平总书记在国内国际场合就共建“一带一路”做出重要论述，为推动共建

"一带一路"高质量发展擘画宏伟愿景，受到国际舆论广泛赞誉。国际舆论理性观察并客观评价"健康丝路""数字丝路""平安丝路"以及绿色发展等新思路、新理念、新举措，肯定我国应对外部环境变化推动倡议进入新发展阶段的努力。共建"一带一路"硕果累累，中老铁路、中欧班列、希腊比雷埃夫斯港等项目受到国际社会特别是当地媒体赞誉。

4. 引领全球生态环境治理赢得国际舆论越来越多的赞许

中国切实践行气候和生态保护承诺，做出并落实"双碳"承诺，宣布不再新建境外煤电项目，受到国际社会欢迎并赢得高度赞誉。外媒肯定中国重视生物多样性保护的工作，赞赏中国为防止生物多样性丧失和应对气候变化做出的重要贡献，认为中国正在推进全球可持续发展进程中发挥领导作用。

（三）国际舆论主要负面声音

中国话语在海外影响力的提升引发西方国家警惕，也令其加大对中国对外传播工作的攻击抹黑。在政治、经济、文化、社会、外交等各个领域，西方及部分周边国家舆论无视中国的发展现状，肆意发起对华负面炒作，对我国进行无理指责。

在政治领域，否定我国的政治体制、党的领导、司法和新闻管理等，蓄意挑起对华意识形态斗争，指摘我国加强管控新闻自由、互联网自由，长期借个别事件攻击我国人权状况。

在经济领域，唱衰中国经济发展前景，散布"中国经济崩溃论"，不断指责我国国企改革、市场准入、知识产权保护等。

在社会领域，肆意造谣我国民族政策，歪曲解读我国宗教管理举措。2020年以来围绕新冠病毒感染疫情，一些西方国家将本国应对不力的责任"甩锅"给中国，将病毒扩散传播的源头责任归咎于中国。

在文化与生态环境领域，将孔子学院等正常的高等教育合作项目政治化，突出环境污染对我国政治经济的影响，进行政治化炒作。

在外交领域，声称"一带一路"倡议让其他国家落入所谓的"债务陷阱"，污蔑我国对非洲推行所谓"新殖民主义"，无中生有指责我国实施"战狼外交"。

此外，西方国家还将抗击新冠病毒感染疫情、2022年北京冬奥会和冬残奥会等议题泛政治化，对我国进行无理抹黑。

【案例】　英国广播公司的"阴间滤镜"

2020年12月，英国广播公司（BBC）在优兔上推出一期名为《一年后，新冠疫情如何改变了武汉》的视频报道。有网友发现，BBC News中文和英文频道均发布了同样的内容，但视频的英文版使用昏黄的滤镜，把已经从疫情中复苏的武汉描绘成一个绝望之城。

2021年7月，BBC加工"阴间滤镜"的"传统艺能"再次被抓了个现行，而这次除了造假，手法和用心也更加险恶。

此前，BBC发布了一篇名为《生产"中国假新闻"的那些外国人》的长文，颠倒黑白地指控李·巴雷特（Lee Barrett）、杰森·莱特福特

(Jason Lightfoot）等视频博主拍摄的反映真实中国的视频是假的。

然而，拥有超过 15 万粉丝的英国博主杰森发现，BBC 这篇文章盗用了他在中国拍摄的视频截图，“二次加工”，配上了“阴间滤镜”。对此，杰森忍无可忍亲自下场开捶 BBC，并开启直播回击。杰森在视频中说：“他们放了一张我美美的照片，我记得这是我某个视频的照片。我没记错的话，中国的树不是灰色的吧?!”杰森随后在视频中给出了原视频画面和 BBC 画面的对比图，并表示：“我们对比一下吧！我们向全世界展示一下 BBC 制造的谎言吧。连一个小小的配图都要修，更别提胡乱剪辑的视频了。”（见图 15－4）

“讽刺的是，BBC 宣传虚假信息，却反过来污蔑我们。”他说。

图 15－4　杰森视频截图

7 月 20 日，中国外交部发言人赵立坚就此事发推文：“又来了！将绿意盎然的城市变得灰暗荒凉，可以说是 BBC 熟悉的超能力之一。”

拥有 16 万粉丝的加拿大博主丹尼尔·邓布尔（Daniel Dumbrill）也发推文揭批。由于杰森经常批评 BBC 使用“阴间滤镜”，BBC 就来找他的茬儿。邓布尔指出：“BBC 显然心里有鬼，他们在被杰森发现后的三个小时内，就将篡改过的照片改回了原样。”

BBC 文章最后引用的评论来自所谓的“中国专家”，但此人实际上却是一个被资助的反华分子，名叫罗伯特·波特（Robert Potter）。此人做得最多的事就是造谣污蔑中国。杰森指出，此人名下公司是由美国国务院和国防部资助的，“BBC 引用这种人的话，你敢相信吗?”

不仅盗用并乱改他人视频，BBC 的下限也令人咋舌。“BBC 的两个记者还悄悄地向视频平台举报了我们。”杰森被气笑：“他们就是想尽各种办法，试图封杀我们。”

除了杰森，BBC 文章中诬告的李·巴雷特、巴里琼斯（Barrie Jones）等视频博主也发布了视频澄清。

“他们就是想制造一种氛围，让大家害怕为中国发声，让大家害怕说出关于中国的真相。”杰森总结道。

资料来源：综合自“长安街知事”微信公众号等。

（四）“中国威胁论”的由来及险恶意图

在议题设置方面，美国可谓驾轻就熟。多年来，西方政府、智库和媒体合谋，针对中国炮制了一系列典型论调，如“中国威胁论”“中国崩溃论”“中国责任论”“中国渗透论”“中国霸权论”，值得我们高度重视和警惕。在此仅介绍最有名的“中国威胁论”。

“中国威胁论”最初起源于美国和日本，20 世纪 90 年代逐渐形成国际舆论。21 世纪以来，中国日益走近世界舞台中央，带给西方国家诸多不适和焦虑，它们出于本国利益和国内政治需要，试图干扰、阻碍中国发展。同时，“中国威胁论”也是西方“丛林法则”价值观和冷战思维的产物。西方政界、战略界、舆论界不断发表对中国的污名化、误导性言论，主观解读或过度夸大中国的对外发展战略，夸大和苛求中国发展中存在或出现的问题，鼓吹各种版本的“中国威胁论”，在不同阶段，“军事威胁”“网络威胁”“太空威胁”“科技威胁”“间谍威胁”“锐实力”等此起彼伏。“中国威胁论”的产生和发展过程说明，中国在21世纪初的重要战略机遇期将始终面对这个问题。只要中国发展，“中国威胁论”就不会消失。

二、对外传播面临的机遇与挑战

当今世界正处于大发展、大变革、大调整时期。随着中国进入新时代，中国与世界的关系发生了深刻的变化。与此同时，全球新闻业也在发生巨大的变化，新技术、新媒介推动网络传播生态更加纷繁复杂。我国国际传播事业迎来全新的发展机遇与挑战。

从百年未有之大变局的格局来看，当今世界面临“东升西降”。世界多极化、文化多样化、社会信息化深入发展，人类的命运从没有像今天这样紧密相连，各国的利益从没有像今天这样深度融合，和平、发展、合作、共赢的时代潮流不可阻挡。但同时，保护主义、单边主义、民粹主义持续蔓延，贸易和投资争端加剧，霸凌行径肆虐。人类面临着越来越多的全球性挑战。百年未有之大变局，是国际格局从事实上的“一家独大”到多种政治经济力量共同发展的重大转变，是现代化发展突破西方路径、从一元向多元的重大转变，是中国从顺应时代、跟上时代到引领时代的重大转变。在这样的大变局和大时代中，对外传播工作要保持战略定力，立足国家站位和全球视野，从各种乱象中看清实质，从历史维度中把握规律。

从中国与世界的关系来看，两者的关系正在发生前所未有的历史性变化，于我国有利和不利的因素相伴相生。随着中国的持续快速发展，中国越来越深入地参与全球治理，成为世界格局的重要组成部分，成为推动国际关系发展的一个关键性、根本性的动因。中国在全球范围内的舆论传播力、话语塑造力、制度感召力和形象亲和力都有了前所未有的提升。但同时，我国发展面临的外部环境和舆论环境日益错综复杂，特别是美国对我国在贸易、科技领域挑起摩擦、大力施压。一些西方国家散布“锐实力”等错误论调，在民族宗教等问题上对我国攻击发难，损害我国国际形象。应该看到，我国越是走向世界舞台中央，西方势力对我国的遏制将会越激烈，我国面临复杂舆论环境的态势将是长期的、艰巨的。

从当前国际传播格局来看，新媒体、新技术呈裂变式发展，互联网给国际传播带来巨大变量。当前，我们正面临人类

你知道吗

今日俄罗斯电视台网站2022年1月25日刊发英国政治和国际关系分析师汤姆·福迪题为《美国现在对中国的行为符合它以往的战前行径》的文章。文章揭露，美国的外交政策引擎依赖于一种被称为“制造共识”的手段——将国家资源武器化，以协调专家、智库和记者对一些问题的关注，从而影响舆论，为华盛顿的政策提供支持。

这是一种战略：通过煽动关于攻击对象的“道德问题”，以此掩盖侵略行为，从而制造一种“自证预言”。使用这种战略的国家往往以人权为借口，通过策划夸张的危机来利用和操纵民众的善意，将背后的外交政策目标伪装成善意和“关切”的合理行为。美国在每场战争前都会采取这种行动，现在对中国也是如此。

这就是“制造共识”——美国利用其广泛的网络帮助异见人士发声，协调主流媒体，制定议程，为活动人士提供曝光度和资源，将他们作为武器攻击目标国家（同时无视其他地方的暴行），从而毒害社会，创造出一套符合其外交政策目标的自圆其说的叙事。①

① 英专家详解美“制造共识”反华套路．参考消息，2022-01-27.

历史上最为深刻的信息革命。以信息技术为代表的新一轮科技和产业革命正在萌发，大数据、云计算、5G、人工智能等新技术迅猛发展，使世界政治经济格局产生深刻调整，对不同文化和价值观念交流交融交锋产生的影响前所未有，对信息传播的形态、方式等产生的影响前所未有。信息无处不在、无所不及、无人不用，移动应用、社交媒体、网络直播等新媒体、新业态既给我们开展对外传播带来新课题、新挑战，也为我们加快“弯道超车”提供了便利和可能。媒体融合是一场不容回避的自我革命，顺应全媒体发展大势、提升传播力影响力，已经成为对外传播理论与实践的时代课题。

三、新时代对外传播工作成就进展

经过长期努力，中国特色社会主义进入了新时代。对外传播工作紧紧围绕党和国家对外工作大局，不断取得新成就新进展。

一是习近平新时代中国特色社会主义思想的对外传播持续深入。近年来，围绕习近平新时代中国特色社会主义思想的对外传播取得了积极成效。《习近平谈治国理政》等著作在海外出版发行，受到国外读者的广泛关注和高度评价，成为国际社会认识中国、解读中国的重要窗口。精心做好习近平总书记出席“一带一路”国际合作高峰论坛、中国国际进口博览会、亚洲文明对话大会等重要主场外交活动和多边会议的对外传播工作，精心配合习近平总书记出访组织对外交流活动，以对外报道和人文交流活动等形式，集中宣介习近平总书记构建新型国际关系、构建人类命运共同体等重要思想，取得显著效果。

二是讲好中国故事的能力明显提升。近年来，中国领导人利用出访、出席国际会议和重大主场外交活动，宣介中国理念，阐述中国主张，讲述了许多脍炙人口、打动人心的中国故事。媒体和各相关部门、机构着重讲好中国共产党治国理政的故事、中国人民奋斗圆梦的故事、中国坚持和平发展合作共赢的故事，增进了外国受众对中国的了解和认知，讲好中国故事的能力和水平稳步提升。

三是传播渠道和手段日益多元丰富。紧紧围绕党和国家中心工作，主动精心组织开展新闻发布活动，高频次、高质量地发布权威信息，回应国内外关切，向世界说明真实的中国。大力加强国际传播能力建设，中央主要媒体海外传播矩阵日渐完善，中国声音已经能够传到世界各地。新闻网站、政府网站、外宣网站以及微信、微博等各类新媒体在国际传播中不断汇聚潜力、激发活力。越来越多的地方、企业、民间团体也加入国际传播的队伍，通过自身的行动和话语，展示好中国的贡献、中国的形象。

四是中华文化“走出去”的力度进一步加大。当前，文化交流、文化传播、文化贸易日益活跃。“中国当代作品翻译工程”“经典中国国际出版工程”“中国图书对外推广计划”等重点项目，让一大批文化精品力作走向国际。“感知中国”“中国文化年”“欢乐春节”等文化交流活动，在国外掀起体验中华文化魅力的热潮。孔子学院、中国文化中心、中国馆等中外文化交流的机制化平台，让中国人民的文化追求、审美品位、生活方式持续走进海外民众的日常生活。

五是中国朋友圈不断扩大、国际形象稳步提升。中国积极推动构建人类命运共同体，倡导相互尊重、公平正义、合作共赢的新型国际关系，在全球路越走越宽、朋友圈越来越大。近年来，媒体、智库及高校机构积极开展对外交流合作，在平等对话、交流互鉴中密切了联系，深化了合作，结下了深厚感情。

第 3 节　充分利用网络舆情做好对外传播

做好网络舆情研究，对更好地开展对外传播具有重要价值。为此，需要认真学习掌握国际舆情研究的原则要求和工具方法。

一、深入领会习近平总书记关于对外宣传工作的新理念新论述

党的十八大以来，以习近平同志为核心的党中央高度重视对外宣传工作，做出一系列重要论述和重大部署，大力推进理论创新和实践创新，引领外宣工作取得开创性、历史性成就。十九大以来，习近平总书记多次对外宣工作做出重要论述。关于总体任务要求，强调要把“展形象”作为使命任务，推进国际传播能力建设，讲好中国故事、传播好中国声音，向世界展现真实、立体、全面的中国，提高国家文化软实力和中华文化影响力。关于讲好中国故事，强调讲好中国故事是外宣工作的基本方法，要主动宣介新时代中国特色社会主义思想，主动讲好中国共产党治国理政的故事、中国人民奋斗圆梦的故事、中国坚持和平发展合作共赢的故事，让世界更好读懂中国。关于对外话语体系建设，强调要加强对外话语体系建设，研究国外不同受众的习惯和特点，采用融通中外的概念、范畴、表述，更加鲜明地展示中国思想、提出中国主张。关于中华文化走出去，强调要把优秀传统文化的精神标识提炼出来、展示出来，把优秀传统文化中具有当代价值、世界意义的文化精髓提炼出来、展示出来。关于外宣工作创新，强调要把握大势、区分对象、精准施策。要创新宣传理念、创新运行机制，加强平台、队伍建设，汇聚更多资源力量。

2021 年 5 月 31 日，中共中央政治局就加强我国国际传播能力建设进行第三十次集体学习。习近平总书记在主持学习时强调：“讲好中国故事，传播好中国声音，展示真实、立体、全面的中国，是加强我国国际传播能力建设的重要任务。要深刻认识新形势下加强和改进国际传播工作的重要性和必要性，下大气力加强国际传播能力建设，形成同我国综合国力和国际地位相匹配的国际话语权，为我国改革发展稳定营造有利外部舆论环境，为推动构建人类命运共同体作出积极贡献。”

习近平总书记指出：“我们党历来高度重视对外传播工作。党的十八大以来，我们大力推动国际传播守正创新，理顺内宣外宣体制，打造具有国际影响力的媒体集群，积极推动中华文化走出去，有效开展国际舆论引导和舆论斗争，初步构建起多主体、立体式的大外宣格局，我国国际话语权和影响力显著提升，同时也面临着新的形势和任务。必须加强顶层设计和研究布局，构建具有鲜明中国特色的战略传播体系，着力提高国际传播影响力、中华文化感召力、中国形象亲和力、中国话语说服力、国际舆论引导力。”“要讲究舆论斗争的策略和艺术，提升重大问题对外发声能力。”

习近平总书记关于对外宣传工作的一系列重要论述，内容丰富、思想深刻，是做好新时代对外传播实践的思想指南和行动纲领，对对外传播的理论研究和学术探索具有全局性、根本性的指导意义。

二、更好地发挥舆情研究在对外传播中的作用

随着综合国力不断增强，中国的国际影响力日趋扩大，正在加快走近世界舞台中央，成为国际舆论焦点。国际社会希望更加深入、全面地了解中国，不仅关注中国的发展取得了哪些成就，而且越来越关注背后的原因是什么；不仅关心日益强大的中国在世界舞台上扮演什么样的角色，而且期待中国在全球化及全球治理进程中发挥更大的作用。讲好中国故事、传播好中国声音，是习近平总书记对对外传播工作提出的重要要求，是新时期外对外传播工作面临的重大课题。其中一个重要内容，就是更好地发挥对外传播中舆情研究的作用。

国际舆论是国际社会主要矛盾和国际关系现实的反映。随着中华民族伟大复兴进程的推进，中国国际地位的提升引发西方国家焦虑。它们进一步加快遏制中国步伐，不断寻找攻击中国的借口并恶意炒作，对中国的政治、经济、民生等各个方面进行攻击。中国已经站在了世界的聚光灯下，任何国内议题都存在引发国际舆论的可能。当前，虽然“西强我弱”的舆论格局还没有根本改变，我国外宣事业整体水平与世界第二大经济体的地位还不相称，传播规模、渠道范围、话语体系构建还有很大的提升空间，但可以确定的是，国际舆论的天平正在向中国一端倾斜，外宣正迎来跨越式发展的难得机遇。

国际舆情研究是舆情研究和对外传播研究的重要组成部分，通过监测、分析、比较全球范围内的国际舆论，对国际媒体、智库、民调机构、意见领袖、各国政府等舆论主体及其舆论传播内容、生成机制与传播策略进行研究，总结传播规律，为开展对外传播工作提供有力的实践和理论支撑。具体来讲，主要有以下三方面作用。

一是为对外传播提供内容议题选择。面临百年未有之大变局，国际舆论正处于重要转折点。旧的国际话语体系正在崩塌，而新话语体系正在重塑，我国传播媒介对外传播的任务日益加重。而要搞好对外传播，很重要的一点就是要增强针对性。满足国外受众需求是对外传播的出发点和落脚点，只有坚持深入、科学、细致地分析研判国际舆情，真正找准不同受众的不同需求，才能选准对外传播的内容、手段和渠道。

“讲好中国故事，传播好中国声音”是对外传播的根本要求。对外传播是跨越政治边界、文化差异、社会区隔的传播行为，我们必须在全球范围主动作为、积极作为，谋求于我们有利的舆论环境。主动做好对外传播，才能在国际舆论场中亮明我们的观点、表明我们的态度，才能构建好国家形象，提高我们的感召力和影响力。今天，走近世界舞台中央的中国有责任也有条件向世界宣介自己的主张、弘扬自己的价值、讲好自己的故事，以获得更多的理解和支持。长期以来，一些西方媒体戴着有色眼镜的宣传，让西方受众对中国缺乏全面的了解。在新的传播条件和传播格局下，信息流动已经无法人为阻隔。这不仅让我们讲述一个真实的中国成为可能，也让受众了解一个多元世界的愿望变成现实。当前，中国的发展变化举世瞩目，发展势头十分迅猛，不仅成为发展道路的成功探索者，也成为世界经济的新引擎。在这种背景下，西方受众更加需要一种对中国发展变化的全新解读，以更为多元的信息形成对当代中国的真实判断。党的十八大以来，党中央提出的“人类命运

共同体”理念内涵不断丰富完善，在国内外广泛传播，也得到了国际社会的普遍认可，但在西方发达国家的传播还面临阻碍。要改变这种“西强我弱”的局面，我们不仅要提高讲好故事的能力，也要增强主动发声的意识。通过认真做好国际舆情研究，深入全面了解目标受众心理需求、认知特点特别是所关心的议题等，从而更科学有效选择对外传播的故事载体，巧用经济、文化、科学、生活等话题，用与人们息息相关的各种故事，真情而巧妙地诉说中国价值。

二是为对外传播提供策略方法借鉴。内容正确不等于效果好。要实现不同文化互通、促进不同文明互鉴，不仅要让受众听得见、听得清，更要让他们听得懂、听得进。对于媒体而言，需要深入细致地研究“打法”：哪些内容人们更容易关注？哪些方式受众更乐于接受？什么样的语言受众更易于理解？近年来，我们不断加强舆论阵地和力量建设，媒介产品生产能力显著提升，但还带有非常明显的宣传痕迹，还没有做到“看不见的宣传”，与西方媒体圆熟的传播技巧方法相比，差距仍然很大。对外传播是一门技巧和艺术。要讲好中国故事，必须尊重传播规律、讲究传播艺术、注重传播技巧。正如习近平总书记所要求的，对外传播要用海外受众“乐于接受的方式、易于理解的语言”。我们要加强国际舆论斗争规律与方法研究。要在对外传播中积极研究审视和学习借鉴境外媒体特别是国际主流媒体采用的策略方法，制定新闻宣传策略，做好对外传播。在舆论表达上，要认真分析研究国际舆论的传播特点，对政客、媒体、学者和民众等不同传播对象采取不同的应对策略，在议题设置等方面多下功夫，以更高超科学的传播技巧、话语体系、技术手段，争取世界各国人民对我们理念和观点的认同。

三是为对外传播提供效果评估依据。近年来，我国对外传播的规模、渠道、技术、影响都取得了跨越式的进步，但与大国地位和国际水准、现实需要和时代要求相比，仍存在严重的滞后和不适应。在传播议题内容选择、方法策略等方面还存在不少问题。面对长期和复杂的国际舆论斗争形势，我们需要及时对传播效果进行评估。

传播效果是指传播对人的行为产生的有效结果，通常意味着传播活动在多大程度上实现了传播者的目的。传播效果包含业务效果和社会效果两方面。业务效果指新闻报道在受众中产生的结果（如受众关注度等）与传播者预期目标之间的吻合度。社会效果指新闻报道所产生的社会影响，反映了媒体的社会职责的履行情况。由于网络媒体具有互动性和自由性，网络新闻在传播过程中容易扭曲，不容易判断其真实性。在传统媒体时代，传播效果经常表现为报刊阅读量、电视收视率等；在互联网时代，传播效果则往往表现为网民点击量、跟帖量、点赞量、转发量等。

实现舆论传播效能的提升，就要重视国际传播效果评估。目前，一些传播机构已经在开展日常和专项的传播效果评估工作，通过对境外受众反馈的跟踪调查研究，分析自身在传播内容和方法上的得失，以总结经验，调整方向，更好地开展对外传播工作。

三、国际舆情研究的原则要求

开展国际舆情研究，需要把握好以下几个基本原则。

一是目的性原则。国际舆情研究的目的是服务对外传播工作大局，树立国家的良好形象，维护国家的根本利益，争夺国际话语权。服务对象无论是党政部门、科研机构还是企业，都要明确工作目的和任务，并以此作为判断舆情对决策有无价值的标准。

二是立场原则。必须坚持正确的政治立场，观点正确。要有政治敏感性和政治鉴别力，知道哪些是要关注的重要信息，避免成为海外反华宣传的传声筒。

三是时效性原则。舆情研究时效性往往直接决定舆情信息的价值。特别是突发事件的舆情信息，收集报送的速度越快，其价值越大。重要文件和重大政策出台、重要会议召开、领导重要讲话发表后，要第一时间报送。另外，还要重视苗头和动向。有些舆情尽管报道的媒体不是很多，但苗头性倾向重要，有可能发展蔓延，或可能被利用放大，需要提高警惕。在重要时间节点时尤其要注意相关舆情动向。

四是准确性原则。把握热点，找准难点，内容准确。要保证信息内容真实准确，翻译外文和引用外媒中文原文时都要注意表述准确，不能简单照搬照抄。要保证信息来源的可靠、权威，不能捕风捉影、主观臆断，更不能随意编造。

与上述原则相对应，国际舆情研究的基本要求是：服务大局，立场正确，保证时效，真实准确。

此外，在研究工作中还应该注意一些问题，包括：信息来源要广泛全面，一般研究报告宜少转述消息而多重视分析评论；对研究素材要小心谨慎，尤其是数量统计，拿不准的不用，一定不要自相矛盾。

四、国际舆情研究的工具方法

国际舆情的监测和应对包括监测预警、分析研判、应对修复等环节。其中，开展国际舆情研究工作，在当前主要是境外涉华舆情研究工作，是整个工作的重点。为此需要构建境外涉华舆情监测机制与风险评估机制，建立和配备有力的监测工具，建立完善的信息渠道，运用科学有效的研究方法。

（一）监测工具

除了通用的舆情监测技术和工具，为有效应对境外基于信息能力的计算机政治宣传和舆论操控，在国际舆情研究中，应积极推进人工智能技术、追踪技术和数据库的运用，全面分析他国利用高新技术开展舆论行动的现状及对中国构成的风险等级，构建全方位的舆情实时监测、信息收集、走向研判与引导机制。同时，舆情研究部门、对外传播部门和技术部门应开展合作，运用采集技术对搜索引擎的对华实时关键词、境外社交媒体上的相关言论、各方最新发布的报告等进行数据挖掘、关联量化和汇聚整合，在第一时间完成溯源工作，对重大国际舆情快速响应，及时阻隔和消除后续联动反应。在这方面，国内外一些专门的舆情、新闻研究机构和信息供应商研发并推广了一些比较及时、全面、有效的国际舆情数据库、舆情监测系统平台等工具，有的工具也能对国际社交媒体进行有效监测。

（二）信息渠道

国际舆情研究，特别是境外涉华舆情研究，是一项系统性工程。无论是运用专业舆情监测系统还是国际主流搜索引擎等工具，为避免以偏概全和在海量信息中迷失重点这两个极端，需要在信息渠道方面科学地规划设计。

从国别地区看，以美国为首的西方国家主流媒体仍然是需要监测和研究的重点。同时也不能忽视广大发展中国家和新兴国家的声音。应根据研究目的、方向，确定周边国家（地区）、特殊舆情议题相关国家（地区）等信息渠道。

从媒体类型看，传统媒体有通讯社、报纸、期刊、电视等，新闻、专业、综合性网站在今天也可以归入传统媒体；新媒体有推特、脸书、优兔等高人气社交网站。此外，智库、民调机构、国际组织、评级机构和跨国投行等机构研究部门发布的各类研究报告、调查报告、民调结果等，都可能是重要的信息渠道。

从媒体语言看，英语是目前国际舆情监测中最重要的语言。法语、德语、西班牙语、俄语、日语、阿拉伯语等也是国际舆情监测中比较重要的语言。在拉丁美洲，要特别重视西班牙语和葡萄牙语。

（三）研究方法

总体来看，国际舆情研究作为一门社会科学，综合了理论与实务两方面研究方法。定性研究与定量研究、归纳与演绎、横向（议题、国别、媒体等）对比与纵向（年、月、日等时间轴）对比等，都是国际舆情研究常用的方法。在研究方法上还要特别重视业务与技术的融合。

从工作流程和研究内容看，国际舆情研究包括舆情监测和信息抓取，舆情信息鉴别、筛选、价值判断，舆情议题内容和报道量、报道媒体、报道国别区域及传播特点等分析，原因、影响结果、走势预判分析，对策建议等。

在国际舆情研究实际工作中，要特别重视舆情信息的判断标准，做好信息鉴别和筛选。舆情工作的衡量标准不在于报送信息的多少，而在于信息对决策的参考价值大小。因此，从海量信息中收集的舆情要有针对性和实效性。

【本章小结】

本章主要论述了国际网络舆情生态的相关概念、主体和主要特征，分析了境外涉华舆情热点与我国对外传播面临的机遇和挑战。重点梳理了习近平总书记关于对外宣传工作的新理念新论述，提出要充分利用网络舆情做好对外传播工作，并总结了国际舆情研究的原则要求、监测工具、信息渠道和研究方法。

【复习思考题】

1. 当前国际舆论主要有哪些特点?
2. 西方媒体是如何操控议题设置和标签化舆论工具的?
3. 社交网站具体是怎么导致人们对原本具有公信力的机构丧失信任的?
4. 开展国际舆情研究需要把握好哪些基本原则?

参考文献

一、中文部分

毕宏音．网民心理特征分析．社科纵横，2006（9）．

曹立新．决策概念研究综述．广东技术师范学院学报（社会科学版），2010（4）．

陈力丹．舆论学：舆论导向研究．北京：中国广播电视出版社，1999．

陈立辉．互联网与社会组织模式重塑：一场正在进行的深刻社会变迁．社会学研究，1998（6）．

陈柳钦．城市形象的内涵、定位及其有效传播．湖南城市学院学报，2011（1）．

陈飔，薛刚．商业竞争情报实务．北京：经济日报出版社，2011．

陈为，等．数据可视化的基本原理与方法．北京：科学出版社，2013．

陈欣新．信息自由与信息安全．北京：九州出版社，2009．

陈新杰，呼雨，兰月新．网络舆情监测指标体系构建研究．现代情报，2012（5）．

陈燕琼．关于网络时代我国意识形态安全问题的思考．法制与社会，2011（20）．

陈燕．境外媒体涉华舆论年度分析报告（2004—2013）．北京：外文出版社，2014．

程亮．网络舆情研判机制的内容与流程．中国记者，2010（2）．

程曼丽．大众传播与国家形象塑造．国际新闻界，2007（3）．

程新斌．对重大舆情与突发事件舆论引导研究的分析与对策．西南民族大学学报（人文社会科学版），2022（2）．

邓密文．网络舆情监测关键技术应用研究．网络安全技术与应用，2019（7）．

丁柏铨．略论舆情：兼及它与舆论、新闻的关系．新闻记者，2007（6）．

丁柏铨．论网络舆情．新闻记者，2010（3）．

丁晨．突发事件危机报道的框架分析：以成都“6·5”公交车燃烧事件危机处理为例．成都大学学报（社会科学版），2011（2）．

丁俊杰，张树庭，李未柠．网络舆情及突发公共事件危机管理经典案例．北京：中共中央党校出版社，2010．

董德兵，蔡中华．网络舆情掌控及妥处机制：概念界定、现实困境与路径突破．新疆社科论坛，2011（1）．

杜锦绣，蔡静．网络舆情监测的数据采集与文本分类技术分析．无线互联科技，2019，（15）．

对外传播中的国家形象设计项目组．对外传播中的国家形象设计．北京：外文出版社，2012．

方晶．对抢占国际舆论话语权的思考．军事记者，2021（11）．

方兴东，熊剑．网络舆情蓝皮书（2013—2014）．北京：电子工业出版社，2015

冯希莹，王来华．舆情概念辨析．社会工作（学术版），2011（5）．

付宇程．论行政决策中的公众参与形式．法治研究，2011（10）．

甘惜分．新闻学大辞典．郑州：河南人民出版社，1993．

宫承波，李珊珊，田园．重大突发事件中的网络舆论．北京：中国广播电视出版社，2012．

龚婉祺，李喜根．做有国际影响的国际舆论研究．对外传播，2018（4）.
管文虎．国家形象论．成都：电子科技大学出版社，2000.
郭庆光．传播学教程（第二版）．北京：中国人民大学出版社，2011.
郭树勇．论大国成长中的国际形象．国际论坛，2005（6）.
郭小安．公共舆论中的情绪、偏见及“聚合的奇迹”：从“后真相”概念说起．国际新闻界，2019（3）.
郝文江，马晓明，武捷．网络舆情现状分析与引导机制研究．计算机安全，2011（2）.
郝英杰，马海红，赵治．高校网络舆情引导工作实务研究．中国电力教育，2008（24）.
郝永平．黄相怀．加强对软性历史虚无主义的辨识与防范．光明日报，2021-12-15.
韩松洋．网权论：大数据时代的政治网络营销．北京：电子工业出版社，2014.
何云峰．智者的公关．上海：上海交通大学出版社，2001.
胡宁生．中国政府形象战略．北京：中共中央党校出版社，1998.
胡钰．新闻与舆论．北京：中国广播电视出版社，2001.
纪红，马小洁．论网络舆情的搜集、分析和引导．华中科技大学学报（社会科学版），2007（6）.
姜加林．中国威胁还是威胁中国．北京：外文出版社，2012.
韦尔奇．赢．北京：中信出版社，2010.
蒋明敏．重大突发事件网络舆情的泛政治化风险：生成逻辑与治理策略．青海社会科学，2021（6）.
姜胜洪．网络谣言应对与舆情引导．北京：社会科学文献出版社，2013.
姜胜洪．网络舆情的内涵及主要特点．媒体与传播，2010（3）.
姜学敏．企业美学：企业形象策划之魂．北京：中国社会出版社，1995.
金芳等．西方学者论智库．上海：上海社会科学院出版社，2010.
靳戈．网络舆情分析方法研究．北京：北京大学，2011.
荆林波，甄宇鹏．两个舆论场的碰撞与挑战．中国青年报．2015-02-26.
居延安．公共关系学．上海：复旦大学出版社，2005.
霍尔．牛津美国法律百科辞典．北京：法律出版社，2008.
寇丽平．应对危机：突发事件与应急管理．北京：中国人民公安大学出版社，2013.
李彪．谁在网络中呼风唤雨：网络舆情传播的动力节点和动力机制研究．北京：人民日报出版社，2011.
李彪．舆情：山雨欲来：网络热点事件传播的空间结构和时间结构．北京：人民日报出版社，2011.
李彪．后真相时代网络舆论场的话语空间与治理范式新转向．新闻记者，2018（5）.
李昌祖．网络舆情研判的类型分析及其制度建设的途径思考．上海党史与党建，2010（6）.
李飞．《中华人民共和国突发事件应对法》释义及实用指南．北京：中国民主法制出版社，2007.
李栋，徐志明，李生，等．在线社会网络中信息扩散．计算机学报，2014（1）.
李国青，娄成武．政府决策中的公民参与．贵州社会科学，2006（6）.
李建军，崔树义．世界各国智库研究．北京：人民出版社，2010.
李良荣．新闻学概论．上海：复旦大学出版社，2011.
李凌．智库产业：演化机理与发展趋势．北京：三联书店，2021.
李瑞环．辩证法随谈．北京：中国人民大学出版社，2007.
李喜童．政府应对突发事件的信息报送机制研究．中国应急救援，2012（2）.

梁波．新时期中国公共政策制定研究．兰州：兰州大学出版社，2007.

梁循，杨小平，李志宇．社会网络大数据下企业舆情建模和管理．北京：清华大学出版社，2016.

林尚立．公民协商与中国基层民主发展．学术月刊，2007（9）.

刘桂珍．网络传播控制研究：以自律、他律和技术控制为三维视角．北京：中国人民大学，2008.

刘焕．基于知识图谱的国外网络舆论研究的可视化分析．知识管理论坛，2019（5）.

刘继南，何辉．中国形象：中国国家形象的国际传播现状与对策．北京：中国传媒大学出版社，2006.

刘建明．穿越舆论隧道：社会力学的若干定律．北京：中共中央党校出版社，2000.

刘建明．舆论冲突的成因与防范．采写编，2014（1）.

刘鹏飞．2013年网络舆情走势和社会舆论格局．新闻记者，2014（1）.

刘雯，黄宇鑫．从个体困扰到公共议题：后真相时代新闻价值标准的流变．传媒，2020（3）.

刘肖．国际舆论研究中的关键概念辨析．新闻与传播研究，2010（1）.

刘小燕．政府形象传播的理论框架．现代传播，2005（4）.

刘燕，刘颖．高校网络舆情的特点及管理对策．思想教育研究，2009（4）.

刘毅．网络舆情研究概论．天津：天津人民出版社，2007.

刘毅．网络舆情与政府治理范式的转变．前沿，2006（10）.

刘振喜．新加坡的因特网管理．国外社会科学．1999（3）.

娄成武，魏淑艳．公共政策学．沈阳：东北大学出版社，2003.

卢山．网络舆情的影响力及应对策略的研究．电子商务，2011（1）.

杰维斯．国际政治中的知觉与错误知觉．北京：世界知识出版社，2003.

罗依平，易承志．政府决策的哲学维度．湘潭大学学报（哲学社会科学版），2005（2）.

马龙，杜彬，刘彦超，等．传播学视域下古代“舆情”概念考．武警学院学报，2020（8）.

马海平．试论决策概念与决策类型．延安大学学报（社会科学版），1987（2）.

马映红．基于电子政务视角的网络舆情研究．兰台世界，2011（2）.

卡斯特．网络社会的崛起．北京：社会科学文献出版社，2006.

孟建，裴增雨．网络舆情的搜集研判与有效沟通．北京：五洲传播出版社，2013.

孟茹．论网络舆情的影响及相关建议．现代营销，2011（5）.

孟威．社交媒体影响下的国际互联网舆论生态．学术前沿，2020（15）.

宁骚．公共政策学．北京：高等教育出版社，2003.

休斯．公共管理导论．北京：中国人民大学出版社，2003.

潘燕，陈爱华．重大突发事件网络舆情的应对与引导：基于新冠肺炎疫情期间网民在社交平台的行为分析．传播与版权，2021（6）.

潘忠党．在“后真相”喧嚣下新闻业的坚持：一个以“副文本”为修辞的视角．新闻记者，2018（5）.

鲍曼．寻找政治．上海：上海世纪出版集团，2006.

屈慧君．突发事件网络舆情中的负性情绪表达与疏导．郑州大学学报（哲学社会科学版），2022（1）.

彭劭莉，张乐．突发事件网络舆情预警研究综述．情报探索，2013（6）.

蒲红果．说什么怎么说：网络舆论引导与舆情应对．北京：新华出版社，2013.

齐中祥．舆情学．南京：江苏人民出版社，2015.

钱超．论民意表达．上海：复旦大学，2008.

人民日报评论部．从“怎么看”迈向“怎么办”．人民日报，2012-06-23.

人民网舆情监测室．网络舆情热点面对面．北京：新华出版社，2012.

人民网舆情监测室．如何应对网络舆情?：网络舆情分析师手册．北京：新华出版社，2011.

任焕琴．公共关系学实用教程．北京：北京大学出版社，2012.

任贤良．舆论引导艺术．北京：新华出版社，2010.

孙鹏飞．浅析如何做好政务信息报送工作．办公室业务，2013（12).

谈国新，方一．突发公共事件网络舆情监测指标体系研究．华中师范大学学报（人文社会科学版)，2010（3).

谭伟．网络舆论概念及特征．湖南社会科学，2003（5).

陶建杰．网络舆情联动应急机制初探．青年记者，2007（15).

万俊人．现代公共管理伦理导论．北京：人民出版社，2015.

王凤翔，申文静．新时代的互联网络治理创新：从网上信息管理向规范网络行为转变．新闻与写作，2018（1).

王国华，曾润喜，方付建．解码网络舆情．武汉：华中科技大学出版社，2011.

王国华．突发事件网络舆情的动力要素及其治理．武汉：华中科技大学出版社，2017.

王珩，聂敏．信息分发模型研究．舰船电子工程，2008（6).

王来华．论网络舆情与舆论的转换及其影响．天津社会科学，2008（4).

王来华．舆情研究概论：理论、方法和现实热点．天津：天津社会科学院出版社，2003.

王莉丽．论美国智库舆论影响力的形成机制．国外社会科学，2014（03).

王利明．法治：良法与善治．中国人民大学学报，2015（2).

王利明．论互联网立法的重点问题．法律科学（西北政法大学学报)，2016（9).

王宁，王晓峰．面向网络舆情监测的关键技术研究. 中文科技期刊数据库（全文版）经济管理：00143-00143.

汪旻艳．网络舆论与中国政府治理．南京：南京师范大学出版社，2015.

王青，成颖，巢乃鹏．网络舆情监测及预警指标体系研究综述．情报科学，2011（7).

王士如，郭倩．政府决策中公众参与的制度思考．山西大学学报（哲学社会科学版)，2010（5).

闻闸，王煜．应对新闻媒体．北京：中国广播电视出版社，2010.

吴江．应对突发事件读本．北京：中国人事出版社，2008.

吴良亚．个人形象与组织形象的辩证关系．西南师范大学学报（社会科学版)，1999（3).

吴绍忠，李淑华．互联网络舆情预警机制研究．中国人民公安大学学报（自然科学版)，2008（3).

吴顺长．民意学．天津：天津人民出版社，1991.

习近平．习近平谈治国理政．北京：外文出版社，2014.

习近平．习近平谈治国理政：第二卷．北京：外文出版社，2017.

习近平．习近平谈治国理政：第三卷．北京：外文出版社，2020.

肖金明．为全面法治重构政策与法律关系．中国行政管理，2013（5).

肖丽妍，齐佳音．基于微博的企业网络舆情社会影响力评价研究．情报杂志，2013（5).

谢海光，陈中润．互联网内容及舆情深度分析模式．中国青年政治学院学报，2006（3).

许诗琦．后真相时代，新闻媒体如何重塑话语权？南方传媒书院，2019－11－29.

徐晓日．网络舆情事件的应急处理研究．华北电力大学学报（社会科学版），2007（1）.

许小鸽．国际传播中的国家形象问题//刘继南．国际传播：现代传播文集．北京：北京广播学院出版社，2000.

徐翔．“沉默舆论”的传播机理及功能研究．南京社会科学，2015（10）.

燕道成．群体性事件中的网络舆情研究．北京：新华出版社，2013.

杨明，杨岚．基于突发事件调查的新闻媒体舆论引导策略分析．新媒体研究，2021（23）.

阳德青．网络舆情的社会影响分析及疏导原则．中国科教创新导刊，2010（28）.

杨海坤，李兵．建立健全科学民主行政决策的法律机制．政治与法律，2006（3）.

杨伟芬．渗透与互动：广播电视与国际关系．北京：北京广播学院出版社，2000.

叶皓．政府新闻学．南京：江苏人民出版社，2006.

易燕刚．“后真相时代”新闻价值的标准之变．青年记者，2017（2）.

尹艳红．公众参与决策的形式和保障：浅谈推动决策科学化民主化．南京工业大学学报（社会科学版），2004（2）.

应对突发事件课题研究组．各级领导者应对和处置突发事件必备手册．北京：中国商业出版社，2012.

英专家详解美“制造共识”反华套路．参考消息，2022－01－27.

于秀丽．慈善组织的行为分析及对我国发展慈善事业的启示．生产力研究，2006（4）.

喻国明．传媒新视界：中国传媒发展前沿探索．北京：新华出版社，2011.

喻国明．解构民意：一个舆论学者的实证研究．北京：华夏出版社，2001.

喻国明．网络舆情治理的要素设计与操作关键．新闻与写作，2017（1）.

俞可平．治理与善治．北京：社会科学文献出版社，2000.

俞可平．政治与政治学．北京：社会科学文献出版社，2005.

袁岳，等．零点调查：民意测验的方法与经验．福州：福建人民出版社，2005.

罗西瑙．没有政府的治理．南昌：江西人民出版社，2001.

曾润喜，张薇．网络舆情学．北京：科学技术文献出版社，2014.

曾润喜．网络舆情管控工作机制研究．图书情报工作，2009（18）.

曾润喜．网络舆情信息资源共享研究．情报杂志，2009（8）.

曾胜泉．突发事件舆情应对指南．广州：南方日报出版社，2012.

张春华．网络舆情：社会学的阐释．北京：社会科学文献出版社，2012.

张克生．国家决策：机制与舆情．天津：天津社会科学院出版社，2004.

张茂林，王奕俊．企业形象策划与管理．北京：中国建筑工业出版社，2008.

张文显．法治与国家治理现代化．中国法学，2014（4）.

张文英．康熙时期对“舆情”的使用及其研究．理论界，2010（9）.

张玉亮．突发事件网络舆情的生成原因与导控策略：基于网络舆情主体心理的分析视阈．情报杂志，2012（4）.

张滋宜，金兼斌．西方媒体事实核查新闻的特点与趋势．中国记者，2017（2）.

赵俊杰．必须击退“西方价值观联盟”．环球时报，2020－12－08.

赵士林，彭红．现代危机意识与危机报道．新闻记者，2004（10）.

赵士林．突发事件与媒体报道．上海：复旦大学出版社，2006.

中共中央文献研究室．习近平关于全面深化改革论述摘编．北京：中央文献出版社，2014.

中共中央宣传部舆情信息局．舆情信息工作概论．北京：学习出版社，2006.

中共中央宣传部舆情信息局．网络舆情信息工作理论与实务．北京：学习出版社，2009.

周安平．善治与法治关系的辨析：对当下认识误区的厘清．法商研究，2015（4）.

周滨．“微博问政”与舆情应对．北京：人民出版社，2012.

周如俊，王天琪．网络舆情：现代思想政治教育的新领域．思想理论教育，2005（11）.

周三多．管理学：原理与方法．上海：复旦大学出版社，2010.

周松青．中美网络舆情监控法律规制比较研究．社会科学战线，2017（12）.

邹建华．突发事件舆论引导策略．北京：中共中央党校出版社，2009.

邹庆国．应对“网络问政”党政干部读本．北京：人民出版社，2010.

朱磊，李文静．“后真相时代”舆情传播的特点及原因. 新闻战线，2017（12）.

朱力．突发事件的概念、要素与类型．南京社会科学，2007（11）.

左凤荣．全球治理中的国际话语权．学习时报，2019-11-22.

二、外文部分

BARABÁS A L，ALBERT R. Emergence of scaling in random networks. http：//arxiv. org/PS _ cache/cond-mat/pdf/9910/9910332v1. pdf.

BECKETT C. New powers，new responsibilities：a global survey of journalism and artificial intelligence. London：LSE and Google News Institute，2019.

WEAVER D H ，et al. Media agenda-setting in a presidential election：issues，images，and interests. New York：Praeger，1981.

KATZ E. Lazarsfelds map of medla effects. International Journal of Public Opinion Research，2007，13（3）：270-279.

KEANE J. Structural transformations of the public sphere//HACKER K L，VAN DIJK J. Digital democracy：issues of theory and practice. Thousand Oaks：Sage，2000.

HERMANN CHARLES F. International crisis：insights from behavioral research. New York：Free Press，1972.

BOULDING K E. National images and international systems. Journal of Conflict Resolution，1959，3（2）：131.

HOLSTI O R. The belief system and national images：a case study. Journal of Conflict Resolution，1962（6）：244-252.

POTTER W J. Conceptualizing mass media effect . Journal of Communication，2011（61）：896-915.

MEEL P，VISHWAKARMA D K. Fakenews，rumor，information pollutionin social media and web：a contemporary survey of state-of-the-arts，challenges and opportunities. Expert Systems With Applications，2020（153）.

FakeNews：innocuous or intolerable? WP1542.（2017-02-17）[2022-10-07]. https：//www. wiltonpark. org. uk/wp-content/uploads/2020/09/WP1542-Report. pdf.

RHODES R. Understanding Governance：policy networks，governance，reflexivity and accountability. Buckingham：Open University Press，1997.

SASSI S. The controversies of the internet and the revitalization of local political life// HACKER K L，VAN DIJK J. Digital democracy：issues of theory and practice. Thousand Oaks：Sage，2000.

GOEL S，ANDERSON A，HOFMAN J，et al. The structural virality of online diffusion. Management Science, 2016, 62 (1): 180-196. http: //citeseerx. ist. psu. edu/viewdoc/summary? doi=10. 1. 1. 377. 85.

Social Media Fact Sheet. https: //www. pewresearch. org/internet/fact-sheet/social-media/.

STOKER G. Governance as theory: five propositions. International Social Science Journal, 1998 (50): 27 - 28.

VOSOUGHI S, ROY D, ARAL S. The spread of true and false news online. Science, 2018 359 (6380): 1146 - 1151. https: //ide. mit. edu/wp-content/uploads/2018/12/2017-IDE-Research-Brief-False-News. pdf.

ZHOU X Y, ZAFARANI R. A survey of fakenews: fundamental theories, detection methods, and opportunities. https: //arxiv. org/pdf/1812. 00315. pdf.

第1版后记

21世纪给这个世界带来的最大变化非互联网莫属。网络技术的不断进步改变着整个社会的生产方式、生活方式，也改变着人们的思维方式和生存方式。数字化生存已经成为真实写照。

网络技术也在不断改写传播的历史，不断颠覆传统媒体以及传统传播方式。传统的新闻传播特点和规则正在不断被改变，媒介融合的浪潮迎面而来，正呈加速发展趋势。

网络技术给传播带来的最大变化，除了放大传统媒体的传播空间外，更重要的是自媒体、社交媒体的兴起以快捷、海量、廉价、互动、便捷等优势改变着媒体生态，同时也促生了一种新的现象——网络舆情。

网络舆情是互联网上表达的公众情绪。从诞生之日起，网络舆情就对整个社会产生了全面的影响。网络舆情在一定程度上反映了社情民意和社会心理，反过来，社情民意和社会心理又影响了网络舆情的发酵程度和走向，并进一步对公共政策和政府决策产生巨大影响。由网络舆情引起的公共事件不断冲击现有规范和秩序，很多机构和官员因陷入网络舆情事件而改变命运，名扬四海者有之，身败名裂者有之，因舆情事件发酵而锒铛入狱者也有之，以至于很多人特别是政府官员谈舆色变，避之唯恐不及。

网络舆情是躲不过去的，我们必须正视和勇敢面对。在当今信息无限发达、每个人都是传播源的网络时代，媒介素养以及正确应对和引导舆情的能力应成为每个人尤其是管理者和决策者的基本能力之一。

正因为网络舆情的巨大影响力，它已经成为传播学、政治学、社会学、计算机信息科学等众多学科的研究对象，出现了大量的以舆情应对为主要内容的研究成果。人们力图揭示网络舆情的发生发展机制，找到其传播规律以及正确处理的方式方法，而网络舆情也成为传播学、社会学、公共管理学等学科专业的重要课程，媒体以及政府机构形成了对网络舆情分析的巨大需求，社会上也诞生了以网络舆情监测、研判等为主要服务内容的机构和企业，从而形成了一个网络舆情产业。

无论是作为学科还是作为产业，都需要培养一大批网络舆情人才，需要开设网络舆情课程，并需要相应的教材。但目前市场上出现的关于网络舆情的研究成果无法满足教学需要。正是基于这个原因，在中国人民大学出版社的大力支持下，我们不揣冒昧，承担了编写本教材的重任。

本教材由周蔚华教授和徐发波教授共同策划并提出总体内容框架及各章安排，齐中祥、徐付群、林春雨、于运全协助两位主编做了一些协调、组织和统筹工作，最后由周蔚华、徐发波统改定稿。各章撰写者具体分工如下：第1章，齐中祥；第2章，张伟、吴绍忠；第3章，龙金科；第4章，傅文仁；第5章，冯伟、张成兵；第6章，徐付群；第7章，梁雪云；第8章，程晨；第9章，钟悠天；第10章，张旸；第11章，张薇；第12章，张旸、赵彩瑞、顾丽丽；第13章，吴绍忠；第14章，袁林；第15章，吴绍忠、张伟。

参加前期内容写作的还有庄庆鸿女士，梁学云、张旸协助主编做了大量具体的编务性工作。

北京拓尔思信息技术股份有限公司为本书的出版提供了大力支持。

中国人民大学出版社各位领导以及人文出版分社社长潘宇、副社长翟江虹为本教材的选题及出版工作付出了大量心血，赵建荣、胡颖两位编辑在编辑加工过程中认真负责、一丝不苟，给本书增色不少，在此一并表示感谢！

我们深知，由于水平有限、参加本书编写的作者学科背景和工作经历各异，各章的写作风格也不尽一致，加上网络舆情的理论和实践都还处于不断探索和发展过程中，很多理论还有待进一步厘清，书中难免有这样或那样的缺点和错误，恳请广大读者给予批评指正，并把宝贵意见发送至邮箱 1014547051@qq.com，以便我们不断修订和完善。

图书在版编目（CIP）数据

网络舆情概论/周蔚华，徐发波主编．-- 2 版．--
北京：中国人民大学出版社，2023.3
21 世纪新媒体专业系列教材
ISBN 978-7-300-31434-1

Ⅰ．①网… Ⅱ．①周…②徐… Ⅲ．①互联网络-舆
论-高等学校-教材 Ⅳ．①G206.2

中国国家版本馆 CIP 数据核字（2023）第 019645 号

21 世纪新媒体专业系列教材
网络舆情概论（第 2 版）
周蔚华　徐发波　主编
Wangluo Yuqing Gailun

出版发行	中国人民大学出版社		
社　　址	北京中关村大街 31 号	**邮政编码**	100080
电　　话	010 - 62511242（总编室）		010 - 62511770（质管部）
	010 - 82501766（邮购部）		010 - 62514148（门市部）
	010 - 62515195（发行公司）		010 - 62515275（盗版举报）
网　　址	http://www.crup.com.cn		
经　　销	新华书店		
印　　刷	北京昌联印刷有限公司	**版　　次**	2016 年 1 月第 1 版
开　　本	787 mm×1092 mm　1/16		2023 年 3 月第 2 版
印　　张	18.25 插页 1	**印　　次**	2025 年 6 月第 7 次印刷
字　　数	406 000	**定　　价**	49.80 元

关联课程教材推荐

书号	书名	作者	定价（元）	出书时间
978-7-300-31785-4	舆论学教程（第 2 版）	李彪	49.80	2024 年 5 月
978-7-300-31972-8	网络传播概论（第 5 版）	彭兰	69.80	2023 年 9 月
978-7-300-28094-3	网络传播导论（第三版）	钟瑛	49.80	2020 年 5 月
978-7-300-33049-5	新媒体概论（第 4 版）	匡文波	49.80	2024 年 7 月
978-7-300-21417-7	社会化媒体	彭兰	58.00	2015 年 7 月
978-7-300-30449-6	网络与新媒体概论	詹新惠	39.90	2022 年 4 月
978-7-300-32871-3	新媒体运营实务（第 2 版）	张浩淼等	49.80	2024 年 6 月
978-7-300-25702-0	新媒体运营	刘友芝	39.80	2018 年 5 月
978-7-300-32362-6	网络传播法导论（第 2 版）	邵国松	49.80	2024 年 1 月
978-7-300-33170-6	数据新闻概论（第 3 版）	方洁	49.80	2024 年 8 月
978-7-300-26985-6	新闻发布实训	高钢 万里	78.00	2019 年 5 月
978-7-300-28412-5	源流说：内容生产与分发的 44 条法则	吴晨光	59.80	2020 年 8 月

配套教学资源支持

尊敬的老师：

衷心感谢您选择使用人大版教材！

相关的配套教学资源，请到人大社网站（www.crup.com.cn）下载，或是随时与我们联系，我们将向您免费提供。

欢迎您随时反馈教材使用过程中的疑问、修订建议并提供您个人制作的课件。您的课件一经采用，我们将署名并付费。让我们与教材共成长！

联系人信息：

地址：北京海淀区中关村大街 31 号　　龚洪训 收　　邮编：100080

电子邮件：gonghx@crup.com.cn　　电话：010－62515637　　QQ：6130616

如有相关教材的选题计划，也欢迎您与我们联系，我们将竭诚为您服务！

选题联系人：　　电子邮件：　　电话：

周莹　　383902102@qq.com.cn　　010－62511612

俯仰天地　心系人文

人大社网站　www.crup.com.cn

专业教师 QQ 群：

723715191（全国新闻教师群 2 群）

欢迎您登录人大社网站浏览，了解图书信息，共享教学资源

期待您加入专业教师 QQ 群，开展学术讨论，交流教学心得